折射集
prisma

照亮存在之遮蔽

The Culture of Time and Space
1880-1918

Stephen Kern

当代学术棱镜译丛·现代思想史系列

丛书主编 张一兵 副主编 周宪 周晓虹

时空文化

1880—1918

〔美〕斯蒂芬·科恩 著 易灵运 译

南京大学出版社

《当代学术棱镜译丛》总序

自晚清曾文正创制造局,开译介西学著作风气以来,西学翻译蔚为大观。百多年前,梁启超奋力呼吁:"国家欲自强,以多译西书为本;学子欲自立,以多读西书为功。"时至今日,此种激进吁求已不再迫切,但他所言西学著述"今之所译,直九牛之一毛耳",却仍是事实。世纪之交,面对现代化的宏业,有选择地译介国外学术著作,更是学界和出版界不可推诿的任务。基于这一认识,我们隆重推出《当代学术棱镜译丛》,在林林总总的国外学术书中遴选有价值篇什翻译出版。

王国维直言:"中西二学,盛则俱盛,衰则俱衰,风气既开,互相推助。"所言极是! 今日之中国已迥异于一个世纪以前,文化间交往日趋频繁,"风气既开"无须赘言,中外学术"互相推助"更是不争的事实。当今世界,知识更新愈加迅猛,文化交往愈加深广。全球化和本土化两极互动,构成了这个时代的文化动脉。一方面,经济的全球化加速了文化上的交往互动;另一方面,文化的民族自觉日益高涨。于是,学术的本土化迫在眉睫。虽说"学问之事,本无中西"(王国维语),但"我们"与"他者"的身份及其知识政治却不容回避。但学术的本土化绝非闭关自守,不但知己,亦要知彼。这套丛书的立意正在这里。

"棱镜"本是物理学上的术语,意指复合光透过"棱镜"便分解成光谱。丛书所以取名《当代学术棱镜译丛》,意在透过所选篇什,折射出国外知识界的历史面貌和当代进展,并反映出选编者的理解和匠心,进而实现"他山之石,可以攻玉"的目标。

本丛书所选书目大抵有两个中心:其一,选目集中在国外学术界新近的发展,尽力揭橥域外学术20世纪90年代以来的最新趋向和热点问题;其二,不忘拾遗补阙,将一些重要的尚未译成中文的国外学术著述囊括其内。

众人拾柴火焰高。译介学术是一项崇高而又艰苦的事业,我们真诚地希望更多有识之士参与这项事业,使之为中国的现代化和学术本土化做出贡献。

丛书编委会

2000 年秋于南京大学

献给鲁道夫·比尼恩

致　谢

威廉·卡洛斯·威廉姆斯（William Carlos Williams）的《弹簧》（"Spring Strains"）一诗的片段已被出版商允许引用，该片段收录在《威廉·卡洛斯·威廉姆斯早期诗作选集》中，版权于 1938 年归新方向出版公司所有。伽利玛出版社已允许我引用收录在 1957 年版《瓦莱里·拉尔博全集》中的《来自业余爱好者的诗》的片段。

我要感谢洛克菲勒基金会在 1977 年至 1978 年提供的一项人文奖学金、哈佛大学欧洲研究中心在同年提供的一项荣誉研究奖学金，以及北伊利诺伊大学（Northern Illinois University）在 1980 年春季的一次学术休假。我也要感谢基思·科恩、迈克尔·格尔文和保罗·斯塔尔，他们对手稿的部分内容提出了建议，我还要感谢玫琳凯·戴默、刘易斯·伦伯格、唐纳德·罗伊、乔治·罗德和肖恩·舍斯格林，他们完整地读完了手稿。乔治·莫斯在一系列的谈话中提供了很多想法，马丁·斯卡拉在本书的开始到完成中都担任了参谋的角色。艾达·唐纳德和安妮塔·萨夫兰对最终版本进行了巧妙的编辑。

这本书献给鲁道夫·比尼恩，感谢在我还是他的学生时，他对我的作品给予的极大的关注，他的作品激发了我大胆的诠释，他对这本书进行了批判性的阅读，还给予了我无数的建议以及永恒的友谊。

S. K.

迪卡尔布，伊利诺伊州

前　言

　　20 多年前我开始写这本书的时候面临着一种组织性的困境,这本书的关键特点也成型于此。我最初的介绍只是简略地提到了这个问题,这篇序言重新建构了它的决议,并探讨了它对文化史研究的更广泛的意义。

　　1970 年,我刚刚完成了一篇关于弗洛伊德的论文。在他的思想中浸染了四年之久之后,我开始用精神分析的术语来看待历史和我自己生活的各个方面。然而,与此同时,我对精神分析的概念和术语的解释局限越来越不满,它们是在以诊断、治疗和治愈病人为目标的压倒一切的医学模型的背景下形成的。虽然这些功能在当时以及现在都对医学和精神疾病患者至关重要,但它们并没有构成足够广泛的人类经验,不足以为整个文化记录的丰富可能性提供一个合适的分类方案。当我在那些受过哲学和医学训练的精神科医生中间发现了对精神分析的批判时,这个模型的局限性就变得很明显了。

　　尤金・明科夫斯基(Eugene Minkowski)对精神分析的批评尤其打动了我。为了使现象学适应精神病学的实践,明科夫斯基使用了一种创新的方法来解释他的病人是如何体验时间的。他感兴趣的是时间的本体论首因,也就是说,他的病人是如何在他们当前的经历中立即直接地构成时间,而不是时间的顺序首因,也就是从童年开始的事件的顺序,而这是精神分析的一个主要的解释焦点。明科夫斯基的一个病人是偏执狂,他与自己的过去毫无关联,好像每天的生活都是全新的,当那种寻常的日常中的危险和焦虑的感觉出现时，个人记忆的安抚效力不能发生作用，也不能从过去的经验中获得情感上的稳定，这些感觉会迅速变为充满恐慌的偏执幻觉，他坚信可怕的死亡就等待着他。他感到前途渺茫，一切都无法改变，他的每一件恶行都将永远铭刻在他的记忆里，就像淤塞的溪流中腐烂的有机物一样，在他的良心上越积越多。传统精神病学认为病人的偏执狂是主要的，而它反过来又导致了扭曲的时间性。与此相反，明科夫斯基反转了解释的逻辑，并提出可能病人的时间感本身是主要的，并产生了偏执狂反应。正如他所写的："我们能不能不要……假设更基本的混乱是对未来的扭曲态度（时间性的一个方面），而妄想只是它的表现之一？"[1]明科夫斯基没有去寻找导致这种时间观念的童年创伤，而是专注于理解他的病人如何直接体验当下的时间。明科夫斯基的《时间现象学》为精神分析模式提供了一个令人信服的替代方案。

进一步的阅读让我找到了埃德蒙德·胡塞尔（Edmund Husserl），他在 1900 年左右发展了现象学，将注意力集中在感性经验上。这种方法的核心是一个被他称为"现象学还原"或"包围"的过程。这涉及排除那些不太确定的方面的经验，这些方面不是直接经历的，因此干扰了对什么是更清晰的理解。这些包括对正在经历的事物的价值判断，对其原因和背景的考虑，甚至是观察对象与被观察对象的客观存在之间的区别。胡塞尔坚持认为，通过训练注意力，并努力排除这些感知经验中不那么确定的方面，人们就可以更清楚地关注那些最直接呈现给意识的东西。通过这种方法获得的知识即使不是不容置疑的，也是尽可能确定的，用来描述它的语言应该尽可能地"没有预设"。这个词语是不幸的，因为它既表明了现象学家可以消除所有的假设的天真想法，也表明了只有现象学家才能理解那些污染其他哲学并使它们不严谨的假设，这又很傲慢。在我看来，这个词指的是尽可能多地澄清预设，同时减少尚未澄清的东西。

虽然胡塞尔起初只是将这个方法用于简单的知觉经验，如看到桌子上的一张纸，或听七个音符的旋律，存在主义哲学家随后将它用于人类的经验更复杂的方面，或者像在海德格尔和萨特作品中那样，人类作为一个整体存在。与此同时，精神科医生正在应用这种方法治疗精神疾病。明科夫斯基记录了他的病人经历"活时间"的方式，例如，他们是快还是慢，是前瞻性的还是回顾性的，是连续的还是间断的。他认为，时间在过去、现在和未来的模式中，是所有人都必须经历的，因此是存在的普遍和基本的方面。

几年后我决定把时间和空间作为世纪之交的文化史的重点时第一次想到了要运用现象学。那个项目开始的时候，我没有排列材料的主题，而是打算以学科（哲学、物理、心理学）和艺术类型（文学、音乐、美术）来组织发展。在 20 世纪 70 年代早期能源危机期间的一个晚上，我正在观看电视上关于加油站外排着长队的汽车的报道，这时我意识到能源具有重要的历史性影响力，那就是它影响了我们在一定时间内穿越空间的能力，能源短缺会延长旅行时间，从而通过增强分离功能扩大距离。然后我回想到，在我的学习期间，也就是世纪末，能源显著增加，因此时间与空间的体验也有了相应的改变，交通通信时间大幅减少，居住距离缩短。我意识到除了革新时空经验的科技发展，文化变化也正在对整个文化世界对时空的理解和构思起到革命性的影响，这包括物理（爱因斯坦的相对论）、哲学（柏格森的持续时间）、精神病治疗法（弗洛伊德的无意识大脑过程）、社会学（涂尔干时间空间的社会相对论）、美术（毕加索的立体主义）、文学（普鲁斯特对失去的时间的寻找以及乔伊斯的意识流技巧），运用这些经验的基本概念来诠释文化的想法就成形了。我还想到，也许可以采用明科夫斯基对病人的时间经验的阐释来解释整个文化时代是如何经历时间和空间的。

有了时间和空间这两个焦点主题，我开始了研究。起初，我打算像我所知道的大多数文化史那样，按照学术学科和艺术流派来组织章节。我打算写哲学里的时间和空间、科学里的时间和空间、文学里的时间和空间等等。我没有认真考虑这样的主题化将与我自己的现象学方法如

XII

何冲突,因为它需要通过学科和流派未经检验的概念预设来解释这一时期的文化。在研究的过程中,我写了 60 页关于马塞尔·普鲁斯特和詹姆斯·乔伊斯的作品中时间和空间的文章,我认为这是我文学这一章的核心。在完成了其他领域的研究之后,我翻阅了笔记,对整本书进行了整理。就在那个时候,我开始意识到这个两难的境地,我开始看到各种学科和流派的解释限制。

XIII

同时性的概念几乎出现在每一个领域——物理学、心理学、美术、戏剧、诗歌、小说和电影。那个时期的许多记者认为,新的交通和通信技术已经"湮灭了时间和空间",创造了一位后来的历史学家所说的"同时性时代"。泰坦尼克号的沉没是一场在北大西洋上演的同时戏剧,因为它的无线遇险信号布满了天空。数百名成功登上救生艇的幸存者亲眼看见了沉船过程;从某种意义上说,海上无数船只上的电报员以及北美乃至欧洲各地电报和报社的无线电报员也通过电子手段见证了这一过程。这一事件说明新的无线技术使世界范围内同时体验的新模式具有了统一的能力,正如五十年后肯尼迪遇刺事件说明了电视能实现同时体验一样。在我那个时代的末期,第一次世界大战是最终的同时戏剧,数百万人在历史上第一次戴上了手表,一致行动,回应从总部发给他们的指挥官的电话信息。

同时性的概念是一个章节的标题,或者至少是一个主要的统一的主题,特别是因为它是一个以时间和空间来定义的哲学概念。我所面临的困境最开始看起来只是一个简单的组织问题,但它很快变成了一个方法论的危机。在乔伊斯那一章已经有两页是关于同时性的了,我不可能保留整个关于同时性的章节,而把那几页省略掉,但是如果我不省略的话就将不得不重复,或者在对乔伊斯的讨论中删除关键材料。应该怎么办呢? 我想过保持传统的学科和体裁的章节,再加上一些关于同时性等主题的章节,但是那样会成为一个大杂烩,而且关于乔伊斯的问题仍然没有得到解决。

我开始倾向于将这本书组织成一系列的章节,讨论诸如同时性之类的概念，而不是按学科和流派安排，因为同时性是一个概念上连贯关于时空的哲学子主题，而文学不是这样。此外，我所研究的这些人在他们的日常生活中直接体验到了同时性，尤其是在电话、无线电报和电影问世之后，但他们根本没有直接体验过文学。他们的直接体验是阅读而非文学。文学是一种写作、一个研究领域、一个大学院系的名称，但人们对它的体验并不像时间方面（如快与慢）或空间方面（如近与远）那样直观和直接。

根据时空这一哲学上一致的子主题来重新组织本书的决定让我解决了这一难题，但同时又制造了一个我不知自己能否应对的挑战——即把几个世纪以前已被分析、命名和分类的材料重新主题化。在为了概念方案放弃学科与流派的过程中，我脱离了组织原则，这些原则曾在图书馆、书店、期刊、大学院系、学术课程、专业领域，以及我在自己的教育、研究、给学生的作业中使用到的令人印象深刻的文化历史中支配着我的生活与思想。

尽管如此，我还是决定根据时间和空间的基本子主题来重新安排整本书。但它们到底是什么？时间的主要子主题相对容易确定为过去、现在和未来，而空间的子主题则较难确定。经过一番寻找，我最终将其确定为形式、距离和方向。有了这些，我不得不将所有内容分别重新归类到这六个子主题中，除了包括关于时间本质和空间本质的两个介绍性章节外，我还在时间和空间的主要部分之间增加了一个关于速度的章节。最后两章是关于七月危机和"一战"的，我最初将之设想为一个单独的结论，这对于我的方式来说是一种检验，可以决定在前面9个主题章节里的分类与阐释是否也适用于我时间阶段末期的重大事件。我并没有像一些评论家反对的那样，认为战前所有时间和空间的变化导致了第一次世界大战；相反，我建议，我用来理解战前文化发展的概念方法也可以用来理解1914年7月的外交失败和随后的战斗。事实上，战前文化中时空体验的一些变化，比如对私人时间独特性越来越多的重视，尤其是在文学与哲学中的反映，都与战争经验截然相反，在战时，上百万人的私人时间遭受了前所未有的抹杀，动员时间表和战斗计划残忍地主宰着他们的时间。

当我继续研究所有的证据时，我发现我还必须创造出具有哲学条理的子主题。例如，在第一章中，这包括关于时间本质的三次辩论的二元术语，关于数（均质与非均质）、质地（原子论与流体论）和方向（可逆性与不可逆性）。在这些子主题中，我最终根据传统的学科和类型，对材料进行了分解和审视，每次只提到一个人。

这种细节上的主题性崩溃迫使我在没有任何先例或模型的情况下进行精确的思考，在我新的类型学中，每一点研究都与其阐释并行。首先，我把材料从关于普鲁斯特和乔伊斯的临时章节中分散到各自所属的章节中。删除这些页面是令人兴奋的，但也令人担忧；除了决定在哪里将源材料分开，以及如何分组的困难之外，我还面临着组织这些分组的问题。例如，关于同时性的章节该何去何从？通过电话进行的即时电子通信使现代的同时性成为现实，改变了人们对现在、未来、速度、形式和距离的体验，因此可以将其放入任何章节。同时性的新概念意味着，与另一个人交谈这样的经历，以前仅限于在同一地点的人之间，由于电话的出现，交谈也可以指相隔千里的人之间的即时交谈。因此对话作为一种此时此地的经历就在空间上被延展，将与远距离的人的交流包含了进来，在时间上也被延伸，在当前时刻就能进行一来一回的交流，这在电话出现之前要花长得多的时间才能完成。[2] 最后，我把同时性的证据放在关于现在这一章里，因为它以一种特别戏剧化的方式记录了时间性这一方面的转变，也因为总得找一个地方安置这些内容。

XVI   我把人类分析（分解）、命名和分类的过程称为主题化。对于一部分的主题化，人们通过给那些脑海中已有的概念（例如过去、现在和未来）命名来促进分析，因此分析、命名和分类相对容易且或多或少同时发生。在其他的事例中，当数据聚集为概念上不同的类别时，主题的名称就会显现。例如在关于时间的本质这一章，数字、质地和方向性的这些子主题下的主题作为历史证据的分析结果出现，然后就可用于分类。

在本书中,我在完成研究后实施了这些相关的功能,作为对于我所描述的困境的应对。在我的下一本书《爱的文化:从维多利亚时代到现代》(*The Culture of Love: Victorians to Moderns*, 1992)中,我明确了这些标准,尽管在本书中这些标准只是含蓄地对主题起到了决定作用。

这些标准是人类经验的基本要素,必须是相互排斥的、全面的、基本的,并以一种唯一的方式排列。我的榜样是德米特里·门捷列夫(Dmitri Mendeleev)的化学元素周期表,它严格地满足所有四个标准。宇宙中的每个物质原子都在表格的唯一一个空格中;每个原子都自有去处;那些分类确实是基本的(尽管亚原子粒子更基本);而根据原子序数的排序只能如此。门捷列夫为那些当时还未发现的元素在表格中留好了空位,这些元素最终确实被发现了,这令人印象深刻,也说明这种分析和排列具有非凡的特质。然而,对人类经验进行主题化远比对物质原子进行分类要复杂得多,因此,对于时间和空间的次主题,我从未在严格意义上达到过其中任何一个标准。我试着给每样东西找个地方,把它们放到合适之处,但这些努力并不完全有用。

在最初的介绍中,我宣称我的主题除了速度之外都是相互排斥的,但这种说法有些夸张,更多的是一个目标,而不是成就。就像亨利·柏格森在 19 世纪 90 年代坚持的,也像海德格尔在 1927 年的《存在与时间》中进一步主张的那样,甚至过去、现在和未来的经验也相互渗透。有些关于时间的证据是毫无意义的,比如有一场围绕着 J. M. E. 麦克塔格特(J. M. E. McTaggart)在 1908 年发表的一篇题为《时间的非现实性》("The Unreality of Time")的文章展开的关于时间的现实性或非现实性的哲学辩论,我就没去关注。另外一些证据几乎无处不在,同时性就是这样。为它找到一个位置的问题在许多其他分类中重复出现。有些证据比其他的证据更有说服力,但是人类的经验不能被精确地分析成各个部分。它更倾向于打破任何固定类别的界限。我所能提出的最有力的主张是,在试图满足这些标准的过程中,我想出了一种几乎全面的类型学,这种类型学使时间和空间经验的基本方面更加离散。我的单字章节标题反映了将时间和空间经验分析成清晰和离散主题的努力，这些主题涵盖了最重要的概念领域。

在我的四个标准中，以一种唯一的方式排列主题特别具有挑战性。一些文化研究是根据明显的原则组织的，如从一般到特殊或从流行到精英来源。另一些研究则遵循一种社会模式，如大学院系的学术关注不同阶层的文化。还有一些研究使用区域、城市、州或民族的文化的空间布局，尽管通常没有提供这种章节排序的令人信服的理由。也就是说，人们可能会先调查工人阶级，然后是上层阶级的文化，或者先调查北方，然后是南方的文化，他们不会解释为什么要使用这种顺序而不是相反的顺序。

历史确实有一个令人信服的排序原则，这与其本质即年代学相似。当历史学家冒险走出时间这一舒适的框架进入主题分析时，章节的排序通常会变得随心所欲。在大多数主题文化历史中，对于为什么第三章在第四章之前而不是相反诸如此类的问题通常找不到明显的原因。有人可能会马上提出，我也没有提供明确的理由解释为什么现在的第三章放在关于未来的第四章之前。我是凭直觉做出的这个决定，遵循了通常的未经检验的常规，按过去、现在和未来的顺序为时间的维度排序。但我也可以根据各章节在构成经验中所起的重要性用相反的顺序来安排第三、第四章，其依据是在经验的构成中未来比现在更加重要，因为以未来为导向的目标明确的经验能够比位于过去和未来之间的短暂的现在产生更为重要的行为。

XVIII　事实上，我并没有给出根据时间和空间顺序来安排章节的基本原理。尽管如此，我对严格主题化的关注表明了理性排序的重要性，尽管这可能很难执行。一个词的章节标题使得看到章节的离散主题并为其排序找到一个可能的基本原理更为容易。如果是这样的话，它们还使人们更容易看出排序是没有道理的。

主题分析有其优缺点。它的主要弱点在于，它打破了人们所熟悉的个人生活或哲学和文学作品的结构单元。传记是一种引人注目的、易于掌握的组织框架,按出生、童年、成熟和死亡的先后顺序排列,就像一本从开头到中间再到结尾的小说,或围绕逻辑论证而组织的哲学著作。主题分析不能按照这样有说服力的计划来安排,而必须依赖分析的原则,这些原则将传记、情节和论点这些容易理解的单元分割开来。对任何作者来说,挑战在于根据其他一些令人信服的理由进行这些删减,然后将各个部分统一起来。但是,即使是最仔细制定的主题划分也会有不精确的分析、名称模糊的元素、重叠和不完整的分类以及随意的排序。

一个相关的问题是,主题分析破坏了哲学家或作家对别的哲学家或作家的直接历史影响的追踪,就像柏拉图对尼采或巴尔扎克对左拉的影响那样。虽然这种传统的解释方式是强有力的,特别是被影响的哲学家或作家对此进行证实时,他们通过将历史论证的普遍性转向特定的方向而使之无效。个人生活或工作的巨大独特性削弱了立足于此的论点的普遍性。一般的思想史可以建立在一系列由直接的个人影响联系起来的知识传记的基础上,但是这样的作品将会为那些强有力的意识联系付出代价,在个体思考者的头脑中这些意识会产生关联,以一种被削弱了的整体的分析体系为基础。

主题分析的优点在于,它使来自不同领域看似完全不同的文化证据融合,并促进不同社会或历史时代之间的比较。"整合"这个词很好用,但要将其实现是困难的,因为人类体验多样又复杂。国家和文化以及个人是不同方面的不易进行比较的混合体;历史学家必须把这些方面整合成一个统一的整体。与那些埋藏在个人人生故事的强大组织方案中的甚至根据学科或艺术流派的类别进行部分主题化的元素相比,对一种文化的基本元素进行的严格主题分析更有可能进行逐项的全面整合。我们可以把普鲁斯特和乔伊斯与电话、电影联系在一起,但如果不分析他们的作品与这些技术在哪些方面有确切的联系,这样的分组所能产生的也不过是勉强的并置。当两者都分解为严格的次主题化元素时,这种潜在的不同来源的更深入和更紧密的整合就更有吸引力了。

XIX

在这本书中，我所使用的"基本的""基本的""根本性的""超越""普遍的""必要的"和"基本的"这样的词语多少是可互换的。它们有不同的内涵，但都指的是人类经验的普遍基础。为了澄清我对这些术语的使用，我专注于"本质"。在下面的解释中，我将更严格地对待这个概念，就像本质和事故之间的哲学分离一样。我在这本书中实际使用的概念是有层次的，我将时间和空间中比较基本（或跨历史）的元素与西方文化中形成的较为偶然（或历史）的模式区分开来。在这个意在简洁的前言中，我将提到我的焦点主题的特征是"基本的"，即我的意思是"尽可能基本的"。

要确定某物是基于史实的，人们就必须指明它的超越历史的基础，而这种分析如果建立在对人类经验基本方面的理解之上，就会更加敏锐。历史学家往往对本质持怀疑态度，因为它们代表着历史决定论，但重要的是要准确理解什么东西在历史上没有改变，以帮助理清哪些东西有所改变。例如，正常人类存在的本质之一就是有双眼和立体视觉。每个人理解了多少，看到了什么，以及他们如何理解己之所见，全都因人而异，而且在人的一生中这些都会有所变化。这些变体是视觉的偶然方面，类似这本书的主题，即时空历史模式的偶然方面。要理解一个人视觉的独特性（即历史性），就必须清楚地理解正常视觉的本质。缺乏这样的理解，人就有可能无知而不自知。我们期望眼科医生知道眼睛的重要解剖学和生理学，以及普通人类的视觉标准，以有能力诊断出我们个人视力的不同之处（即偶然性），并找出诸如出生缺陷、事故、疾病或衰老之类的不同原因。我会认为如果历史学家们注意到人类经验的超越历史的、本质的基础，他们就能对人类经历做出更敏锐的解释（类似于对独特视力问题的精确眼科诊断）。

这种本质不必是那种像普通视力一样的静态的状态，但也可能是一个动态的物理过程，如饥饿的满足或青春期。精神生活和情感生活的要素可能包括语言的习得，或在爱情中最能强烈体验到的差异性（或遭遇）。对于社会和历史现象而言，本质可能包括为生存而奋斗、形成社会阶层以及体验凌驾于他人之上的权力。性别研究的基础是两性之间的本质差异，这是由不同的生殖解剖学和生理学决定的，任何认知和情感特征，如果有的话，都可能按照性别的不同而普遍存在。这些较复杂的例子把关于本质的争论发挥到了极限，但试图从社会和历史变化的偶然发展中分析它们或多或少的本质基础是有成效的。性别研究的关键区别在于经典的先天与后天之争中熟悉的本质—意外性分离。

　　文化历史学家如果不对本质和偶然做这样的区分，就容易把历史性归于超越历史经验的某些方面。例如，通常与它的历史和文化方面相结合的人类社会存在的一个基本元素就是异化，这是人类存在的一个基本特征，因为没有人能完全与他人一致。在某种程度上，他人必然存在于一个巨大的经验分界中，这种分界以不同的文化和历史模式表现出来，并随之产生各种误解和冲突，从个人斗争到革命和战争。资本主义和现代城市并没有造成异化；它们之所以能够产生特定的异化模式，只是因为人类本质上和根本上在社会环境中都是孤立的自我。如　　XXI
果这种解读没有试图解决人类对于 19 世纪的工业城市或 20 世纪初布拉格的偶然（即历史性）模式的基本异化的话，那么对卡尔·马克思关于资本主义社会中异化的分析和弗朗茨·卡夫卡对于现代官僚社会的呈现所进行的历史解读都是不完整的。

　　当代批判理论，尤其是后现代主义批判理论的一个重要方向是对一切本质或普遍的否定。在这一点上，后现代主义者就走得太远了。他们不合逻辑地从所谓本质的东西往往不是如此的主张，转到要求完全废除这一范畴。他们已明确地告诫我们在具体说明什么是必要的方面要更加严格，但他们未能表明我们没有它也能理解经验。患者总是想要知道正常视力的本质，以此来评估他们日渐衰退的视力，就像历史的读者总是试图通过与自己的感觉和认知能力进行比较来理解过去的经验一样。如果所有的人类经验在文化和历史上都是可变的，那么我们就不可能了解任何关于过去的事情，也不可能了解任何其他人的事情，包括后现代主义者的理论。当我们试图理解陀思妥耶夫斯基面对行刑队的经历时，我们利用了一种普遍存在的致命恐惧，不管对死亡的原始恐惧在历史上会在多大程度上受到不同的社会习俗或宗教信仰的影响。

在这本书中，我研究了胡塞尔的时间意识哲学，因为它出现在我学习期间，但我也在其中发现了一个关于简单时间观念的基本本质的有说服力的哲学，这使我加强了使用现象学来确定基本的焦点话题的决心。胡塞尔通过聚焦倾听七音符旋律所涉及的时间性来探索时间经验的本质。他详细阐述了这一经验，认为它必然适用于所有人的时间意识经验，而不仅仅适用于 20 世纪的哲学家。他对知觉和统觉、保留、回忆和保持的详细描述，是关于任何时间经验的组成部分。我的书解释了时间和空间基本元素的历史模式，例如，过去感的子主题。我认为，作为一个人，不可能不经历一些过去的感觉，在这种情况下，过去的感觉是必不可少的。

XXII 　 不同文化中的人们可能并没有一个确切的词语可以形容过去，他们可能没有意识到他们经历了过去，他们也可能有不同的想法——但他们必须经历它的某种模式。他们如何经历过去决定了他们如何在现在行动，如何为未来做准备，从养育孩子、积累财富到策划入侵、准备死亡，一切都是如此。

我对时间和空间这些次级主题的历史模式的解释基于对偶然与本质、历史与超历史的持续区分。下面的例子可以说明这种分化的过程。总的来说，1914 年德国入侵比利时这一焦点话题与德国入侵相比具有更高的偶然性、更低的必然性。相应地，德国的入侵与以下事件相比也具有更高的偶然性和更低的必然性：侵略、跨国旅行、普通意义上的旅行、包含着距离这一基本子元素的空间运动。此处列举的事件按其必然性以从低至高的顺序排列，而距离又是我提到的空间的三个子元素之一，也是本书其中一个章节的核心。我们一定要做这样的差别分析以将偶发历史（例如德国对比利时的侵略）建立在人类经验的各种基本要素之上，在这件事上具体说来就是距离及其近处和远处的生活方式。

远近的概念会随着不同的交通通信技术的出现发生历史性变化,但那些成对的空间概念是人类存在的本质的一部分,因为如果没有经历过某些模式,就不可能成为一个人。

我的研究阐明了经验的基本方面在构成偶然事件中的作用。说历史上的变化是偶然性的,并不是说它是一种侥幸。德国对比利时的入侵并非偶然,却是历史的偶然,因为它可能不会发生,也不是身为人类的必然结果。相反,作为人类,我们必然会经历邻近和遥远、过去和未来,以及其他空间和时间的基本要素。我的方法为整合历史记录的不同方面提供了一个共同基础,这之所以是可能的,主要有三个原因:我关注的对象或多或少是经验的基本元素,它们或多或少是普遍的;我把这些元素简化成了最简单的子元素;我使用的是一种通用的解释性语言,将它们融合成为一个跨文化的综合体。

虽然我的方法涉及对这种分析的历史解释,但我仍然认为,重要的　XXIII
事情仍有可能在历史上或文化上是变量,就像我在我的书出版后读到本杰明·李·沃尔夫(Benjamin Lee Whorf)的作品描述的那样。他认为,不同的文化经历了截然不同的遭遇。这些文化不仅对普遍的体验有不同的话语,而且实际上在以不同的方式体验时间本身,然后用语言反映出来。霍皮语言中最接近表示抽象时间的词语是"变晚"。霍皮人"没有文字、语法形式、结构或表达可以直指我们所说的'时间'——或过去、现在,或未来,或经久、持久"。除了人与物固有的动态过程外,它没有词语和概念来描述在统一时间内真空中的持续运动。根据沃尔夫的推理,霍皮人有着与我们不同的时间经验。他们有两个大致相当于客观的和主观的基本的范畴代替抽象时间。客观范畴大概指的是英语的现在时和过去时,而主观范畴指的是英语的将来时,但也指存在于人的思想和心灵以及动物、植物和事物中的东西。学者们质疑沃尔夫,或者人们所熟知的"萨丕尔-沃尔夫假说",他们认为这些与时间有关的差异是语言中误译或误读的结果,并不是真正的经验。尽管如此,沃尔夫的文章提醒我们,我们必须对这样一种可能性保持开放的态度:即使是对过去、现在和未来这样看似普遍的经验基础，其本身在文化和历史上也可能是不同的。[3]

在我写作的过程中以及之后，对技术的处理也在不断演变。技术提供了一种令人信服的方式来解释文化变化。在 1876 年电话发明之前，人们不可能与远方的人直接通话，后来这成为可能。新思想不会在如此精确的历史时刻或以如此具体的方式影响如此多的人。文化历史学家努力解释诸如浪漫主义和现实主义等不固定概念的逐渐演变，这些概念没有确切的开始日期，也没有具体的物质表现。像电话这样的技术不存在这样的问题。它们在一个相对精确的日期开始影响历史，也是可触可及的。它们也影响着大众，而不像许多现代主义经典著作那样，仅仅影响小圈子里的读者。通过围绕生活和思想的重要方面，我的现象学方法提供了一种方式，可以将这些物质对象的历史重要性与文学艺术中诸如时间空间那样的抽象概念结合起来，以记录一个时代如何经历生命与思想的概念性基础。

我最初打算把科技放入一个单独的章节，这在许多文化历史中是很典型的做法，但是严格地将所有的证据置于时间和空间的子主题之下的决定排除了这种方法。我不得不打破不同技术的不同方面的解释，就像我删减了原本关于普鲁斯特和乔伊斯的那一章一样。因此，科技出现在了几个章节中。例如，电话出现在了其中的多数章节中，因为它以不同的方式塑造了这一时期所经历的现在、未来、速度、形式、距离和方向，也加速了七月危机的外交和随后的斗争。为了表明我有意避免单一的技术决定论（前一句中"塑造"一词暗示了这一点），我在最初的介绍中有一个警告，即要避免过度使用技术来解释历史变化，尽管它具有时间上的特殊性、具体的表现形式和广泛的影响。但即使有这些警告，我还是忍不住把科技发展放到了每一章的开头，科技在其中发挥了历史性的作用，这个开头的位置意味着科技的重要性，也表明了在作为这些章节主题的人们对时间或空间的某个具体方面不断变化的认识中，科技能提供具体的、历史的因果解释。

　　我认为,我对两种基本概念变化模式的阐释,是这本书引起许多学科和艺术流派的学者的关注的主要原因。时间和空间是每个学科的基本概念,或含蓄或明显。文学评论家、哲学家、地理学家、社会学家,以及社会、外交、战争、科学、媒体、音乐和艺术等方面的历史学家都对这本书进行了饶有兴趣的评论。它已经被分配在这些领域的许多课程中,以及一些关于风景园林、城市规划、消费文化和时间人类学的更广泛的课程中。这种广泛的兴趣反映了本书在文化范围的概括中所整合的资源的广度。这些概括的说服力在一定程度上是我在最初的介绍——概念距离中明确提到的另一种方法论考虑的作用。对一个时代的思想的概括越有说服力,支持它的证据来源之间的概念距离就越大。在这个新造的词中,我用"距离"来比喻主题和方法的不同。我对时间和空间的关注使得我资料来源的概念范围几乎是无限的,因为所有的人类经验都发生在这两个概念所包含的四个维度中。因此,本研究能够整合多方面的发展,包括文艺史、哲学与科学、精神病学与社会学、电力照明与空调、城市规划与钢筋混凝土、电话与无线、电影与新闻报道、动员时间表与作战计划。此事的挑战在于如何让他们有说服力地聚集到一起。

XXV

　　文化范围的概括最有力的联系是来自看似遥远的来源的结构和功能相似的证据的配对。当概念之间的距离似乎很遥远,它们却被有意识的认知和对它的明确表述连接起来时最令人兴奋。立体主义(一种艺术风格)与迷彩(一种战争技术或技巧)之间的联系就是这种情况,它们都具有在与其背景具有同等构成价值的视觉体验领域中制造物体的基本空间功能。

　　在第一次世界大战中,迷彩的发明者是法国画家吉朗·德·赛夫勒(Guirand de Scevola)。在第一次世界大战期间的马恩战役中,他从自己做电话接线员的经历中得到了发明迷彩的想法。在我的第一版书中,我引用了关于立体主义艺术对他的影响的说法,暗示他如何将物体"变形"和"改变性质",这样它们就会融入战场的背景(303)。从那以后，我找到了更多关于那个发现的证据。在从电话总部将命令发送到他所在的前线炮兵部队后几分钟，该部队就被敌人的炮火击中，赛夫勒意识到敌军的飞机是从上空发现他们的。正如他后来所写："在这个瞬间，我产生了发明迷彩的想法，这个想法开始是模糊的，然后逐渐变得清晰。我想一定有一种实用的方法可以既掩护武器又掩护战士……我的第一个想法是要把材料的形状和颜色变得更加隐蔽，如果不能完全隐身的话也要做到隐蔽。"[4] 这段不同寻常的引文记录了赛夫勒的文化阐释过程，他的思想超越了他在激烈战斗中所面对的处境的经验范围，他通过对高雅文化新发展的创新性适应来解决自己的问题。他的想法是把大炮藏在溅有泥土色颜料的网下。这个想法引起了马歇尔·乔佛里(Marshall Joffre)的兴趣，他批准了法国军队的第一个伪装部门，开发将装备融入背景来隐藏装备的技术。这种手法与毕加索将瓶子和小提琴与周围的空间和背景融为一体的立体主义绘画非常相似，当然两者的出发点相当不同。

XXVI

在文化历史中，因果箭头通常从技术指向文化。然而，在立体主义和迷彩艺术方面，它却走了另一条路：从立体主义艺术到战争技术。在描绘用立体图案伪装的军舰的绘画中，它也以另一种方式回归。1917年，身为英国海军指挥官的画家诺曼·威尔金森(Norman Wilkinson)受法国迷彩画家的启发，发明了一种在船只侧面描绘几何图形的方法，这使得德国潜艇舰长很难通过观测镜判断船只的距离和速度。另一位画家约翰·弗格森(John Fergusson)在1918年描绘了一艘朴次茅斯造船厂的船，这幅画在本书英文原版的新版封面上得以再现。前景是一个几何形状的组合——一个圆柱形的齿轮、一个圆形的红色信号和一个巨大齿轮的饼状部分。船头的中间部分与另一艘货轮的背景相交织，产生了一种压扁的效果，因为画家是用带着粉红和绿色阴影的蓝色、黑色和白色的大胆形式来描绘它们的，而在与海水同样颜色的蓝天上也飘着带着粉红与绿色色调的白云。乍一看，现代工业和战争的巨大形式似乎只是彩色形状的组合。前景中有两个坐在小船里的人，背景中有两个站在码头上的人，他们在场景中消失了，就如同在战壕战中消失的人一样。在这幅立体主义的作品中，需要花一点时间来仔细观察船坞里的物品以及船只、水和天空，特别是那些小小的人类，仿佛迷彩的隐藏作用还在生效。

这一图像也说明了文化广泛概括的可能性，它将在相当长的时间段内，在不同的国家将不同领域的许多人的思想和行动结合。它将西班牙画家毕加索在1907年的艺术突破与立体派的艺术突破联系在一起，与法国海军指挥官赛夫勒在1914年的战斗经历、英国海军军官威尔金森在1917年的战术创新，以及苏格兰画家弗格森在1918年的艺术形象联系在一起。它还将静物艺术与战争艺术联系，将海军上校和潜艇军官的技能、英国造船厂的日常生活与公海上的生死搏斗联系。

关于我如何将立体主义与整个文化记录的发展联系起来的概述，为我的方法提供了一个大体的模型。我从1880年到1918年的空间构思和体验的数据开始分析，在这些数据中，我发现了以前被认为是空白的空间的一种新的积极作用，我将其命名为"积极的消极空间"。在阅读现象学的过程中，我了解了空间的概念和各种各样的子概念——形式、距离和方向——已经被确定为经验的基本要素。我没有对理解这个或任何别的阶段产生关键作用的一个先验的基本要素的主列表。根本就没有这样的列表。每一个基本元素的列表都必须来自对经验证据的检验，而这些经验证据在每个项目中都是不同的——对于这个项目来说，其经验证据来自从整个文化记录的广泛取样。我从一份包括空间次主题在内的基本要素的初步工作清单中选择了与这一时期有关的最具文献价值和信息量最大的内容。这种选择是基于对纯粹现象学、现象学精神病学和历史数据的反复阅读的直觉而做出的决定。一旦确定了正负空间的焦点话题和它独特的历史模式，我就解释了立体主义和文化的其他方面是如何与它的基本功能相对应的。我在第六章中考察了这些内容，这是一系列积极的文化现象，它们是一种新的积极感觉的表现，被想象为在过去被视作消极或缺失的东西的一部分。我将立体主义中图像的这些方面的新的积极构成功能与很多东西联系起来，包括建筑中开放空间的新的建构功能、雕塑周围的空白空间、诗歌中的空白页面、美国边境的"空"领土、音乐中的沉默、延伸性的解释下的不断扩大的民主党选民的新政治选区。

XXVIII　　这个解释的举动揭示了我说明性技巧的弱点，这也是一种可疑的类比论证方法的变体。我确实使用了比喻和类比来连接来自特别遥远的来源的材料，并将我的解释扩展到严格学术学科的限制和它们对证据和论证的严格要求之外。但我相信，这样的联系是由一流的艺术家和知识分子建立起来的，他们有着最广阔的视野、最具探索和冒险精神的智力，以及最高水平的技能来描述他们如何体验世界。如果幸存的文档不能支持这种有意识地承认因果联系的影响，就像我发现的立体主义和迷彩的关系那样，我们就必须愿意推动与合理性边缘的连接，因为人类意识范围很广，会接收各种各样的暗示，通常是经历的无可追溯的延伸。这些影响有时是有意识的、明确的，有时是无意识的、隐藏的，有时是被断然否认的。[5] 对这些联系的识别——主要是通过隐喻和类比——构成了我研究方法的开放性。我不指望它们都是有意识的因果联系，但它们使发现联系成为一种可能，就像我发现的立体主义和伪装之间的联系一样，它们指向突破人类经验传统分界线的根本性变化。

这些重要的历史发展的重建不能局限于时间上的同步、空间上的接近和因果上的相关现象。如果它们被这样限制，这些重建就会支离破碎，缺乏连贯性。对于文化历史学家来说，一个主要的方法论问题是如何超越明确记录的、因果相关的现象，这些现象往往是最明显、最广为人知的。我提出了一种超越的方法，同时坚持仔细的哲学分析、描述和解释。虽然这些方法最初是为最简单的人类感知经验而设计的，但它们可能被用来对复杂的人类经验进行更广泛的历史概括，就像我在这项研究中处理的那样。

许多关于现代主义的课程都指定了本书。我理解用一些词语来指代一个时代的文化的需要，但我避免使用在本书中使用"现代主义"这个词语,因为它不属于我基于时间和空间模式的主题方案,而且它会引起关于周期化和物质的混乱。如果不是自文艺复兴开始,那么至少自笛卡尔以来,这个词语就被用来表示哲学的发展,人们还进一步将它与现代化相混淆,后者指的是工业化和城市主义,表示两者混合发展的现代性也常被混淆进来。近年来,由于与后现代主义的对比,讨论变得更加复杂。后现代主义迫使解释者说出现代主义是什么、是什么时候开始的,以及它与后来一些概念的不同之处、它的文化霸权何时结束、为什么结束。我的方法使我倾向于不把现代主义和后现代主义作为分离性的概念,而是作为一种分级转变的阶段,特定学术领域和艺术流派的新发展和压力、交通和通信技术,以及新的社会形态都会对其产生促进效果。 XXIX

在我写作之时以及之后,对现代主义的诠释都集中在哲学、艺术、文学和科学的发展上。一些人关注这些具体领域的发展,另一些人则辨识出了贯穿这些领域的发展。[6] 我的方法提供了一种办法来统一不同学科和流派的解释,具有显著的深度、广度和具体性。它的解释框架比传统的学科和流派更深刻,因为它是根据最基本的经验维度来构建的。它比传统的分隔线范围更广,因为时间和空间为所有的经验奠定了基础,并实现了更广泛的文化艺术品的整合,这超出了在特定艺术流派和学术学科的有限框架内所能实现的。最后,通过提出时间和空间的概念和经验的变化是如何被新技术塑造或暗示的,我的方法为解释或部分解释这一时期的文化提供了一个具体的基础。

当这本书于 1983 年首次付印时,我准备好了接受专家们的尖锐批评,我原以为他们会到我的索引中查找他们所熟悉的知识分子或艺术家,然后把批评的焦点集中在我讨论中的某些遗漏、无知或错误上。令我惊讶的是,专家们普遍理解我面临的困难,欣赏我所提供的概括。最受欢迎的反应集中在我的书中展示的四件事上:时间和空间等看似抽象的概念如何拥有丰富的具体历史;我对战前时期的时空的阐释如何表明了一种处理具体历史发展的方法,诸如 1914 年 7 月的外交危机和 XXX

"一战"时的战斗等。尽管我相信他们感兴趣的大部分是这些特征的功能。

一些评论家对我的概括提出了批评，文化历史学家非常清楚这其中的原因。这其中最可怕的是对本质的拒绝。面对这种怀疑论的炮轰，我仍然相信，人类存在的某些基本方面受到历史和文化模式的影响，否则我们怎么可能彼此了解，更不用说了解来自不同地方和时代的人。对一个时代的文化进行令人信服的概括是有可能的，这种概括应该建立在人类体验的元素上，这些元素对于所有时期的人类都很重要，因此它们是比较以及理解他们之间的文化差异和历史变化的基础。下面的研究提供了一些分析和解释工具，用于最活跃的时期之一的西方文化，以实现这一目标。

新序注：

1. 尤金·明科夫斯基，《精神分裂症抑郁症的发现》(1923)，参见罗洛·梅、安吉·亨利·F. 爱伦伯格合编《存在：精神病学和心理学的新维度》(纽约，1958)，第 132 页。

2. 大卫·哈维对于现代主义和后现代主义时期的"时空压缩"的解读是片面的。新的交通和通信技术的扩展，以及时间和空间的压缩取决于看问题的角度。例如，电话压缩了空间，因为它缩短了人们的居住距离，但从另一个角度看，它把人们的空间范围从一个地方扩展到了另一个地方，从而扩展了空间。大卫·哈维，《后现代性的条件：文化变迁的起源探析》(伦敦，1989)，第 260—307 页。

3. 本杰明·李·沃尔夫，《语言、思想和现实》(剑桥，1956)。

4. 吉朗·德·赛夫勒，《伪装的纪念品》(1914—1918)，参见《杂志》(1950 年圣诞节)，第 719—720 页。这方面的资料和大量其他资料可以在伊丽莎白·卡恩·巴尔德维茨(Elizabeth Kahn Baldewicz)的博士论文《莱斯伪装专家：1914—1918 年法国战时艺术和艺术家的动员》中找到。博士论文，加州大学洛杉矶分校。

5. 参见毕加索对这种联系的否定，第 147 页。

6. 克里斯多夫·巴特勒(Christopher Butler)在文学、音乐和绘画中发现了

共同的特征,包括对抗性的艺术技巧、从合意的语言中抽身而出、专注于城市场　　XXXI
景,而对于威廉·埃弗德尔来说,现代主义包括自我指涉性、主观性、多角度性、统
计方法和间断性。克里斯多夫·巴特勒,《早期现代主义:1900—1916 年欧洲文
学、音乐和绘画》(牛津,1994);威廉·R. 埃弗德尔,《最早的现代派:20 世纪思想
起源概述》(芝加哥,1997)。其他跨学科和流派研究包括:托马斯·瓦格什和德
洛·E. 穆克,《现代主义内部:相对论、立体主义、叙事》(纽黑文,1999);罗纳德·
施莱弗,《现代主义与时间:1880—1930 年文学、科学和文化中的富足逻辑》(剑
桥,2000)。

目　录

插图说明

1. 布莱斯·桑德拉尔,《穿越西伯利亚的散文和法国小珍妮》,1913 年(诗的上半部分)。经哈佛大学霍顿图书馆许可转载。照片:巴里·多纳休。见第 69 页。

2. 贾科莫·巴拉,《被拴住的狗的动态》,1912 年。经纽约布法罗阿尔布莱特-诺克斯艺术画廊允许复制,A. 康格·古德伊尔留给乔治·F. 古德伊尔的遗赠和阿尔布莱特-诺克斯艺术画廊的馈赠。见第 81 页。

3. 扉页来自莫里斯·勒布朗,《虚空的艾尔斯》,1898 年。见第 107 页。

4. 翁贝托·博乔尼,《连续性在空间里的特殊形式》,1913 年。青铜(铸造于 1931 年),43 7/8×34 7/8×15 3/4″。藏于纽约现代艺术博物馆。莉莉·P. 布利斯遗赠。已获得复制许可。见第 116 页。

5. 罗伯特·德劳内,《埃菲尔铁塔》,1910—1911 年。巴塞尔艺术博物馆、艾曼纽尔·霍夫曼基金会提供。见第 138 页。

6. 乔治·布拉克,《有小提琴与水罐的静物》,1910 年。巴塞尔艺术博物馆提供。见第 139 页。

7. 翁贝托·博乔尼,《瓶子在空间中的发展》,1912 年。镀银青铜(铸造于 1931 年),15×12 7/8×23 3/4″。藏于纽约现代艺术博物馆。阿里斯蒂德马约尔基金。已获得复制许可。见第 153 页。

8. 亚历山大·阿奇宾科,《梳头的女人》,1915 年。纽约波尔斯画廊提供。见第 154 页。

9. 翁贝托·博乔尼,《街道的喧闹穿透房屋》,1911 年。兰德斯博物馆提供。见第 189 页。

导　言

从 1880 年左右到第一次世界大战爆发，技术和文化的一系列巨大变化创造了对时间与空间进行思考与感受的全新模式。电话、无线电报、X 射线、电影、自行车、汽车和飞机等技术创新为这种重新定位奠定了物质基础；独立的文化发展，如意识流小说、精神分析、立体主义以及相对论则直接塑造了意识。这一切的结果是由于生活与思想的维度发生了变革。这本书是关于欧洲人和美国人在那些年里对时间和空间进行设想和实验的方式。

我在阅读现象学导向的精神病学家的作品时产生了这种解释的想法。他们用这些术语来看待病人的心理生活。他们使用一个明确的参考框架来重建患者对时间、空间、因果关系、物质性和其他基本类别的体验。1933 年出版的一本名为《生命时间》(*Le Temps vécu*) 的著作特别有用，其作者法国精神病学家尤金·明科夫斯基以一系列案例研究进行了详细阐述。虽然明科夫斯基也探索了其他类别，但他的精力主要集中在时间上，他尤其关注病人是如何经历过去、现在和未来的。他应用现象学方法来了解患有急性精神病的患者，这些人不能像精神分析方法所要求的那样在遗传或历史上重建他们的生活。他的方法特别适用于精神病学，由于患者的病态性格通常过于分散和混乱，因此要将他们先前的性格与当前的病理性格联系起来往往是不可行的。我大致适应了现象学方法的这一方面，因为它有可能找出时间和空间观念改变的许多起源或"原因"，例如铁路的调度要求直接致使世界标准时间的正式形成，或者电话的出现立刻改变了空间感。尽管一个时代的文化是各式各样的，它仍比一个精神病患者的心灵更加融合连贯。然而，我的主要目标是调查时间和空间体验中的重大改变，这其中包括一些我无法识别出具体"原因"的东西。因此，我不会解释为什么电话被发明或为什么意识流小说开始出现。

作为基本的哲学范畴，时间和空间特别适合作为一般文化历史的框架，因为它们全面、普遍而必要。

由于所有经验都在时间和空间中发生，因此这两个类别提供了一个全面的框架，它包含了立体主义，以及诗歌、拉格泰姆（ragtime）音乐、轮船、摩天大楼和机关枪等广泛的文化发展。为了避免这种多源组合可能产生的"疯狂的被子"效应，我只选择符合前九章标题本质特征的材料——时间的本质、过去、现在、未来、速度、空间的本质、形式、距离和方向——并强调那些与早期阶段显著不同的发展。

围绕这些标题，我遵循两条思路。过去、现在和将来，时间的这三种模式来自哲学，是明科夫斯基概念框架的一部分。即使是亨利·柏格森（他坚持认为将时间流分为三个不连续的部分会扭曲其本质上流动的性质）也在他的分析中反复使用这些术语。这些时间模式似乎是对人类所有可能的时间体验的自然、引人注目和全面的划分。空间部分的标题更难决定。在与艾伦·亨里克森（Alan Henrikson）的讨论中，我了解到地图制作者会确定平面地图能显示的空间的四个方面——形状、面积、距离和方向。这些类别显示出一个框架，它与我对时间的认识一样全面，因此我将"形状"和"面积"结合到了"形式"中，并在关于空间本质的部分添加了一个介绍性章节，就像在关于时间本质的部分所做的一样。这样，我的类别涵盖了广泛的人类活动，并且除了关于速度的材料都是相互排斥的。速度的问题会在一个单独的章节中被讨论，因为它作为一个独立的主题在世纪之交被广泛讨论，关于它的材料不可能仅仅被划分为时间或空间。作为一个时间和空间上的交点，它形成了这两者之间的自然过渡。

为了避免重复，我将单个语料库分散在了这些章节中。例如，马塞尔·普鲁斯特(Marcel Proust)的著作出现在关于时间本质、过去、空间本质和距离的章节中。人们对于像普鲁斯特这样的有名人物进行了相当统一的解读,以至于他们对文化的贡献已变得像岩石一样坚固。通过破解这些常规解释,识别其语料各部分的不同贡献,并在本研究的子主题中分布我对它们的讨论,我试图揭示新的表面并将这些贡献归因于合适精确的时间或空间模式。

为了进一步全面说明这些主题,我在两个结论章节中研究了这些变化如何塑造了外交危机和第一次世界大战的实际战斗。在与时间的流逝隔离之时,每个人的表现会大相径庭。紧抓过去,孤立于现在,没有未来,或冲向未来,如此种种,各不相同。各国对时间的态度也很不一样。例如,奥匈帝国与俄国的表现全然不同,前者认为自己没有时间了,而后者则觉得时间还早。不同国家对于空间的体验也相去甚远:一些国家,比如德国,相信自己需要更多空间;奥匈帝国却认为其空间过于异质和分裂;人们普遍认为(并且担心)俄罗斯是一个拥有无限空间的国家。这些最后的章节说明了对于这些抽象哲学范畴变化的思考和体验是如何在具体的历史情境中表现出来的。因此,时间和空间的类别提供了一个全面的理论框架,不仅允许文化范围内的许多领域的整合,而且还允许"高雅文化"沿着理论垂直轴融合到流行文化和日常生活物质方面。

国王、议会、工会、大城市、资产阶级、基督教教会、外交官或海军并不存在于每个社会之中。我并不是要质疑这些实体的历史重要性,我只是想指出它们并不是普遍存在的,但时间和空间是普遍存在的。所有人,不管是什么年龄,身处何处,都具有独特的时间和空间体验,无论多么无意识,都对它们有一些概念。历史上,阶级结构、生产方式、外交模式或发动战争的手段是如何通过时间和空间的不断变化的经验表现出来的,这是可以解释的。因此,阶级冲突被视为社会距离的函数,流水线与泰勒主义(Taylorism)和时间管理研究相结合。1914 年 7 月的外交危机被认为具有历史上独特的时间性,第一次世界大战则可以用立体主义的隐喻来解释。对留声机和电影的评价基于他们修改对于过去的感觉的方式；电话和世界标准时间被看作正在重新构建现在的经验；轮船和施利芬计划（Schlieffen Plan）反映了控制未来的愿望；都市主义被视为缩小生存空间的过程；帝国主义政治被看作获得更多空间的普遍冲动；财富被视为控制时空的力量。

这种解释是简化的。但是，如果要对一个时代的文化进行概括，就必须证明各种各样的现象如何在其本质或功能中具有某些共同特征，而且还必须能够用简单的语言解释这些现象。从时间和空间的模式来解释诸如阶级结构、外交和战争策略之类的现象，可以证明它们与文学、哲学、科学和艺术中对时间和空间的明确考虑具有本质相似性。总之，它们为概括这一时期的基本文化发展奠定了基础。通过将文化解释为时间和空间的函数，可以逐个地比较不同时代不同文化的主题，这样要比从历史和文化上来比较诸如议会、工会、家庭、资产阶级这样的具体解释性类别所产生的混乱要小得多。因此，应该可以将文艺复兴时期或启蒙运动中时间和空间的经验与 19 世纪末时间和空间的经验进行比较，以发现在这些年间发生了什么重大变化。这项研究促成了这样一个更大的历史项目。

为我的主题的重要性进行辩论会产生一种风险：暗示带有别的焦点的文化历史是不重要的。多年来研究一个时代的文化，不断地考虑两个主题就会不可避免地把所有事物都置于这样的背景中来看，甚至对那些对材料进行不同分类和阐释的作者的作品也会采取这样的做法。这一时期的一般文化历史，包括一些关注某一个国家或城市的文化历史，在吸引我对来源的关注上产生了启发和建议的作用，也提供了对于这些来源的不同阐释。虽然我知道任何研究人员都会自然带有偏见，但我仍然想说，从严格的哲学观点来看，我的焦点主题更为重要。罗杰·沙特克（Roger Shattuck）、H. 斯图尔特·休斯（H. Stuart Hughes）和卡尔·E. 索尔斯克（Carl E. Schorske）的主题是根据传统的学科原则和艺术流派构建的。虽然我在章节中使用了这些框架进行细分,但我的基本类别来自两个基本的哲学范畴——正如康德认为的那样,这些哲学范畴必不可少是因为它们是所有经验的必要基础。沙特克专注于当时法国文化的四个主题:童年、幽默、梦想和模棱两可,它们以四种类型即艺术、音乐、戏剧和诗歌来表达。索尔斯克解释了维也纳文学、建筑,城市规划、精神病学、艺术和音乐的政治;休斯研究了社会思想中的一个特定发现,它可以被解释为新的空间感觉的一个方面——透视主义[1],这些研究的有限焦点使他们的作者能够更详细地介绍,但他们并没有像我那样试图去分析经历的基本基础。

我原本打算按照传统的艺术流派和学科来组织这些新思维,然而新思维中很多内容都跨越了这些边界。我最终决定以哲学概念来作为这些理论框架的基础,因为这样我就能将一些概念(例如同时性)作为整体来处理,而不用将它们分散在不同的关于类别和原则的章节中。它迫使我将大的语料库分解,这会使我对他们各种贡献的评估更为敏锐。这个方法要求我用一个合适的小标题来讲述同时性——这是一个打破了传统分类的概念——这也会造成问题。即时的电子交流实现了同时性,也影响了关于现在、速度、形式和距离的感觉。我的结论是它对现在的感觉产生的效果最明显。

技术发展是对很多人产生影响的现实具体事件,因此它们是历史解释引人注目的来源。为了避免文化史上的单一因果技术决定论,必须明确澄清技术和文化是如何相互作用的。

新技术直接启发了一些文化的发展。詹姆斯·乔伊斯对电影很着迷,在《尤利西斯》里,他试图用文字再现早期电影制作人使用的蒙太奇技巧。未来主义者崇拜现代技术,在宣言和艺术中都对其有所涉及。几位诗人写了"同时"诗歌,作为对电子通信所带来的经验同时性的回应。然而,许多关于时间和空间概念的改变都不受技术的影响,而是对不同种类和原则内部压力的回应。保罗·塞尚在专注于圣维克多山的永恒形式和静物画中瓶子与苹果的安排时对艺术中的空间处理进行了革新。爱因斯坦对牛顿的挑战是由新机器——推理器的实验结果证实的,但相对论主要是对物理学多年来一直在努力解决的理论问题的修正。受技术启发的发展与独立于技术的发展之间的主题相似性表明,最广泛的文化革命正在发生,这其中涉及了人类经验的基本结构和人类表达的基本形式。

其他技术为生活和思想结构的改变提供了隐喻和类比。通过 X 射线打开人体内部的解剖地带是一次大型重新评估的一部分,这次评估关于在身体、思想、实物、国家中什么应该在内,什么应该在外。托马斯·曼(Thomas Mann)在《魔山》(*The Magic Mountain*)中的英雄说,当他通过 X 射线观察表弟的内心时,感觉好像在凝视着坟墓。埃德蒙德·胡塞尔(Edmund Husserl)挑战了笛卡尔认为感知发生在心中的观点,他认为感知是一种感知者和感知者之间的关系。立体主义者在一张画布上从各种视角呈现物体的内部和外部,从而超越了艺术中传统的空间与时间限制。飞机改变了国界和传统地理界线的重要性。

在整合这样一组资源的过程中,我使用了概念距离的工作原理。在同一个问题上,一位建筑师与一位哲学家在思考时的概念距离要比两位建筑师之间的大。我还认为关于一个时代的思考的概括所依赖的来源之间的概念差异越大,这个概括就越有说服力。然而,差异不能太大,并列也不能是强迫的。考虑到这个问题,我有时会用比喻和类比来联系来自特别"遥远"来源的材料,使解释超越严格的学科范围以及对证据和论证的严格要求。因此,例如,对负空间组成功能发现的讨论涉及的证据将跨越西方文化,涉及物理学中的场论、建筑空间、雕刻空洞、立体主义正负空间、马拉姆诗歌中的停顿和空白,以及文学和音乐中的沉默。这种广泛的跨原则、跨类型的构建涉及了传统文化领域中激进的重新分工。

将没有明显因果关系的发展进行主题分类的方法有时会导致关联的发现。例如,1915 年,在巴黎看到第一辆伪装卡车后,毕加索向格特鲁德·斯泰因(Gertrude Stein)评论说是立体主义发明了伪装,而这揭示了立体主义与伪装之间的关系。由于一些历史原因,这两种现象的

7

历史重要性很是相似。由于毕加索和格特鲁德·斯泰因都没有记录这种联系，我起初也认为他只是指出了这种重要的相似性，就像我在本书中对其他的文化发展的处理一样。但进一步的调查显示，发明伪装的人受到了立体主义者的启发，并明确地承认了这一点。这一发现使我能够在立体主义隐喻内部对第一次世界大战中战斗的重大改变进行诠释。

8

　　然而，一些类比也仅仅是类比，虽然我没有发现它们之间存在任何实际联系（例如，物理学中的场论与未来主义的"力线"之间），两者之间的相似性也足够强，这让我可以用研究证明的唯一合理方式将它们联系起来——这种联系是类比性的——在它们各自的原则和类型中有相似的结构或功能，它们也可能实际上在交流的过程中是相关的，只是我还没发现而已。这些类比构成了我思想的开放性，但它们并不构成我论证的主要部分。我的论点是基于相似文化功能的发展，这些发展是有因果关系的，或者至少在当时是有意识地相关的。

　　要找到一个正确包含这一时期发生的时间和空间体验所有变化的论文是不可能的。实际上，一个重大变化正是对多个时间和空间的肯定。然而，指出两个主要议题最重要的发展是可能的——对私人时间这一现实的肯定和传统空间等级的平衡。柏格森的哲学形成了私人时间论证的理论核心，立体主义以图形方式否定了绘画的主题比背景更重要的传统观念。我们将看到西方文化各个领域的等级平衡与贵族社会的平衡并列，与民主的兴起以及宗教的神圣、亵渎空间之间区别的消解并列。虽然有一些证据表明这些平行发展之间存在直接的、有意识的联系，例如路易斯·苏利文（Louis Sullivan）对新的"民主"建筑的肯定，但这些联系在很大程度上是有类比性的，是基于强制的相似性的。

　　虽然我并不是要以简单的方式提出这项研究与当前问题的"相关性"，但它的概念与近年来的能源危机有关。考虑到能源长期损耗的灾难性后果，尤其是那些影响交通运输的能源，我突然想到，在我想要分

9 析的这个阶段，新能源彻底改变了时空经验。因此，这个时代本身就有一场能源危机——一场由充裕导致的危机。铁路和轮船的巨大发展以及汽车和飞机的发明大大加速了交通运输，并使人们可以高速行驶的地方激增。石油工业开始为汽车大规模供应燃料，发电站为点亮黑夜与发动电车提供电力。这是当前能源危机的反面，因为忧虑的人们普遍关注的是新能源过剩以及它可能产生的糟糕结果。没有人说能源会用完，与目前导致恐慌的危机不同的是，大战之前的危机激起的是希望。

　　每一章都以塑造时间和空间模式的技术或制度发展为主题，然后根据传统的学术原则和艺术流派对文化记录进行调查。在每个小节中，我按时间顺序重新构建了事件。本研究的结束日期是一个自然的历史标记；开始日期是个大概数据。一些事件，例如 1873 年朱尔斯·凡尔纳（Jules Verne）出版了《80 天环游地球》（*Around the World in Eighty Days*），或 1876 年电话的发明都在研究的开始日期之前，但大部分变化集中在世纪之交并构成一般性连贯的文化单位。

1　时间的本质

在关于思想史的论文集的序言中,文化历史学家亚瑟·O. 洛夫乔伊(Arthur O. Lovejoy)抱怨说,许多研究过分强化了作者的观点,以便展示其思想是浑然一体的。在他自己的文章中,他试图纠正这种弱点,并提出"内心的紧张,即在不同的观念或情绪之间的波动或犹豫,或者对对立双方观点简单、或多或少无意识的支持"[1]。洛夫乔伊指的是个人的想法,但这个警告对一个时代的想法来说甚至是更加合适的。在任何一个时代,各种各样的观点不会只向一边倒。我根据知识本质上是辩证的,以及思想是在与其他思想的对抗中产生的、都具有基本的辩证性质这一理论,戏剧性地提出了批判性概念。一个思想体系的发展涉及对对比观点的选择和偶然性解决。我将围绕三对相反的观点对这一时期关于时间本质的思想进行组织:时间是同质的还是异质的、原子的还是流动的、可逆的还是不可逆的。

∞

正如每个孩子都迅速得知的那样,时间只有一个。它流动着,可以在时间线的任何地方被划分成相等的部分。1687 年牛顿是这样定义时间的:"从本质上来说,绝对的、真实的、数学的时间的流动与外在的任何东西无关。"在《纯粹理性批判》(*The Critique of Pure Reason*)

(1781)中，伊曼努尔·康德(Immanuel Kant)拒绝了牛顿关于绝对、客观时间的理论(因为这种经历是不可获得的)，他认为时间是所有经验的主观形式或基础。但即使它是主观的，它也是普遍的——对每个人都是一样的。毫无疑问，牛顿和康德经历了不同的私人时间节奏，但在19世纪末期之前，没有人[可能除了劳伦斯·斯特恩(Laurence Sterne)，他曾在《项迪传》(*Tristram Shandy*)中探索过私人时间]系统地质疑过时间的同质性。我们可以在每年制造的数以百万计的钟表上找到相关证据。

自14世纪机械钟发明以来，在统一的公共时间历史方面最重大的发展是19世纪末标准时间的引入。促进统一时间的先锋是加拿大工程师桑福德·弗莱明(Sanford Fleming)，他在1886年列出了一些采用统一时间的原因。电报的使用"使全球的整个表面都受到文明社区的观察，这导致了相隔很远的地方的时间与其距离不成比例"。这个系统将日与夜混淆为"中午、午夜、日出，日落都是在同一时刻观察的"，以及"周日实际是在周六中间开始，周一中间结束"[2]。一个活动可能会在两个不同的月份甚至两个不同的年份举行。确定当地时间、精确地知道法律什么时候生效、保险什么时候开始，这些都是很重要的事。他的结论是，只有采用协调的世界网络才能阻止当前系统导致的无数政治、经济、科学和法律问题。

标准时间最著名的支持者是赫尔穆特·冯·莫尔特克伯爵(Count Helmuth von Moltke)，他在1891年呼吁德国议会采用标准时间。他指出，德国有五个不同的时区，这将阻碍军事计划的协调；此外还有其他时区，他抗议说："我们害怕在法国和俄罗斯的边界会面。"[3]当弗莱明向《帝国》编辑发送莫尔特克的演说去出版时，他做梦也想不到在1914年，世界将根据标准时间促成的动员时间表发生战争，他原认为这将促进合作与和平。

尽管从科学和军事方面看，世界时间有很多好处，但最早使用世界时间的是铁路公司而非政府。1870年前后，如果一位从华盛顿到旧金山的旅行者在经过路上的每一个小镇时都设置一次时间的话,他得设置 200 多次。铁路公司试图通过对每个地区使用单独的时间来解决这个问题。因此宾夕法尼亚铁路沿线的城市被置于费城时间,比纽约时间晚五分钟。然而在 1870 年,仅在美国仍然有大约 80 个不同的铁路时间。[4]1883 年 11 月 18 日,铁路实施统一时间的那一天被称为"两个中午的日子",因为在中午的时候必须把时钟拨回每个地区的东部时间。这最后一次必需的破坏是为了帮助铁路公司结束那种让它们的功能复杂化、利润减少的混乱。1884 年,25 个国家的代表在华盛顿的本初子午线会议上提议将格林尼治设为零子午线,确定一天的确切长度,将地球划分为相隔一小时的二十四个时区,并确定了世界日的精确起点。然而尽管此举的可行性显而易见,采用这个系统的进程还是非常缓慢。

1888 年,日本把铁路和电报服务协调到了格林尼治时间 9 个小时之前。比利时和荷兰于 1892 年紧随其后;德国、奥匈帝国和意大利于 1893 年也行动了;但是在 1899 年的时候,约翰·米尔恩(John Milne)调查了世界各国如何确定他们的时间及其与格林尼治的关系,他发现其中仍然存在很多混乱之处。中国的电报公司使用的时间与上海大致相同;沿海港口的外国人使用当地的太阳时;其他所有中国人使用日晷。在俄罗斯有一些奇怪的当地时间,例如圣彼得堡比格林尼治早 2 小时 1 分钟 18.7 秒。在印度,城市中的锣、枪、钟宣告着数百个当地时间。[5]

在西欧国家中,法国的情况最为混乱,一些地区有四个不同的时间,没有一个时间能简单地转换为格林尼治时间。每个城市的当地时间都取自太阳读数(solar reading)。比每个当地时间晚大约四分钟的是固定恒星的天文时间。铁路使用巴黎时间,比格林尼治早 9 分 21 秒。1891 年的法律使其成为法国的法定时间,但铁路实际上落后了五分钟,以便为乘客提供额外的上车时间。因此,火车站内的时钟比轨道上的时钟早五分钟。[6]1913 年法国记者 L. 乌勒维格(L. Houllevigue)将

13

这种"逆行行为"解释为民族自豪感的一种体现，他使用了一部1911年的法案中的措辞，那部法案旨在倡导这个别的欧洲国家两年前就实行的系统。这部法国法案宣称"法国和阿尔及利亚的法定时间比平均巴黎时间慢9分21秒"。乌勒维格指出了这一措辞的意图："由于一种可饶恕的沉默，法律没有说明定义的时间是格林尼治的时间，我们的自尊可以假装我们采用的是阿根廷时间，这个时间碰巧几乎完全与英国天文台在同一个经线上。"[7]尽管他们先前已被孤立，但法国最终在1884年的指导方针下率先开展了统一世界时间的运动。如果零经线是在英国的土地上，至少世界时间的建立是在法国。因此总统雷蒙德·庞加莱（Raymond Poincaré）决定在巴黎于1912年主办国际时间会议，该会议提供了确定和维持准确时间信号和传输的统一方法。

无线电报使这一切成为可能。早在1905年，美国海军就通过无线电从华盛顿发出时间信号。在法国正式宣布法国时间之前，埃菲尔铁塔于1910年传送了巴黎时间。到1912年，南锡、沙勒维尔以及朗格勒都安装了该系统，以便整个国家可以同时接收相同的信号。乌勒维格吹嘘巴黎"被格林尼治取代为经络的起源，被宣布为最初的时间中心，是宇宙之表"[8]。巴黎的天文台将采用天文读数并将它们发送到埃菲尔铁塔，在这里它们将被转发到地球上的八个站点。1913年7月1日上午10点，埃菲尔铁塔第一次向世界各地传送了时间信号。全球电子网络的框架一旦建立起来，当地时间的独立性就开始崩溃。无论当地时间曾经有过什么样的魅力，以光速在全球各地引发蜂鸣和铃声的脉冲注定将世界唤醒。

在国际时间大会召开之际出现了各种日历改革提案。这些提案没有产生什么具体的后果，但它们展现了合理化公共时间的共同努力。1912年，一位美国改革者指出，虽然年、月和日都基于自然，周和小时却完全是人为的。他认为，应该将日历的"愚蠢"安排简化为将每一年分为四个相等的季节，新年这一天排除后每个季节均为91天，此外每四年要排除一天。[9]法国科学作家卡米尔·弗拉马里翁（Camille

Flammarion)在对 1913 年日历改革的提案介绍中称赞了国际时间会议所取得的成就,进行了日内瓦改革,并指出应该修改对年度的不等分划分。他赞同德拉波特在年中增加一个闰月,将每月缩短为 28 天的建议,以便工人工资、每月租金、利息计算都可以每四周循环一次,每个月的长度也相等。每一年也总是在同一天开始,从而避免重印日历。[10]在 1914 年,一位英国人强调了在商业和政府安排方面遇到的困难,并推荐了一个日历,其中每个季度由两个三十天的月份和一个三十一天的月份组成,闰年完全不被计算在内。[11]德国改革者提出"一百小时一天",他所指的一小时大约相当于现在的四分之一小时。他争辩说,正如在空间计量中引入小数使得德国经济得以快速发展一样,引入时间十进制可以为其他追求释放资源。[12]

1893 年关于火星生命的科幻小说结合了之前十年标准时间的一些发展。在亨利·奥列里希(Henry Olerich)的《无城无国之地》(*A Cityless and Countryless World*)一书中,每个住宅和工作场所都配有天文控制、电子同步的时钟。金钱的标准是时间:"在商业方面,当你说我的一件物品要卖这么多美元美分时,我们说我需要这么多天、小时、分钟和秒钟。"[13]火星货币包括标有时间单位的纸币。这种时间货币可能受到了工厂引入时间记录机器的启发。奥列里希的书出版的同年,《科学美国人》(*Scientific American*)中的一篇文章描述了一台自 1890 年起投入使用的机器,在员工进入和离开的时候它会在员工的卡片上盖章。[14]虽然工资以美元支付,但其数量取决于卡片上盖的章。奥莱里奇只需稍作改动就能创造一个时间就是金钱的乌托邦世界。

对守时和工作时间的记录并非这一时期才开始,但时间的精度从未像电力时代[15]一样准确和普遍。批评是一开始就有的。乔治·比尔德(George Beard)在《美国神经质》(*American Nervousness*)中就列出了一些危言耸听的病理影响。他将那种造成"几分之慢导致灭顶之灾"的神经质归咎于时钟的完美以及手表的发明。[16]每一次看到手表上那些令人紧张的数字,神经都会更加紧张,心跳也会加速。还有不少别的危言耸听的人反感标准时间的引入，但现代社会已经接受了标准时间和准时，因为它们满足了更大的需求。在亚瑟·库斯勒（Arthur Koestler）的《中午的黑暗》（*Darkness at Noon*）中，俄罗斯农民在黎明就得到达火车站，等待一辆可能直到下午晚些时候才到的火车，这种革命前的田园形象表明这样的生活方式是田园牧歌式的，但更是令人沮丧和浪费的。

除了莫尔特克之外，只有很少的人支持世界时间，而且他们也只在改革派的狭小圈子中为人所知。然而，公共时间这一概念被广泛接受，被认为是时间持续和连续的适当标记。关于它的好处并没有什么详细的辩论，因为看来并无必要。关于同质与异质时间的辩论热情来自那些小说家、心理学家、物理学家和社会学家，他们研究了个体创造的不同时间，那与生活方式、参考系统和社会形式一样多。

16

∞

在这一时期富有想象力的文学作品对统一公共时间权威的攻击中，最直接的是在约瑟夫·康拉德（Joseph Conrad）的《秘密特工》（*The Secret Agent*，1907）中指派给俄罗斯无政府主义者的那一种。他的任务是在英格兰作为**特工煽动者**去炸毁格林尼治天文台。这是康拉德能找到的最合适的无政府主义目标，是政治权威最**生动**的象征。

一些文学作品探讨了私人时间的异质性及其与公共时间的冲突。1890年，奥斯卡·王尔德（Oscar Wilde）想象出在多里安·格雷（Dorian Gray）的身体时间和公共时间之间存在的一种灾难性的不和谐，在他年轻时，他的肖像就已经老去。当多里安刺穿肖像时，魔法结束，两种时间各归其位：肖像变回天真的青年，肖像隐藏的腐败则浮现在了多里安的脸上。

马塞尔·普鲁斯特的《追忆逝水年华》（*Remembrance of Things*

Past）发生在一个可明确识别的公共时间内：从德雷福斯事件到第一次世界大战。其叙述者马塞尔的私人时间却以与其他人物不同的不规则速度移动，这是与任何标准系统都不符合的。马塞尔说，他的身体在他睡觉的时候保持着自己的时间，"并不是在钟的表面标记，而是通过我补充稳定增长重量的力量，像一个有力的发条装置一样，一点一点地从我的大脑渗透到身体各处"[17]。在对过去时光的追寻中，机械的钟表是全然无用的，它不可能像普鲁斯特那样学着倾听很久之前就被灌输在身体中的微弱记忆之弦，这些声音注定要以不可预知和神秘的方式回旋。

对于弗兰兹·卡夫卡（Franz Kafka）的困境中的英雄们来说，肤浅地为普鲁斯特记录时间的表盘都是他们的虚拟敌人。当格雷戈尔·萨姆萨（Gregor Samsa）在《变形记》（*The Metamorphosis*）中醒来并发现自己是一只大虫子时，将要错过火车这事加剧了他的痛苦。与公共时间的第一次分裂是他与世界的关系彻底崩溃的象征。在《审判》（*The Trial*，1914—1915）中约瑟夫·K.告诉雇主关于他第一次被传唤去听证会的事："他们电话通知我去某个地方，但忘了告诉我该什么时候去。"他认为应该九点到却睡过了头，迟到了一个多小时。几分钟后，检察官责备他："你本应在 1 小时 5 分钟前就到这里。"[18] 第二周，他准时去了，但那里没有人。这种混乱反映了他与世界之间更大的问题。正如他无法决定谁应该对失约负责一样，他最终丧失了区分内疚的内外部来源的能力。卡夫卡在 1922 年的一篇日记中对公共时间与私人时间之间令人发狂的不一致做出了评论，"没法入睡，也无法醒来，无法承受生活，准确地说无法承受连续的生活。时钟不让你做到这些。内心的时间像撒旦和恶魔一样，以不人道的方式往前冲，而外部时间却蹒跚地以它惯常的速度前进"[19]。对于卡夫卡笔下的人物来说，早到让他们感觉荒谬，迟到却又会引发内疚。

让普鲁斯特感觉肤浅、让卡夫卡产生恐惧的公共时间对于乔伊斯来说太过随意，也不适用于管理多样的尘世生活。在《尤利西斯》

17

（*Ulysses*）中，他将奥德修斯二十年的旅行压缩到利奥波德·布鲁姆在都柏林市中心商店酒吧闲逛的十六个小时的生活中，改变了对时间的传统处理。我们事无巨细地得知了布鲁姆在那一天的所想、所为、所感，而乔伊斯在故事的有限时间内通过内心独白和对布鲁姆独特时间的体验及其与宇宙时间无限扩张之间的关系做出评论来扩大时间的范围。

时间的异质性是通过每章散文的特定节奏正式呈现的。[20] 在"风神"一章，节奏的变化就像将奥德修斯吹离航线的不可预知的风一样；而在《尤利西斯》中，这一节奏如饶舌的记者，他的观点散落在各篇文章之中。在"食人族"一章中，布鲁姆去吃午餐，节奏是消化的蠕动。布鲁姆看着河流回想着一切事物流动的方式：通过消化道的食物，通过产道的胎儿，都柏林的交通，他的肠子、思想、语言、历史以及时间本身。"太阳神的牛"一章中的长篇大论就如妇女生孩子的节奏一样冗长。在"伊萨卡岛"这一章中，乔伊斯将斯蒂芬和布鲁姆回家的旅程描述为一个教理问答，他们的思想及其脚步一样在一系列问答中交替前行。在最后一章中，莫莉的意识流则构成了节奏。

在讲述布鲁姆如何翻过后面的栅栏进入他家的过程中，乔伊斯突然列出了一系列描述布鲁姆测量的方式。这是"公元 1904 年这个闰年的 5 月 12 日（犹太历法的 5664 年、伊斯兰历法的 1322 年），金色数字 5，闰余 13，太阳周期 9，基督字母 CB，罗马指示 2，朱利安时期 6617，MXMIV"[21]。我们被告知 1904 年 6 月 16 日布鲁姆正好在都柏林，只是乔伊斯让我们好奇具体是什么时间。

乔伊斯提醒说，时间与它的测量系统是相关的，这一说法也指向了爱因斯坦的理论，即所有时间坐标都与特定参考系统有关。在 1883 年的一本教科书中，恩斯特·马赫（Ernst Mach）提出了一些关于经典物理学的问题，这些问题预示了一个有史以来最伟大的科学革命。马赫反对牛顿关于绝对空间和绝对运动的观点，认为绝对时间是"无用的形而上学概念"[22]。这种对经典力学的抨击引发了一系列的修改，最终导致了爱因斯坦对它的大胆推翻。对绝对时间的下一次打击来自一个实验,这一实验旨在验证能传播光的发光醚的存在。根据经典力学,地球运转会产生以太流,而与之垂直的光速本应比与之平行的光速快一些,但迈克尔逊和莫利在1888年做的那个有名的实验表明这两个速度之间并无可见的差异。这个讨厌的结果导致了几个假设,那就是时间在通过以太之后速度会变慢。

1895年,亨德里克·洛伦兹(Hendrick Lorentz)推测,可能通过以太的运动会延长时间就足以解释两种光速相等的现象。[23]这是对经典物理学和相对论的折中。它认为运动会修正时间的测量,即存在多个"本地时间",每个时间取决于时钟与观察者的相对运动,这预示了相对论的出现。但它也赞同绝对时间的传统概念,坚持认为物体通过以太后所产生的变化类似于其他弹性物体在通过气体或流体时产生的收缩。洛伦兹认为时间的膨胀是真实的,因此他保留了绝对时间的概念。爱因斯坦却认为,时间的膨胀只是一种透视效果,是由观察者和所观察事物之间的相对运动产生的。它不是一个物体固有的具体变化而仅仅是测量行为的结果。这种解释否定了绝对时间,因为时间只在进行测量时才存在,并且这些测量是基于两个物体的相对运动的。

利用1905年的狭义相对论,爱因斯坦计算了在一个参照系统中,匀速运动的时间从另一个相对静止的系统来看时是如何减速的。在1916年的广义相对论中,他将理论扩展至加速体的时间变化。因为世界上的所有物质都会产生引力,而引力又相当于加速度,因此他得出了一个结论,"每个参考物体都有自己特定的时间"[24]。在这个理论的后续推广中,他对比了只使用一个时钟的更老的力学和他需要我们想象出"尽可能多的时钟"[25]的理论。广义相对论具有象征性的效果,即在宇宙中的每个重力场中放置一个时钟,每个时钟运动的速度都由该点的引力场强度和被观察物体的相对运动决定。爱因斯坦位于伯尔尼的专利办公室墙上一个时钟都没有,但他让给出不同时间的钟表充满了整个世界。

虽然在 19 世纪后期人们对时间的社会起源进行了几次调查，[26]但是首先构成重要意义的却是埃米尔·涂尔干(Emile Durkheim)的奇妙作品。那个时代的社会学和人类学充满了关于原始社会的信息：关于他们对于生命周期过程和天体的运动的庆祝；他们对季节变化的依赖以及植物和动物的节奏活动；对祖先经历充满异国情调的庆祝活动；以及他们对历史的循环和宿命的看法。难怪涂尔干相信时间的社会相对性。

在《原始分类》(*Primitive Classification*，1903)一书中，涂尔干曾提及时间是与社会组织密切相关的，而在《宗教生活的基本形式》(*The Elementary Forms of the Religious Life*，1912)中，他详细探讨了这一主题。在此书中他区分了私人时间和"一般时间"，后者的社会根源为："时间范畴的基础是社会生活的节奏。"更具体地说，"天、周、月、年等的划分是与仪式、宴会和公共仪式的周期相对应的"。社会按时间来组织生活、建立节奏，然后将其统一地作为所有时间活动的框架。因此，"一个日历表达了集体活动的节奏，同时它的功能是确保活动的规律性"[27]。

精神病学家和哲学家也对相对时间进行了争论。卡尔·雅斯贝尔斯(Karl Jaspers)在现象学精神病学方面的著作概述了在精神疾病中可能发生的对于时间和空间的不同感知方式。[28]在关于记忆和时间观念的历史中，皮埃尔·雅内(Pierre Janet)讲述了"整整一代"研究主观时间的实验心理学家和临床医生的贡献，他们在 19 世纪晚期调查了主观时间。他引用了自己在《神经症与固有想法》(*Névroses et idées fixes*，1898)中关于精神病患者对时间扭曲感的描述，还认为让·居约(Jean Guyau)在 1890 年的文章开启了"时间心理学的新时代"[29]。雅内还讨论了查尔斯·布隆代尔(Charles Blondefs)1914 年的作品《病态意识》(*La Conscience morbide*)，此作研究了精神病患者不同时间的世界。一位病人"像动物一样日复一日地生活在一种对过去和未来的撤退中"，时间似乎是无休止的。过去的几天就如几年，所有时间中的事件都处于梦魇般的混淆之中。对于另一名患者"加布里埃尔"来说,时间是萎缩的,未来的可怕事件被颠倒至过去,就像它们已经发生并会一直持续一样,如此就会产生焦虑。就如同她的思想不断检视整个时间范围,将所有病态的思想收集并浓缩成一种当前的和不可避免的焦虑体验。[30]

∞

关于时间原子性的论点有各种各样的来源。最有影响力的可能是牛顿的微积分,它将时间视为无穷小的离散单元的总和。时钟的滴答声及其可见刻度以有声的形式代表了时间的原子性。1916 年人们发明了现代电子钟,这种钟的秒针会快速转动。直到那时,时钟才能作为通量为时间提供模型。[31]实验心理学家试图确定人类反应的精确间隔和能检测到的最短持续时间。在古斯塔夫·费希纳(Gustav Fechner)和威廉·冯特(Wilhelm Wundt)的实验室中,节拍器和手表被作为可测量时间的构造用来研究人类生活。

19 世纪 70 年代后期,两位电影先驱通过一系列静态照片研究原子化运动。奥德沃德·迈布里奇(Eadweard Muybridge)记录了一匹奔马的动作,他在路线上设置了一些摄像机,用一条细线穿过轨道,当马跑过时会触发快门。他还对人类和动物的运动进行了连续的摄影研究。1882 年,法国医生 E. J. 马雷(E. J. Marey)开始用他称为"连续摄影术"的技术研究运动——字面意思就是时间的摄影:"通过在很短时间间隔内拍摄的一系列瞬间照片来分析运动的一种方法。"[32]马雷对飞行的空气动力学特别感兴趣,他开发了一种能同时从三个不同角度拍摄鸟类的设备。他认为,理解运动的最佳方法是将其分解开来,然后将它们重新组合成复合图片或塑料模型。

电影的改进使得 1896 年出现了第一次公映,它也将动作分解为分离的部分。未来主义摄影师安东·布拉加利亚(Anton Bragaglia)提出了一种他称之为"光动力"的技术，此技术涉及将快门打开足够长的时间以记录运动物体的模糊图像。[33]他认为较之连续摄影术和电影摄影，这种技术才提供了唯一真实的运动艺术，前面两者则破坏了动作并且错过了它的"相互作用"。布拉加利亚的照片看起来更像是初学者所犯的错误，而不是运动问题的艺术解决方案，它们看起来尽管可能有点荒谬，却生动地说明了所有视觉艺术在捕捉时间或运动的流动性上所面临的困难。

画家在绘制时间中物体在运动时所遇到的困难一直以来都是一个令人沮丧的限制。18世纪，哥特霍尔德·莱辛(Gotthold Lessing)将艺术划分为时间性和空间性，这就使得这种限制正式形成，并在19世纪晚期困扰着画家们。[34]艺术家们过去通常试图通过描绘远离现在的某个时刻来表示过去和将来。印象派画家们试图用表示同一天、不同季节、不同气候的不同时刻的相同主题的系列画来对时间进行更直接的表达，比如，克劳德·莫奈(Claude Monet)的《草垛》(*Haystack*)和他描绘鲁昂大教堂(Rouen Cathedral)的系列作品。莫奈自己解释说："我们画的不是风景、海景或人物，我们画的是对一天中某一小时的印象。"[35]印象派画家也试图描绘他们对运动的印象，但无论他们如何暗示飘过的云朵或风在水面的波纹上引起的光亮移动，一切都只是定格在一瞬间。

立体派试图以多种视角超越瞬间，至少一群早期的评论家是这样认为的。1910年，莱昂·沃斯(Leon Werth)写道，毕加索的立体主义形式显示"我们随着时间的流逝所体验的感觉和反思"。同年，立体派画家让·梅青格尔(Jean Metzinger)提出，在布拉克的画作中，"整体的形象会随着时间散发"。1911年，梅青格尔解释了他认为立体主义的多重视角是如何增加时间维度的。"他们让自己围绕物体转动，目的是对其进行具体的再现，这包含了几个连续的方面。以前，图画占据的是空间，现在它也统治着时间。"1910年，罗杰·阿拉德(Roger Allard)指出,梅青格尔的画作是"时间流逝中的综合体"。这些说法都言过其实了。立体主义画家结合在一幅画里的多重连续视角并不足以证明这些画能在时间里分散。不论结合了这个物体的多少个连续视角,画布所经历的都只是某一个时刻(此外还有眼睛浏览画面所需要的时间)。立体派艺术家们玩弄着他们风格的局限性,甚至可能带有一些有意的嘲讽。他们的发明以一种新的方式在艺术中展示了时间,但这并不构成时间流逝的经验。

1899 年,荷兰评论家恩斯特·特·皮尔特(Ernst Te Peerdt)在《在图画中再现瞬间的问题》(*The Problem of the Representation of Instants of Time in Painting and Drawing*)中说,我们的视觉领域并不包含一系列永恒的个体。知觉的每一个瞬间都综合了一连串的知觉。"正是那些时刻形成了同时性,在对物体的注视中,它们彼此并列,形成了一个序列。"[37]眼睛与静止的照片不同,它能将一系列的观察结合起来。画家的任务是将空间的形式与时间的顺序结合起来。尽管恩斯特认为好的视觉艺术可以表示一个序列,却不能描绘物体的运动或时间的流逝。

没有什么主题能比时钟更生动地表现时间的原子化本质,但这个时期的画作中少有时钟。1870 年前后,保罗·塞尚(Paul Cézanne)画了一幅静物画,画面主要表现了一个巨大的没有指针的黑色时钟——这是他企图在画作中创造的永恒的象征。此后西方美术的主要作品中对时钟的描画,要在 1912 年胡安·格里斯(Juan Gris)的《手表》(*The Watch*)一作中才能看到。此画中的时间在几个方面都是混乱的,手表呈 90 度放置,这样就很难一眼看清楚上面的时间;表面还碎成了四块,只看得清楚其中的两块,另外两块是模糊的;分针也没了,因此即使考虑再三也不可能准确读出上面的时间。在这个立体派的手表上,时间是支离破碎、不连续、不明确的,唯有在能看清的那一块表面上,指向刻度 14 的指针将时间定格在了那一刻。

1913 年,艾尔伯特·格莱茨(Albert Gleizes)将一个时钟画在了一幅立体主义画作中,他抹去了钟面一半的读数。[38]时间正好是 2∶35,但

23

是对于抹去部分的读数来说这个时钟是无用的。格莱茨轻易地就将时间像空间和物体一样打碎了。

在 1912 年的《小时之谜》(*Enigma of the Hour*)中，乔治·德·基里科(Giorgio de Chirico)画了一个时间明显可见的钟，它威严雄伟地高耸于一个小小的身影之上。基里科把突出的时钟画在了许多画作之上，它们看起来就像凡·高的太阳一样：《诗人的喜悦》(*The Delights of the Poet*，1913)，《占卜者的收复》(*The Soothsayer's Recompense*，1913)，《哲学家的征服》(*The Philosopher's Conquest*，1914)和《忧郁的出发》(*Gare Montparnasse*，1914)。除了第一幅之外，所有的画面中都有一列火车开过，这表明他可能故意将铁路和于 1912 年在世界范围内实施的标准时间联系了起来。虽然这些画作的标题暗示了空间和时间上的超越，但时钟将动作固定在了一个不可改变的时刻。它们有一种严格的、静止的性质，火车旅程或预言家的愿景无法对其做出更改。与塞尚、格里斯和格莱茨不同的是，基里科选择承认造型艺术只能表现某一个时刻，通过这一明显的普遍符号，他歌颂了钟表时间的力量。

这种对于完整可见的时钟的让步仿佛是让人难以忍受的，几年之后，萨尔瓦多·达利(Salvador Dali)在《记忆的永恒》(*The Persistence of Memory*，1931)中描绘了三个融化的表。一只表在树上挂着，它提醒人们事件的持续时间在记忆中可能被拉长；另一只表的上方有一只苍蝇，这表明记忆的对象会像腐肉一样腐烂融化；第三只表则蜷在一个混合胚胎形状的东西上——这是一个象征：生活扭曲了机械时间的几何形状和数学精度。那个没有融化的表壳上则爬满了正在将之吞噬的蚂蚁，正如吞噬我们生命的时间一样。

基里科的时钟是清晰可见的，但除了他以外，其他所有画家笔下的钟表都是变形、模糊或污损的，那些钟表都无法表现时间。莱辛的铁律总被挑战，但从未被战胜。能给时间一个扩展配方的哲学家和小说家们更能有效地为时间的变迁性进行辩论。

时间是流量而不是离散单位之和的理论与人类意识是一种流体而

非单独的能力或思想的集合的理论相关联。1884 年,威廉·詹姆斯(William James)在一篇文章中首次将思想称为"思想流",该文章批评了大卫·休姆(David Hume)和约翰·赫尔巴特(Johann Herbart)的观点,前者将思想视为"被称为事项的各种形式的单独实体的凝聚",后者则认为思想是"被称为表现的单独个体的相互抵触"[39]。詹姆斯对于"扭曲思想流的恶性模式"的描述,对感觉元素的"非法""有害"的处理预见了柏格森将时间的空间表现为"罪恶"的特征描述。詹姆斯对单独的"实质部分"和流动的"传递部分"进行了区分,而感觉论心理学家却忽视了这一点。詹姆斯用他最爱用的针对大脑的比喻讥讽联合主义心理学的这条河是由"一桶桶的""水"组成的说法。他认为情况恰恰相反:"心灵中的每一个形象都沉染在周围的自由之水中。"每个心理事件都与之前、之后、附近和远处的那些事件相关联,它们就像周围的"光晕"或"边缘"。我们的精神生活并没有单一的步伐,它就"像鸟的生命一样,似乎是由飞行和栖息交替组成的"。它的整体飘升和减速,不同的部分以不同的速度移动,像湍流的漩涡一样触及彼此。

1890 年,詹姆斯在一本流行的心理学教科书中重复了这些论点,并添加了一个后来变得有趣的表述。"意识本身并没有被切成碎片。像'链'或'火车'这样的词语并没有对它做出恰当的描述;它不是被连接起来的;它是流动的。一条'河流'或'溪流'是能对它进行最自然的描述的隐喻。下面谈到它时,让我们把它称为思想流、意识流。"[40]尽管詹姆斯和柏格森倾向于用不同的比喻来描述思想,但他们一致认为它不是由不连续的部分组成的,任何时刻的意识都是不断变化的过去和未来的综合体,并且它是流动的。

在《形而上学导论》(*An Introduction to Metaphysics*,1903)中,亨利·柏格森(Henri Bergson)通过区分两种认识方式来探讨时间流动性的主题:相对和绝对。前者是一种贫乏的方式,通过围绕一个物体或者那些无法传递其本质的符号和词语来了解它。绝对的知识来自体验,因为这才是源于内部的。只有直觉才能给出绝对的知识,他将其定义为"一种智慧的同情，人们可以通过它将自己置于物体内部，以与其独特之处、不可表述之处达到一致"。在这里，我们遇到了一个大难题。如果绝对的知识及其哲学的目的是不可表述的，我们如何才能有效地写出来呢？柏格森努力传递这种知识，并且通过一系列类比和隐喻来传达它的存在。他很快就会承认，所有这些都无法被完全表达，但那些隐喻也起到了部分作用，因为我们都分享着直觉的体验："我们的自我，也就是我们在时间流中的个性，是持续的。"当他思考自我时发现了"一种持续不断的变化、一种连续的状态，每一种状态都宣告了接下来的内容也包含了之前的状态"。这种内在的生活就像是一个线圈的展开或一个球在球上连续滚动。但他在提出这些比喻的时候就承认它们具有误导性，因为它们是指一些空间性的东西，而思想却是在时间而非空间上展开的。在最后一次提供精确类别的努力中，柏格森引导读者想象"一个拥有无限弹性的身体（这是无法想象的），如果可能的话（这是不可能的），收缩至一个数学点"。想象从那一点画出的一条线，然后没有把关注点放在线上，而是放在它被追踪的动作上。这之后"让我们摆脱运动背景下的空间，以便只考虑运动本身，即紧张或延伸的行为，简单来说就是纯粹的运动。在此期间的自我发展这一次会有一个更忠实的形象"[41]。因此，柏格森要求我们想象一些难以想象的东西，想象一个不可想象的形象的令人难以置信的行为，然后将我们的注意力限制在不可能的行动的一个方面。这种尝试类比的效果是强调用语言表达我们在时间中生存本质的困难，即他所称的"持续时间"（durèe）。

让柏格森感到愤怒的是当代思想尤其是科学扭曲了"持续时间"的真正体验，将其像在时钟上一样以空间的方式表现出来。四分之一小时成为分针形成的圆弧中 90 度弧的那一部分。在另一个反对将时间演绎成空间的争论中，他驳斥了芝诺（Zeno）关于运动或改变是不可能的"证据"。芝诺的结论是，如果运动中的箭头在其轨道上经过不同的点，在面对这些点时，箭头一定是静止的，因此永远不可能移动。柏格森错在以为那样的划分是可能的，以及认为"事情对于追寻轨迹的路线来说是什么样，对于运动来说就是什么样"。路线能被分开，但运动是不能的，时间也一样：我们无法在不扭曲其本质是流体性质的基础上将时间视为回合停顿的总和，亦无法将时间视为流动原子的总和。

　　柏格森的持续时间理论产生了广泛而多样的文化反应，既有热情的支持又有疯狂的谴责。19 世纪 90 年代，乔治斯·索雷尔（Georges Sorel）为社会主义革命制定了蓝图，旨在通过让工人参加总罢工，为工人创造社会主义的"直觉"。索雷尔用柏格-索尼亚语争论说对革命社会主义的科学解析是静止的，它忽略了历史变化的基本本质，而这是必须在其持续通量中通过直觉感知的。他发现欧洲的工人阶级在革命进程中停了下来，就如芝诺的箭头在飞行中停了下来一样——被那些模糊了变化与运动的不可分割性的分析人为冻结了。[43] 查尔斯·贝玑（Charles Péguy）用柏格森的哲学来攻击笛卡尔传统，他认为这种传统将法国思想置于毫无建树的僵化之中。[44] 贝玑解释了对固定思维的愚蠢重复所导致的现代基督教的精神死亡：层层习惯扼杀了真正信仰的活力。

　　在《创造性进化》（*Creative Evolution*）的最后一段中，柏格森概述了那些摒弃所有固定符号的哲学家的正确目标。"他将看到物质世界融化成一股流，一种流动的连续性，一种成长。"这一想象让柏格森的一些批评者感到震惊。英国艺术家温德姆·刘易斯（Wyndham Lewis）可能是他的批评者中最有趣也最歇斯底里的一位，他在 1927 年得出结论，柏格森与"流"的浪漫关系是现代世界最不幸发展的开始，因为他将清晰分析的明确区别变成了阴暗持续的混淆。刘易斯指责柏格森在空间和时间之间放置了连字符，他如此表明自己的强烈不满：

27

　　　　尽管他喜欢看到事物"穿透"[7]和"合并"的景象，我们也欣
　　赏与之相反的事物分开并立的画面——风在他们之间吹过，
　　空气在里里外外自由流通：尽管他喜欢"模糊不清/定性/朦
　　胧、耸人听闻、欣喜若狂"，我们却更重视独特的、几何的、普遍
　　的、非定性的、清晰的、不追求轰动的。我们更喜欢柏格森所
　　说的"对空间的迷恋"，而非对音乐的入迷，以及它对于时间的

入迷，它情感的紧迫性和本能的激动。

刘易斯认为柏格森的哲学、爱因斯坦的物理学，以及这一时期的很多文学作品是"一个庞大的正统说法"，它们密谋要去除艺术的明显界限，还要隔开人类感知的能力。他在詹姆斯·乔伊斯的《尤利西斯》表现的"柔软、松弛和模糊"[45]中找到了另一个柏格森流动性的例子。

斯泰因首先探索了意识流，1888 年，杜雅尔丹（Edouard Dujardin）在一本小说中将主人公关于过去、现在的思想与他目前的看法一起呈现，这是对意识流的复兴，而乔伊斯对意识流的处理则是这一文学发展的高潮。这种技巧被认为是直接的内心独白，因为思想的内在运作是直接给出的，没有像他认为"这样的作者澄清，也没有对发生的事情进行解释"[46]。在杜雅尔丹之前也有一些作者试图分析人物的思想，他们有时也会透过人物意识来进行叙述，但没有人让意识成为整本小说的前语言。尽管这种技巧意在用来再创意识的整体性，它最适合的用处却是处理暂时流动性，就如以下段落揭示的那样：

> 时间是惊人的，六小时，这是我等待的时间。这是我必须
> 进入的房子，我将会遇到某人；房子，大厅，让我们进去。夜晚
> 降临；很好，空气是新鲜的；空气中有某种愉悦。楼梯；开始的
> 阶梯。假设他之前已经离开了；他有时会这样；但我得告诉他
> 我那一天的故事。第一次登陆；宽敞明亮的楼梯；窗户。他是
> 个好人，我的一个朋友；我得告诉他我的情事。又一个愉快的
> 晚上到了。无论如何，这以后他无法再嘲笑我了。我将度过
> 一段美好的时光。[47]

尽管这一截的叙述时间只有几秒，私人时间却持续了相当长，并且在其中有不规律的改变。杜雅尔丹直接的内心独白表达了思想在其短暂关注时间内的内在工作，它对于思想和感觉的融合，它在时间空间里不可预知的跳跃。

紧随着威廉·詹姆斯的著名定义，"意识流"一词在 1890 年后出现

在文学中。虽然《尤利西斯》不仅仅是对杜雅尔丹的内心独白或詹姆斯的意识流的直接应用，它却为人类意识的本质及其在时间中的生活提供了一个在文学和哲学当中发展的极好体现。直接内心独白的部分分散在整部小说中，在结尾处莫莉·布鲁姆进入睡眠时伴随着的是最终的不间断的意识流。在同一段落中的不同动词时态揭示了她在时间谱上的大幅度跳跃。

> ……我的肚皮是大了一点晚饭那杯黑啤酒看来不能不免
> 了我是不是已经喝惯舍不得了呢他们上回从奥鲁尔克送来的
> 已经完全走气和水差不多了他赚钱也太容易了他们都叫他拉
> 里他在圣诞节送的老破包礼物里面是一块家常蛋糕一瓶喂猪
> 的潲水是他找不到人喝的玩意儿也充红葡萄酒送来了让天主
> 保佑他连口水都不吐一口吧省得干死要不我下决心做点气功
> 吧我纳闷那种减肥办法有没有用处也还可能做过头了呢瘦的
> 现在并不时兴哩吊袜带我不缺今天我用的这副紫色的是他在
> 一号拿到那张支票之后买的唯一的一件东西了……[48]

"流"的比喻并不完全适合描述这种心理活动，因为它表明在固定的过程中稳定的流动，而莫莉的思想围绕着她的世界而无视其速度或方向的常规计算。在最后一集中，乔伊斯实现了莫莉世界时间的最大扩展，因为一切都是在她的意识中经历的。这是唯一一个乔伊斯没有注明那一天中明确时间的章节，它象征着永恒与无限——"∞"。[49] 传统时间的严格维度与其锋利的分割物是无法绘制她思维的行动的。询问莫莉何时有这些想法是无关痛痒的，就和问她在何处产生这些想法一样愚蠢。每一次转瞬即逝的沉思和每一次性欲的闪现都能对她生活的故事有无尽的重写。她的记忆不是一种从过去获取固定想法的能力，它使她能够在她当前意识的无尽创造力中反复转换它们，在那里一切都是流动的，没有单独的思想或单独的时刻。

29

∞

历史的结构、时钟的不断前移，天、季节、年的行进，这些简单的常识告诉我们时间是不可逆的，它以稳定的速度前进。然而这些有关传统时间的特征也受到了挑战，艺术家和知识分子想象中的时间是可以倒退的，它们以不规则的节奏运动，甚至可以停下来。在 19 世纪末的时候，时间的箭头并不总向前飞，也不都是真实的。

这种挑战来源于两项科技发展：1879 年，托马斯·爱迪生发明了第一个商业实用的白炽灯。三年后，他在纽约的珍珠街区开办了第一家公共供电系统公司，这使得电灯的大规模使用成为可能。有名的建筑史学者雷纳·巴纳姆（Rayner Banham）声称"电是自火的使用以来最伟大的环境革命"。这种多功能、便宜可靠的照明形式所引发的后果之一就是模糊了日与夜的界线。当然，蜡烛与煤油灯也可以照亮黑夜，但它们无法获得白炽灯那样的能量，也无法表明日与夜的更换是可以被修正的。1898 年的一部小说就表现了那样的观察，在书中的一个百老汇街道场景中，黄昏被一股"辐射电力"的洪流照亮了，这造成了一种夜变为日的"不朽转换"。[50]

从另一个角度看，电影描绘了各种伴随时间的一致性和不可逆转性发生的暂时现象。法国电影的先驱乔治·梅里爱（Georges Meliès）回忆了一件激发一系列电影摄影技巧的事件。1896 年的一天，他在巴黎的科佩拉广场拍摄街景，相机卡住了。过了一会儿，他弄好了又继续拍摄，当他把整段镜头都投影出来的时候，出现了一种错觉，一辆公共汽车突然变成了灵车。[51]这向梅里爱展示了他可以通过停止拍摄和变换场景达到的其他几种效果。他在《消失的女人》（*The Vanishing Lady*，1896）中使用了这一技巧，一具骷髅突然变成了活生生的女人，暗示着时间的跳跃和逆转。

梅里爱停下相机以实现这些技巧。美国电影制片人埃德温·波特
(Edwin S. Porter)发现,通过编辑胶卷,可以用更多样化的方式将时间
进行压缩、扩展或逆转。可以从一组镜头中删除时间间隔,也可以随意
修改时间顺序。他在《一个美国消防员的生活》(*The Life of an
American Fireman*,1902)中应用了这些技术,在影片中我们可以看到
有人触发了火警,然后弄醒了正在睡觉的消防员,之后警报响了起来。
大卫·格林菲斯(David Griffith)发展了并行编辑技术,通过对单个事
件的同时反应来扩展时间。在《小麦的一角》(*A Corner on Wheat*,
1909)中,格林菲斯让演员们保持静止以制造出时间静止的假象,这是
定格技术的首次使用。[52] 1916 年,于果·明斯特伯格(Hugo
Münsterberg)指出,有几位当代剧作家试图模仿电影,在舞台上展现时
间逆转。例如在夏洛特·歌本宁(Charlotte Chorpening)的《字里行间》
(*Between the Lines*)一剧中,"第二、三、四幕引至不同的家,这些字来自
这些家,这三处的动作不但发生在书写之前,而且是同时发生的"[53]。

在投影仪上倒退着放映胶卷可以表现出更加明显的时间倒退,路
易斯·卢米埃尔(Louis Lumière)在《猪肉食品机械》(*Charcuterie
mécanique*,1895)中首次做出了这种尝试。一位电影评论家描述了这
些惊人的效果:男孩们首先从水中飞出并落在跳板上,消防员将被害者
带回正在燃烧的建筑,鸡蛋恢复了原状。一堆碎玻璃在空间中出现,重
新在桌上完美还原,这表现出了立体主义的反向分解。[54]

几位著名的小说家评论了他们在呈现时间流逝时遇到的问题;一
些人找到的解决办法如果不是受到电影对时间操纵的创新的启发,那
么很显然也是与之平行的。康拉德的办法是孤立某一个时间点,然后
对其进行长时间的仔细审视,就如同时间暂停了一样。[55]福特·马多克
斯·福特(Ford Madox Ford)这样总结了他和康拉德共有的观点:

> 我们很早就很清楚小说的问题,尤其是英国小说的问题。
> 它们很直接,而在与朋友的熟悉过程中那么直接是不行
> 的……要让……一个男人发生作用,你不能从头到尾按时间

31

顺序记录他的生活。你必须让人对他产生强烈印象，然后再对他进行来回叙述。

生活不会这样对你说：1914 年我隔壁的邻居史莱克先生建起了一座绿房子，又用考克斯的绿色铝涂料粉刷了房子……如果你想象这件事你就会想起那些不同的无序的画面，它们都是关于那天史莱克先生是如何在花园出现，又如何考虑房子的墙壁（颜色）的。[56]

在《尤利西斯》中，乔伊斯在叙事时间的前进中创造了戏剧性的中断。当布鲁姆接近一家妓院时，他退后一步以避开街道清洁工，并在几十页和几秒钟后恢复他的路线。在那几秒钟里，读者被领入了一个涉及数十个角色的漫长题外话，它所涵盖的时间远远超过了公共时间所能允许的范围。弗吉尼亚·伍尔夫认为，作者有义务超越"句子的正式轨道"。"现实主义者令人震惊的叙事：从午餐到晚餐，这是虚假、不真实、传统的。"她还记录了托马斯·哈代对文学中时间处理的新方式的观察："现在他们改变了一切。我们曾以为有开始、中间和结尾。我们相信亚里士多德的理论。"[57]

心理学家和社会学家观察了梦、精神病、宗教、魔术当中对时间连续性和不可逆性的修改。弗洛伊德在 1897 年的一封信中评论了他在梦和幻想中观察到的时间扭曲。有一种对记忆的扭曲，它来自"一系列忽视了顺序关系的碎片"[58]。在《梦的解析》中，弗洛伊德研究了我们意识中的经历顺序是如何被重置以适应睡梦意识的需要的。我们本能的生活以及初级过程的心理论坛完全无视逻辑、空间以及时间的需求。1920 年，他总结了他的理论，即无意识的心理过程是"不受时间影响的"，因为时间的流逝并没有以任何方式改变它们，"时间观念不能应用于它们"。[59]

在《宗教与魔术中的时间表现总结研究》（"Summary Study of the Representation of Time in Religion and Magic"，1900）中，亨利·休伯特（Henri Hubert）和马塞尔·莫斯（Marcel Mauss）认为，宗教和魔术中的时间起着社会功能的作用，并为质而非量的继承提供了框架。他们认为时间是异质性、不连续、可膨胀，以及部分可逆的。他们与涂尔干争论，认为时间的社会起源确保了其异质性。与大多数认为日历是定量的观点相反，他们提出时间是与质相关的，由特殊的日子和季节组成。宗教时间也是不连续的，因为神灵显灵这样的事件会打断平常的连续性。按时间顺序分离的时期可以在它们的神圣功能中联系起来以给予时间"痉挛性的特征"。一些特殊的时刻可能"污染"随后的整个区间，具有相同宗教意义的时刻也可以团结起来。时间也可以扩大，因为"英雄可以在普通人类存在的一小时内过上好几年的魔法生活"。他们观察到，随着时间的推移，宗教仪式的进入和退出是可以联合起来的，这意味着部分可逆性，因为结束与开始结合了。

柏格森之后的休伯特和莫斯也认为时间是动态的，并且他们赞同将时间作为位置与连续的概念替换为另一种概念，那就是"意识实现独立持续时间和不同节奏的和谐的积极张力"。但他们与柏格森的不同之处在于两者允许公共时间成为内在时间意识的一部分的程度是不一样的。他们坚持认为，公共时间是"意识紧张程度"的一极。"概念的发挥区分了连续图像的心理现实，它包括两个系列表征的调整。一个是常数和周期性的：它是日历……另一个是通过生成新的代表永恒的构建自身。思想不断地将这两个系列中的某些元素紧密联系在一起。"魔法和宗教的时间是我们私人经历统一和同质时间所建立的心灵之间紧张关系的妥协。周年纪念日的庆祝，尤其是那些与魔法以及宗教事件有联系的庆祝，特别是与神奇和神圣的事物有关的庆祝，是我们自己独特的生活节奏与社会统一节奏的结合。[60]

他们关于时间的划分"残酷地打断了他们构成的事件"的观点与爱因斯坦关于时间和物质相互作用的革命理论相似。此理论进一步挑战了时间不可逆性的经典理论。牛顿认为物质世界中没有任何事物会影响时间的流动，但爱因斯坦认为，观察者和物体之间的相对运动使得物体的时间流逝似乎比从某个相对静止的点观察到的更慢。因此，在涉及相对运动的情况下，从一个点观察，事件 A 发生在事件 B 之前，而从

33

另一个点观察到的结果却是相反的。然而从任何可以想到的观察条件来看，发生在同一地点的一系列事件以及一系列因果相关的事件都是不可逆的，这样它们在相对论中就保持了绝对。[61]

我们都学会了轻松地分辨时间，但对于说出时间是什么这一问题，我们仍然像1500年前的圣奥古斯丁一样困惑。他问："那么，时间是什么呢？""如果没有人问我，我就知道是什么。如果我想对提问的人做出解释，我就不知道该怎么说。"在我们所观察的时期内，这个问题被反复地提出，并决心打破阻止奥古斯丁的僵局。关于时间的文献急剧增加，当代观察家认为这具有历史意义。早在1890年，英国哲学家塞缪尔·亚历山大（Samuel Alexander）就称赞柏格森为"第一位认真对待时间的哲学家"。一位法国评论家认为普鲁斯特是第一个发现"我们的身体是知道如何衡量时间的"。温德姆·刘易斯则哀叹那一代有很多人都执着于时间问题。[62]

由于我们考虑的是两种时间，即公共时间和私人时间，因此那些关于时间的数量、质地和方向的截然不同的观点就变得相当复杂。作为唯一的关于公共统一时间的传统观念并未受到挑战，但许多思想家在争论私人时间的多元性，一些人像柏格森一样开始质疑固定的和空间性表述的公共时间究竟真的是时间还是某种来自空间范畴的闯入者。世界标准时间的引入创造了共享公共时间的更多一致性，并因此触发了关于个体的私人时间多重性的理论化，这些私人时间在个人身上是不停变化的，也会根据每个人的个性而变化，它作为社会机构的一种功能存在于不同的群体中。同样，关于时间质地的思想家们分为两派，一派关注时间的公共变现，另一派关注它在私人生活中的表现。

关于公共时间的流行观点是时间的组成部分是分离的，它们就像日历上那些被框住的数字一样相互隔开。而最具创新性的推测是私人时间才是真实的，其质地是流动的。关于时间朝一个方向走的争论也在公共时间和私人时间上产生了分歧。只有爱因斯坦对公共时间的不可逆转性提出了挑战，即便这样，对于从不同的移动参考系统观察时以不同顺序发生的特殊事件系列也是如此。其他人都认为公共时间的前进不可逆转，但他们坚持认为私人时间的方向与梦想家的幻想一样反复无常，小说家、精神病学家和社会学家的时间逆转进一步破坏了传统观念，即私人时间顺从地与公共时间并行向前。

这个时代的主旨是确认私人时间与单一公共时间的现实，并将其性质定义为异质的、流动的和可逆的。这一肯定也反映了这一时期的一些重大经济、社会和政治变化。随着每个国家的经济集中，人们聚集在城市，政治官僚机构和政府权力在增长，无线电、电话和铁路时间表使得人们需要一个普遍的时间系统来协调现代世界的生活。正如铁路破坏了农村地区的古雅和隔绝性，公共时间的强制应用也侵犯了私人时间中私人经历的独特性。这是一种微妙的入侵，以历史的视角来看会显得比世纪之交时看到的景象更加剧烈。康拉德使独裁的世界时间与个人自由之间的紧张更加戏剧化：无政府主义者领导人维洛克先生用"炸毁子午线"来证明自己。然而，私人时间的大多数发言人都没有辨识出新的世界时间与城市聚集、垄断、官僚主义或大政府之间的关系，尽管他们的宣言很有可能是由这一时期的各种集体力量（包括世界标准时间）的闯入激发的。

通信、交通技术和文化的普及使更多人能够从报纸、电影中了解新的遥远之地，以及到更远之处旅行。随着人类意识在空间中的扩展，人们不禁注意到，在不同的地方存在着截然不同的习俗，甚至保存时间的方式也不同。涂尔干坚持时间的社会相对性挑战了西欧的时代民族中心主义，这就与对私人时间的文学探索挑战了世界时间的专制和霸道倾向一样。

在文化记录中，我们已经确定了极性：关于时间性质的三种划分——数量、质地和方向——以及关于私人现实的基本极性，作为与公共时间相对应的现实的基本极性。这整个时期的时间感来自物理、社会科学、艺术、哲学、小说，以及具体技术变革中的冲突和争论。在对其过去、现在和未来的各种模式的追溯中，我们将通过不同问题看到别的极性，从而通过冲突构建文化。

2 过 去

人与人之间过去的经历差别很大。对于一些人来说，它延伸得很远，其中的记忆也是连贯的。有些人几乎在事情发生的那一刻就忘记了，还会将仅能记住的几件小事混淆。有的人不能忘记，他们留恋过去，这是以现在和将来为代价的。[1]每一个年代都对过去有清晰的感觉。在面对快速的科技、文化和社会变化时，这一代回望过去，盼望稳定。时代的思想家们发展出一种对于历史的敏锐感觉，作为在这个日益世俗的世界中这身份的一种来源，他们也带着各种目的去调查个人的过去。对柏格森而言，它是自由的源泉；对于弗洛伊德来说是心灵健康的承诺；对于普鲁斯特来说是天堂的钥匙。其他人认为过去是悔恨的源泉，是放弃和无所作为的借口，是负罪感。关于过去的思考集中在四个主题上：地球的年龄、过去对现在的影响、这种影响的价值，以及重新夺回已被遗忘的过去的最有效方式。

∞

《旧约》的第一行始终能够锚定探究的思想，并在其思考过去的无限扩张中防止它失去控制。虽然确切的时间点仍然是未知的，人们还是能凭着信念在一个想法中找到慰藉，那就是一切都有一个起点。但被揭示的真相所带来的安慰部分来自它的不完美；1654 年，厄谢尔主

教计算出创世年为公元前 4004 年,这也引发了科学挑战。18 世纪 70
年代,布丰伯爵(Comte de Buffon)确定地球至少有 168 000 年的历史。
1830 年,查尔斯·莱尔(Charles Lyell)估计有"无限的"时间足以让地
质构造通过仍在进行的渐进过程产生。莱尔通过用时间代替灾难性的
动荡制定了他的均变论。1859 年,达尔文在假设有时间的情况下,延
伸了他那种微小变化的理论,估计他所研究地区的历史为三亿多年。
这种地质理论的稳定的在时间上的主导在 1862 年突然停止。当时著
名的英国物理学家开尔文勋爵根据地球降温的速度进行了计算,他认
为地球的存在时间可能不超过一亿年,而且很有可能不超过两千万
年。[2] 由于时间尺度大大缩短,地质学家和生物学家被迫假设加速地质
和生物形态的演变的巨大力量激增,从而进行理论上的修改。达尔文
对灾难论做出了让步,并推断进化必然在早期发生得更快,四十多年
来,关于地球年龄的争论都是以开尔文计算的有效性为基础的。1895
年,英国地质学家阿奇伯德·盖基(Archibald Geikie)抱怨时间尺度的
减少:"物理学家们贪得无厌,令人难以忍受。他们像李尔王的女儿一
样冷酷,不断地削减着时间,其中一些人甚至把这个数字变成了少于一
千万年。"[3] 另一方面,美国地质学家托马斯·张伯林(Thomas
Chamberlain)在 1897 年赞扬开尔文"限制了之前地质学家们关于时间
银行的鲁莽草案"[4]。当另一项科学发现为时间银行提供慷慨资助时,
这个争论的解决有利于一个延长的时间范围。1903 年 3 月,皮埃尔·
居里(Pierre Curie)和艾伯特·拉博德(Albert Laborde)宣布镭盐会不断
地释放热量,地质学家迅速将这一发现用于延长地球年龄的推算上。他
们推断,释放热量必然会减慢地球降温的速度。早在 1903 年 10 月,约
翰·乔利(John Joly)写道:"统一学说本可能需要一亿年之久,然而物理
学家们却都高兴地接受了这一理论。"[5] 在一个多世纪的时间里,地球年
龄经历了对圣经年表的狭隘时间估计到莱尔几乎无限的时间尺度,再到
开尔文的两千万年,然后又回到了数亿年。虽然地质学家和生物学家试
图通过那段广阔的时间来研究发展模式,人类的历史却越来越多地成为

38

无穷简洁的括号。

∞

如果地质学家们的过去看起来是要匆匆脱离当前，那么人类经验的过去则是要冲向当前。第二个讨论的焦点就是关于当前的影响力。

两项发明史无前例地将过去带入了现在，这改变了人们对个人历史和集体历史的体验方式。爱迪生于 1877 年发明的留声机可以像照相机记录形象那样忠实地记录声音。这两者提供了对过去的直接入口，使人们能够更好地控制历史。1900 年的一篇文章解释说，留声机已被用来记录歌手和演说家的声音，并促进了心理学、语言和民俗学的研究。[6]同年，巴黎人类学学会创立了一个留声机博物馆，维也纳科学院创建了一个录音机档案。1906 年，美国评论家 G. S. 李（G. S. Lee）写了一篇令人兴奋的科技赞歌，即《机器之声》（"The Voice of the Machines"）。文章名来自留声机，它使得人们可以向未来的还未出生的人们发声，也可以"往后"听取死者之言。[7]在《尤利西斯》中，詹姆斯·乔伊斯反映了对留声机的类似用法。在观看葬礼时，布鲁姆幻想着在他人死后继续听取其声音的方式："在每个坟墓里都留一个留声机或者把它放在家里。周日晚餐后，放出可怜的老爷爷的声音，卡卡卡，你好你好你好，非常开心的卡卡声，非常开心的招呼声。这让你记住这个声音就如同照片让你记住他的脸。"[8]

电影也被用来记录事件，甚至被用来塑造历史进程。于果·明斯特伯格评论了电影创造过去直接视觉的独特能力。在剧院中，我们必须回忆过去的事件以让现在的行动充分发挥作用，而电影能向我们展示过去。通过电影，我们体验到"我们记忆功能的客观化"。[9]静态照片和电影都用细节将过去保存了下来，而画画和戏剧却做不到这一点。早期的电影院和他们的单轴切片保存着最近的历史，他们形成了一种重要的机构,为数百万观众增加了记忆的细节和准确性。

虽然在这一时期静止相机并不特别,摄影记录协会的形成却是特别的。H. D. 高尔(H. D. Gower)在《作为历史学家的照相机》(*The Camera as Historian*,1916)一书中研究了这些协会的历史,它们始于1890 年的一个协会——苏格兰摄影调查协会(Scottish Photographic Survey)。1897 年,英国人跟随着这个步伐成立了国家摄影记录协会(National Photographic Record Association),旨在收集有趣场景的摄影记录并将其存放在大英博物馆。美国、比利时和德国很快发展了类似的协会。人们也成立了一些与此类似的协会,以保护和恢复有历史价值的建筑,这些建筑在不计后果的城市发展中受到了破坏。1895 年,英国人建立了国家信托基金会以保护历史名胜或自然美景,1907 年的议会法案赋予其法律权力保护遗址并代表国家以信托方式持有。法国于 1905 年通过了一项法律,意在为后代保护国家纪念碑。1903 年,费迪南·阿芬那留斯(Ferdinand Avenarius)在德国创立了丢勒海滩,一年后成立了保护协会以保护历史古迹和自然区域。[10]

马塞尔·普鲁斯特的老教堂插图和乔治·西梅尔(Georg Simmel)关于“废墟”的文献论文揭示了高雅文化的敏感性在以固体形式保存过去历史中所起到的建筑功能。普鲁斯特将乡村教堂描述为他祖先的激情和信仰的化身。它古老的门廊的角度是平滑和凹陷的,“仿佛几个世纪以来乡下妇女们轻抚的手指已经获得了一种毁灭的力量,她们在火石沟上划下的印记就像马车在每日颠簸而过的里程碑上留下的痕迹一样”[11]。这座教堂,在《去斯万家那边》里的贡布雷教堂唤起了叙述者宝贵的童年记忆和历史的戏剧性:它厚厚的墙壁藏着“11 世纪崎岖的野蛮”,它的墓碑被时间“变软变甜”,教堂的彩色玻璃窗闪耀着“几个世纪的灰尘”。这些特征使它成为“一座可以说是四维空间的建筑——第四个空间的名字就是时间——几个世纪以来,这个教堂,以及它古老的中殿驶过一个又一个海湾、一个又一个教堂,它跨过、控制并征服的不仅是几码土地而且是每个连续的时代”[12]。西梅尔在废墟中也发现了普

40

鲁斯特在教堂中发现的东西，它在现在加剧并实现了过去。我们在废墟面前感受的和平来自两个时刻之间紧张关系的解决："过去及其命运和变革已经聚集在一个瞬间，这是在美学上可感知的当前。"[13] 所有时间上变化的不确定性以及与过去相关的损失悲剧都在废墟中找到了连贯统一的表达。

唱片、电影和保护协会构成了对过去的持久性及其对现在的影响的沉默论证。当代心理学家和哲学家沿着与普鲁斯特和西梅尔的平行路线，明确了这些文化艺术所暗示的内容。他们中的一些人认为记忆被锁定在活体组织中，是自主运动和身体新陈代谢累积的残余。亨利·莫兹利（Henry Maudsley）在 1867 年引入了有机记忆的概念，他观察到记忆存在于身体的每个部位，甚至"散布在心脏和肠壁的神经细胞中"[14]。此观点在 1970 年被修订，德国心理学家厄沃德·赫里（Ewald Hering）在一篇经典文章中得出结论：每个活细胞都包含着对其母细胞甚至前几代细胞的体验记忆。[15] 塞缪尔·巴特勒（Samuel Butler）在《生活与习惯》（*Life and Habit*，1878）中表达的观点与柏格森在《物质与记忆》（*Matter and Memory*，1896）中的论述一样，只是柏格森没有提到遗传的记忆。在柏格森看来，每一个运动都会留下痕迹，它们会继续影响后面的身体或心理过程。思想以及身体中的纤维会收集过去的记忆，这决定了我们行走、舞蹈以及思考的方式。布莱姆·斯托克（Bram Stoker）的《德古拉伯爵》（*Dracula*，1897）是关于过去有机持久性观念的一种毛骨悚然的阐述。几百年前的受害者的鲜血流入这位四百岁的主人公的血管中，他身上还有其祖先的血液，伯爵吹嘘说他的祖先比哈布斯堡王朝或罗曼诺夫家族更为古老。

1881 年，三个国家对记忆的心理概念进行了修订。在维也纳，约瑟夫·布鲁尔（Joseph Breuer）的歇斯底里症患者安娜·O. 表现出各种各样的症状，其中包括麻痹性挛缩、麻醉、震颤、语言、听力以及视觉失调。在治疗过程中，他发现安娜在对过去某件事的特定情节进行口头描述后上述症状就会消失。因此，当她描述自己看到狗从杯子里喝水从而发泄了自己被压制的愤怒后,对喝水的恐惧就会消失。根据这些成功经验,布鲁尔推广了一项技术,该技术是基于对过去创伤经历的慢性致病作用的认识。[16]几乎在同一时间,法国精神病学家泰奥迪勒·里博(Theodule Ribot)正在研究关于事物被遗忘的法则。他得出的结论是,记忆根据逆行的法则消失——"从最近到较久,从复杂到简单,从自愿到自动,从较少到更有组织"[17]。在恢复记忆的过程中,这种逆向法则起着反向作用:关于童年的记忆最为牢固,最不容易在健忘症中消失。在德国,心理学家威廉·普莱尔(Wilhelm Preyer)发表了第一个系统的儿童心理学,这引致了对于儿童经历如何决定成人职业选择、爱情关系、艺术工作、精神疾病以及梦的进一步研究。[18]

许多这些关于记忆、遗忘和童年的角色的研究结果都被纳入了这一时期伟大的回顾系统——精神分析。弗洛伊德如同挖掘地壳中遗失结构的考古学家一样挖出了多层防御结构,以揭示患者神经症的来源。他在1892年的第一个神经症理论中推测后面病理学的基础是在"理解时代"之前建立的。这个限制很快就先退到了第二个齿列(8到10岁),又退到了俄狄浦斯情结时代(5到6岁),最后退到了3岁。有几次,他戏剧性地重述了逐渐回归儿童时期的故事:"在寻找性欲压抑所致的致病状况以及症状起源的过程中,我被进一步带回到病人的生命中,最终到达他们一岁的时候。诗人和学习人性的学生们一直所断言的的确是正确的:对早期生命的印象尽管大部分都被健忘症淹没,但仍然留下了根深蒂固的痕迹。"[19]

关于过去的影响的思考上,弗洛伊德做出了五项独特的贡献。他认为,最遥远的过去,即我们幼年时期,是最重要的;关键经历的本质是与性有关的;最重要的记忆是被压抑而不是被遗忘了;所有的梦和精神病都源于童年;所有的经历都留下了一些持久的记忆痕迹。他反复强调童年因素的普遍性;在1898年的一封信中,他写道:"在我看来,梦直接来自人生史前阶段(1岁到3岁)的残余,这一阶段是无意识的来源,且包含着所有精神神经症的病因。"[20]也许最具挑衅性的是他的这一想

42

法,即所有记忆都以某种方式保留："所有印象被保留的形式不仅与他们最初被接受的形式相同,而且也采用了在进一步发展中所用到的形式……从理论上说,每一个早期记忆的内容都可以被再次恢复,即使其中的元素很久以前就已经将原始内容更换为新的内容。"[21]达尔文假设过去的残余物不可磨灭地刻在有机物质中,它们会奇迹般地以正确的顺序被触发,以让胚胎能够概括以前发生的事情。与之类似,弗洛伊德认为每一次经历,无论多么微不足道,都会留下一些痕迹,这种痕迹会在一生中继续形成精神上的重复和修正。1920 年,弗洛伊德对过去的无情行动做出了最后的让步,他总结说,在每个有机体中都有一种重复的本能,他将"重复强制"的概念引入,作为管理所有行为的原则。

在《纯粹理性批判》中,康德提出即使最简单的感知行为也具有时间结构,这是即时呈现和记忆的综合。[22]这种说法并不新鲜,但世纪之交的时间哲学家们郑重其事地对其进行了详尽描述。柏格森在 1896 年的宣言是最明确的："是时候恢复知觉中的记忆了。"虽然威廉·詹姆斯认为他之前的人就理解了过去持续的方式,他却用了一种开创性的方式呈现论点。胡塞尔坚持认为,他的现象学方法为所有哲学研究包括记忆主题提供了新的科学基础。他们都认为任何时刻都与过去的意识相关,否则就不可能听一段旋律、保持个人身份,或者思考。旋律会像一系列分散的声音,与前面的部分毫无关系,自我认识也会被切成不连贯的碎片,不可能学习语言或跟上一个争论。哲学问题是解释在一个时刻如何能够意识到不同时间发生的事件。

柏格森写道："你要么必须假设这个宇宙死去后在每个时刻持续奇迹般地重生,要么必须把它的过去变为现实,这个现实能够延续并持续到现在。"[23]他选择了连续性并得出过去作为运动机制和回忆而存在的结论。身体是"未来与过去之间不断前进的界限";它将过去的行为和将来的时间点整合了起来。过去也可以在心理图像中表现出来,他用各种比喻来描述心理图像对现在的影响。1889 年,他书写了一个自我,自我的前状态"渗透""融化"或"溶解"在一起,如曲调中的音符一般。另一个隐喻说出了我们内在自我的有意识状态会"相互渗透,相互联系"[24]。"在 1896 年,他将这种行为描述为一种交织、交错,一种渗透过程",另一种侵略性的比喻将现在形容为"过去侵蚀现在的无形过程"[25]。几年后他重复了那种掠夺性的持续时间形象,即"过去不断进展,它侵蚀未来,在前进中它会膨胀",他通过详细阐述过去对现在的咀嚼行为进一步推动了这一比喻:"真实的持续时间或侵蚀事物,并在其上留下齿印。"[26]人类意识并非联想论心理学家所想象的一连串稳定的独立想法,相反,它是记忆雷鸣般的活动,交织、渗透、融化、拖拽、侵蚀着当前的经历。

威廉·詹姆斯认为过去的持久性是人类意识的流动性的一个功能,像柏格森一样,他相信过去与现在保持着动态关系——它们之间有一个本质区别。詹姆斯看到了作为当前的一部分的近记忆与作为独立存在的被回忆的远记忆之间的明显区别。柏格森则强调所有过去经历与当前的不间断的联系,无论它们在多久之前发生。他不会允许两种记忆之间存在任何差异,特别是如果他们被詹姆斯那样在空间方面描述出近和远的特征。在柏格森的时空理论中,没有什么是"远的"。

像柏格森和詹姆斯一样,埃德蒙德·胡塞尔的思考始于考虑我们如何在一瞬间知道之前发生的事情。与他们一样,他推断,在听到旋律时,如果前面的声音完全消失,人们就只能听到不连接的音符,从而无法辨别出旋律。但是为了让过去与现在融为一体,它的原始形式必须逐渐减弱,否则旋律中声音的渐强很快就会成为无可救药的混乱。过去必须以改变的形式在意识中存在。

胡塞尔与詹姆斯分享了这样一种观点,即过去的经历有两种——最近的一种称为"保留",更远的一种称为"记忆"。随着感觉从当前逐渐消失,它变成了一个,然后又变成了另一个。我们首先体验到了一个"现在点",随后它会变成一个依附于下一个现在点的新的保留。随着时间的推移,保留会完全消失,不再是当下的一部分。要再次体验,必须将其重新构建为记忆。保留和记忆具有不同的生动性，与当前的关系不同，作为过去的一部分具有不同的本质。记忆可能会改变原始事件的顺序或速率，而保留的顺序和速率在经历中却总是固定的。当我最初经历 A 然后经历 B 时，我在第一次体验 A 时并不知道 B。在记忆中，我同时体验了"A 然后 B"这整个区间，或者"B 是跟随 A 的"；在这两种情况下，我对 A 与 B 的经验都是混合在一起的。在记忆中，事件的节奏也更具有可塑性，因为在其中我们可以"通过其流失的模式来调整预先确定事件的更大和更小的部分，从而更快或更慢地通过它"[27]。胡塞尔认为，最简单的感知，即使是旋律之中的单个音符，也具有时间结构，并且是以依赖于逐渐减弱的记忆的保留或回忆的方式在意识中"构成"。

45　　　三位哲学家一致认为过去对现在有着巨大影响。柏格森的过去侵蚀着现在，詹姆斯的过去流入现在，而胡塞尔的过去则紧紧抓住现在。然而，他们对这种影响的价值却认识不一。胡塞尔的现象学方法正式地避开了任何这样的评价；而詹姆斯认为，丰富的生命是由记忆的边缘和光环来阐释的；柏格森的时间形而上学论则最明确地反映了价值问题。

∞

在过去对现在的影响的价值这个问题上产生了一些争论，一些人认为过去作为意义、自由、身份或美的来源是有积极作用的，另一些人则批评它是不作为的借口，是习惯和传统的消极力量。威廉·狄尔泰（Wilhelm Dilthey）和柏格森为下面的一些正面观点提供了哲学基础。

对于狄尔泰来说，过去是知识和意义的源泉。所有的理解都是历史性的，因为人是历史的存在。和社会一样，个人生活在时间上发展，只有我们才能理解，因为我们能够直接体验自己的时间本性。"自传"，他写道,"是生活的理解面对我们时的最高和最有启发性的形式。""生活的过程是历史和人类学研究的每个概念中唯一完整、自足和清晰定义的事件。"我们思考的语言和我们所采用的概念都源于时间。因此,在内心深处,他写道,"我是一个历史人物"[28]。狄尔泰又思考了我们是如何体验生活的时间结构的。记忆使我们能够将经验整合到一系列正在进行的综合中,当我们在不断变化的现在中解释过去和未来时,这些综合变得可以理解,就像我们理解句子时其意思来源于那些按时间顺序掌握的词语。在自然科学取得巨大成就的时代,他对知识的历史本质的坚持为人类所有科学提供了一些急需的哲学支持。

柏格森知识理论的基础是人们知道自己处于时间中。1889 年,他在毕业论文中将对事件的空间表达称为"混蛋概念",还否定了形而上学的奢侈,称之为"恶"。对于这样一个抽象的主题,这是一种强烈的语言,但是柏格森充满激情地相信时间是生命的核心:他的形而上学意味着认识论和伦理。只是正确认识时间是不够的——我们必须学会在其中生活;万物都在时间上转动。直觉所获得的绝对知识不仅仅是认识现实的一种更好的方法;我们必须在时间中好好生活,将过去与现在融合是我们的一个自由之源。[29]

为了澄清向持续时间完全开放的生活的美德,柏格森对那些与之隔绝的人的贫乏生活进行了评论。只生活在现在并且仅对直接刺激做出反应适合于低等动物;对于人来说,它构成的是冲动的生命。只生活在过去的人则是空想家,这又是另一个极端。在这两个极端之间存在着理智生活,它总是有效地平衡于当前,能够轻易到达过去或未来。柏格森以时间相关的术语来表达人类特征。悲伤是"面向过去";优雅是"主导时间之流",只有将来即刻从现在流出时这才是可能的。当未来与现在隔绝,就会产生不平稳的运动,因此运动是"自给自足的",并且"不会宣布那些跟随之人"。[30]

柏格森的观念,即持续时间是自由的源泉,我们必须在经验的动力中寻求自由,是他对于过去的评价的核心。"我们陷入了一种纯粹的持

46

续时间，它随着全新的当前不停膨胀，在这之中过去总是向前移动……我们必须通过自身个性的强烈反弹收集我们正在逐渐消失的过去，以将它紧凑而不可分割地推进到它因进入而创造的当前之中。"[31] 最自由的人有完整的过去，能够利用最大数量的记忆来回应现在的挑战。正如舞者能将过去的动作经验结合从而自由运动一样，有成效的个人也可以在走向更充实未来的当前的动作和思想中对大量过去经验进行自由协调。

柏格森毕业论文中的一段读起来就像是对普鲁斯特小说的邀请：

> 如果一个大胆的小说家拉开我们传统自我巧妙编织的窗帘，在这种简单状态并置的情况下向我们展示一千种不同印象的无限渗透，这些印象在它们被命名的那一刻就已经不复存在，我们赞扬他向我们展示了比我们自己的认知更好的东西。他在同一时间展开我们的感情，又用语言表达其中的元素，这表明了他只是在提供它的影子：但他安排了这种影子，使我们怀疑投射它的物体的非凡与不合逻辑的本质。[32]

这位大胆的小说家在二十年后接受了挑战。在普鲁斯特开始小说家生涯的时候，他以接近柏格森观点的形而上学和美学做出了反应，也同意其过去的力量能创造美与快乐的观点。

在 1909 年 1 月的一个白雪皑皑的傍晚，马塞尔·普鲁斯特喝着茶吃着干吐司，这让他有了一种"非常有活力和幸福"的感觉。当他专注于这种感觉时，记忆的摇晃屏幕突然让位，他想起了童年在奥特伊尔乡间别墅度过的快乐岁月，以及在那些遥远的夏日中祖母给他的那些泡在茶里的面包干。在他对这插曲的首次叙述中，普鲁斯特观察到："浸泡在茶中的面包干之味是理智所知的死亡时间的避难所之一。"[33] 茶和咖啡的有机记忆可以再次体验智慧所不能抓住的东西。这一插曲被转换成了他于当年 7 月开始写作的伟大小说《追忆似水年华》。

在开篇中，马塞尔讲述了他童年时期的一件事，这件事标志着他失去过去的开始。一天晚上,他设法让母亲晚安亲吻,却出乎意料地让她和他一起度过了整个晚上。那天晚上,他意识到他最近的孤独和痛苦是生活的一部分,而不是意外的不幸;这是童年幸福被无情侵蚀的开始,这是失去时间的内容。恢复的过程可能会被延迟多年,直到它被茶和面包干的味道这样的体验启动,这种体验在现实生活中首次发生时令作者受到震动。在虚构的版本中,马塞尔的母亲为他送上茶和玛德琳小点心。那种味道让他感到愉悦,令他觉得自己不再平庸。另一口啜饮让他回想起小时候姨妈莱奥妮给他的那种浸泡在石灰花茶中的玛德琳小点心的味道。这个插曲的优雅简洁与故事的大规模复杂性形成鲜明对比,故事就像水中的日本纸花一样展现出来。马塞尔告诉我们,当时他不知道为什么回忆让他如此开心,他必须"长久推迟"原因的发现。读者必须分享他失去母亲亲吻之夜开始时间的搜索,并在多年后在他的一杯茶中重新夺回。

马塞尔打断自己的故事转而讲述他出生之前发生的事情,那时他的邻居斯旺在向奥德特求爱。马塞尔在喝茶时有了第一个幸福时刻;斯旺的过去是由一段音乐引发的。在求爱期间,斯旺听到有人演奏这段音乐,几年后,当嫉妒消除了早期的柔情时,这段音乐引发了大量的痛苦记忆。与马塞尔重拾过去的快乐形成鲜明对比的是,斯旺发现在那个他所以为的爱情最高时刻的晚上,奥德特有了一次同性恋经历,这令他感到震惊。这个信息将他的生活一分为二,对于那晚的记忆成了痛苦的核心,"它模糊地散落在周围,漫溢到前后的日子中"[34]。对这两个人来说,关于过去的真相都在几年后出现,那时当前的混乱都消失了。但是,斯旺对过去的发现导致他产生了痛苦、死亡的念头,以及对时间的沉浸,这意味着创伤无休止地过度重复。而马塞尔的过去最终成为幸福的源泉和来自无情的时间的解救。

在后面的篇章里,我们了解到斯旺因为害怕奥德特和别的男人在一起而到处寻找她,这样的时刻继续主宰着他对后来所有女子的爱。"在斯旺和他所爱的女人之间,这种痛苦堆积起一股不屈不挠的已经存在的怀疑……允许这正在老去的爱人将他此刻的情人看作'让他嫉妒的女人的'传统和集体的幽灵，他将自己新的爱恋化身其中。"[35]他与奥德特的经历创造了这种爱之定律，这让他将自己第一次的凄凉经历不断重复。斯旺努力想要将自己从过去中剥离出来，而马塞尔则在寻找过去的意义，因此他们以各自的方式进入或脱离了遗忘。

49 在最后一卷，当马塞尔走向最后的壮观启示时，我们知道时间已经过去很久了。他对艾伯丁的爱已经从他的意识中消失了，但在他的四肢中，还有一种像以前那样伸向她的"无意识记忆"。在对小说开篇的重述中，孩子在床上醒来接触世界，而年老的马塞尔躺在床上，在梦幻星云般的记忆中对他死去情人的幽灵般的存在做出了身体反应。他的双腿和双臂充满了对她身体的"迟钝记忆"。他手臂上的记忆让他像从前对待身边的她一样去摸索铃铛。这是身体感觉的强大记忆能力的迹象，会通过几个非主动记忆的方式向马塞尔展示失落时间的秘密。

战争结束后，当马塞尔回到巴黎时，他参加了古尔曼特公主的派对；到达后他经历了五次无意识的回忆，他最终清楚了这些回忆的力量与快乐的神秘来源。第一个回忆是由脚下不平的铺路石的感觉引起的，他想起了多年前在威尼斯圣马克的洗礼堂中曾经有过的类似感觉，这让他消除了对于未来的忧虑，记起了品尝茶泡玛德琳小点心时的快乐。随后的无意识记忆向他展示了巨大的效力：它们让他穿越了时空。最简单的行为会与色彩、气味、温度联系起来，而文字是无法再现这些的。然而当无意识的回忆活灵活现地重现过去时，我们能够体验到幸福时刻的强烈快乐。当前太混乱了，不能让我们看出现实的本质，而智力也无法将之掌握。只有通过流逝时间和恢复时间的角度，我们才能了解过去并享受其恢复："唯一真正的天堂就是我们失去的天堂。"[36]

这些回忆的时刻像隐喻一样将单独的东西联系起来，以照亮和给予快乐。在他们中间，马塞尔经历了现实"在一个遥远的时刻的背景下，以致过去被用来侵占现在"[37]，他们揭示了"时间之外"的事物的本质，并且摆脱了严格的时间顺序，他对死亡的想法暂时无动于衷。以前曾有过抓住这些瞬间的紧迫感,这些瞬间迅速消失并在严密审查下解散,但这一次他发现了一种维持它们的方法,那就是让它们成为小说的主题。

普鲁斯特决定写下他的生活故事,不是用传统"二维心理学"的方式而是用另外一种"三维心理学",这将重建时间中生命的运动。在1912年的一封信中,他解释说:"世上存在着平面几何和空间几何。因此对我来说,这部小说不仅是平面心理学,而且是空间和时间心理学。我试图孤立那种无形的物质——时间。"[38] 大多数小说都在时间中发生,但它们未能捕捉到时间的流逝、失去时间的空虚,以及生命中唯一真正的快乐——重获时间。对于小说目的的最后一句和陈述强调了生命时间维度的优先性"首先将人描述为对一个地方的占据,与分配给他们的空间中的有限的地方相比,这是相当大的地方……在时间的维度上"。

如果说有一种错觉是普鲁斯特最想消除的话,那就是生活主要发生在空间之中。我们所存在的空间围绕着我们然后又消失,如同船经过后的海水。寻找空间里生命的本质就像试图在水中寻找船的路径:它只是作为其不间断运动流动的记忆而存在。我们碰巧所在的地方是我们在时间的生活中短暂又偶然的环境,想要再现是不可能的。但是在我们的身体里,时间被保存在茶和蛋糕的记忆中,这些回忆让我们再现童年的日子和大量的事件,这些事件相互覆盖并构成了我们的生活。

柏格森、普鲁斯特、弗洛伊德都坚持认为过去是自由、美丽和心理健康的完整生命的重要来源,而他们三位都是犹太人,这一事实表明他们的生活及其时间理论之间可能存在联系。犹太人的时间经验与这些作品之间存在一些惊人的相似之处。犹太教和基督教都对过去有着崇敬之情,并且部分地从传统中论证了自身的有效性。隐含的伦理认为旧的就是好的。犹太教是两者中较老的一个,在寻求身份时,其较长的历史会使其在时间尺度上超越基督教。这些人坚持认为只有过去是真实的，只有重新夺回过去才可以激发艺术或治疗神经症，这很可能与犹太人经历这一特征有关。

　　第二个可能归因于犹太经历的相似性来自他们各自的论点，即时间中的生命比在空间中的生命更重要。柏格森谴责时间的空间化，弗格德努力从过去当中重建患者的生活，而普鲁斯特则在时间的维度中创造了他的人物的生命，这个时间维度"与空间上的有限相比，占据了一个相当大的地方"。他们作品的这个共同特征，与其作为犹太人的经历相似，他们除了狭窄的贫民窟没有自己的空间。他们的空间存在是对其与周围世界隔离的一种贫乏而痛苦的提醒，远远不及他们在时间中的存在重要。因此只有在时间中，流浪的犹太人才感到自在。犹太人的宗教也避开了神的所有空间表现，神的真实和善良通过历史中的行为为人所知。在现代欧洲，犹太人的历史没有幸存的实际地标。他们必须将他们的地标内化并以书面形式和口头形式保存，而在基督教世界中，过去用纪念碑切实地保存了下来，很容易被看到和在想象中重建。[39]这种犹太人的经历可能塑造了三位思想家对我们在时间中的存在的至上评价。

　　人们对于过去塑造思维模式、社会形式和有机结构的方式存在着特别的兴趣。这种思想历史化的开始可以追溯到洛克的观点，即所有的知识都来自感觉。启蒙运动哲学家们努力建立这一原则以拒绝天生思想和先验人性，并证明历史和社会塑造了人。在 19 世纪，孔德、黑格尔、达尔文、斯宾塞以及马克思分享了这样一种观点，即哲学、民族、社会制度或生活形式因其在时间中的渐进转变而成为现实，任何现存的形式都包含前面留下的痕迹。随着 19 世纪晚期人类宗教观念的衰落，许多人从这些系统中汲取经验以赋予无神世界中的生命以意义。如果人们不再相信他在永恒中占有一席之地，他或许可以在历史运动中找到一个位置。

　　虽然 19 世纪伟大的历史主义制度以及狄尔泰、柏格森、普鲁斯特和弗洛伊德的作品都推崇历史或遗传的方法，他们的许多同时代人却满怀激情地抵制这种方式,并谴责过去可能压倒现在的方式。一位德国哲学家、一位挪威剧作家、一位爱尔兰小说家、一位奥地利建筑师和一群意大利作家强有力地提出了过去是负担的观点。这并非毫不含糊,尽管他们都对过去有深刻认识,也欣赏其积极价值,但他们最独特的工作是对记忆、习惯和传统的瘫痪破坏行为做出了强烈的否定评价。

52

在 1874 年的一篇文章《历史的使用和滥用》("The Use and Abuse of History")中,弗里德里希·尼采对历史主义的统治做出了尖锐的反应。正如标题所暗示的那样,他的处理至少在一定程度上是平衡的,他也承认"每个人和国家都需要对过去有一定的了解",但是中心信息是警告了对过去的事情进行过度思考的行为。对于非常悲惨的人来说,沉溺于过去是一种拯救,一种"斗篷,在这斗篷之下,他们对现在的力量和伟大的仇恨伪装成对过去的极度钦佩"。保守派在过去找到安慰——老房子和肖像画廊提供了意义和在不断变化的世界中的稳定。这种"古老的历史"阻碍了行动的冲动,"贪婪地吞噬了书目表中的所有碎片"。它倾向于使个人屈服于环境并重新获得其内在资源。它教导说现在是人类的晚年,人们是"后期的幸存者",生来就有白发。它使人们对改变任何事物的可能性都进行冷嘲热讽,还使艺术能量陷入瘫痪。整个时代都患有"恶性历史热",而尼采尤其被那些被先例束缚的人们所激怒,他们在最沉重的记忆和传统积累的重压下弯腰。"一个希望对一切事物产生历史感的人就像一只不得不通过不断反刍来生活的野兽。"这种长期的反刍,这种肥大的历史感"最终摧毁了生物,无论是人类还是个人或文化系统"。[40]

十年后,尼采写了一篇关于人的过去对个人意志的压倒性感觉的批判式分析。在《查拉图斯特拉如是说》(Thus Spoke Zarathustra,1883—1885)中,尼采介绍了他的权力意志观点,对于多数人来说,这种意志被大量记忆、遗憾和内疚感挫败。在"关于救赎"(On Redemption)一章中,他坚持认为唯一的真正救赎是意志越过时间和过去带来的障碍战胜权力。"对于过去的事无能为力,在过往面前,[意志]不过是一位愤怒的旁观者。意志不能退到从前；亦不能打破时间与贪婪，这就是意志最孤独的忧郁。"意志努力将个人从过去的残渣中解放，但"'那过去'是他无法移动之石的名字……这一点，实际上就这一点，就是报复——意志对于时间以及它的'它过去是'的厌恶。过去的不可磨灭的本质与其沉重形成的挫败感导致了厌恶与内疚以及惩罚与报复这些破坏性反应"。要想解放自己，意志必须"将'它过去是'重塑为'我愿意它如此'"[41]。然后意志侵占了过去，它成为一种正常运作的创造力、解放者、欢乐使者，以及通往未来的桥梁。

　　亨利克·易卜生（Henrik Ibsen）在一系列戏剧中将尼采分析过的破坏性影响戏剧化。在这些戏剧中，遗产、对过去的突然披露，或者在角色身上起作用的不断的记忆都让他们残废或死亡。[42]他早期剧作中的人物可能通过特别的努力克服了过去，但从1897年的《玩偶之家》（A Doll's House）开始，他越来越悲观。在结尾一幕中，娜拉告诉丈夫只有"奇迹中的奇迹"才能拯救他们的婚姻，她最后出走的姿态似乎也拒绝了这种可能性。在《群鬼》（Ghosts，1881）里，过去无可置疑地胜利了，因此他的人物们只能徒然地挣扎，这种过去的力量来自遗传疾病、难忘的记忆，以及死人的灵魂。[43]阿尔温夫人的感慨有力地总结了这一切："我几乎认为我们都是鬼——我们所有人…… 不仅是从父母那继承到的东西。这是各种死去的想法和各种老旧过时的信仰……我们永远摆脱不了。"[44]

　　在另外两部剧中，突然的披露提供了戏剧性的焦点。《野鸭》（The Wild Duck，1884）中亚尔玛·科达尔美满的家庭生活遭到了毁灭，因为他得知几年以前妻子与另一个男人有染，这个男人是他女儿海德维格的生父，是他一手操纵让亚尔玛遇到了自己的妻子并资助他的生意。在知晓这一切的痛苦中，他谴责妻子编织了一个欺骗之网，然后又与女儿海德维格脱离了关系。在想要重获父爱的绝望挣扎中，海德维格自杀了。在众人思考海德维格的牺牲无意义时，一个醉酒的角色解释说多数人都需要一个"一生的谎言"来维持自我，没有比打破谎言揭开关于过去的赤裸真相更危险的事了。《小约夫》(*Little Eyolf*，1894)中的父母试图压抑内疚的记忆，那记忆会提醒他们这个男孩从桌上摔下来瘫痪了，而那时他俩在做爱。这记忆在约夫淹死之后出现，父亲意识到，他们的丧子之痛是"良心的啃咬"，他们决心致力于帮助其他孩子，这是他们的终身计划：忘记无法忘记的，记住必须记住的。

在易卜生的其他戏剧中，过去的折磨是一种持久的记忆。《海上女郎》(*The Lady from the Sea*，1888)中的女主角如此着迷于关于一位潇洒水手的记忆，他很久以前就迷住了她，以至于她永远无法摆脱他这种"可怕的、深不可测的力量"，她在拒绝怕水的追求者的求婚时就是这样说的。在《我们死人再生时》(*When We Dead Awaken*，1899)中，一位雕塑家遇到了他以前的模特，这位模特告诉他，多年前她离开他是因为当她脱衣服摆姿势并裸体献身时，他无动于衷，只是感谢她说"这段时间非常开心"。几年之后的见面让他们觉醒，却发现自己已经死去，在最后一幕中，当他们爬上一座山，想将以前的事情抹去时，却被一场雪崩吹走了——那是过去积累的重量和压倒性力量的象征。而对于《罗斯莫庄》(*Rosmersholm*，1886)的主人公而言，住在他庄园里的逝者被站在地上的白马象征着，被墙上的那些肖像画纪念着，由关于背叛的记忆维持着。[45]

在《海达·高布勒》(*Hedda Gabler*，1890)中，易卜生对主人公的丈夫特斯曼所代表的史学专业进行了控诉。他一心想完成关于中世纪布拉班特国内产业的研究，甚至在蜜月期间都毫不懈怠。在故事的高潮，海达叹息自己注定"只能听到文明史，早上、中午、晚上都是这样！"丈夫从对于过去的沉溺上得到的日常满足加强了她社交、性、存在方面的挫败感。他对她的忽视，加上其他令人失望的事情，最终导致了她的自杀。

困扰易卜生角色的思想为詹姆斯·乔伊斯的故事《死者》("The Dead")提供了主题。[46]加布里埃尔在晚餐后的演讲唤起了对死者的记忆和"对过去、青年、变化、我们今晚想念的缺席的人的思考"。聚会结束时，他看到妻子正专心地听一首歌，感觉到她有一种特别的吸引力。但对于他的妻子来说，这首歌激起的回忆是关于多年前唱这首歌的年轻人的。虽然加布里埃尔一直在回忆他们的共同时光，但她也都在想着自己的生活。那一晚她睡觉时，丈夫痛苦地想到多年以来她一直在秘密地品味情人的形象。过往的复活变换了聚会的意义，嘲笑着他讲话中的多愁善感，揭穿了他俩共同生活的空虚，加布里埃尔感到孤独，也为躺在妻子身边感到羞耻。

55　　　在《尤利西斯》中乔伊斯表达了对回忆潜力的欣赏，以及对完全沉浸于过去生活死亡般瘫痪的谴责，这些都是他对回忆的观点。在一个毫无疑问是普鲁斯特式的观念中，他强调了一些记忆"被人们藏在心中最黑暗的地方，这些记忆留在那里，直至一个偶然的词语将之唤出，它们会在各种各样的情况下出现并面对一个人"。他所提到的那种情况也可能来自普鲁斯特："一个温柔的五月傍晚里被剃过的草坪上的空间"或"清晰记忆中的紫丁香树林"。然而，乔伊斯对记忆的一般看法集中在它的局限性和危险性上：它使艺术家瘫痪、维持内疚，并造成书呆子对它的滥用。

　　斯蒂芬·迪达勒斯（Stephen Dedalus）认识到记忆保留了身份："我，生命的原理，形式之形式，根据记忆我就是我，因为我总是处于不断变化的形式下。"记忆将他凝聚，但他拼命想要挣脱这种对他作为艺术家的自由表达的约束。他的独特性深陷困境；在一切事物上他的自我都占据了太多的部分，仿佛被一条巨大的脐带拉回到夏娃身上："所有脐带都是祖祖辈辈相连接的，芸芸众生拧成一股肉绳。"他的身份淌入他周围的世界，与过去一起浮现出来。在岸边看到的沉船残骸将他带回到西班牙大帆船抵达此处的时代，带回到丹麦海盗和古代捕鲸者。"我身上有他们的血液，"他想，"他们的欲望是我的波浪。"他感到陷入了关于自己的复杂生活中，在无情的时间流逝中与每个人纠缠。最痛苦的是关于母亲去世以及拒绝参加她的葬礼的持续记忆。乔伊斯用

"蠢人的咬伤"(agenbite of inwit)这句话来形容这种不停的内疚,在每次回忆中这个句子都会与斯蒂芬的想法呼应,也激起了他对历史的蔑视。

历史是"我想要从中醒来的噩梦",是斯蒂芬一次有名的爆发,这是他对一个迂腐同事的廉价反犹太主义的失望的顶点,对于此人来说历史是"死去的宝藏",但这句话更直接地指他为打破历史对自己的控制所做出的努力。当他的一个学生回答不出关于皮拉斯战争的问题时,斯蒂芬对所有历史记载的灾难全景做出了反思:"我听到所有空间的毁灭,破碎的玻璃和倒塌的砖石,时间最后的青灰色火焰。那么剩下了什么?"从皮拉斯之战到第一次世界大战,人类一直在做无谓的战斗。这个意象无疑指的是炮弹在建筑物上爆炸的影响,但在战争的毁灭性行为和战火中欧洲的前景之外,斯蒂芬也被历史本身困扰——历史提供的现实幻觉及其对当前生活的歪曲。如果历史总是"被记忆的女儿虚构",那么一战的灾难能为人们留下什么呢?还剩下什么真相呢?

作为一位艺术家,斯蒂芬长期以来实现自我的努力在小说的末尾达到了顶点,在一家妓院里,他砸碎了一盏吊灯,这样,他攻击了历史、时间以及内疚。那时,他死去的母亲出现了,"全身发绿,带着坟墓里的霉点",她哽咽着,带着死前的喉音,祈求神怜悯他。最终,他觉得自己受够了,"时间最后的青色火焰在接下来的黑暗中、一切空间的废墟中、摇晃的玻璃中、行将倒下的石墙上,跳跃着"。他打碎灯,以使母亲的形象变得模糊,以熄灭他的内疚之火。斯蒂芬为了成为艺术家将时间停止了。当下即唯一的现实,对于艺术家来说尤其如此,乔伊斯让斯蒂芬说出了他的信条:"抓住现在,抓住此处,通过它们,一切未来都会投身过去。"[47]必须努力抓住现在,因为它总是在溜走,总是威胁要让过去的旧模式淹没它的独特。

在所有艺术家中,建筑师最为深切地感受到了过去的死亡重量,他们可以十分确切地看到这些东西就排列在欧洲城市的街道上。传统

56

建筑最明显的纪念碑之一就是维也纳的环形大道——那是于 19 世纪 60 年代到 19 世纪 90 年代围绕着奥地利首都建起来的一圈公共建筑，每一栋建筑都以适合其功能的历史风格呈现。这样，议会楼是经典的希腊建筑，市政厅是哥特式的，大学建筑是文艺复兴式的，而城堡剧院则是巴洛克风格的。1893 年，奥托·瓦格纳（Otto Wagner）赢得了在环形大道以外扩大城市发展的竞赛。虽然他在环城大道区建了一些公寓，并为一些公共建筑做出了贡献，但他自 19 世纪 90 年代以来的著作与建筑极大地批判了环城大道的历史主义以及 19 世纪的很多建筑。他的城市发展计划专注于交通和现代工业城市的需求，毫不顾及之前那些意在美化城市和纪念过去的建筑群。在 1895 年的教科书《现代建筑》中，瓦格纳推测了是什么产生了致命的折中主义和对过去的盲从奉献，他的结论就是，尽管大多数时代都能够让建筑形式适应变化的技术与需求，但 19 世纪下半期的社会与技术变化快得让艺术家们跟不上了，因此建筑又回归了早期的风格。瓦格纳抨击对于过去形式的投降导致了艺术创新的停顿。在对于建筑训练的具体建议中，他谴责了传统中经典古典建筑教育中的顶点，即意大利之旅。[48]

过去那令人不得安宁的影响惹怒了尼采，压倒了易卜生，威胁了乔伊斯，也让意大利的未来主义者们陷入了狂热。他们在宣言中建议烧掉卢浮宫填起威尼斯的河道，从而道出了对于过去最富激情的否定。这些人当中最有活力的发言人是菲利普·马里内蒂（Filippo Marinetti），他 1909 年 2 月的宣言中包含了他们反传统计划的概要，即摧毁博物馆与院校，从"老教授、考古学家、导游、古文物研究者难闻的腐朽"中将土地解放出来。1909 年 4 月，他发誓要"嘲弄时间奉献的一切"。在《反对沉迷过去的威尼斯》（*Against Past-loving Venice*）中，他设想这个城市变成了一个现代化的商业港口。他嘲弄英国人为传统的受害者，他们小心翼翼地保存着过去的每一点遗迹，他还攻击象征主义者们，说他们"游在时间的河流上，头转向后方，朝着过去远去的蓝色水流"，对永恒有着可鄙的激情。相形之下，他的未来主义伙伴们推崇当下,并创造出一种易腐又短暂的艺术。他于 1914 年宣布了保守之美的葬礼,包括记忆、传奇和遗迹这些邪恶成分的死亡。[49]

∞

尽管对于过去的价值的看法存在相当大的分歧,人们还是普遍认为不能完全遗忘过去,完全的艺术家、聪明的政治家,以及健康的个人都必须以某种方式接受它。想要重获过去的思想家们对获取的最后方式看法不一。普鲁斯特的追寻重在被动的方式,这与柏格森、弗洛伊德、亨利·詹姆斯的主动方式形成了鲜明对比。

在《去斯万家那边》一书中,普鲁斯特表达了过去不能被任何有意识的努力重新夺回的想法。"过去隐藏在某个地方……超出我们的智力范围,存在于某种物体中(存在于那种物体给予我们的感受中),对此我们毫不怀疑",我们必须等待,直到偶遇那些物体,然后再次捕捉它的内涵。[50]马塞尔偶然发现了茶和玛德琳这第一条线索,却无法维持或理解它们曾给予他的快乐。在一段时间后的脆弱时刻,他回到了布洛涅森林公园,企图再次抓住曾在这里发生过的童年之爱的已失去的快乐。但这和其他有意识的意愿的努力一样,失败了,只是徒增他的渴望。多年后,马塞尔终于发现了他无意识记忆的重要性和重获过去的方法。无意识记忆是完全被动的;然而,它一旦开始,人们就可以通过艺术使之永存。即使这是一个主动的工作,普鲁斯特的突出贡献在于他强调了那些来源于偶然经历的被动的、无意识的记忆。

柏格森认为我们会不断地侵蚀过去,进入现在,与他的看法相反,普鲁斯特重视忽然浸入时间的快乐与震惊,而这些感受的体验是不连续的。普鲁斯特的角色马塞尔的"时间之外"的永恒之感来自对于时间的再次突然进入和从时间无情运动中的一次解脱。对普鲁斯特来说,时间是一系列孤立的时刻,之所以能从重获时间中产生快乐,就是由于

58

这些时刻是相互远离的。如果说柏格森的持续时间像一条溪流，那么普鲁斯特的持续时间则像一系列陡峭的大瀑布，在这当中思维能从遗忘之中捕获记忆间歇性的波涛。对于回忆的过程，他们的看法也不相同，尽管柏格森认同重获过去是一件艰难的事，需要“极大的努力”，但他也认为人们能够在任何时候做出那种努力。与之相反，普鲁斯特提出第一步必须是偶然发生的。在 1912 年的一封信中他谈到了其中的差别，他不认为自己的小说是柏格森式的，因为这些小说“具有一种特点，这些特点不但不符合柏格森的哲学而且与之相矛盾”[51]。这其中的关键区别在于记忆是主动的还是无意识的：普鲁斯特坚持认为柏格森式的记忆涉及智力，而他认知中的记忆却不能被任何意志的活动召唤。虽然柏格森确实谈到了记忆的自发活动，但普鲁斯特对两者的区分也是有效的，因为他更加强调偶然性。

59　　　将普鲁斯特和弗洛伊德的回忆方法对比起来看就更加不同了。首先，普鲁斯特坚持回忆的本质是孤独。“至于未知符号的内在书籍……如果我试图阅读它们，没有人可以用任何规则来帮助我，因为阅读它们是一种创造行为，在这里面没人可以代替我们的工作，连协作也不可能。”[52]在寻找时光穿梭的过程中，心理学家和朋友或恋人一样容易分散注意力。其次，对普鲁斯特来说，关键的阶段是被动的：等待无意识的记忆。这个阶段一旦开始，对其意义的主动寻找就开始了正如他在小说中表现的那样。在弗洛伊德的心理治疗中，一种系统的程序占据着主导地位。很难设想还有比为探索过去安排准时的会议更加主动的调查了，治疗师与前病人们的经历是这种探索的模式。精神分析还有一系列关于无意识过程、发展阶段和潜在固定点的理论，它们有助于破解那些可能延迟病史的发现的伪装。这种对于过去的搜寻和狐狸狩猎一样活跃，而被压抑的记忆会成为可能持续多年的连续追捕的对象。[53]

　　　另一种主动搜索发生在亨利·詹姆斯 1917 年的小说《过去的感觉》(*The Sense of the Past*) 中。一位美国绅士拉尔夫·彭德雷尔 (Ralph Pendrel)在现实中对奥罗拉·科恩(Aurora Coyne)的求爱失败了，当时他得知一位英国亲属即将死亡，于是开始幻想他会留下什么"古老的、国外的东西"。奥罗拉含糊地赞美他"对所有的古老之物都有一种自然的激情"，这减轻了拉尔夫被她拒绝的苦涩。他写了一篇文章，名为《帮助阅读历史的文章》（An Essay in Aid of Reading History），这使得这位亲戚在遗嘱中将一栋建于 1710 年的房子留给了他。拉尔夫前往英格兰去继承这栋房子，抱着自己能够"重新进入时间河流"和"在它的上层、更自然的水域中沐浴"的希望。当他定居下来，这房子变成了一个时间飞地，将他与现在隔开，就像这房子地处偏远也将他从周围世界中隔离开来了一样。房子里的物件就像普鲁斯特笔下贡布雷教堂的墙壁一样，"被侍弄得平平整整，充满了积累的信息"。这座房子呈现了拉尔夫祖先的整个家族，并且"因为房子是他的房子，所以时间，因为它沉入了他，也成了他的时间"。[54] 当他在家里的肖像画上看到自己的脸，于是相信自己和祖先交换了人格时，对过去的这种认同变成了幻觉。他对过去的感觉首先作为一种学术爱好出现，最终占据人格成为身份。虽然只是虚构，这个故事讲述了一个通过心理上不平衡却直接的方式完全占据祖先过去的故事。

　　普鲁斯特对过去的被动恢复的强调仅仅是众多活跃项目中的一个。必须进行一些延伸才能将柏格森的哲学、弗洛伊德的治疗和亨利·詹姆斯的想象编织成一个文化宣言，但这些作品明确地集中在这个问题的另一面。与詹姆斯的比较有些勉强，因为普鲁斯特并不关心祖先的过去，但他仍然会觉得拉尔夫的旅程、他对老房子的占有、他对回到过去的有意识的努力是知识分子的徒劳，是注定要失败的。

　　在关于重获过去的长度、力量、价值和方法的四个争论中，关于地球年龄的那个争论产生的文化影响最小。开尔文保守估计的两千万年与发现放射性物质后估计的数亿年之间的差异只引起了一小群地质学家的兴趣。然而，自从达尔文的时间继续影响像乔伊斯这样描绘利奥波德·布鲁姆在面对宇宙浩瀚时代的微小守时的作家，大众也意识到了时间的长久性。时间尺度的这种令人眩晕的延伸对人类的自我中心

60

主义造成了又一次打击，他们在地球上的存在时间似乎收缩至极短。

文化记录始终排在过去对现在产生强大影响的观点背后。留声机和电影摄像机为过去的保存提供了历史上独特的技术，摄影档案和保护协会为其提供了新的制度支持。近两千年的基督教认为生命的终极意义或目的是在上帝的永恒和不变的凝视中实现的，这贬低了人类历史的重要性，在这之后，19 世纪的思想家试图在人类历史中找到生命的意义和理由。历史学家发现新的资源，挖掘埋藏的文明，提高了准确性和文献的标准，普遍地实现学科专业化。黑格尔和马克思等历史主义体系彻底改变了哲学和社会科学；历史上的自由主义和社会主义信仰主导了政治思想。在 20 世纪末，狄尔泰宣称所有知识都有历史基础，他还坚持历史方法在所有社会科学中的首要地位。正如斯蒂芬·图尔明（Stephen Toulmin）和琼·古德菲尔德（June Goodfield）所说："无论是考虑地质学、动物学、政治哲学还是古代文明的研究，19 世纪从每个方面来说都是历史的世纪——以新的动态的世界图片的增长为标志。"[55]

也许伟大的历史主义体系发展得过于顺利了。它们展示了个人或社会形式是如何从前因演变而来，并注定要重演历史。因此，当下看来似乎是预先确定并且被过去扼杀的。正如我们已看到的，许多艺术家和知识分子激烈批评这种霸道的历史主义，他们还担心过去的主宰会使得对于当前的反应枯竭，并且耗尽未来的资源。在这种情况下，未来主义者的爆发就并不显得奇怪了，因为意大利尤其深陷于过去，被遗迹与纪念碑围绕，这些都代表着死去文明的荣耀。海登·怀特（Hayden White）对"历史负担"（burden of history）的消极反应进行了调查，这种反应始于尼采 19 世纪 70 年代的论战，并通过一系列文学人物被不断阐述：乔治·艾略特（George Eliot）《米德尔马奇》（*Middlemarch*，1871—1872）中的卡苏邦先生、《海达·高布勒》的特斯曼、托马斯·曼的《布登勃洛克一家》（*Buddenbrooks*，1901）中的汉诺，以及纪德的《背德者》（*The Immoralist*，1902）中的米切尔。在第一次世界大战之前的十年里,对"过去狂热的翻找"的批评性反应愈演愈烈,正如怀特总结的那样,"对历史意识和历史学家的敌意在西欧各国的知识分子中获得了广泛的支持"。[56]

尽管这种概括存在例外(马克思主义者和自由主义者们继续相信历史和进步),但对于一些反对广泛,甚至有时具有盲目的信仰的思想家和艺术家来说,19 世纪对于所有生命过程,尤其是人类来说都具有历史方法的价值。而就在历史的过去开始失去它作为理论框架的权威时,个人的过去开始吸引各种杰出的思想家,他们以前所未有的谨慎态度审视它,并坚持认为对它的理解对于健康而真实的生活是至关重要的。关于记忆和遗忘的新理论以及儿童和发展心理学的新研究已经出现,并结合在了精神分析中,这前所未有地普及了个人的过去会保持活跃并会继续形成成年人行为的概念。[57]弗洛伊德坚持认为回到过去对心理健康至关重要。柏格森分析了人们如何不断地通过对过去的挤压来改造现状,他还坚持认为只有对持续时间的流动运动完全开放的生活才能获得个人自由的基本来源。对普鲁斯特来说,过去浮现在无意识的记忆中,这是喜悦、美丽和艺术灵感的唯一真正来源。虽然他为斯蒂芬·迪达勒斯创造了历史梦魇,但也开辟了用直接内心独白的这一新文学技巧从各种角度重建他主要角色的个人历史的可能性。

易卜生和尼采也发现对个人的过去而非历史过去的使用更具价值。与他在《查拉图斯特拉如是说》中对个人过去的分析相比,尼采1874 年的文章对太多历史可能造成的瘫痪表现出了相当的批评态度。他在前一篇文章中承认个人过去是个人意识的必要成分。人们不会选择将个人过去像历史过去那样作为行动模式,因为"过去"是意识结构所固有的。而且,由于查拉图斯特拉宣布了一种本质上充满希望、积极向上的哲学——一种走向超人的方式——他坚持意志从"过去"转变为"我就要这样"甚至"我就这样决定了"的可能性和必要性。尼采重视个人过去本质上具有建设性的,也可能是有挑战性的功能。在《道德谱系》(*The Genealogy of Morals*)中,他警告说,过去几代人的内疚的累积会引发自我厌恶——那是历史过去的毒性沉淀。"过去"是意志最孤单的忧郁，但个人的过去会在人类意识中形成必要的阻碍，它会迫使意志在面对习惯与传统的有害影响时有所作为。

易卜生也考虑过这两种过去，并对个人过去的力量进行了更积极、更具洞察力的描述。在《海达·高布勒》中，特斯曼被描绘成一个卡通式的平面人物，正如他正在写的历史一样。他的历史是一个死者的博物馆，还会消耗他生活与婚姻的能量。但在易卜生其他的戏剧中，我们发现他非常有效地揭示了个人的过去，并且深入人物的生活之中，而这一点在特斯曼身上是明显缺少的。在这两种过去当中，易卜生显然对个人过去更有兴趣，因为历史过去是集体和客观的。通过在他的角色的生活中引发个人过去，易卜生实现了比他从历史过去引入任何东西所能做到的更大的戏剧性影响。他的戏剧在剧院中实现了弗洛伊德在诊所中取得的成就——重建时间中的生命，这突破与分解了自我神秘化和防御。在《野鸭》中，易卜生通过捍卫"生命谎言"尊重了自欺欺人的需要，但他的主要目的是建议一个人必须接受自己的过去或失败。过去是他的戏剧结构的重要组成部分，就如同对尼采来说过去是意识结构的重要组成部分一样。

这种从历史过去到个人过去的注意力的转移是摆脱历史负担的广泛努力的一部分。通过关注个人的前不久的过去，这些思想家和艺术家加强了对他们哲学研究的分析，提高了他们精神干预的有效性，并强化了他们文学作品的戏剧性影响。历史的过去是他们无法控制的社会力量的源泉，它创造了持续了几个世纪的制度，它限制了他们的自治意识。19 世纪历史主义的霸道的决定性形式系统产生了广泛的、一般性的历史规律，而这些思想家想要理解个体对特定环境的独特反应。弗洛伊德是一个例外，因为他试图制定精神生活的法则；然而，它们并不是集体历史过程的法则，而是个人的法则，它们只包含个人的过去。环形大道正在成为向历史投降的艺术纪念碑，现代艺术家肯定了他们作品的独立性。他们不想模仿过去的艺术，他们不希望自己的生活受到遥远过去形成的他们无法掌控的社会习俗的制约。最重要的是他们想要自由。他们关注个人的过去，因为他们认为与过去的毫无人情味的历史记录相比，这才是丰富的主题来源，才是他们有可能掌控的东西。个人对历史所负的责任与他对自己的过去甚至童年所负的责任是不一样的。如果人们对个人过去更有责任的话，就会希望理解，甚至重新设计它。这也是尼采、易卜生、弗洛伊德、柏格森、纪德、普鲁斯特、乔伊斯，以及未来主义者们以不同方式坚持的观点。[58]

启蒙运动的哲学家们指望古代能为他们提供在与基督教斗争中失去的价值，他们在古代的圣歌中找到了维持与行动的模式。罗马帝国人渴望将前工业世界的历史过去视为对庸俗的当下的庇护。在 19 世纪中期，历史的过去的神秘开始失去了一些吸引力，因为现实主义者在当代世界为正式研究以及科学、艺术寻找主题。尽管他们避免了对过去的浪漫化，将历史主义视为正式思维的基础，但是在世纪之交，艺术家和知识分子从历史过去的美化和历史主义方法转向，开始考虑个人过去，对于个人过去对当前的影响产生了前所未有的浓厚兴趣。这些思想家并未发现个人过去，但他们扩大并加深了对生殖细胞和肌肉组织、梦想和神经病、保留和非自愿记忆、内疚和鬼魂持续影响的理解。

这种对个人过去的关注多于对历史过去的关注也与我们在第一章中观察到的焦点从同质的公共时间转移到私人时间的变化一致。因为个人过去是私人的，因人而异，而历史过去是集体的，尽管个人可以自由地以不同的方式解读它，却往往更加同质化。因此，关于时间本质的最独特的一般发展——阐述为异质的、流动的和可逆的——与代表个人过去的那些论点一致。我们可以在统一公共时间的大规模集体力量中加上历史的广泛力量从而形成一个复合的时间结构，与之相对，或者我们应该说从这当中，这一代的主要思想家肯定了私人时间的现实，试图将自身扎根于一个特别的个人过去之中。

3 现 在

　　1912年4月14日晚上,有史以来的最大移动结构——泰坦尼克号轻率地高速驶入了北大西洋的冰原。第一个长官回忆起当时大海特别平静,所以那天晚上没有"冰原反光"——波浪溅到冰山并照亮其结晶表面时发出的光线。雾进一步降低了能见度。晚上11:40,一位瞭望员突然发现前方有一座冰山。船转得很厉害,在刮擦过程中,船的水线之下的位置就像锡罐一样被打开了一道300英尺长的裂缝。船长确定船很快就会沉没,凌晨12:15的时候他命令无线电报员发送求救信号。几分钟之内,电波信号在十几艘船上波动,人们意识到了这场灾难。这是一出由蒸汽动力驱动,由无线电报的魔力编排发生在公海上的同步戏剧。

　　十艘船在一百多英里以外的地方收到了呼救信号,他们一直保持联系,但距离太远无法提供帮助。90英里外的赫里戈拉号和75英里外的尼亚加拉号也面临着同样的情况。山寺号在距离泰坦尼克号50多英里处,但由于冰原的影响开得很慢。在泰坦尼克号载着1 552名乘客下沉近两个小时以后,距其58英里的卡帕西亚号才第一个到达。另一艘本应能救下所有乘客的离它很近的船只没有收到无线电信号,加利福尼亚号就在距其19英里处,但船上的无线电报员在泰坦尼克号发出第一次遇难求救信号的十分钟之前就收起了耳机。船上的两名瞭望员看到了泰坦尼克号发射的信号弹,但他们没明白信号弹的意思,也没能说服船长抛锚来弄清情况。无线电可以在很远的地方透过黑暗和迷雾接收到人类的眼睛和耳朵无法感知的信号。

卡帕西亚号上的操作员在戴上耳机验证"时间急流"（与邻近船只交换时间信号以查看他们的时钟是否一致）时接到了求助电话。凌晨1点06分他听到泰坦尼克号告诉另一艘来帮忙的船"准备好你的船；快速下降"。纽芬兰的一个无线电台首先收到了泰坦尼克号正在下沉并优先解救妇女的信息，那是凌晨1点20分，全世界开始得到关于这次海难的消息。很快，大西洋沿岸几百个无线仪器开始传送信息，广播频道都混乱了。泰坦尼克号的无线传输范围只有1500英里，因此向欧洲发出的信号必须首先到达纽约，然后通过电缆穿越海洋。尽管如此，凌晨的时候整个世界都得知了这场灾难。[1]

在一艘救生艇中的幸存者看来，似乎天上的星星看到了遇险的船只，"它们将信号闪过黑色的苍穹互相传递信息"[2]，他想象中这种星星之间的交流通过无线电在大海上的船只之间完成了，只是规模更小。4月21日，《纽约时报》评论了无线电的神奇力量。

> 无论是陆地上的数百万人还是海上成千上万的人都在昼夜不停地伸手抓住稀薄的信号，将其用作比之前编织的任何电线或电缆更有效的人类援助之物。无线电在上一周拯救了745条生命，要不是无线电近乎魔力的使用，泰坦尼克号的悲剧就会被笼罩在神秘之中，人们在不久之前都仍以为那是大海的威力。纽约人没有意识到在大城市的麦鸣声中，距离甚远的人们之间一直都存在着不断加速的信息。这些信息在屋顶上，甚至穿过墙壁，存在于人们呼吸的空气之中，它们是电写成的文字。

67

4月16日，《伦敦时报》（*London Times*）的一篇社论指出，无线技术带来了更广泛的经验。"受伤巨物的痛苦在大西洋的纬度和经度上响起，她的姐妹们从四面八方赶来救援……我们怀着一种近乎敬畏的感觉认识到，我们几乎见证了一艘伟大船只的死亡痛苦。"美国电话电报公司的一名官员称赞了使救援工作得以跟进的通信。他写道，电话和无线电"使得许多国家的人民能够站在同情的联盟分享共同的悲痛"。密歇根参议员威廉·奥尔登·史密斯（William Alden Smith）主持了对船只沉没事件的详尽调查，他在 1912 年 5 月 18 日面向参议会时简述了之前的听证会，提到了需要世界安全法规的新的世界团结意识。他说："当全世界为一个共同损失哭泣，当大自然在所有领域中向同一方向移动，国家为什么不能清除那些相互矛盾的规定，明智地管理这个人类的新仆人?"[3] 虽然以前曾用过无线电来拯救海上的生命，但这次救援活动尤为突出，因为很多人都知晓了这一悲剧，这包括救生船上的幸存者、远方的无线电操作员、救援船上沮丧的海员们。

∞

无线电技术使得人们同时体验多个远距离事件成为可能，泰坦尼克号事件又使之更加戏剧化，这也是当前体验的重大变化的一部分。关于这个问题的思考被分化为两个基本问题：现在这是一系列单一的局部事件还是多个同时性的远程事件，以及现在是处于过去和未来之间的极小的时间片段还是更长的时间段。关于第二个问题的辩论主要存在于哲学家中，但是众多艺术家、诗人和小说家都表达过系列性与同时性的问题，而且这个问题也在无线电之外的其他新技术，诸如电话、高速轮转印刷机，以及电影院中得到了体现。

早在 1889 年，索尔兹伯里勋爵（Lord Salisbury）就评论过电报所带来的经验同时性，这些经验"几乎在一瞬间结合起来……整个智慧世界对于当时所经历的一切事物的意见"[4]。人类自 19 世纪 30 年代就开始使用电报，但它的使用仅限于训练有素的操作员，使用地点被限制在发射站。无线电使得电子通信的源点激增，而电话更是将无线电普及到了大众之中。

无线电报的历史始于 1864 年詹姆斯·克拉克·麦克斯韦尔
(James Clerk Maxwell)的一篇论文,该论文认为一定存在电磁波并且
应该能够在空中传播。1887 年,海因里希·赫兹(Heinrich Hertz)在
一个实验室中制作了这种光波。1894 年,古列尔莫·马可尼
(Guglielmo Marconi)设计了一种传播和接收电磁波的装置。1897 年,
马可尼前往英格兰,在怀特岛建立了第一个与海上船只交流的海岸站。
1901 年,英格兰的一个特殊高功率发射机发送了一条穿过大西洋的信
息,两年后,爱德华七世国王和总统西奥多·罗斯福用此设备交换了信
息。随着无线仪器的激增,1903 年在柏林召开了国际无线电报大会,
以规范其使用。马可尼公司于 1904 年建立了第一个无线新闻服务,每
天都在康沃尔和科德角之间传输信息。海上船舶发出的第一个遇险信
号是在 1899 年。1909 年时,在两艘船发生碰撞后,无线通话拯救了
1 700 人的生命。这项技术在 1910 年得到了轰动性的宣传,当时一则
无线信息导致了伦敦的一名美国医生被捕。这名医生杀害并埋葬了自
己的妻子,并试图与女扮男装的秘书一起乘船逃往海外,岂料引起了船
长的怀疑,船长向伦敦警察厅发报,安排了侦探在轮船抵达港口之前就
在海上逮捕了他们。至 1912 年,无线电已经成了国际交流必不可少的
一部分,它能在瞬时性的世界网络中连接陆地站点和海上船只。[5]

电话产生了更广泛的影响,从某种意义上说,它使人们能够同时身
处两地。它让人们能够隔着很远的距离对话,去思考对方的感受,并且
立刻做出反应,这其中不会涉及文字交流所需的时间。企业与个人交
流突然变得即时,不再被拖延,也不具连续性。公用电话线也造成了另
一种同时经验,因为在早期的系统中铃声会沿着整条线响起,任何有兴
趣的人都可以接听。一位富有想象力的记者将电话交流的同时性想象
为由电话线纤维、声音以及配电板电缆制成的织物:"接线总机前的女
孩们就像巨大织布机上的纺织工,无数交叉再交叉的电缆如同纺织的
美妙的织物。事实上,语言的美妙织物就在这里被编织成了每日的
记录。"[6]

69

在 1876 年电话被发明的几年后，电话被用于公共"广播"。1879年，人们在美国用电话线播放布道；1880 年，苏黎世的一场音乐会通过电话线被传往 50 英里外的巴塞尔（Basel）。第二年，柏林的一部歌剧和曼彻斯特的弦乐四重奏被传送到了一些邻近的城市。比利时人于1884 年开始进行此类传播：沙勒罗瓦（Charleroi）的电话公司举办了一场所有订阅者都能听到的音乐；一场在莫奈埃（Monnaie）上演的歌剧能在 250 公里外奥斯坦德（Ostend）的皇宫被人聆听；布鲁塞尔的北火车站播放了沃克斯大厅（Vaux-Hall）的音乐，那很有可能是对背景音乐进行的最早的实验。[7]

儒勒·凡尔纳（Jules Verne）在 1888 年的科幻故事中设想了"电话新闻"[8]。五年后，一位匈牙利工程师在布达佩斯开设了这样的新闻服务并将其扩展为综合娱乐服务，凡尔纳的想象成了现实。6 000 名订阅者的家中装有播报电台，每人都有节目时间表，里面包括音乐会、讲座、戏剧性阅读、报纸评论、股票市场报告以及议员演讲的直播。整个城市的居民的注意力都集中在了一个体验上，节目时间表调节他们的生活，并通过紧急信号侵入他们的隐私，该紧急信号使得电台能够在特殊新闻爆发时让每一户的电话都响起来。一位英国记者想象，如果这种服务被引入英国的话，将会使富人的奢侈"大众化"，因为"最寒酸的小屋亦能与城市接触"，"私人电线"让所有阶层一家亲。[9]同时，它会减少个人在城市中的孤独，使 600 万伦敦人同时听到一个声音成为可能。在 1896年的美国，电话被用来报道总统选举，根据当代报道，"成千上万的人，耳朵紧贴听筒坐了整整一夜，被第一次向他们展示的可能性催眠了"[10]。

人们对现代新闻创造的同时性经历有着不同的批判性回应。早在1892 年，不知疲劳的危言耸听者麦克斯·诺尔度（Max Nordau）就抱怨说，最普通的村民都比一个世纪前的总理拥有更广阔的地理视野。村民一读报，他"就会同时了解智利的革命、东非的丛林战争、中国北方的大屠杀、俄罗斯的饥荒问题"[11]。诺尔度预计人们需要一个世纪的时间才能够"阅读好几平方码的日报，不停地接电话，同时想着世界上五大洲的事务"而不被让神经受损。保罗·克劳德尔(Paul Claudel)的反应要正面一些,1904 年的时候他写道,早报给了我们一种感觉,那就是"整体上的现状"[12]。他在 1914 年 2 月 23 日的《巴黎迷笛报》(*Paris-Midi*)的社论里则称一份报纸的头条为"同时性诗歌。"

1893 年至 1896 年电影的发明预示着其国际范围和它能够提供的同步体验。之后几年内,美国的爱迪生、英国的罗伯特·W. 保罗(Robert W. Paul)、德国的马克斯和埃米尔·斯科兰托斯基(Emil Sklandowski),以及法国的路易斯和奥古斯特·卢米埃尔(Auguste Lumière)先后发明了将赛璐珞胶卷移动到屏幕上来投影连续画面的仪器。至 1910 年,仅在美国就有 10 000 个自动点唱机,这形成了每周 200 个单轨电影的需求。从一开始,电影业就是国际性的,它具有大众吸引力。电影通过几个不连续的事件或从各种角度展示一个事件扩展了当下的感觉。三种技术被使用到:双重曝光,蒙太奇气泡和平行编辑。

1898 年时,摄影蒙太奇已经被摄影师们使用好几十年了,梅里爱在他这一年的一本科幻小说中也提到这种技术能通过实际的多重曝光在屏幕上制造幻影,但摄影蒙太奇会使画面显得杂乱。在《美国消防员的生活》中,波特也使用了蒙太奇气泡。他展示了一名消防员坐在办公桌旁,在右上角的气泡中,他的妻子正将他们的婴儿放在床上。这使得后面消防员把一个孩子从着火的建筑中救出的英雄故事更加戏剧化了。这两种技术都很难处理,导演很快发现了一种更通用的方式来表示同时性——对比编辑或镜头切换。

波特首先在《前科犯》(*The Ex-Convict*,1905)中使用了对比编辑的方法。一个富有的制造商拒绝雇用一名前囚犯,不同的场景显示了他们各自家庭的奢侈和肮脏,这使得他们之间的相遇更加戏剧化。在《孤独的别墅》(*The Lonely Villa*,1909)中,格里菲斯(Griffith)通过镜头切换展示了男子飞奔回家拯救被强盗袭击的妻儿的故事。影片用越来越短的续发事件展示了强盗、男人以及他的家庭,这增强了悬念,并且故事在这些人物同时出现时达到高潮。格里菲斯在《一个国家的诞

71

生》(*The Birth of a Nation*，1914)中更加有效地使用了这种手法，相机在聚集动作的同时场景中切换速度越来越快：一些人在舱内受到攻击，枪手正包围过来，以及三 K 党奔来救援。影片《党同伐异》(*Intolerance*，1916)中，他做出了对同时多线叙述的最有野心的一次尝试，其中涉及不同时期的四个故事，都与"党同伐异"这一主题相关：波斯人对巴比伦的入侵、耶稣与法利赛人之间的冲突、圣巴塞洛缪日大屠杀，以及一个男人被误判有谋杀罪的现代故事。这些故事以交替的顺序描绘，影片以那位被误判的人在临刑前被拯救为结局。格里菲斯就是如此这般地将片刻剖开，放入了一些同时活动。[13]

尽管很多早期观影者们抱怨故事在技术上"忽动忽停"，他们很快就调整了视觉反应，学会在倒退的顺序里保持连贯性，并且在一个戏剧性的时刻汇聚，将其合成为巨大的高潮。于果·明斯特伯格指出电影能在顷刻之间将观众从一处带往另一处，从而达到"同时之间既在此处又在彼处"的效果。在电影中"我们看到一个人正在纽约打电话，也看到身处华盛顿正在接电话的那个女人"[14]。1916 年时，未来主义者们向电影致敬，因为它能"给智慧一种不同寻常的同时性和无处不在的感觉"，他们感觉书籍中的顺序具有压迫性，因此更喜欢电影，因为电影能提供一种"世界生活的短暂综合"[15]，对于喜爱机器的艺术家来说，这简直是天作之合。

亨利-马丁·巴尔赞(Henri-Martin Barzun)、布莱斯·桑德拉尔(Blaise Cendrars)以及纪尧姆·阿波利奈尔(Guillaume Apollinaire)书写了几种不同的同时诗歌，甚至还参与了是谁首创了这种新的艺术形式的公众争论。[16]巴尔赞对于自己的优先权最为坚持，他在 1912 年创办期刊用以展示自己的同时理论和出版遵循这个理论的作品。他的诗作之一就是关于被无线统一的世界："我从塔顶散发出无形的光芒/液体承载着遇难船只的希望/用我的波浪包裹着地球/宣告着世界，世界的时间。"[17]巴尔赞也宣布了一种美学标准。航空业已改变了距离。整个人类都与地球各处的灾难相关，国际联盟加快了世界的"联邦"本质。

73

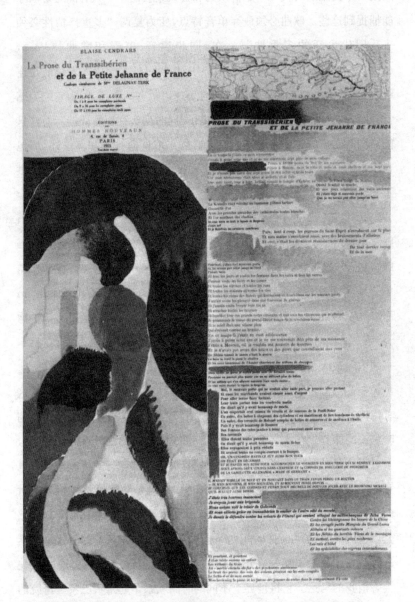

图1 布莱斯·桑德拉尔,《穿越西伯利亚的散文和法国小珍妮》,
1913年(诗的上半部分)。

这是一个民主的时代——是群众的和公共集会的——只有同时诗歌才能捕捉到这些。歌曲必须放弃单音特点，变为复调；"多重抒情性必须表达现代生活的多重性"[18]。在《同步声音、节奏和歌曲》（*Voix, rythmes et chants simultanés*，1913）中，他指出过去的诗人表达的是连续宇宙的声音；而当代诗人应该同时表达出所有的声音，因为它们为感觉理解，被科技夸大。城市生活提供了"同时现实存在的证据"，而这只能被同时之声的咏唱来表达。诗人必须采取同时性的和谐描述，那包含了由不同声音同时诵读并被录音下来的并列句子，巴尔赞为此提供了无数的例子。[19]

1912 年，桑德拉尔开始频繁拜访罗伯特·德劳内（Robert Delaunay）的家，他在这里遇到了罗伯特的妻子索尼亚（Sonia Delaunay），她把丈夫的同时艺术技巧运用到绘画和书籍装订中。1913 年 2 月，桑德拉尔出版了《穿越西伯利亚的散文和法国小珍妮》（*La Prose du Transsibérien et de la petite Jehanne de France*，图 1），这被称为"第一本同时性的书"。这本书被印在一张两米长的纸上，意在整本书的内容被人一次读到，这样每一页的篇幅限制就不会破坏其整体性。页面左侧下方是索尼亚的插图《同时色彩》（*couleurs simultanées*）。这首诗描述的是 1904 年桑德拉尔乘坐横跨西伯利亚的火车从莫斯科到哈尔滨的旅程。在文字上方他画了一张地图来展示这条路线。这样，读者看到了"同时"色彩、旅行地图、一首关于这次旅行的诗。这首诗也意在重塑旅行作为一个整体呈现的印象，这也是桑德拉尔开始动笔时的感觉。这个隐喻跨越了时间和距离，表达了他在旅途中每一刻的感受以及同时感觉到的别处的世界。这首诗通过联系遥远的时代来对其进行戏耍："我的童年是在巴比伦的空中花园度过的……史前的祖先会害怕我的马达。"它将世界上不同的时间联系了起来："巴黎圣母院的巨大响板/卢浮宫宣告圣巴塞洛缪的尖利钟声/死寂之城布鲁日的生锈钟声/纽约公共图书馆的电铃声/威尼斯的城市钟声/以及莫斯科的钟声。"而火车根据这些向前奔跑，"这个世界，就像布拉格犹太人居住区的时钟,以逆时针的速度疯狂旋转"。时间被压缩和倒转来打破顺序的分割性,空间被忽视以撤销距离的分割性,在他神游世界时将火车开过的俄国各地连成一片完整的美景。语言蒙太奇将距离甚远之物连接得好似快速切割的电影方向:"现在我让所有的火车在我身后奔跑/巴塞尔-廷巴克图/我还在奥特伊和朗尚、巴黎-纽约策马扬鞭/现在我让所有的火车沿着我的生活行进/从马德里到斯德哥尔摩。"诗人探索着被铁路和无线连成的世界新维度(事实上,一个批评家称他为无线[20])。甚至速度也是无用的,这个世界"像手风琴一样拉长和收缩/被施虐者折磨"。一个意象既包含时间同时也包含空间:"所有的日子,咖啡馆里所有的女人,所有的玻璃杯/我真想喝了就把它们打碎。"[21]这种贪婪与另一位同时主义者(simultanéiste)亚瑟·克雷文(Arthur Craven)相呼应,他也在 1913 年更新了浮士德精神:"我想去维也纳和加尔各答/坐所有的火车和轮船/与所有的女人私通/品尝所有的美食。"[22]电子交流与快速交通用多样的感觉充溢着当前,也加速了桑德拉尔与克雷文的欲望,在科技拥抱时间与地点之时他们也设法接受所有的经历。

阿波利奈尔也沉浸在性爱无处不在的幻象中。在故事《月亮王》(Le Roi-Lune)中,他发明了一种能让佩戴者与任何时代的女人性交的皮带,以及一种特别调整过的钢琴,能发出不同国家的声音。他还创造了德奥米桑男爵这个人物,他接触距离的能力能让他同时出现在世界上不同的地方。这位男爵是一位导演,他的这种能力象征着导演们用以表示无处不在与同时性的蒙太奇技巧。他创造了极速旅行,这是一种适应现代速度的旅游形式,能在 30 分钟内完成对巴黎的"完整"观光。[23]在这之后,他在 820 个地方同时死去。

阿波利奈尔的诗歌包含同时性的几个方面。《地带》(Zone, 1912)设法将遥远的时间和地点编织成了当前经历的单一质地——过去和将来、近处与远处之间的地带。在《电波》(Ondes, 1913)中,他描述了埃菲尔铁塔,铁塔的电波带着时间信号,使人们可以决定远处事件的同时事件;连接观察远距离地点之间的多种联系。欧洲的上空除了电波,还

75

有响彻大陆的钟声、连接各国的铁路、连起大陆的电线、连接地球与遥远星空的光线。阿波利奈尔想要一次为读者带来所有东西，这使他用文字创造微写书法来描述诗的内容。一首关于时间的诗被排列成了怀表的形状。在 1914 年 7 月出版的诗集《巴黎之夜》(*Les soirées de Paris*)中，页面上方被电线穿过，就像是下方诗歌的音乐时间标志。

音乐是同时艺术和同时诗歌的榜样。不同的曲调在旋律配合中同时作用，在歌剧中两个或更多的声音可能同时唱出不同的语句。瓦格纳解释说他有意让崔斯坦和伊索尔德同时说出重要的事以强调他们相遇的紧迫性。现代作曲家们超越了这些形式，即兴创作出涉及不同音调和节奏的更有挑战性的同时性。理查德·施特劳斯在《查拉图斯特拉如是说》(*Also Sprach Zarathustra*, 1896)中同时结合了两个调子，德彪西《佩里亚斯与梅利桑德》(*Pelléas et Mélisande*, 1902)中的一些部分也是如此。在 1908 年的《十四小节》(*Fourteen Bagatelles*)中的第一小节，贝拉·巴托克(Bela Bartók)写出了一位历史学家所称的"最早的两个同时发出不同音调的旋律部分的完整例子"。普罗科菲耶夫(Prokofiev)在《讽刺》(*Sarcasmes*, 1911)中有这样的双音调段落，斯特拉文斯基在《春之祭》(*Le Sacre du printemps*, 1913)中大量使用了三和弦。虽然在对位和古典交响乐中也有多旋律和多韵律的先例，但在20 世纪，当查尔斯·艾夫斯(Charles Ives)在《新英格兰的三个地方》(*Three Places in New England*, 1904)中将不同节奏的两支进行曲结合在一起，惊人地表现出以上特征。

在文学领域，《包法利夫人》(*Madame Bovary*, 1857)中有同时行为的著名早期例子。鲁道夫对于艾玛的厌烦与农贸市场上奖励的宣布重叠在一起，这个市场正是他们相遇的背景。鲁道夫发誓会永远爱艾玛，比才先生赢得了最佳肥料奖，这两者交织在一起，道出了鲁道夫之爱的庸俗和乡村生活的乏味。弗兰克在《章鱼》(*The Octopus*, 1901)的段落中对比了在旧金山的街道游荡的贫困农夫的妻儿和在附近豪宅享受奢华晚宴的铁路大亨。这些段落变得更短了，在妻子死亡的同时宴

76

会也结束，电影在此时达到了高潮。在《无名者之死》(*The Death of a Nobody*, 1908)中，朱尔斯·罗曼(Jules Romains)使用这种技巧使他的**全体性**哲学(philosophy of *unanimisme*)更加戏剧化——这种哲学就是每个人都被他们并未完全意识到的关系联系在一起。一个孤独的铁路工人去世了，他的死亡使一些人聚到了一起，这些人在为他准备葬礼的过程中发现了相互感情的力量以及共同的精神纽带。同时，一些行为在四个地方进行着：尸体在巴黎一个公寓的四楼腐烂，二楼的一些邻居想要为葬礼买一个花环，死者的父亲向巴黎行进，公寓守门人在大楼里四处走动。在《圣彼得堡》(*St. Petersburg*, 1913)中，安德烈·别雷(Andrey Biely)运用的快速切割产生了巨大的戏剧效果。这个故事是关于一位保守的俄国官员和他的儿子的，后者与一个激进的政治组织有所牵连，被指控设置炸弹杀死了自己的父亲。定时炸弹的滴答声标志着同时性，在两人越来越快的镜头切换之间的时间越来越少。未来主义者写过一些同时活动发生在被分割的舞台上的戏剧。在1914年3月的一份宣言中，马里内蒂(Marinetti)宣称一种新的美诞生了，其特点"来自商业和新闻业的同时性"[25]。他在第二年出版了《同时》(*Simultaneità*)，在书中两个不同的地方以及它们各自的居住者相互作用：一个妓女渗透进入了一个资产阶级家庭，因为她的梳妆台占据了这个家庭起居室的一部分。在《交流的花瓶》(*The Communicating Vases*, 1916)中，马里内蒂启用了三个同时行为，最后，角色们打破了在舞台上的两个隔墙，在同时活动与相互渗透的高潮中进入了彼此的世界。

《尤利西斯》是同时文学的高峰之作。电影蒙太奇给乔伊斯留下了深刻印象，1909年他在引进都柏林的第一个电影院中发挥了作用。[26]在《尤利西斯》中，他即兴创作了蒙太奇技巧来表现都柏林作为一个整体的同时活动，不是作为城市的历史而是时间中的一小块在空间里延展，在一个扩展了的巨大的当前中包含着它的全部过去。[27]在这个方面他意识到了柏格森的观点，即我们的直觉知识是我们在一个城市中漫步、生活所获知识的类比。乔伊斯希望读者们多次重读此书，不断建立起四处散落的参照网络，直到都柏林复活过来。

　　关于乔伊斯的技巧的一个生动的例子在《游动的岩石》那一章节，这是分为 19 个部分的蒙太奇，每一部分都展示了都柏林一个不同的方面。乔伊斯使用了 5 种方法来重建城市的统一：对一个角色从不同角度进行的多重叙述；在至少另外一个章节中对一个动作的重复，不断开始的叙述；一个物体的多次出现（一张顺着利菲河漂流而下的传单出现了三次，这在空间上连接了都柏林，还为时间的流逝提供了一个象征）；在最后的总结中，一列车队在城市游走，连接起了它所经过的人物和地点。传单和车队的运动都是线性的，但它们表示了城市的空间联系，也为正在发生之事提供了连接点。尽管车队的行动是按顺序来的，在先前章节中一些人物看到了它，这就预见了其运动同时性的最终总结。

　　"游动的岩石"的灵感来自电影，而"汽笛"的灵感来自音乐，并采用了对位和复调。通过简短的言语段落识别人物和主题，然后快速连续地在页面上"发声"，乔伊斯以此试图克服文学中必然的时间顺序，并达到类似音乐和声中不同音符同时发声的效果。他截断并增加了单词和短语，让他们互相打断，并逆转他们的方向以表明音乐主题在神游中的重叠。看这开场的句子：

> 　　古铜伴金色，听到马蹄声，钢铁铮铮响。
>
> 　　无礼顶顶，登顶顶顶。
>
> 　　碎屑，剥着灰指甲上的碎屑，碎屑。
>
> 　　太不像样！金发的脸更红了。
>
> 　　一声嘶哑的笛音吹响了。
>
> 　　吹响了。布卢姆黑麦开蓝花。
>
> 　　金色高髻发。
>
> 　　一朵起伏的玫瑰花，缎子胸脯上，缎子的，卡斯蒂尔的玫瑰。
>
> 　　颤音，颤音歌唱：伊桃乐丝。
>
> 　　冈儿冈！谁躲在……那金色角落里藏冈儿呀？
>
> 　　叮铃一声，响应古铜怜悯。

又一声呼唤，一声悠长而震颤的纯音。久久方息的呼声。

逗引。轻声细语。但是瞧！明亮的星星消失了。玫瑰

呀！清脆的鸟鸣应和了。卡斯蒂尔。黎明来到了。

锵锵锵，轻车轻轻地行驶着。

要确定这些短语所代表的人物和主题就需要对整章进行多次阅读和一些学术调查。[28]"青铜色"和"金色"是事件发生的酒吧中的两名女服务员。而"无礼顶顶，登顶顶顶"是一个口吃的人试图在说"无礼"。他们听到的"马蹄声"就是外面的骑兵队。"黑麦开蓝花""卡斯蒂尔的玫瑰""伊桃乐丝"都有点像流行歌曲，"吹响"和"开花"的变奏让布鲁姆的到来像是遥远的号角。"久久方息的呼声"是一个音叉，但也是布卢姆的孤独和他为自己对莫莉的激情消逝的悲叹。"明亮的星星消失了"和"黎明来到了"来自响彻整个章节并代表其音乐技巧的歌曲。"锵锵锵"宣示着布莱兹·博伊兰，他与莫莉在叮当作响的床上约会，而在那之前则乘着叮铃响的车去酒吧。正如这本小说意在被人重读，直到交叉引用揭示其整体的艺术性，因此我们也必须重读这一章，直到开头的句子能被理解为赋格中主题陈述的口头上的对等物。当过去的阅读使得这些短语可以整合到顺序、口头和声的快速组合中时，本章的和谐接近音乐。

在"瑙西卡"部分，三个地方交织着同时行动：岸边岩石上的格蒂·麦道维尔与两个女朋友一起看着双胞胎男孩和一个婴儿，布鲁姆在附近的岩石上，一段距离之外，教堂里男人为戒酒正在向圣母玛利亚祝福祈祷，乔伊斯把具体的行动、语言、内心独白和具有讽刺意味的并置结合在一起。

开头的段落描绘了触摸大海的最后一缕阳光、海滨上的岩石以及把将要发生的行动场景联合起来的教堂。它以另一个无处不在的形象作为结束，太阳落山，蝙蝠飞翔——"这里。那里。这里"。这一集从岩石上开始，又故意移动到其他地方：其中一对双胞胎踢着球，球滚到了布卢姆那里，格蒂听到了祈祷，这让她想象起教堂里的场景，西茜·卡弗里走到布鲁姆面前问时间。（4：30 的时候布鲁姆的手表就停了，从

79

这时起他就不太清楚时间了。)传统的序列和距离崩析成一个统一的整体，读者必须在几次阅读之后想象，就像一只盘旋的蝙蝠从黑暗的天空中审视它。

乔伊斯还通过串联将不同地方的行动结合在一起，因为格蒂和她的朋友，教堂里的男人和布鲁姆的描述汇合在一起，只有简单的连接，没有任何东西将他们分开。

> ……这时他们唱第二节诗了，奥汉隆牧师又站起来。用香薰了圣体。跪下，对康罗伊神父说有一根蜡烛快烧着花了，康罗伊神父站起来把蜡烛弄好，她可以看到那位绅士在拧表。听机器声音，她更起劲地合着拍子前后晃动小腿。天更暗了，可是他还能看见，而他也一直还在盯着，不论是拧表还是干什么。然后他把表放回表袋，双手又插进了口袋，她觉得有一种感觉涌上来布满了全身，她从自己头皮上的一种感觉和紧身胸衣下的不舒适感，知道一定是那事情来了，因为上回她剪头发那次也是那样的，因为有月亮，他的深色的眼睛又定定地盯住……

本章的第一部分是围绕着格蒂的思想构建的，她越来越注意到布鲁姆，而布鲁姆对于观察她也越来越有兴趣。她注意到他正在自慰于是掀开裙子来帮助他。第二部分是从布鲁姆的视角来看的，内心独白揭示了他在高潮期间以及之后的想法。由于"汽笛"将声音与同时活动混合在了一起，"瑙西卡"从视觉上将它们联系了起来。这一章的身体器官是眼睛，它的统一功能得到了强调——格蒂和布鲁姆凝视着对方，其他人都在看烟花，神职人员盯着主人，相反地，还有那看不见的蝙蝠。

不同地方的行动也与表明其相似性的图像并列。摆动的香炉与格蒂的双脚是平行的。布鲁姆坐下来抬头看着格蒂的裙子时，康罗伊神父跪下抬头望着那受祝福的圣礼。另外，乔伊斯解释说，布鲁姆"真的

在她的神社敬拜"。烟花爆炸时，沙滩上每个人都在惊叹，正如布鲁姆 80
在高潮时的呼喊一样。婴儿呕吐在他的围兜上，格蒂说，"是降福了，因
为这时宁静的海滩上正好传来了教堂尖塔的钟声，奥汉隆牧师披着康
罗伊神父给他罩上的肩衣，手执神佑的圣餐，登上祭坛施行降福了"[29]。
本章最后以精细的同时性图像结束。

  一只蝙蝠在飞翔。飞这儿。飞那儿。飞这儿。灰蒙蒙的
  远处，传来了一阵编钟的鸣响。布鲁姆先生张着嘴，左脚的靴
  子侧着插在沙中，倚在岩石上喘着气。只消有几下

      咕咕

      咕咕

      咕咕

  咕咕叫声来自教士住宅壁炉台上的时钟，奥汉隆牧师、康
  罗伊神父、可敬的耶稣会修士约翰·修斯正在用餐，有茶、奶
  油苏打面包、黄油、炸羊排加番茄酱，边吃边谈

      咕咕

      咕咕

      咕咕

  因为报时的是小房子里出来的一只小鸟，一只小金丝雀，
  这是格蒂·麦克道尔去那儿的时候注意到的，因为她对这样
  的事情比谁的眼睛都尖，格蒂·麦克道尔就有这本领，她立刻
  注意到坐在岩石上望着的那位外国绅士是

      咕咕

      咕咕

      咕咕

蝙蝠的飞舞和杜鹃鸟的召唤意味着视觉和听觉的无处不在，统一
了角色和设置。机械鸟的九点钟报时也是对它们的评论。格蒂行为疯
狂，神职人员胡说八道，而格蒂以为布鲁姆是杜鹃。公共时间重新出

现，以提醒我们布鲁姆妻子的不忠，就像他的手表已停止，公共时间正好在 4 点 30 分消失，而就在那时莫莉对他不忠。

思想的辩证法采取了意想不到的途径。与此同时，许多艺术家正在欢庆我们这个时代的独特体验，即同时性。爱因斯坦则认为有运动部件的宇宙里不可能存在这样的东西。

81 同时性的伟大象征是罗伯特·德劳内（Robert Delaunay）画的埃菲尔铁塔[30]，诗人们讴歌它，未来主义者们崇拜它。它被用于发送大多数人认为即时旅行的时间信号，使同时事件的计算成为可能。实际上，他们的速度是有限的，正如奥拉夫·罗默（Olaf Romer）在 1675 年发现的那样，光速也是如此，在 19 世纪的实验中计算得到的速度大约为每秒186 000 英里。对于艺术家和评论家来说，这种不可思议的高速似乎确保了同时性——但对于物理学家来说并不是这样。自从马赫开始在绝对的空间和时间开始探索之后，远距离事件的绝对同时性成了问题，对于爱因斯坦而言，从移动参考帧观察到的事件变得站不住脚。

在特殊理论中，爱因斯坦得出结论，空间和时间坐标随相对运动变化，对于与这些事件相对运动的观察者而言，遥远事件同时性的准确决定是不可能的，因此人们无法确定同时性的概念有任何绝对地位："从一个坐标系统看，两个事件是同时的，但从相对于那个系统在运动的系统来看，它们就不再具有同时性了。"[31] 当然几乎无人知道或者能够正确理解这些想法，在战前更是如此。绝大多数人仍对电子通信感到敬畏，并认为无线和电话已经"消灭"了空间和时间。爱因斯坦的理论表明，绝对同时性的概念没有确切的含义；然而，它适用于涉及极高相对速度的亚原子或宇宙事件，并且不会影响任何人的日常经验。因此，他的反驳是孤立的，那个时代的重大新闻是，当前的时刻可以充满许多遥远的事件。正如一位历史学家大胆总结的那样，由于这些变化，在战争前夕"连续性让位于同时性"。[32]

∞

　　同时性使现在在空间上得以扩展，人们也做了其他尝试来在时间上扩展传统上严格定义的现在，以将部分的过去与未来包含在内。实验心理学家试图测量现在；对那些使得电影中的连续运动成为可能的后一图像进行的研究表明，我们对于现在的体验在视觉上就如同时间量子涉及过去。也有证据表明，在情绪激动时当前会更持久。一名瑞士地质学家评论了在登山时突然跌落期间当前时间的扩展；两位法国精神病学家分析了一长串的序列被压缩成短暂的梦境，以及精神病人现状的戏剧性扩展。[33]艺术家试图描绘持续时间，小说家们使用各种技巧将他们的顺序叙述展现为"连续"或"延长"的现在。

　　19世纪80年代早期，威廉·冯特(Wilhelm Wundt)做了一些实验来确定现在的持续时间——这段时间可以作为一个不间断的整体来体验。他得出结论，其最长约5秒，他的一个学生则认为是12秒。另一名学生发现，耳朵能辨别的单独咔嗒声之间的最短间隔是1/500秒，而间隔小于0.044秒的火花则不能为眼睛分辨，因为它在物体消失后保留了其图像。[34]以每秒16帧图的速度投影能创造连续运动图像的错觉。所有这些实验为几位哲学家提供了新的信息，他们就我们所经历的"现在"的性质和持续时间进行辩论。

　　从古希腊开始，人们就对时间结构存在争议。一些思想家认为它是由分离的部分组成的——无穷小的瞬间，它们以点构成线的方式构成了更长的持续时间。休谟对此提出的观点最为激进，他说时间"由不同的部分组成"，由此形成了更长的持续时间。[35]威廉·詹姆斯、乔赛亚·罗伊斯(Josiah Royce)和**胡塞尔**拒绝这种解释，他们认为现在是"加厚"的。

　　詹姆斯在1884年的一篇文章中声称，体验现在是不可能的，因为

82

在我们能对其正确理解之前它就已经消失了。"只有通过进入更广泛时间的生活和移动组织才能理解严格意义上的现在。"詹姆斯认为沙德沃思·霍奇森（Shadworth Hodgson）和 E. R. 克莱（E. R. Clay）为他的哲学开辟了道路。在 1878 年，霍奇森区分了严格的现在与实际的现在，前者是过去与将来之间的分割，由于过于简短而无法被体验，后者则延伸开来包含几秒钟甚至几分钟。克莱认为，我们目前所经历的是现在的一部分，如同流星的路径似乎"包含在现在"，他将这个间隔定义为"似是而非的存在"。詹姆斯采用了这个概念并用他令人难忘的形象之一对其解释："实际认知的现在不是刀刃，而是一个马鞍，其自身有一定的宽度，我们坐在上面，从两边看向时间。"他还接受了冯特实验室对其长度的计算，并得出结论，现在有一个"模糊地向前向后消失的边缘；但它的核心可能只是那已经过了的十几秒或更短的时间"[36]。

罗伊斯还接受了"似是而非的现在"一词，并认为其长度因人而异。他引用了这个变化的、延长的现在，通过类比来证明上帝的无限范围使他能够一次性地永久体验我们在进入未来时所经历的一系列惊喜事件。[37]虽然詹姆斯和罗伊斯的侧重点各不相同，但他们一致认为现在比休谟和联想主义心理学者们所认为的要厚密得多，且其厚度随环境而变化。他们甚至通过使用"似是而非"这一词语来描绘这种使传统的当下不再那么确定的现在。

胡塞尔不喜欢"似是而非的现在"这个词，但他运用其中一些特征来解释我们是如何能够如倾听旋律一般同时体验发生在不同时间的事件。我们是像联想主义心理学者们认为的那样对一个个音符进行理解，然后通过一些心理操作将它们结合起来，还是我们同时接受了一个扩展的整体？胡塞尔认为，持续时间是作为整体直接体验的，而且是作为具有内在时间性的东西构成的。我们已经注意到他的解释是过去的音符消失，但仍然作为"保留"而存在。现在有一个"现在理解"的核心，一个对核心紧抓不放的保留的"彗星的尾巴"，一个可预见未来的视野。持久的语气"在一个行为连续体中构成，其中部分是记忆，最小的准点部分是感知,而更广泛的部分则是期望"。未来的组成部分是"延伸",它实现了意识的有意识性。此外,我们过去的经验是面向未来的:"每一次记忆行为都包含了导向目前的意图或期望。"一只鸟飞了。在每个位置"早期外观的回声紧抓着它",但那些过去的立场也指向现在和将来,否则我们会在每时每刻都期待它从天空中落下。[38]

我们没有直接体验未来,但由于保留、回忆和现在的忧虑指向未来,所有意识的基本方向都朝向未来。因此,现在是一个意识连续展开的领域,随着保留和延伸而变厚。

84

未来主义画家们画了一些他们自己的"彗星尾巴"。贾科莫·巴拉(Giacomo Balla)在 1912 年的两部作品中描绘了一个暂时延长的时刻。《弓的节奏》(*Rhythms of a Bow*)展示了一位演奏者的手在连续的位置,小提琴的弦随着震动膨胀,而周围的空气颤动着,好像是声波使其可见。在《被拴住的狗的动态》(*Dynamism of a Dog on a Leash*,图 2)中,巴拉描绘了一条狗在一双脚旁边小跑的连续状态。链条的起伏在四个固定位置展现,好像是现代频闪灯让它停止下来,而其间的间隔是

图 2 贾科莫·巴拉,《被拴住的狗的动态》,1912 年。

从摆动的链条上反射的连续光线。基诺·塞维里尼(Gino Severini)坚持描绘连续记忆的历史必然性："在这个充满活力和同时性的时代，人们无法将任何事件或物体与记忆分开……它的膨胀行为在我们身上同时呼唤。"[39] 在《夜晚的记忆》(*Memories of a Night*)中，路易吉·鲁索洛(Luigi Russolo)用过去的图像填满了图画表面，正如在现实中过去是按年代顺序占据我们的心灵的。

这些作品符合阿波利奈尔的说法，即画家必须"思考自己的神性"并"一眼就能看到过去、现在和未来"。[40] 一些小说家也试图表现他们因过去和未来的膨胀而感到神圣的时刻。普鲁斯特的《愉快时刻》(*moments bienheureux*)和弗吉尼亚·伍尔芙(Virginia Woolf)的《光环》("Rings of Light")将连续的经历压缩成一个单一的高浓度时刻。乔伊斯将他的"顿悟"定义为突然的精神表现，"最微妙和渐渐消失的情感"[41]。格特鲁德·斯坦因(Gertrude Stein)发展了两种用于呈现在时间上扩展的现在的技巧：再次开始和连续现在时。在1926年的一篇文章中，她疯狂重复地叙述、解释并说明了她的信息：

> 即使有一个系列，一次又一次地开始也是一件自然的事。
>
> 一次又一次甚至再一次开始解释构思和时间是很自然的事。

从《梅兰莎》(*Melanctha*, 1909)的第一页开始就可以看出这种技巧，她用几乎一样的语言两次告诉我们露丝·约翰逊是一个真正的黑人，三次说到她的孩子死了，两次说到她高兴时会笑。这种断断续续的散文的效果是消除时间上的区别，并产生一种印象，即所有行为都发生在连续的现在中。为了强调现在，她用一种叫作"连续现在"的动词形式来伸展动作。所以我们读到梅兰莎"总是失去她所拥有的"，"当她不离开他人时总是被遗弃"和"总是寻求安静和休息"。梅兰莎总是一样的，即使她身上发生了很多事情；她总是一次又一次地开始，尽管故事充满了连续的动作；她总是生活在连续的现在，尽管我们了解她的完整历史。

由于作者在写作时已知道所有内容，因此她以什么顺序来讲故事都可以。对于斯坦因来说，故事要依照顺序来开始和结束只是一个人为的规则；作者在构思的时候它们都是现在时。写故事需要花时间，或者作者在写作过程中能发掘更多与主题相关的内容这样的事实与斯坦因的理论并不矛盾。如果我开始讲述一个关于朋友的故事，我可能不知道这个故事会是什么样，却的确知道我们之间发生了什么。这种体验的累积效应激发了我的灵感。斯坦因通过维持连贯的现在来展示其从一开始就体现的整个过去和书写这个故事的意图，从而试图正确对待这种原始的冲动。[42]

86

在他对现在的肯定中，乔伊斯用各种技巧来表达同时性的体验，他还将记忆和期望压缩成一个暂时变厚的现在。1912 年，他称赞威廉·布莱克（William Blake），称他"通过最小化空间和时间，否认记忆和感官的存在……试图在神圣怀抱的空虚之上描绘作品"[43]。那个空虚是上帝的时间——终极扩展的现在，在那之中我们看作序列的是一个不变的整体。艺术试图对其进行粗略估计。它的灵感来自瞬间，它的时间轨迹只有现在，只有在它是普遍的和永恒的时候才会持久。策略问题是如何跟随布莱克，并在描写那些明白地生活在其中的人们时只用最少的时间。解决办法就是《尤利西斯》中被扩展的现在。书中人物的瞬间被直接的内心独白增厚，他们的生活和世界的历史都被压缩成了一天。

乔伊斯就是这样"坚持现在"的。虽然他的同时性渲染在一个空间扩展的现在之中联合了遥远的事件，但直接的内心独白将过去与未来在时间上的增厚连接了起来。这两种技术都强调了他对现在作为唯一真实经验地点的肯定。[44]

乔伊斯与其他几个人都对过去持有否定的态度，在这当中尼采尤其突出。他对"滥用"历史的蔑视与对热爱生命的人的钦佩同样激烈，这些人能对永恒轮回的理论作出快乐的反应。这一理论是他在 19 世纪 80 年代初得知宇宙中力量的现有布局一定会永远重复后提出的。

他从未完全相信这种学说，但在反思其正确的可能性时，他提出了一个对他的哲学至关重要的概念——那是思想史上对现在最有力的肯定之一。在《快乐的科学》(The Gay Science，1882)中，他将永恒轮回的概念作为思想实验引入，那是一种评估个人对现在的接受的考验。

87

> 如果在一个白天或黑夜，一个恶魔在你陷入寂寞后偷偷走来对你说："这一生，就像你现在和以前生活过的一样，你将不得不无数次地活下去，生命中没有任何新鲜事，但所有的痛苦与快乐……都必须回到你身边——一切都照同样的顺序发生——甚至是这只蜘蛛和林中的月光，甚至是这一刻和我自己……"你会倒地并咬牙切齿地诅咒说出这些话的恶魔吗？或者你在回答他时会经历一个惊心动魄的时刻吗？"你是上帝，我从未听过更加神圣的话！"……"你想再一次或无数次拥有这些吗？"这样一个无所不在的问题将对你的行为产生最大的压力。或者，你必须有多喜欢自己和生活，才能对这最终永恒的确认抱有最为热烈的渴望？[45]

只有对所有价值观进行了可怕重估的超人才能对自己的存在说出伟大的"是"，并将恶魔的信息视为神。他并不把过去视为有罪的来源，也渴望上天的赏赐。他对永恒轮回"最为渴望"，因为在蔑视过去的巨大负担和未来乐园的诱人希望中，他使自己的生活富有创造力。只有他才能接受尼采的座右铭，热爱命运。

电影蒙太奇结合了遥远的场景来创造统一的整体，我则使用概念距离原理和并置的说明性技术将文本记录的各个部分组合在一起。我的方法涉及呈现不同的来源，这些来源相距甚远，足以证明对时代的广泛概括，但又不至于远得超出合理的限度。因此，对两艘沉船的响应的并列呈现并不能告诉我们对沉船的反应与哲学家的思考之间的主题相似性。从概念上讲，从泰坦尼克号到尼采，这是一条漫长的道路，也正是它使得共同特性的确认如此富有成果。直接将泰坦尼克号和尼采联系起来是令人发指的,但是通过遵循较短的中间环节,我们看到了一个连贯的思想矩阵。这所有的并列,从泰坦尼克号到无线和电话、同时性和空间延展的现在、时间上增厚的"似是而非的现在",最后到尼采和其他人对现在的正面评估,这些都勾勒了这一时期的现在的特殊经历。个人的"镜头"来自与两个焦点问题相关的各种来源,并以尼采的超人对于永恒循环的前景的愉悦这一景象而结束,他开心地确认着自己在当前的命运。

在这两个焦点问题上没有真正的冲突,因为同时性和延展的当前吸引了所有创新的思想家和艺术家。技术更加直接地影响了同时性,因为电子通信使得在某个意义上同时在两个地方存在成为可能,而时间增厚源于可以在任何时代表达的经验理论。同时性也产生了更广泛的文化影响。一种反应是之前因距离和缺乏沟通而孤立的人们感到越来越团结。但这种感觉并不清晰,因为接近也引发了焦虑——一种认为邻居之间距离太近的担心。也许新同时性最深远的影响来自电影,它能够将前所未有的各种图像聚集起来,并将它们连贯地整合在一起。德国观众在慕尼黑和狂野的美国西部之间进行视觉移动;法国观众前往北极和月球。电影院也使当前增厚。任何时刻都可以被撬开并随意扩展,这似乎能让观众立刻看到行为的动机,从任何角度看到事件的外观,以及多种反应。一名男子在瞬间被枪杀,但是电影观众看到事件如详细的案例历史般被延展分析。因此,导演在剪辑电影时拼凑了时间,从而使现在变厚。

新的审美和伦理相结合以确认当前的现实,这包含整个地球,以及过去和未来的光环,使其在时间流逝中可被感知,因为原子粒子在通过云室的路径中是可见的。新技术如此迅速地改变了体验的维度,未来匆匆冲向现在,其节奏有如斯特拉文斯基的音乐般匆忙而不规则。在战前,仍有一个时代会开始,一个时代要死去,但在自身时代里,一连串延长了的事件变得越来越匆忙而扁平。世界匆匆走进未来,如泰坦尼克驶入北大西洋。有远见的人们预见了沉船事件和时间旅行的奇迹。

4 未　来

1918 年停战后不久，尤金·明科夫斯基开始写一篇题为《我们如何在未来生活（而不是关于未来我们知道什么）》["How We Live the Future (And Not What We Know of It)"]的文章。这篇文章从未被发表过，却在战后的临床实践中得到了应用，并被结合放入了《生命时间》(*Lived Time*)一书，在此书中，他区分了体验当下的两种模式——行动(activity)和期望(expectation)。这两者本质上的区别在于：在行动模式中，个体走向未来，驶入控制事件的环境之中；在期望模式中，未来走向个人，而个人与压倒性的环境签订契约。每个人都是两种模式的混合体，这使他在世界中行动，并使其在一连串威胁性的外部力量中保持身份成为可能。战争加剧了两种模式之间的对比。对于士兵来说，期望是主导模式，因为战争限制了他的活动和对未来的控制感。明科夫斯基对于期望的描述读起来就像战壕中生活的现象学。"它吞噬整个生物，暂停他的活动，并修复他，在期待中痛苦。它包含一个残酷的因素，并使个人喘不过气来。可以说，整个变化过程的形成集中在个体之外，以强大而充满敌意的群体猛扑向他，试图将之消灭。"另一个图像来源于泰坦尼克号的下沉。"就像突然在船头面前汹涌而起的冰山，在一瞬间就会发起致命一击。期望渗透到个人的核心，使之在面对将会在瞬间吞没他的未知和意想不到的群体时满怀恐惧。"[1]期望主导着战争经验，行动则主导了战前时期，这两种模式构成了这一代的基本极性——他们如何在未来生活（以及他们对此有何了解）。

当然,未来并不能像现在那样被生动地体验。它在内容的图像重组和预测上依赖于过去。然而,它是人格的一个重要组成部分,因为这些预测的组织提供了一种方向感,使新奇、目的和希望成为可能。虽然关于人们如何看待未来的历史数据比关于过去或现在的数据更为有限,但我们是能够确定这一代人的独特体验的。新技术为环境的掌控提供了来源,并提出了控制未来的方法。未来主义者将他们的运动和这场运动带来的技术以及新世界联系在一起。那时突然出现了很多科幻小说,它们想要在想象中占有未来。哲学家们认为,自由的可能性要求存在一个未知的未来,而一位政治战术家则认为未来神话对于革命运动是重要的。这些例子集中在未来积极的一面,那是生命力的扩张性和创造性的体现,明可夫斯基以及其后的柏格森都认为,对于心理健康来说生命力至关重要。战争迅速终止了这种繁荣,但即使在一战前,一些思想家也仍在期待的模式中设想未来。关于退化的整个讨论指向了一种未来,在其中,人类坐等被自然和社会的力量压制,从而导致了文化衰落和物种的最终灭绝。

电话对过去和现在的影响立刻得到了认可——它消除了字母对于过去的保存,并扩大了现在的空间范围。但很少有人认识到电话对未来体验的影响。历史学家赫伯特·卡森(Herbert Casson)在 1910 年的写作中谈到了这一主题。他指出,"随着电话的使用,已经出现了一种新的思维习惯。缓慢而迟钝的情绪已被抛弃……生活变得更加紧张、警觉、生动。大脑已从对答案的等待中解脱……它会立即得到答复,可以自由地考虑别的事情"[2]。实际上,电话的影响要复杂得多。与书面通信或面对面的拜访相比,电话增加了近期的迫切性和重要性,并且根据是在打电话还是接电话来强调其主动和期待的模式。与信件相比,电话不仅更直接,而且更难以预测,因为电话随时可能会响。它是一个意外,因此更具破坏性,也需要立即被注意。主动模式得到了加强,因为来电者不用忍受书面交流的延迟而让事情立刻发生,铃声侵入性的效果则通过迫使被呼叫者停下手中的事来接电话增强了对其的期待模式。由于来电者能够为谈话做准备并在一开始就对其进行控制，因此被呼叫者被置于了一个被动的角色。对于能够立即使事情发生而不用忍受书面交流延迟的呼叫者，主动模式更高，而振铃的侵入性效果通过强迫他停止正在做的任何事情和回答来增强期望模式。由于呼叫者可以为谈话做准备并在一开始就占据控制的位置，因此被呼叫者被置于了被动的角色。

尽管解释揭示了两种模式的强化，但电话的一般影响在于它能够对近期的未来进行操控，因为电话主要是通过呼叫者的体验来构思的。（卡森甚至没有考虑等待通话者的期望的放大倍率。）乐观主义者和悲观主义者对电话的评价截然不同，那些看好它的人通常会考虑到来电者。而悲观主义者想到的却是接电话的人先是被吊着等待，然后又被这种闯入所打扰。实际上，等待电话铃声成为期待模式中孤独和无助的象征。这比等一封信更折磨人，因为在任何时候这个电话都可能响起，但也可能不来，而信件则是到了就到了，没到就没到。人们期待邮件的方式可能完全不适用于电话。

1913 年，底特律的福特高地公园工厂引入流水线，形成了类似的主动和被动模式的划分。单独生产的产品会在生产过程中与工人产生关联，而流水线的传送带与连续操作则会消减挑战与惊喜，因为产品是随着事先指定的步骤来形成的。一旦装配线消除了对未来的不确定性，就有可能通过观察每一个阶段，确定完成所有任务所需的最小动作来简化生产过程，然后指导工人们完成任务。这是弗雷德里克·泰勒（Frederick Taylor）的时间和运动研究的成果，[3]他通过增加工人活动的可预测性、剥夺工人选择操作顺序的机会来加速生产。流水线和泰勒主义（Taylorism）减少了工厂工人对生产过程中近期未来的主动控制，使他处于期待模式，等待未来走向生产线，同时加强了制造商的控制权。尽管新技术对未来的影响在这两种角色之间波动，但与电话的情况一样，主动模式的放大具有更大和更具决定性的历史影响。

未来的积极模式的另一个具体表现是帝国主义以及几年内欧洲在

世界的崛起。对他人空间的吞并、人员与货物的外向运动,以及帝国主义意识形态的扩张,这些都是对未来积极利用的空间表现。1893 年在殖民地研究所前的著名演讲中,自由帝国主义外交部长罗斯伯里勋爵(Lord Rosebery)解释了对未来而言英国殖民非洲的动机:

> 有人说我们的帝国已经够大了,不需要扩张。如果这个世界具有弹性,那么以上言论确实成立,但不幸的是世界并无弹性,我们忙于此刻,用采矿的术语来说,我们"对未来提出要求"。我们要考虑的不是现在需要什么,而是将来需要什么。我们必须考虑哪些国家必须由我们或其他国家发展。我们必须牢记只要世界能被我们塑造,能够接受讲英语的局面,而不是接受其他国家,那么照顾它就是我们的责任和传统……我们必须超越纲领的空谈和党派的激情,展望我们所托管的种族的未来。[4]

1907 年,亨利·亚当斯(Henry Adams)的自传中记录了对体验未来的两种模式的个人反应,这些反应都被新的能量资源和科技形式改变。19 世纪通过生产的煤炭来测量时代发展。它受牛顿定律的约束,并将矛盾定律作为推理的基础。但这种连贯性在 19 世纪 90 年代开始破裂。亚当斯写道,思想"在无限力量的漩涡中被捕捉、旋转",人们被扔来扔去,"仿佛(他们)抓住了一根带电的电线或一辆失控的汽车",他被迫学会在矛盾中思考。

1892 年,亚当斯 50 多岁时,他"庄严而痛苦地学会了骑自行车"。这尽管有点过时,却是对未来的积极利用,然而这新科技也有压倒他的危险。在 1893 年的芝加哥展览上,发电机的机械力量让他敬畏,这也是历史上新阶段的创造者。到了 1900 年的展览时,他的入迷变成了热爱,他将发电机视为一种象征,从某方面来说就像圣母的形象一样强大。当他抬头看着发电机时,镭和 X 射线、"冷冻空气"、电炉、汽车和电话这些科学成就与技术的力量包围了他。它们都嘲笑着形成他历史

93

思维的缓慢而规律的解释，也动摇着他对历史的清晰分类。"人类与社会的顺序都不会导致什么结果，他曾满足于此。然而时间的顺序却是人为的，思想的顺序是混乱的，于是他最终转向了力量的顺序；因此，经过十年的追求，他发现自己身在 1900 年博览会的机器展厅，他历史的脖颈被突然闯入的全新形象折断。"[5] 亨利·亚当斯给我们留下的是他对科技的反应的双重形象——一位学骑自行车的勇敢者，一位断掉脖子躺在地上的老学者。这就是一位科技史上的先驱者在生活中所经历的活动和期望的极端。

虽然世界似乎以越来越快的速度向前推进，但对一些人来说这速度仍不够快。科幻作家们寻求着未来，仿佛它是烂熟的果实。他们的故事大规模地流行起来，这表明对于这一代人来说未来已变得相当真实，如同过去与哥特小说、历史浪漫史的读者之间的关系一样。之前曾有过乌托邦式的著作，但它们通常意味着要找出当前的问题，而不是描绘未来的世界以及它发展的过程。从 19 世纪 60 年代开始，儒勒·凡尔纳的**奇异旅行**以当前科技的未来发展普及了科幻这一小说类型。19 世纪 90 年代，H. G. 威尔斯（H. G. Wells）的"空间和时间的故事"则变得更加奇幻。

在 1902 年的一次名为"对未来的发现"（The Discovery of the Future）的演讲中，威尔斯解释了他这代人的这种特殊倾向。[6]他以与明可夫斯基相似的方式通过对时间的态度以及"他们给未来之物的思想的相对数量"来区分两种思维。一种是回顾性的、"合法或顺从"的思维，在决定如何应对未来时会寻求先例。另一种是"法治的、有创意的、有组织性又熟练的思维"，会攻击既有秩序："这是一种主动的思维，而前者则是被动型的。"大多数人仍然坚持传统：他们在太过狭窄的路上旅行；出于对熟悉形状的热爱，他们生活在浪费空间的房子里；他们的衣着、演说、政治和宗教都证明着过去的约束力。但现代已不再顽固地坚持传统，且已"发现"作为价值观的来源和行动指南的未来。三百年前的人们"绝对而毫无保留地从过去"获取他们的行为准则，如今的人们却趋向于向前看来考虑行为的后果,如果后果值得的话,则修改规则。甚至现代战争也是从未来的角度构思和证明的:"比较 19 世纪的战争和中世纪的战争将表明……人们在这个领域也发现了未来,一种日益增长的趋势就是将已有事物的参照与价值转移到将要发生的事情上。"现代科学精神、大量的技术发现、地质学、考古学和历史使人们关注在时间中我们生活的灵活性。由于对于过去的更多回顾已被开启,并且已经破坏了关于其持续时间和对现在的影响的传统观念,因此对未来的新认识变得可能。引力天文学能够预测恒星运动,医学科学不断提高其诊断能力,气象预测天气,化学家们在发现元素之前预测了元素,就如克拉克·麦克斯韦尔(Clerk Maxwell)在马可尼使用射线之前就宣布了它的存在。

95

直到 1902 年,威尔斯认为未来满是灾难和堕落,后来他开始预见了进步。他的讲座包括这两方面的内容。其结论是希望生命的创造力能够克服灾难,但令人印象更深的是他对灾难的预言:来自工业或外太空的有毒物质、无法控制的致命疾病或捕食者、进化性退化、战争、与天体的碰撞,以及如果之前没有发生任何事情,那么之后太阳一定会冷却,其行星也会旋转得更加缓慢,"直到有一天,我们这个地球,终将无力又缓慢地死亡和冻结"。

威尔斯在他 1895 年的经典作品《时光机器》(*The Time Machine*)中对人类最后的惨相进行了探索。书中的主角,即时间旅行者,发明了一种机器,在其中,他能够像蒸气一样穿过物质的空隙进入未来。他在 802 701 年停下来,发现了埃罗伊人,他们的食物就是水果,他们整天玩乐,好像了无忧愁。但是他们确实害怕黑暗和莫洛克,那是一种生活在地下的"淡色、可憎的夜行之物",他们支持埃罗伊人只是为了在无月之夜的突袭中将他们捕为食物。时间旅行者认为资本家与劳动者的对立导致了埃罗伊人与莫洛克之间的激进分化,在身体上他们已进化为不同的物种,占据着不同的生活空间,有着不同的性格特征。尽管为了生存他们必须彼此依赖,相互之间却有一种永不消散的恐惧。他反思道,这"对当今的工业体系做出了合乎逻辑的结论"。

对于威尔斯来说，关于未来最令人不安的想法是，人类不是物种的终结；而最令人着迷的猜测是在人类之后会有什么物种出现。在名为"进一步设想"（The Further Vision）的一章中，他试着提出了一个答案。在逃避莫洛克人袭击的过程中，故事主角来到未来，停在海边。但海边并无波浪，潮汐阻力的工作已完成，地球停止了旋转。太阳一动不动地挂在地平线上，又红又大，因为地球已经拉得更近。唯一的植被是一种生活在永远的暮色中像森林苔藓一样"看起来有毒"的植物，唯一的动物则是爬满海藻的巨蟹。当巨蟹发起攻击时，这位穿越者立刻来到了最后一站，3000 万年之后。他被日食吓坏了，因为一颗内行星在地球附近经过。海上有轻微的波纹，但除此之外只有可怕的寂静。日食结束后，太阳变得又冷又黑。那荒凉的场景满足了他的好奇心，他回到了自己的时代。

这个故事就是 19 世纪理论投射到未来后产生的纲要。马克思对于阶级日益分化的看法在埃罗伊人与莫洛克人之间的冲突中得以放大。埃罗伊人的繁殖代表了优生学。预防医学的所有理想都得以实现，因为所有的疾病都被消灭了；威尔斯时代很多人担心的家庭的侵蚀已经完成；男人和女人看起来越来越相似。麦克斯·诺尔度（Max Nordau）的《退化》（*Degeneration*，英文版本，1895）一书总结了对人类颓废的**终极关注**，而这些都被无助、疲惫又任性的埃罗伊人和身体上越来越退化而又灭绝人性的莫洛克人生动地展现了出来。查尔斯·达尔文的理论也在书中有所表现，不过是反向的——物种从人类退化为巨蟹，然后又变为一种非常初级的生物，以至于威尔斯都懒得动用他惯用的详细描述。乔治·达尔文（George Darwin）对潮汐阻力使地球停止自转的预测以及开尔文对太阳冷却的预测也已发生。威尔斯利用当前关于第四维空间的推测来解释时间旅行者穿过物质空隙的方式，而时间机器本身象征着所有技术加快变化过程的希望。

威尔斯一次次展望着未来。在《当沉睡者醒来》（*When the Sleeper*

Wakes，1899）中，英雄从持续 203 年的木僵状态中苏醒，还发现了为施行暴政的政府服务的一项惊人技术。集体生活吞噬了所有的私人生活，城市成了监狱。这个故事哀叹着性格特征与社会秩序的消逝，威尔斯看重这些，但也看到在他的时代，这些东西日渐式微。这包括个性与隐私、中产阶级的竞争和嫉妒，以及下层"强烈而原始的骄傲"。主人公的反思指向了一个道德："最神奇的是在他 30 年的生活中，他从未试图塑造这些未来时代的画面。他说'我们正在创造未来，几乎没人去想我们创造的是什么样的未来。'"[7] 不考虑未来的人注定会被它淹没。

在《预感》（*Anticipations*，1901）这篇雄心勃勃的文章中，威尔斯承诺遵循科学的预测方法，从当前的趋势进行推测。读者将成为未来草图中的"潜在股东"，这些草图从土地移动中一些可能的发展开始。铁路主宰了 19 世纪，"爆炸性动力"则将主宰 20 世纪。人们将铺好道路，而路边则会有"显眼的广告"；2000 年时，伦敦会扩张至威尔士，在美国则会出现从华盛顿至阿尔巴尼的连续城市。电话和邮政服务的改进将使人才扩散到郊区。"商人可以坐在他的图书馆里讨价还价、讨论、承诺、暗示、威胁，说出他不敢写下的谎言，做任何以往只有当面才能做的事。"未来会改变人类事业的"方法与比例"以及社会的"分组和特征"。三个新的阶级将会出现：被机器取代的无技术工人、通过技术培训能操作机器的人、什么都不做的股东。

他对未来战争的一些错误预测令人难忘，特别是他曾说潜水艇只会令船员和创建者在海上窒息，以及飞机不会大规模改变运输和通信。他对飞机的预测有误，对于空战的战略影响却有着正确的看法，尽管他认为人们会用气球进行空战。"跟踪之眼"配备着电话神经，会悬挂在前线上方，观察敌方部队的行动，直接发射炮弹，摧毁爆炸物，使敌人士气低落。他对未来陆地战争的预测就如他已乘坐自己的时间机器见证过索姆河战役一样。他预测步枪有横向伸缩瞄准器和机枪后膛，这将使它能够喷射出一些"几乎同时发射的子弹"。坦克是威尔斯最有名的预测，他称之为"陆地铁甲"，此物能将火力运过荒地，保护人员免受机枪子弹的伤害，还能撕裂铁丝刺网。这种机器也将用于挖掘数英里的战壕。战场不再集中在一处，也不会有一位"大将军"在战场观察。相反，在后方某处，一个"中央组织者"将从电话中心对广大前线进行指挥。有时候，威尔斯的描写就如同他能够闻到战争的气味，感觉到炮弹爆炸的冲击一样。"在两边长达 8 英里的火线上——只要战争持续，这些战火恐怕永远也不会熄灭——人们会在意外死亡的逼近中生活、吃饭、睡觉。"

展望未来的冲动是普遍存在的，但这一时期科幻小说的数量及其在市场上的成功表明这一代人尤其渴望这样做。在美国，爱德华·贝拉米（Edward Bellamy）的《向后看》（*Looking Backward*）就是对未来的展望，虽然书名很有误导性，但这本书一上市就卖得很好。此书在1888 年出版后，两年之内卖掉了 213 000 册，由此开始了由一位历史学家命名的"文学乌托邦主义的爆发"。[9]一些作者认为未来是一场噩梦般的反乌托邦，那里有具有破坏性的火山、致命的疾病和用奇妙新发明俘虏人民的疯狂统治者。[10]另一些作者期待着一个更加快乐的乌托邦，那里没那么多苦差事，商品便宜，城市清洁而安全。还有一些作者眼中的未来是进步和退化的混合物，是充满无忧无虑的快乐和被压迫性技术统治的孤岛。

未来主义者并没有受到任何矛盾情绪的困扰。他们用艺术作品中所有最新的东西创作了一种他们自己的科幻小说。马里内蒂 1909 年的"创始宣言"追溯了该运动的诞生。经过一夜疯狂的涂鸦和对他们的倦怠的沉思，他和他的朋友们被城市苏醒的声音吸引来到了外面。"病态宫殿"的骨头吱吱作响，这个声音被汽车的轰鸣声打断，他们开始撼动生命之门。他们出于对未知的探索首先进入了一个沟渠。但一些渔民用吊杆把他们拉了出来，当他们的汽车再次加速之时，马里内蒂宣称他们的目标是："我们打算唱出对危险的热爱，以及活力和无畏的习惯。"这里有着对于改变的痴迷。"我们站在几个世纪以来最后的海角！……当我们想要的是打破不可能的神秘之门时，我们为何要回头呢？时间和空间已在昨日死去。我们已活在绝对之中，因为我们创造了永恒的、无所不在的速度。"[11] 他们将要全速闯入未来——创新、挑战、偶尔失败。在 1910 年的宣言中，他们将科学的进步与未来的方向联系了起来。"同志们，我们现在告诉你们，科学的成功进步会不可避免地造成人类的重大改变。这些改变正在传统的温顺奴隶与对辉煌未来满怀信心的自由的现代人之间凿开了一个深渊。"[12]

99

　　未来派画家们超越了传统体裁的限制来创造新的形式。恩里科·普兰波利尼（Enrico Prampolini）定义了人类"一种新的感知状态"——音色（chromophony），即声音的颜色。卡罗·卡拉（Carlo Carrà）揭晓了一种声音与气味的新的画。路易吉·鲁索洛（Luigi Russolo）呼吁制造一种"噪音音乐"——由发动机的回火声、电车的吱吱声、机械锯的轰鸣声，以及敲击阀门的声音和城市生活的不规则噪音这样的不同节奏声组成。雕塑家们则制作出狂野的形状，并用全新的材料将空白空间融入构图。未来主义戏剧则跳入观众中，并将其引入情节。未来主义绘画展示了日常生活中新的动态与技术。传统的活动——跑步、游泳、下楼梯都因对于移动物体及其中涉及的水流和蒸汽的描绘而被"未来化"。在博乔尼的画作《自行车手的动感》（*Dynamism of a Cyclist*，1931）中，人、自行车和空气相互渗透，形成了一幅包含抽象的体量和线条、运动的四肢、光和空气的旋转漩涡的作品。然而，这些作品中表现的技术是当前的技术类型——并没有时间机器，而且尽管他们赞美战争也并没有射线枪。布拉加利亚（Bragaglia）名为《打字员》（*The Typist*，1912）的多重曝光照片展现的就是当前的世界。而博乔尼的《行驶中的火车》（*Train in Motion*）中涉及的未来主义并不是增压式单轨，而是他表现运动的创新技巧。

　　未来主义建筑师安东尼奥·圣埃里亚（Antonio Sant'Elia）绘制了关于未来世界的最清晰的图画。他在 1914 年的宣言以对当代建筑的攻击开篇，称之为埃及壁柱、哥特式拱门、文艺复兴小天使和洛可可卷轴的"热闹沙拉"。[13] 新建筑应采用现代材料，并适应当代生活的需求和现代技术的审美。建筑将采用钢、玻璃、纸板、钢筋混凝土和纺织纤维，而不是木、石材和砖。未来主义的房子一定像一个巨大的机器，城市就像一个充满活力的造船厂。地平面不再应该成为街道的结束点，街道应深入地下以容纳交通，并与移动的人行道连接起来。电梯不应再像绦虫一样被隐藏在建筑物内部，而应从外墙看到以及出入。纯装饰性之物应该被剔除。"挑剔的造型、过分讲究的大写字母、脆弱的门道"必须让位于有裸露或刺眼色彩表面的一组大胆的物体。未来主义者的目标是以轻、实用和迅速代替沉重与静止。只要有可能，表达情感的椭圆和斜线就会取代死板的水平线和垂直线；机械世界的"人造"美学将取代过去的"自然"美学。

为了确定任何时代的独特思想，文化历史学家都会寻找全新的思想，正如在圣埃里亚的宣言中最后一段提到的那样。"以这种方式构思的建筑不会形成任何形式或线性的习惯，因为未来主义建筑的基本特征就是无常和转瞬即逝。事物不如人类长久，每一代人都必须建设自己的城市。"这些话在更早的版本中是没有的，马里内蒂将其加上，很可能是为了让未来主义建筑与未来主义者对不断发展的、短暂的艺术的承诺保持一致，这种艺术永远不会变成他们所批判的博物馆作品。据卡拉说，圣埃里亚并不赞同这一声明，但允许它与更广泛的未来主义项目保持一致。[14] 想象一下，建筑师在一座会倒塌的建筑上署名时需要承受的压力。圣埃里亚的顺从表明了未来主义者对于变革的痴迷，这种痴迷产生于一个改变已成为常态的时代，而人类比以往任何时候对未来都更有把握。每一代人都应该建设自己的城市的建议表明，有人认为这是可能的。圣埃里亚的城市图画提供了设计图，但并没有建造什么建筑，他在 1916 年被杀害。每一代人都要重建城市的未来主义建筑计划更适用于其思考者而不是他们的任何建筑作品。

这一时期关于未来的哲学是对一系列决定论思想的强烈否定，这种思想以皮埃尔·拉普拉斯（Pierre Laplace）的自然决定论为基础，已存在了一个世纪。在那个对于理性和科学有着巨大野心的世纪之初，拉普拉斯满怀雄心地推测未来是由物质在宇宙中的现状决定的。"在某个特定的瞬间，一位智者知道了自然中所有的动力，以及世界上一切物体的位置，假设他有足够能力分析所有数据，他将在宇宙中最大物体和最小原子的运动中得出同样的方程式。一切都是确定的，未来和过去一样都呈现在人们眼前。"[15] 对于整个 19 世纪来说，这即使不是它的成就也是它的目标。柏格森指责这种方式是对时间和自由的否认，就像电影的结尾在胶卷的一开始就被决定了一样，它从现在卷起了未来。他承认，封闭系统中为了分析而对现象的隔离并不完全是人为的，因为像太阳系一样，物质具有构成可隔离单元的趋势，这在某种程度上符合常规定律，但这只是一种趋势。重力将太阳系吸引到宇宙的其他部分，并将其引入无限新轨道和配置的未来。并且无论无机物在有限程度上多么适合这种分析还原，有机物的情况都要差那么一些。科学家们认为他们可以测量生存时间，然后比较测量的时间间隔来推断变化规律。但就如那些认为自己的生活能像扇子一样展开，被一眼看清楚的人一样，他们也犯了同样的错误。在现实中，在不同的时间里，它展开的方式是不一样的，正如柏格森在《创造性进化》的开篇说："如果我想准备一杯糖水，无论如何我都必须等糖融化。这个微小事实具有重要意义。""必须等待的时间与可被进行数学测量的间隔时间不同，因为该间隔在测量之前就是确定的，因此与我所经历的也不同。"我要度过的时间"与我的不耐烦同时发生"。等待构成了它的本质并确保了我的自由。如果没有它，未来将呈现为已知，我们会陷入决定论之中。科学寻求发现规律、预测未来，但人类经验是时间上一系列不确定的事件。

法国著名物理学家埃米尔·梅尔森（Emile Meyerson）也加入了柏格森的阵营，坚持不确定性的重要性，他在一个著名的章节中探讨了这个问题，这个章节有个具有煽动性的名字"消除时间"[16]（The Elimination of Time）。他指责现代科学的发展趋势是通过识别等式中等号所代表的因果关系来消除时间的。

这种操作基于物质和能量守恒原理，即在任何现象中都没有产生任何东西，也没有任何损失，以及可逆性的假设——在任何因果行为中"整体效果可能会重现整个原因或其相等之物"。"老化或木材燃烧等自然现象是不可逆转的，化学反应也是不可逆转的"，但"化学方程式表达了及时识别事物这一趋势；人们可以说'消除'时间。如果科学成功地用方程式来描述了一切，在识别前因和后果这方面，什么都不会改变，时间将从科学中提炼出来，未来将成为一种必然结果而不是惊喜的承诺。这将是"过去、现在和未来的混乱——一个永远不改变的宇宙"。他承认，对等式中的所有事物进行完全识别是不可能的，但这是一个目标。现代科学还没有完全消除时间但不能停止尝试。

法国哲学家让·居约（Jean Guyau）代表对未来的积极意识，通过从中获得时间感提出了一个论点。为了提出这个论点，居约颠倒了康德的理论，即我们的时间感是感知的一种先验形式，它使所有经历成为可能。与康德的看法相反，居约从活动和经历的未来方向得到了时间感。在《时间观念创世纪》（*The Genesis of the Idea of Time*，1890）中，居约认为人们对时间的看法是个人进化和心理发展的产物。他的理论以人类生理学为基础。孩子感到饥饿，然后向护士求救——这是我们对于未来的认识的萌芽。身体需要产生欲望，先前满足的记忆产生了未来满足的可能性的概念，个体准备用在空间中先于自身、在时间上面向未来的有意活动来满足欲望。因此，出于欲望和活动，关于未来的想法和我们整个时间感开始了。这是在行动模式中的未来哲学："未来并不走向我们，是我们走向未来。"[17]

居约和柏格森留下了关于未来的主动和被动模式的生动形象——求助于护士，等待糖的融化。然而，他们都将未来视为这两种形象的结合。居约坚持"时间的被动形式"，这是一种连续性的基础，可以从中观察到变化。这不仅仅是对未来的消极导向；它表明整个时间经验是被动和主动、永久性和变化的整合。柏格森活跃而又不耐烦地等待着，就像起跑线上的短跑运动员一样。他明白，未来的经验是主动和被动模式的结合，但重点在于自由与行动之间的联系：我们越自由就越能感到"我们的整个人格集中到了一点，或者更确切地说，集中到一个锋利的边缘，挤压着未来，不断切入它"[18]。他们有着共同的中心思想，即开放的未来是人类自由的源泉，他们和梅尔森一样反对自然决定论以及现代科学无处不在的平等标志。

尽管19世纪的社会和政治思想家们有着乌托邦的小册子和未来变革的计划，他们却从未探索过未来经验的社会或历史基础。19世纪的革命运动一直承诺着一个更美好的世界，这也是他们解构现有世界的理由。但最大的问题是如何让人们行动起来。几十年来，社会主义领导人一直在为战术而争执，而普通成员却因长期无所作为而陷入困境。到了20世纪初，情况已很明显，那就是对资本主义弊端的分析、对社会主义产生的利益的计算，以及革命的正确性和必然性的咒语，都不能让他们摆脱现实的困境。毕竟在经历了第一次世界大战的饥饿、杀戮、普遍的疯狂后，人们才摆脱了罗曼诺夫王朝的统治。没有这样的破坏来动摇旧政权，革命运动就会受到阻碍。社会主义革命家将马克思的未来概念视为社会主义的胜利。他们对未来有一个展望，但并不明晰，也没有对它独立于内容的动力做过明确分析。战前只有一位激进的理论家做了那样的分析。面对工人阶级的无所作为，法国工团主义者乔治斯·索雷尔开发了一种为行动而行动的策略，这种策略依赖于创造一种鼓舞人心的未来愿景和面向未来的动态运动。

社会心理学的先驱索雷尔认为政治行动是戏剧，他认为必须创造一种紧迫感、一种走向高潮的运动，这将给予工人一种深刻而持久的革命印象。他从柏格森的理论中得出结论，即直觉知识优于分析知识，他还制定了一个计划，工人在总罢工的戏剧性中能通过这个计划在一瞬间直觉地感受到社会主义。为了让工人们行动起来，领导者必须以体现他们希望的神话形式创造对未来的期待。索雷尔将之理论化为："不脱离现在，不推论未来……我们就根本无法行动。经验表明，在某个不确定的时间段内以某种方式构建未来，可能会非常有效。"[19]为操纵工人群体而构建未来的想法与正统的马克思主义背道而驰。对马克思来说，工人代表未来：行动来源于与现在的斗争中产生的阶级意识。对索雷尔来说，它来自用关于未来的神话对工人进行的欺骗。索雷尔的修改是一个孤独而独特的声音，代表着对未来政治的积极预算。没有什么是不可避免的：人们争夺一切，无论运动的完整性付出怎样的代价，有效的政治行动需要对未来的生动感知。

∞

新技术、科幻小说、未来主义艺术和革命政治像掠夺者看猎物一样望着未来。这是策划者与积极进取之人的时代；这是属于卡耐基、洛克菲勒、无政府主义恐怖分子、德国海军和新俄军的伟大明天。但与所有这些对未来的积极动员形成对比的是，一些人表达了被动和宿命论，将他们的思想集中在堕落的概念上。其发言人预言着城市生活质量的下降、健康的崩溃、西方文明的衰落、地球上的生命的消失，以及宇宙中能量的最终损耗。虽然这些灾难的紧迫性差异很大，但它们倾向于集中在同一个可怕的想象之中。尽管它们来源于过去，但它们被预见有一个危险的未来。

1852 年，物理学界传出了坏消息。威廉·汤姆森·凯文（William Thomson Kelvin）名为《论自然中机械能量耗散的普遍趋势》（"On a Universal Tendency in Nature to the Dissipation of Mechanical Energy"）的论文预测了地球因热能损耗导致的灭亡，这是热力学第二定律发生作用的结果——随着熵（随机或无序）的增加，宇宙中可用于有用工作的能量持续减少。"在过去和未来的有限时间内，地球曾经也将会不适合人类居住。除非已经或将要采取一些行动，而根据目前物质世界正在进行的已知行动所遵循的规律，这是不可能的。"[20] 19 世纪 90 年代，射线的发现迫使凯文修订了他对地球年龄的估计，但热力学第二定律对于未来的影响并未改变。尽管地球要在某个遥远的未来才会变得不适合人类居住,这个预测却成了一些关于当代堕落的悲观的生物学、社会学和历史学理论的核心:人类的血液不断受到糖尿病、肺结核、梅毒、酒精的污染;过去好时光里的亲密而有机的社会退化成了机械社会和充斥着犯罪、自杀、精神错乱的没有人情味的大城市;文明正走向精神的崩溃。布鲁克斯·亚当斯(Brooks Adams)设想了资本统治下的堕落,他将这个预言写入了《文明与衰败之法则》(*Law of Civilization and Decay*,1895)。1918 年,奥斯瓦尔德·斯宾格勒(Oswald Spengler)在《西方的衰败》(*The Decline of the West*)中也记录了现代的精神危机。

斯宾格勒的作品是文化生死的庞大历史,每一部都在一个统一的原则或者"命运—理念"下演绎。因此古典世界是欧几里得式的——空间扩展、非时间的、以城邦为中心,在视觉上以纪念碑建筑为标志。现代的特点是浮士德灵魂不安的奋斗,本质上是暂时的。它始于机械钟的发现,并最终生产出伴随个人的怀表,以便不断提醒他时间的存在。斯宾格勒通过他对现代世界未来感重要性的强调来为其信息的戏剧性做好准备,是通过强调现代世界中的感觉重要性来准备的。古典世界"屈服于现时",现代世界却"对未来有着无法超越的强烈意愿"。西方文化将艰苦的工作美化为"对时间和未来的肯定",其意义也体现在未来,因此人们对斯宾格勒描绘的悲观世界特别敏感。

现代正遭受着政治民主与金钱联盟统治的后果,但这种联盟不会阻碍凯撒主义的到来。西方文化在理性的暴政和对科学的狂热崇拜下劳作,但自高斯和亥姆霍兹以来没有产生任何天才。在物理学上,它正经历着"聪明拾穗者的衰落,他们负责整理、收集、完成工作"。对斯宾格勒来说,印象派后再无画家,瓦格纳后再无音乐家。

但恐慌的主要原因来自大自然。19 世纪 50 年代熵定律和 19 世纪 90 年代原子解体的发现让维持世界生命的能量有了时间限制。无机物也具有腐烂性,而在以往这是有机物才有的特质,而且这是一个持

105

续衰落的时期。"诸神的黄昏这一神话象征着它古老的、非宗教的形式，相应地，熵理论象征着现在——世界的结束是一个必要的内在进化的完成。"[21]

这本书在德国出版的时间恰好在德国军事崩溃之后，这在很大程度上导致了它巨大的影响力。这场战争似乎表明，西方文明已经疲惫不堪，此书捕捉到了当时许多人的无力感和被动感。思想和情感的动态相互对立。在充满活力的时代，许多人感觉到未来的巨大希望，但也有一些人害怕它，觉得无助。对于所有认为未来掌握在自己手中的人来说，有像斯宾格勒这样的人，他做好了迎接灾难的准备；还有托马斯·曼的《魔山》中的那些人物，他们从 1907 年至 1914 年都在等待死亡。

1912 年托马斯·曼到瑞士阿尔卑斯山的一家疗养院看望妻子，当时她在那里接受结核病治疗。他得了感冒，医生劝他留下来，但他还是离开了，开始写一个有关自身经历的故事。这个故事发展为一部宏大的小说，花了 12 年才完成。《魔山》讲述的是汉斯·卡斯托普（Hans Castorp）的故事，他去看望住在结核病疗养院的表妹约阿希姆（Joachim），本打算在那住上三周，结果一待就是七年。我们被曼吸引到这个族群中，正如汉斯被此处充满魅惑的单调吸引一样。在阿尔卑斯天空这严峻的背景下，病人们踱着步，他们的咳嗽打破了稀薄空气的寂静。我们跟着汉斯穿过走廊，偷听他们讨论各种各样的话题，包括时间、过去以及现在的本质。因此，这部小说概括了本书前三章的观点，并以被动的方式为病人提供了对未来的展望。这些病人每天测量体温和喝汤，无助地等待着病情的进展。

《西方的衰落》和《魔山》都是在战前构思、战争期间写成、战争后出版。他们跨越了这个时期，试图找到它的意义。斯宾格勒的人物塑造陷入了文化悲观主义的泥潭，带有浮士德式灵魂的微光。在虚构的伯格霍夫社区中，曼巧妙地重建了欧洲的外交社区：爆炸性的、狂热的、不断测量体温、从一个危机到另一个危机的挣扎、病人们在餐桌上按国籍分开。而且，正如我们从对导致战争的时代的反思中所能期望的那样，

106

他们被描绘成在等待战争的发生。即使对当代历史学家来说,要牢记
"战前"是一个战争爆发时才形成的概念也是很难的,因此对曼和斯宾
格勒来说,他们也根本不可能在作品完成时的那个"战后"早期以任何
其他的方式来理解这个时期。

虽然曼的叙述随着发展给读者带来了惊喜,但角色们的期望只会
更多,他们未来的主导模式是被动的期待。伯格霍夫医院的病人们蜷
缩在躺椅上,等待着疾病的突击,正如几年之后前线士兵们将蜷缩在狐
洞里,等待炮弹的爆炸一样。当汉斯看到自己手部的 X 光片时,他产
生了一种无尽等待的未来的阴郁景象。这是他有生以来第一次明白自
己会死,在剩下的时间里只能"量一量,吃一吃,躺一躺,等一等,喝
茶"[22]曼解释说,等待实际上加速了时间的流逝:它消耗了大量的时
间,就像一个贪婪的人,他的消化道消化了大量的食物,却没有吸收其
中的营养。没消化的食物不会使他更强壮,消耗时间等待也不能让他
更聪明。病人们只是等待和变老。一些人死去,一些人康复,但结局并
未带来解决办法。战争的雷鸣把汉斯从山上震了下来,但他消失在了
前线,在炮火和杀戮中迷失,就如以往在咳嗽和死亡中迷失一样。经过
多年的等待,欧洲终于窒息而死。

这部小说与斯宾格勒的历史一样,与主导那个时代思维的未来的
积极模式形成了鲜明的对比和反衬。但是,对于这个时代所有充满希
望的行动和积极进取的前瞻性思维来说,也存在着被动和谨慎。思想
和经验的辩证法是对比的混合物。电话和流水线对未来的主动和被动
模式都进行了强调。亨利·亚当斯因发电机而兴奋,但它也折断了他
的脖子。威尔斯的时间旅行者在新技术的帮助下平稳航行,却发现了
一个停滞和退化的世界。在这些对比中没有简单的综合,但我们可以
识别话语的术语,并了解人们的想法和他们这样做的原因。这一代人
对未来有一种强烈而自信的感觉,但对于事情发展得太快的担心减弱
了他们的信心。泰坦尼克号象征着这两者。汉斯在来到伯格霍夫之前
学的是工程学,在他来这儿的头几个月读了一本叫作《远洋汽船》

107

（*Ocean Steamships*）的书。一名叫塞特布里尼（Settembrini）的患者将患者的生命与一艘远洋轮船的航行进行了比较，考虑到曼的象征意图，这一评论也适用于战前欧洲。舒适、奢侈、冒险的狂妄和控制狂野元素是人类精神的胜利，是"文明战胜混乱"的胜利，但嫉妒的众神可能会迅速报复，摧毁这艘豪华游轮。他问汉斯："你不怕那飓风吗？那是地狱的第二圈，它会鞭挞那些为了欲望丧失理智的人。"塞特布里尼在结束论点时用了一个暗示汉斯的形象，就像一艘小船，"在大风中扑腾，头朝下"[23]（泰坦尼克号沉没在平静的大海中，但它的船尾在最后骤沉前确实垂直向上翻转了）。这个时代有它的怀疑和犹豫，但它的本质特征是一种无视警告、全速前进的傲慢。

5 速 度

1897 年，德国开始推行**世界政策**，并开始建立一支战斗舰队以挑战英国对海洋的控制。同年，德国邮轮威廉大帝号（Kaiser Wilhelm der Grosse）因为能最快地穿越大西洋，从英国凯纳德航运公司（British Cunard Line）手中夺走了航运界的蓝丝带奖。1903 年，英国政府冒着国家声誉受损的危险，资助建造了一艘航速可达 25 节的轮船，打破了德国的记录。凯纳德造船厂又生产了卢斯塔尼亚号，于 1907 年重获了蓝丝带奖，并连续 22 年都保持着这一记录。[1] 设计泰坦尼克号的白星公司希望在速度和豪华方面超越大多数竞争对手。正如几位航海专家在英国调查"泰坦尼克号沉没事件"的听证会上所作证的那样，迫于时间表的压力，许多船长不得不以不计后果的高速在雾与冰中航行。[2] 一位生还者评论说，公众每年都要求提高速度，拒绝走较慢的线路。[3] 芝加哥的一位主教谴责这种在陆地和海上超速行驶的"疯狂欲望"。另一位评论家则认为这是"对速度和打破纪录的狂热"[4]。在写给伦敦《每日新闻和领袖》（*Daily News and Leader*）的信中，乔治·萧伯纳批评泰坦尼克号的船长故意全速驶入冰原。约瑟夫·康拉德则在《英国评论》（*English Review*）上写了一篇愤怒的文章，预测说当蒸汽船能够在所有天气条件下都以 40 节的速度在海上航行时，会出现更多不负责任的举动。

大型远洋轮船的狂妄，他们冒着生命危险对于速度的追求，成为《徒劳》（*Futility*, 1898）的主题，这是一部具有神秘的先见之明的小说。这是一个关于海上最大船只的故事，船只是现代的象征，它包含了"我们的文明中所有科学、职业和贸易"的知识。设计师们弄清了在碰撞的情况下如何让船只自动关闭船舱，这艘船被宣传为"事实上不会沉没"，船上的救生艇数量也在法律允许范围内尽可能地少。船主宣称，它在任何天气条件下都能全速前进。在出发的第一晚，它将另一艘船撞成了两半，值班人坚持要报告他所知道的一切，希望结束"这种为了速度而肆意破坏生命和财产的行为"。这艘船的名字叫泰坦。

泰坦尼克号的沉没是一个最为悲剧的结果，是由广大的技术革命引起的速度所造成的，这一技术革命也影响着人们的通勤方式、到达目的地后的工作速度，以及他们如何相遇、一起做什么、舞蹈和行走甚至思考的方式。毫无疑问，人们的生活节奏大大加快了，但是对于速度的意义和价值存在着激烈的争论。

德国历史学家卡尔·兰普雷希特（Karl Lamprecht）观察到，在 19 世纪最后 10 年，德国国内怀表的生产和进口数量出现了大幅增长（他估计德国人口为 5 200 万，而进口手表的数量为 1 200 万）。与此同时，人们开始特别注意短时间间隔——"5 分钟的采访、1 分钟的电话交谈、骑在自行车上的 5 秒钟交流"[6]。手表的大量出现是这一时期在城市中心人们守时意识增强的反映和原因。在一篇关于《大都市和精神生活》（1900）的文章中，乔治·西梅尔评论了"怀表的普及"对加速现代生活以及在商业交易和人际关系中灌输守时、核算、准确的意识方面产生的影响。[7]

自行车的速度约为步行速度的四倍，因此有人发出警告声称，如此高速的逆风行驶会导致"自行车脸"的形成。[8]最初，自行车的设计使得它骑起来很困难，但 1886 年以后骑自行车变得容易了一些，那时人们将车轮制成同样的尺寸，1890 年充气轮胎得到使用后，骑起来就更舒服了。在美国，西尔维斯特·巴克斯特（Sylvester Baxter）观察到，自行车"加快了年轻人的感知能力，使他们更加警觉"[9]。一位法国评论家将骑车的刺激归因于纯粹的运动快感，这一感觉还因对环境的掌控感得到了强化。[10]对环境的掌控感增强了人们对运动的渴望。受欢迎的法国作家保罗·亚当(Paul Adam)写道,它为"想要征服时间和空间"的一代人创造了一种"速度崇拜"。[11]

1898 年,莫里斯·勒布朗(Maurice Leblanc)在他的小说《虚空的艾尔斯》(*Voici des ailes*,图 3)中对自行车运动对人类情感和社会关系的影响进行了深刻的评价。书的封面上是一位胸部裸露的女人,解开的衬衫拖在她腰间,她的头发在风中飞扬,带子在腕间飞散开来,她骑着一辆长翅膀的自行车,画面上的一切都暗示着书中两对夫妇在一次自行车之旅中经历的性、社会和空间的解放。出门第一天,帕斯卡尔就告诉他的朋友纪尧姆,没有什么比自行车嗡嗡作响更能让人想起速度的概念了。在路上,情侣们感受到一种新的运动节奏,一种独特的穿

112

图 3 莫里斯·勒布朗《虚空的艾尔斯》封面,1898 年。

透周围世界的感觉，因为他们的感官打开了新的领域。他们体验到了一种新的时间感，仿佛他们是在穿越梦境而不是法国的乡村。当他们相互直呼名字时，社会限制就此放松。帕斯卡尔的妻子在一个公共喷泉解开上衣扣子洗了脖子和肩膀，从此开始了服装和性的解放。第二天，两位女士都没有穿紧身胸衣。后来，她们脱掉上衣，赤裸上身骑自行车，最终，随着两对夫妇互换配偶，重新配对，他们的婚姻纽带也随之破裂。

113 　　帕斯卡尔对自行车所开启的体验维度进行了评论。蒸汽和电只能为人类服务，但自行车能以速度更快的双腿使人的身体改变。"这不是像人和马这样两种不同的东西，这也不是人和机器，这是一个更快的人。"他疾驰而过，终于向纪尧姆的妻子表达了自己的爱，并大喊"我们有翅膀"——以逃离他们过去城市生活的狭小空间框架、不合适的婚姻带来的受束缚的社交世界、紧身衣所带来的身体约束，以及性道德所带来的情感约束。[12]

　　汽车在 19 世纪 90 年代占据了人们的想象，并在 20 世纪头几年成了主要的交通工具。1900 年时，法国大约有 3 000 辆汽车，到 1913 年约有 10 万辆。1896 年至 1900 年，至少有十本关于"汽车驾驶"的期刊问世，它们都关注着不断打破的速度记录，到 1906 年，汽车的时速已超过 200 公里。法国小说家奥克塔夫·米尔博(Octave Mirbeau)在评论汽车的影响时，把隐喻和他的主题——现代人思想的运动结合得一样快。在汽车的冲击下，它成了一条"无尽的赛道"。"他的思想、感情和爱是一阵旋风。生活如骑兵冲锋一样疯狂地四处奔涌，如路边的树木和剪影一样次第消失。人周围的一切都在跳跃、舞蹈、奔跑，与他自己的运动不相协调。"[13]

　　在英国，1878 年的《公路和机车法案》要求，任何在公共道路上行驶的车辆前面必须有一个步行的人，车速不得超过每小时 4 英里。1896 年，另一项法律的提出为速度更快的"轻型机车"开辟了公共道路，也导致了 1878 年法案的废除，但随着交通事故数量的增加，反对意见也日渐增加。1903 年,《每日电讯报》为新的限速造势,C. S. 罗尔斯抗议:"看到路上任何东西的速度比马快都会让我们的遗传本能震惊,但随着感官见识的增长,我们应该认识到速度本身并不危险,无法停下来才是危险的。"[14]但议会并不会被这样的含糊其辞愚弄,1904 年,公共道路上开始实施 20 英里的时速限制,有的地方政府甚至还要求时速控制在 10 英里内。之后一年之内有 1 500 名驾驶者被控鲁莽驾驶。伦敦的交通事故死亡人数从 1982 年至 1896 年的 769 人增长到 1907 年至 1911 年的 1 692 人。[15]1914 年 4 月,一名儿童被著名报业大亨诺斯克利夫勋爵(Lord Northcliffe)的儿子希尔德布兰德·哈姆斯沃思(Hildebrand Harmsworth)的专车司机撞死,公众的愤怒达到了顶点。汽车旅行的烦恼和不便处相当多。汽车后面的灰尘吞没了行人和骑自行车的人,毁坏了种植生菜的农民的庄稼。由于尘土飞扬,纳税人纷纷抱怨。在 1909 年的《英国状况》(*The Condition of England*)中,C. F. G. 马斯特曼(C. F. G. Masterman)抗议汽车"在乡村道路上到处扰乱、冲撞、尖叫"。

没有什么比电流的运动速度更快了,它为电动机提供动力,为各种活动加速。1879 年,沃纳·西门子(Werner Siemens)在柏林开始运营第一辆电车;1885 年,美国的第一辆电车开始在巴尔的摩和汉普顿之间运行。[16]它们漫步在市中心,就像那些在布鲁姆的都柏林标志着公共时间的规律节奏的电车一样。1890 年,电气化的伦敦地铁完工,在接下来的十年里,电气化轨道四处延伸。在美国,1890 年时有 1 261 英里轨道,到 1902 年时,轨道长度增加到 21 290 英里。[17]1900 年,在巴黎举行的世界博览会上,参观者对新的奥的斯自动扶梯和由法国人设计的可移动人行道印象深刻,这预示着步行交通将会更快。电话加快了商业交易,并且,证券的流动性和筹集资金的速度的增加使华尔街成为一个真正的国家金融中心。1907 年,摩根大通(J. P. Morgan)通过电话向几家面临过度取款威胁的主要银行提供了 2 500 万美元的信贷,从而避免了一场金融恐慌。[18]1895 年,在尼亚加拉瀑布建成的大型发电站将奔腾的水流转化为更快的电流,从而改变了人们的生活节奏。有人猜测,正是这股电流改变了生命的进程。《半月刊评论》(*The Fortnightly Review*)上的一篇文章提出,电力可能会加速作物生长,提高农业产量。[19]比利时化学家欧内斯特·索尔维(Ernest Solvay)在他位于布鲁塞尔的生理学研究所的开张演讲中详细说明了这一理论。[20]诺贝尔化学奖得主斯万特·阿列纽斯(Svante Arrhenius)测试了电刺激对于儿童生长的影响,这使得人们对于这一理论的热情达到了顶峰。他将一组学生安置在装着高频交流电线的教室里。六个月后"带电组"比对照组的儿童多长了 20 毫米。"磁感应教师"则报告说:"他们的智能加快了。"[21]一些研究者试图用电力来加速生命的进程,另一些人则用它来加快死亡。1888 年,纽约通过了一项用电刑取代绞刑的法律。1890 年,纽约监狱当局首次使用"电椅"处决了一名谋杀犯,尽管事实证明,其死亡速度远不及期望值。第一次电刑没能杀死那个人,过了一段时间,又给他通了第二次电。整个过程持续了八分钟才结束,死者浑身是血,这些血痕是在电路接触点上留下的。地方检察官泪流满面,一位目击者晕倒了,每个人都吓坏了,《纽约时报》的一位记者写道,这场面"令人作呕","比绞刑糟糕多了"。[22]

关于速度的技术影响了报纸的报道,也改变了新闻传播的语言。1887 年 2 月 12 日,《波士顿环球报》(*Boston Globe*)的记者首次使用电话报告格雷厄姆·贝尔(Graham Bell)在麻省的塞勒姆所做的演讲;1880 年,伦敦《泰晤士报》在下议院安装了直拨电话,为早间版对深夜辩论的报道争取到了 45 分钟。罗伯特·林肯·奥布莱恩(Robert Lincoln O'Brien)在 1904 年发表的一篇题为《机械与英式风格》("Machinery and English Style")的文章中指出,随着对快速报道的需求日益增加,电报的使用越来越广泛。由于表达上的精简能产生经济效益,记者们日益倾向于用尽可能少的词来写作。电报也鼓励使用精确的词语来避免混淆,随着某些词语的使用越来越频繁,新闻业的语言也变得更加统一。句首的状语短语尤其"危险",因为它们可能与前面的句子混淆,作者也会使用最简单的句法,标点符号要尽可能地少。"语言的微妙、复杂和细微差别正受到电线的威胁,"奥布莱恩总结道,因为对速度、清晰和简洁的需求塑造了一种新的"电报"风格。[23]毫无疑问,海明威使用简洁的英语的部分原因在于他曾是一名外国记者,他的文章不得不适应大西洋电缆的传输。

弗雷德里克·W.泰勒(Frederick W. Taylor)于1883年开始构思的"科学管理"的应用加速了工厂里的工作。[24]泰勒对熟练工人进行了观察,确定了形成他们工作的一系列的确切的基本操作,选择了最快的序列,用秒表对每个基本操作进行计时以建立最小的"单位时间",并以复合时间为标准重构作业。尽管使劲抽鞭子并不是什么新鲜事,但正如科学管理这一名称所暗示的那样,它是科学的,或至少是系统的,避免了工头情绪的无常。当工人接近最高效率时,工资就会增长,而那些低于最低效率的工人就会被解雇。泰勒的一个报告显示了这种系统加速对心理造成的困扰:"研究发现,有必要每个小时对每个女孩的成绩进行一次测量,并派一名教师去帮助她们找出问题所在,纠正她的错误,鼓励她,帮助她迎头赶上。"[25]1895年,他开始宣传他的方法,强调工人要在尽可能短的时间内完成工作。[26]第二年,马萨诸塞州的一位建筑工人桑福德·汤普森(Sanford Thompson)发明了一种把秒表藏在书壳里的"手表簿",这样就可以在工人们不知情的情况下计时了。泰勒不赞成"间谍活动",因为它破坏了他认为至关重要的工人与管理层之间对速度和效率的共同承诺,但他承认,一些工人反对被计时,对这些人来说,隐瞒可能是必要的。[27]

泰勒的弟子弗兰克·B.吉尔布雷斯(Frank B. Gilbreth)将科学管理的方法应用于空间工作。1909年,一项关于砌砖的"运动研究"使他设计出一种可调节的用于砌砖的脚手架,这使工人的产量增加了两倍。他在人体上安装小电灯,并将连续的白线运动以照相时间曝光,通过"周期图"进行研究。这使得人们能够看到运动的轨迹,并能用立体的光线在三维空间对其进行重建。为了获得更高的精确度,他采用了一种电影摄像机来拍摄"时间周期图"，它能显示"身体不同部位所做的几种运动的路径及其确切距离、确切时间、相对时间、确切速度、相对速度和方向"[28]。在一篇关于家务科学管理的文章中，吉尔布雷斯自豪地说，有了时间周期描记术，"我们现在首次可以以精确到千分之一分钟的程度记录个人运动的时间和路径"[29]。他的妻子莉莲(Lillian)与他合作，想出了一个新的管理职位——"速度老板"——这个工作是向员工演示如何在规定的时间内完成任务。[30]但并不是所有的事情都关乎匆忙、工作、利润。吉尔布雷斯夫妇还试图减轻工人的疲劳，他们关于这个主题的书强调需要向工人提供一定数量的"幸福时光"以抵消工厂里机械的日常工作所带来的凄凉感：他们得出了一个令人兴奋的结论，那就是"你生命中的幸福由你所创造或引发的'幸福时光'的数量组成"[31]。

科学管理、迈布里奇和马雷的运动研究、早期电影艺术、立体主义、未来主义都像镜子屋里的影像一样相互反映了文化光谱的各个方面。当立体主义分解并重新创建瓶子和吉他时，吉尔布雷斯分解并重新构建了工作流程。他利用周期图制作了工人运动的钢丝模型，类似于马雷借助时间照片，用钢丝和石膏制作的飞行中的鸟的模型。吉尔布雷斯在分析运动时对于连续照片的利用源自迈布里奇对一匹奔跑的骏马所拍摄的系列照片。后来，迈布里奇用这种技巧捕捉到了一位弯腰拎篮子的女士的优雅姿态，吉尔布雷斯用它来提高工人捡砖的速度。电影是技术联系；迈布里奇和马雷在寻找方法以制作电影；吉尔布雷斯使用电影摄影机以制作生产操作活动记录仪(Chronocycle-graphs)；影像构图的术语——"蒙太奇"在法语里是指用零件组装产品：大约在1912年，立体派艺术家开始试验"立体派电影"[32]；未来主义艺术家们从中受到激励，因为这为动态视觉艺术提供了新的可能性。马塞尔·杜尚(Marcel Duchamp)认为"四处都洋溢着运动与速度的概念"，并承认他的《下楼梯的裸女》(*Nude Descending a Staircase*)一画的灵感来自时空摄影和电影。[33]电影再现了现代社会的机械化、不稳定和匆忙。[34]

这种新媒体的名字本身就表明了它的效果——移动图像(电影)。旋转投影仪使得屏幕上的图像可以运动。1896 年,卢米埃(Lumière)的一位摄影师 M. A. 普罗米奥(M. A. Promio)偶然想到可以从威尼斯大运河上行驶的船上拍摄。[35]有了创意剪辑后,行动可以像格里菲斯的紧急救助一样快,也能以一种更为悠闲的节奏在相隔甚远的两地之间切换。故事可以像帧与帧之间的间隔一样迅速地变换背景,而且由于早期电影的画面是以每秒 16 帧的速度拍摄,以每秒 24 帧的速度放映,演员们似乎也会匆忙地穿过闪烁的屏幕。电影放映机过分夸大了动作的快速性,以至于一些演员为了让最终结果的节奏正常,表演时的动作比他们在现实生活中还要慢。[36]一位评论家解释说依靠快节奏吸引观众的剧场情景剧日渐式微,其原因是电影摄影机加入了竞争,它能够强化动作并将其以更快的速度呈现,而这些在舞台上都是做不到的。"这种快速带来了呼吸急促和兴奋感,情景剧做不到这些。"[37]一些电影制造商故意加速运动以制造特效:花骨朵几秒之内就变成了花,毛毛虫破茧成蝶的过程从几周压缩为几分钟。[38]1911 年,电影新闻报道得以大大加速,彼时一辆配有暗房的特快列车可以冲洗并运送当日下午 4 时威尔斯亲王授权仪式的影像,同日晚上 10 点,这段影像得以在伦敦公映。[39]

这些"冲刺"让观众眼花缭乱。欧文·潘诺夫斯基(Erwin Panofsky)总结说,欣赏电影的基础不是主题,"而是对事物似乎在移动这一事实的纯粹喜悦"[40]。早期的观众能被任一简单的运动主题吸引:尼亚加拉瀑布、马跳过栅栏、工人从工厂里出来、火车进站。一些没有经验的观众会躲在座位里以避开(屏幕里)一辆驶来的火车。1899 年,活动照相机被写成了小说,弗兰克·诺里斯(Frank Norris)笔下的麦克提格对银幕上一辆驶近的缆车"惊叹不已"。[41]

法国立体派画家费尔南德·莱热(Fernand Léger)指出电影和一般技术对艺术家和观众的审美敏感性产生了影响。在 1913 年,他注意到,生活"比以往任何时期都更支离破碎、变化更快",人们寻求一种动态的艺术来描述它。电影和彩色摄影使得对于具有代表性和流行主题的描绘失去了必要。"那些偶尔出现在博物馆里的工人阶级，那些曾在M. 德太尔（M. Detaille）的骑兵面前，或者 M. J. P. 劳伦斯（M. J. P. Laurens）的历史场景面前发呆的工人们，现在再也不见踪影，他们都去了电影院。"[42]移动方式的发展已经影响了人们的观察方式和他们所喜爱的艺术："现代人获得的感观印象是 18 世纪艺术家的 100 倍。"[43]从一辆开动的火车车门或汽车挡风玻璃向外看的景象是支离破碎的，尽管在高速行驶时景象会变得连续，就像电影制作从一系列静止镜头中创造出的连续性一样。莱热对这些新的动态做出了回应，他的绘画将机器般的元素融入人物研究和风景中——人们几乎可以在他的画中听到机器的叮当声。

1915 年，路伊吉·皮兰德罗（Luigi Pirandello）创造了一个角色，这个角色可能已经从莱热的画作中走了出来。他的小说《拍摄：电影摄影师塞拉夫莫·古比奥的笔记本》（*Shoot：The Notebooks of Serafino Gubbio，Cinematograph Operator*）中的叙述者将其生活的"嘈杂而令人眼花缭乱"的世界以及他所操作的电影摄像机的特征内化了。"由于习惯的力量，我的眼睛和耳朵已经开始以这种快速、颤抖、滴答作响的机械复制的形式去看、去听一切。"古比奥对于自己的职业非常认同，以至于他最终在镜头面前失去了自己的身份："我不复存在。它现在用我的腿走路。从头到脚，我都属于它：我是它设备的一部分。"这种自我放弃的幻想随着他语言的爆发达到了顶点："我的头在这里，在机器里，我把它拿在手里。"[44]

通过隐喻和幻想，艺术家们试图描绘技术对人类体验的影响。勒布朗设想人与自行车沿着开阔的道路飞翔，莱热将人与机器以光滑的金属形式融合在一起，皮兰德罗创造了一个迷失在镜头中的角色。在这种新技术面前，未来主义者也失去了理智，马里内蒂率先宣布了一种"速度的新美学"。"我们说一种新的美丽使世界更加辉煌，那就是速度之美。一辆引擎盖上装饰着巨大的管子的赛车，就像骑在霰弹上一样，美过胜利女神……我们与机械师合作,摧毁了对距离和偏居的孤独的古老感知、对离别的精致怀旧,取而代之的是无所不在的速度与无处不在的悲剧抒情。"[45]不幸的是,马里内蒂在一战中仍继续鼓吹速度,失去了大部分听众。他在 1916 年写道,"在我们伟大的解放战争中,一种新的宗教即速度的道德在未来主义年中诞生了",而此时大众却将注意力转向了宗教的瓦解、道德的腐败以及机关枪的杀伤速度。他在夸张和疯狂之间徘徊,幻想着生活的加速会冲毁阿拉伯式的山谷,拉直弯弯曲曲的河流,有一天多瑙河会以每小时 300 公里的速度直线流淌。[46]

尽管马里内蒂的夸夸其谈时时超出了许多未来主义者的野心,但他的原则为他们的艺术提供了灵感和理论框架。1912 年,巴拉开始描绘运动。他的第一个主题是《被拴住的狗的动态》中的腊肠犬,它紧跟女主人在奔跑着(见第 81 页图 2)。在《小提琴手的节奏》(*Rhythm of a Violinist*)中,他同时描绘了几个不同的动作——振动的琴弦、滑动的弓、画中人左手抓着脖子、声音的振动在空气中脉动。《在阳台上奔跑的女孩》(*Girl Running on the Balcony*)这一作品对速度的描画并不比对狗或小提琴手的动作的描画高明,但他的关注点从此开始由具体的动作转向抽象的动作。画面对于旋转的裙子和跑动的脚步有所暗示,但女孩的运动是概括性的,她的连续形式具有同等的价值,在大小、形状、组成和颜色上的呈现具有相似性。1913 年,巴拉创作了一系列雨燕飞行的连续状态的绘画作品,它们翅膀重叠着,就像马雷的连续照片所显示的那样,看起来像是连续飞行链上的链环。在 1913 年的《雨燕:运动的路径+动态序列》(*The Swifts: Paths of Movement + Dynamic Sequences*)这一作品中,他向抽象运动靠近了。这些公式化的鸟在画布上到处乱飞,没有任何特定的方向,它们沿着振荡的、发光的线条飞行,这些线条既能引导图案,又能打破图案。之后,巴拉开始画汽车,但其形状几乎不可辨。超速行驶下的车窗就像一块转动的宝石,旋转的车轮旋扭成一行行的力的轨迹。其中一个题目列出了主题:汽车的速度+光+噪声。1913 年底,他彻底放弃了具体的题材,只呈现抽象速度。以前围

120

绕鸟类和汽车旋转的力量线，现在只缠绕出艺术形式。力线之弧因运动本身而弯曲，光由未知的光源激发，沿着无法辨认的物体的线条反射。

121

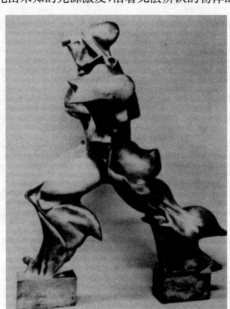

图4   翁贝托·博乔尼，《连续性在空间里的特殊形式》，1913 年。

当巴拉在追求抽象速度的形象时，博乔尼则试图创建连续运动。他于 1913 年底完成了杰作《连续性在空间里的特殊形式》(*Unique Forms of Continuity in Space*，图 4）。他经过几年的努力，一直带着目标宣言，终于完成了这一作品，并对绘画和雕塑中的艺术问题提出了部分解决方案。在 1910 年的一份宣言中，他宣称未来主义者的意图是"表达我们钢铁般的、骄傲的、狂热的、快速的旋转生活"。艺术家将呈现的不是某一个时刻，而是运动本身的动态感觉。[47]柏格森对相对运动（我们从外部认识的）和绝对运动（我们从内部直觉感知的）的区分让博乔尼很感兴趣，但他质疑了这一看法，坚持认为艺术家可以在一张图像中综合两者。1914 年的一份宣言的标题将这一论点表述为一个等式："绝对运动＋相对运动＝动态"[48]。这种动态避免了呈现运动的两种虚假方式——连续摄影术和照片动态学。他同意柏格森的观点，即没有任何一系列静止的照片、没有任何一组固定的图像能够正确重塑运动。他还驳斥了布拉加利亚的照片动态学的视觉诋毁,认为那只是对一个缺乏艺术价值的移动物体的轻率的时间曝光。博乔尼相信艺术家可以找到一种形式的连续运动,它暗示着动作的过去和未来,以及由此产生的物体和环境的相互渗透。

在博乔尼名为《人体的动感》(*Dynamism of a Human Body*)和《自行车手的动感》(*Dynamism of a Cyclist*)两幅画作中,摆动的四肢和旋转的车轮都消失在他宣言中定义的"力量形态"和"塑性动力"的抽象模式中。在 1912 年的雕塑《人类动态合成》(*Synthesis of Human Dynamism*)中,他试图实现塑性动态的两个要求:创造一种运动感,将周围的环境带入这种形式。但这两项努力都只取得了部分成功。另一件跨越式的雕塑《加速的肌肉》(*Speeding Muscles*,1913)对运动的描绘更为清晰。人物的头部呈盘绕的几何形,面部扭曲,仿佛在与风赛跑。躯干向前弯曲,呈拱形,就像一位要冲锋的后卫。下肢的流动有力地暗示了运动,由连续的漩涡呈现。这个系列倒数第二件的雕塑是《螺旋形扩张的加速肌肉》(*Spiral Expansion of Speeding Muscles*,1913)。这个人是直立的,他的头是人和机器的混合体。躯干没有手臂,呈流线型,大步跨出的腿是分开的,从底座呈螺旋形上升。但这条笨重的前腿被一堆螺旋状的木屑缠住了,妨碍它连续向前移动。

《连续性在空间中的特殊形式》这一作品成功地解决了之前的艺术问题,它是人类、能量以及机器的混合体——创造了新的速度之美,完成了未来主义的目标。其头部是由头骨、头盔、机器零件与剑柄为脸形成的蒙太奇。这幅图的前推力由形状像排气火焰的小腿所控制,显示出推动的能量和运动的速度。它的大腿肌肉显示出力量和空气动力的效率。躯干无臂,但肩膀像萌芽的翅膀一样展开,暗示着另一个持续运动的来源。胸部的形状能够承受空气压力,这一定是 1915 年马里内蒂设想的未来超人的灵感来源。他将被"建造得能够承受无所不在的速度……他将被赋予出乎意料的器官以适应连续冲击的紧急情况。他

123 的胸骨会凸起，像船头一般，尺寸也会变大，因为未来的人类能更好地飞行"。[49]这个身体拥有羽翼的柔软和钢铁的坚硬；它由肌肉、机械和火驱动。博乔尼避免了巴拉对于速度的完全抽象化，也避免了马里内蒂对赛车速度的过度具体化。他拒绝时间摄影的短截运动和动态摄影的草率。他试图调和柏格森的相对运动和绝对运动，创造一个超越传统形状和比例的现代人形象，就像尼采的超人超越了所有的价值观。这个雕塑最有力地说明了速度的文化。

音乐历史学家对于将生活节奏与音乐节奏、爵士乐与现代性之间的联系简单化秉持谨慎的态度，这是正确的，但在这个时期，许多作曲家有意识地进行创作以反映一个不断变化的世界。[50]新的节奏不仅仅是更快。的确，一些创新出乎意料地延迟甚至停止了节奏，但是切分音、不规则和新的击打质地的结合给人留下一种现代生活匆忙和不可预知的整体印象。[51]

1890 年前后，从密西西比、密苏里和俄亥俄河谷开始传出拉格泰姆音乐（ragtime music）的强劲节奏，它表达了美国黑人顽皮而充满希望的一面，在压迫和情感释放的爆发之间转换，在日常工作和疯狂的庆祝之间转换。1897 年，拉格泰姆式作曲第一次发行，它很快在美国和欧洲流行了起来。这个名字可能来自早期表演者粗糙的外表，但更有可能来自不规则的切分节奏及其对传统时间的影响——确切地说，是破碎的时间。节奏是平稳的，但其中有节奏变化的流动递进。最明显的特征是重音突出了弱拍并形成了嗡吧嗡吧的口音；突然的"断音"，即低音线的节奏模式为了突出高音而停止；更富戏剧性的"停止时间"，在令人窒息的寂静中完全打乱了节奏。在拉格泰姆的经典之作《枫叶拉格》（*Maple Leaf Rag*，1899）中，斯科特·乔普林（Scott Joplin）在节奏上频繁变化，产生了微妙的张力，所有这些变化都是在四拍或切分音的进行曲节奏的稳定运动中进行的。[52]手指移动的方式——故意随着节

124 拍移动，以延迟和意想不到的重音停顿，以充满生气的加速度急促移动，仿佛等不及要换到下一个节拍。当代音乐评论家认为拉格泰姆和

生活方式之间可能存在联系。在 1915 年的一篇文章中，一位评论家写道："我们的孩子跳舞，我们的人民歌唱，我们的士兵随着拉格泰姆前进。"在一篇 1914 年关于美国社会中"当前的动荡"的文章中，作者沃尔特·李普曼（Walter Lippmann）观察到："我们听着拉格泰姆做爱，我们听着拉格泰姆死去。"[53]

1900 年左右，黑人在新奥尔良创作了一种新的音乐。爵士乐与保持稳定节奏的拉格泰姆不一样，它会对节奏进行不断的创造和变化，允许一种自由的鲁巴特（rubato）风格。新的管弦乐音色加强了节奏的不规则性。萨克斯管的狂野声音和小号的尖声喊叫，突出了不熟悉的交叉节奏、多重节奏或其他无法辨认的节奏的陌生感。虽然爵士乐包含缓慢的部分，但早期的迪克西兰爵士乐队似乎尤其能跟上现代生活的快速步伐。关于爵士乐这个名字的起源有许多说法，其中之一就是"爵士乐"是速度的俚语。[54]

在音乐会音乐这一类型中，斯特拉文斯基的《春之祭》中富有节奏的烟火体现了传统韵律解体的高潮。1913 年，这个乐曲的开幕会惊呆了观众。笑声打断了第一支舞，然后人们开始大叫，喧闹声太大了，舞者们都听不见音乐。斯特拉文斯基这样回忆当时的情景："整个演出过程中，我都站在尼金斯基旁边的侧翼。他站在椅子上，尖叫着'16、17、18'——这是他们计时的方式。"[55]确实，即使没有观众的喧闹声，复杂的节奏也很难被执行。在整个乐曲中韵律变化非常频繁，在高潮迭起的献祭之舞的前 34 个小节中，有 28 次韵律变化。在最后的乐章中，整个管弦乐队变成了一个打击乐器的组合，刺耳的喇叭声、拨奏的弦乐以及以定音鼓、低音鼓和钹为主的少量木管乐器合力为这位跳跃和旋转至死亡的祭祀舞蹈者奏出了野蛮的节奏。

∞

接二连三的新速度带来了现代性的阴暗面，即悲哀的哀叹、仓促的

判断和凶险的预言。1881年，将神经衰弱（神经衰竭）这一诊断范畴引

入了精神病学术语的乔治·M. 比尔德（George M. Beard）出版了《美国人的紧张》（*American Nervousness*）。该著作为有关生活节奏日益加快及其恶劣后果的文学作品奠定了基调。比尔德认为，电报、铁路和蒸汽动力使商人们在一定时期内的交易额达到了18世纪的"100倍"；这使得竞争和节奏加剧，导致了神经衰弱、神经痛、神经紧张、消化不良、早期蛀牙甚至过早秃顶等一系列问题的恶化。[56] 1892年，詹姆斯·克里希顿-布朗爵士（Sir James Crichton-Browne）发表了一篇关于晚年的文章，对比了1859—1863年和1884—1888年期间的死亡数据，引起了广泛关注。他发现，英国人死于心脏病的人数在前一时期为92 181人，后一时期为224 102人，死于癌症和肾脏疾病的人数也出现了类似的增长，他将其解释为现代生活的紧张、兴奋和不断变化。[57] 麦克斯·诺尔度（Max Nordau）对犯罪率、发疯和自杀率的上升趋势进行了类似的统计，这引发了他对人类堕落的深刻哀叹。他认为，以前的发明从未"如此深入而猛烈地渗透到每个人的生活中"，这导致了神经系统的枯竭和身体组织的磨损。"我们读或写的每一行字、看到的每一张人脸、进行的每一次对话、透过快车窗户看到的每一个场景，都激活了我们的感觉神经和大脑中枢。甚至铁路旅行中不被意识所察觉的小小冲击，大型城镇街道上无休止的噪声和各色景象，我们对事情发展所怀有的悬念，对于报纸、邮递员、来访者的不断期待，所有这些都会让我们的大脑疲惫磨损。"尽管诺尔度有这种文化忧郁症，但他并不认同比尔德的假设，那就是人类在单位时间内有能力产生很多感官印象。他认为，如果有时间逐步适应的话，人们可以对大多数要求做出反应。但现代性的开始来得太快了。"我们的祖先没有时间了，在这一天天之间，他们不得不以致命而突然的速度，将以前那种令人舒服的爬行步态转变成为现代生活中暴风雨般的步伐，他们的心和肺都受不了了。"[58]

世纪之交，人们对渐进式堕落的恐惧丝毫未减。1901年约翰·葛纳（John Girdner）出版了一本名为《纽约基蒂斯》（*Newyorkitis*）的书，

此书的书名命名了一种新的疾病——一种由于生活在大城市所导致的特殊炎症,其症状包括,"在所有行动中的快速和紧张,以及缺乏从容"[59]。在《特许经营》(*L'Energie française*,1902)中,加布里埃·哈诺托克斯(Gabriel Hanotaux)理清了国家权力的来源,对新技术及其产生的机动性进行了评估:自行车放大了双脚的运动能量,汽车将旅行者从火车时刻表的束缚中解放出来,思想以闪电般的速度移动。与当代环保主义者一样,他警告称,煤炭消费的巨大增长正在迅速耗尽远古时期森林累积的储量,即千年期的能源。[60]德国作家威利·赫尔帕克(Willy Hellpach)在一本名为《神经与文化》(*Nervosität und Kultur*,1902)的通俗医学著作中对这些担忧进行了整理。继比尔德之后,他在1880年设定了"神经衰弱时代"的开端,并对其发病原因进行了一系列标准的解释,其中包括交通和通信的加速,这导致了"正常心理过程的急剧加速"。[61]

随着哲学家和小说家加入医生和精神病学家的行列,对速度的文化排斥与日俱增。[62]1907年,亨利·亚当斯写道,权力已经超越了它的奴役,前所未有的生活速度使人们"易怒、紧张、牢骚满腹、不可理喻、恐惧"。[63]威廉·迪安·豪威尔斯(William Dean Howells)对纽约生活的描绘与这种观点一致:

> 人们出生、结婚、生活、死亡都在一片如此疯狂的骚动中,你会认为他们会发疯;我相信医生们的确会把不断增长的神经质障碍归结于神经的损伤,这些损伤来自片刻间火车飞驰而过,以及土地和空气因其快速运行而发出的震动。想象一下……当五六节车厢的火车轰隆隆地从敞开的窗边驶过时,一位妻子弯下身子伏在丈夫的枕头上听着最后一声轻轻的道别。多么恐怖! 多么亵渎![64]

罗伯特·穆西尔(Robert Musil)在《缺乏素质的人》(*The Man Without Qualities*)一书中描写了交通的繁忙及其对人的死亡的亵渎。

尽管小说写于 20 世纪 20 年代,小说的开头却恰好设定在 1913 年 8 月的维也纳市中心。穆西尔重现了这座城市的匆忙景象:匆忙前行的一排排松散的行人匆匆穿过由汽车构成的"更强劲的速度线",它们好似从狭窄的街道冲进了广场。一个人被卡车撞倒,人们无动于衷地路过,就好像它是自然秩序的一部分。"'根据美国的统计',这位绅士观察到,'每年有超过 19 万人死于车祸,45 万人受伤。'"[65] 穆西尔这样描述着这位没有素质的人,他拿着手表站在窗边,计算着汽车和行人,估计着"速度、角度、大众被推过去的动力,这种动力像闪电一样迅速吸引着人们的目光,抓住它,放开它,迫使人们的注意力——在极短的一瞬间——去抗拒它、折断它、然后跳到下一个,追赶它"。但对于所有这些匆忙的人来说,皇城是没有出路的,帝国是没有未来的,人们梦想在其他地方生活。

> 一段时间以来的社会观念定势一直是这样的,美国超级城市中的每个人都匆匆忙忙,或者站着不动,手里拿着秒表……高架火车、地上列车、地下列车、气动快递邮件携带着人类的差事,一串串的汽车都在水平方向飞驰,快速电梯垂直地把人群从一个交通水平面运输到另一个交通水平面……在交接处,人们从一种交通方式跃向另一种,很快被其节奏吸引并带走。这种节奏会导致晕厥、停顿。速度的两次急剧爆发之间只有 20 秒的空隙,在这普遍节奏的间隔中,人们会匆忙地交谈几句。问题和答案如同齿轮一样相互碰撞……人们连进食的时候都在动。[66]

不到一年,人们就连拿餐巾的时间都没有了。这就是一幅欧洲加速失控走向战争的漫画。

斯蒂芬·茨威格(Stefan Zweig)回忆起他在奥地利的童年时代,那个在新技术引入之前,缓慢、安全的世界。"这是一个阶级分明、过渡平缓、不慌不忙的世界。"成年人行走缓慢,说话慎重;不少人很早就开始发胖。他记得父亲从不会急匆匆地上楼或很慌张地做任何事。"快速不仅被认为是不文雅的,而且被认为是不必要的,因为在这个四周安有栅栏的、由无数微小安全构成的资本主义世界里,任何意外都不会发生……汽车、电话、收音机、飞机等人类机械带来的新速度的韵律还未蔓延,时间和年代另有衡量。"[67]

然而,许多作家对旧世界的倒塌表示欢迎,认为新速度是活力的象征,是体验可能性的放大,或乡下习气的解毒剂。一些人比如未来学家,对这种刺激感到非常兴奋,以至于他们的正面评价非常片面而且缺乏细微差别。法国精神病学家查尔斯·费勒(Charles Féré)以一种更为冷静的态度,向这种风行的对于匆忙生活节奏的哀叹提出了疑问。他认为,正因为人们的思想变得复杂,活跃而受到挑战的头脑变得更能抵抗神经崩溃,也更能应对各种刺激。他提出的证据表明,很多人在多年的努力工作后突然变得无所事事时,会出现精神崩溃的现象。他认为神经恶化更多地源自缺乏用脑和无知而非用脑过度和知识过量。[68]他还指出,交通和公共安全的改善已使当代女性能够独自进行长途旅行而不会感觉有太多压力和焦虑,而在一个世纪以前,即使是谨慎的男士想要做同样的事也是需要武装到牙齿的。

然而,即便是那些崇尚速度新技术的人,也常常对一个时代的终结感到遗憾。奥克塔夫·乌赞(Octave Uzanne)的《时间、道德和空间的运动》(*La Locomotion à travers le temps*,*les moeurs et l'espace*,1912)一书就是一个很好的例子。他会怀念路上马儿缓慢而有节奏的奔跑,它们上坡时沉重的呼吸,但他也为"速度的狂热"而激动。他解释说,汽车打破了阶级壁垒,减少了地方主义。柏林到巴格达和西伯利亚大铁路等"宏伟"的长铁路线促进了国与国之间的了解。他用狂喜的赞美和过度的暗喻来表达自己的热情。"公民是秘密活动的鼹鼠;有了汽车,他就是羚羊、雷电、大炮;有了飞机,他就是老鹰、麻雀、信天翁。"现代生活正经历着一场"令人目瞪口呆的变形","迅速的运动在短时间内席卷我们的空间,在短时间内堆积起各种各样的印象和形象,它赋予了生活

128

一种丰富性和独特的强度"。这新的刺激的洪流，在比尔德看来是先天具有致病性的，在诺尔度眼中快得难以吸收，乌赞却认为这是一种从枯燥的日常和每日生活的令人厌倦的重复中的解放。[69]

129　　在对新技术的众多反应中，那些危言耸听者们的言论虽然在数量上占了上风，也比速度捍卫者的言论更具激情。但无论这些抗议有多感人，我们都不能忽略一个事实，那就是世界一次又一次地选择了速度。人们抱怨电话的侵入，却不能没有电话，他们用尽可能多地节省时间的设备来安排自己的生活。然而，尽管有种种复杂的感觉，新速度毫无疑问对文明产生了深远的影响。

　　正是这种共识需要进一步的解释，因为在经验的辩证法中，对立面是相互联系的，每当一个动态明显显现时，我们就会寻找无意识的逆流。如果一个人 20 年以来都是骑马上班，然后汽车被发明了出来，于是他开车上班，那么这产生的效果既是加速又是减速。新的旅程毫无疑问更快了，这人的感觉也是如此。但正是这种加速把他以前的旅行方式变成了一种前所未有之物——慢速，因为在汽车之前，马车就是最快的交通方式。突然间他的老马就过时了。因此，对茨威格来说，他父亲上楼的方式在过去并未显得特别缓慢或放松，那就是事情本来的样子。但多年后，历史的进程改变了他的记忆，他父亲的步态成了"安全的黄金时代"的象征。因此，在更大的世界里，汽车和所有加速技术的影响至少是双重的——它加快了当前存在的节奏，也把关于过去的记忆以及有关每个人身份的东西变得缓慢。

　　只有在改变使比较成为可能，而过去似乎无可挽回地消失后，记忆才有可能变得怀旧。当轮船垄断了海上航行时，帆船突然显得威严而优雅，而不是不可靠和狭窄的。正如当代对飞机失事的反应暂时掩盖了这样一个事实：航空旅行比任何其他交通工具都要安全，一英里比一英里，所以泰坦尼克号的沉没引起了人们对速度价值的质疑，并让人想起了慢旅行的好处。在超速行驶的汽车的尘土中，愤怒的咳嗽平息了人们对步行或坐马车的缓慢速度的抱怨。现代工人怀念过去"低效"生

产的美好时光,正是因为他们承担了科学效率的弊端。与每一个像马
里内蒂这样的速度爱好者相对应的是成千上万喜欢河流的漂移和驳船
的缓慢移动的人。在他建议加速之前,多瑙河的缓慢从未显得如此招
人喜欢。在所有影响生活节奏的技术中,早期电影院提高了公众对不
同速度的意识。由于许多早期的投影仪都是手摇的,因此没有任何两
场电影放映的速度是完全一样的。每一个场景的速度都不一样,这取
决于电影放映员的喜好,而电影放映者与风琴演奏者的互动是更不规
则的,让观众高兴的是,他们会突然改变节奏,以不可预知的失误和匆
忙相互嘲弄。

　　从表面上看,他们达成了一致:泰勒主义和未来主义、新技术、新音
乐以及电影让世界沸腾,但逆流潜伏其下。当人们对新技术做出反应
时,他们过去的生活节奏就显得像慢镜头一样。加速的现实与缓慢的
过去之间的紧张关系,引发了人们对美好慢时光的伤感哀歌。这是一
个速度的时代,但就像电影一样,并不总是匀速前进。节奏是不可预测
的,世界就像早期的观众一样,时而不知所措,时而受到鼓舞,时而惊恐
万分,时而陶醉不已。

130

6 空间的本质

在一篇自传体小品文中,爱因斯坦回忆了童年时期发生的两件让他对物理世界充满了好奇的事。他五岁时,母亲给他看了一个指南针。指针总是朝着一个方向,这表明自然界中有"某种深藏不露的东西"。12 岁时,他写了一本关于欧几里得几何的书,书中提出的命题似乎是关于一个普遍的同质空间的。[1]这些早期记忆体现了关于空间本质的两

种截然相反的观点。传统观点认为,有且只有一个空间是连续而均匀的,它具有欧几里得公理和假设所描述的性质。牛顿把这个"绝对空间"定义为静止的,"总是相似和不变的",但指南针的行为表明,由于方向跟随内容的不同而变化,空间可能是可变的。颤抖的针指向北磁极,指向物理学上的一场革命。

这一时期关于空间本质的新观点对于空间同质的普遍观点进行了挑战,并为其异质性提出了论据。生物学家探索不同动物的空间感知,社会学家探索不同文化的空间组织,艺术家们打破了自文艺复兴以来支配绘画的统一透视空间,从多个角度重建物体。小说家们将多维视角与新出现的电影院的多功能相结合。尼采和何塞·奥尔特加·伊·加塞特(José Ortega y Gasset)发展了一种"透视主义"哲学,这意味着有多少种观点就有多少种空间。随着 19 世纪早期非欧几里得几何的发展,物理学自身为传统空间带来了最严峻的挑战。

几何是数学的一个分支,它与空间的性质以及空间中点、线、面和物体的性质有最直接的关系。欧几里得在没有证据的情况下陈述了某

些似乎不言自明的公理和假设,并从中通过演绎逻辑推导出其他定理。他的几何学是二维和三维的,两千多年来被认为是真实空间中唯一的真正的几何学。康德认为其命题必然是真实的,是关于世界的,因此综合判断是先验的。在 19 世纪初,它是古典物理学和康德认识论的核心。但在那个世纪里,其他几何学对欧几里得几何是唯一有效的几何理论这一说法提出了挑战。对它至关重要的是第五假设:即通过平面上的一个点,只能画出一条直线与平面上已有的一条直线平行。非欧几里得式的几何用其他几何形式代替了这个假设,并相应地修正了其他几何形式。1830 年左右,俄罗斯数学家尼古拉·洛巴切夫斯基(Nicholai Lobatchewsky)宣布了一种二维几何,在这种几何中,通过一点可以画出无限多的直线与同一平面上另一条直线平行。在他的几何学中,三角形的内角之和小于 180 度。1854 年,德国数学家波恩哈德·黎曼(Bernhard Riemann)发明了另一种二维几何,其中所有三角形的内角之和都大于 180 度。黎曼的空间是椭圆的;洛巴切夫斯基的空间是夸张的。这些替代表面空间与欧几里得三角形的内角之和恰好是 180 度的二维几何平面形成对比。到 19 世纪末期,其他数学家已经为各种各样的空间发展出了几何学,比如甜甜圈、隧道内部,甚至是像威尼斯式百叶窗这样的空间。[2]

平行假设是欧几里得的一个薄弱环节。早在 1621 年,亨利·萨维尔爵士(Sir Henry Savile)就指出它是系统中的一个缺陷,而在那之后的许多数学家看来,它似乎还不够明显,难以做到不证明就被接受。因此,具有讽刺意味的是,劳伦斯·比斯利(Lawrence Beesley)在描述泰坦尼克号的沉没时,竟然把平行法则当作了自然世界秩序的象征。在一艘救生艇上,他描述了这艘船在夜晚的美丽,但海平面与舷窗的一排排灯光形成了"可怕的角度",破坏了船的美丽。"没有别的东西损伤她的美,除了这种对几何定律的明显破坏——那些平行线'如果向两边延长的话永远不应相交。'"[3]

如果说非欧几里得几何学还不够令人困惑的话,那么还有一些其他的新空间是任何几何学都解释不了的。1901 年，亨利·庞加莱（Henri Poincaré）确定了视觉、触觉和运动空间，每一个空间都由感觉器官的不同部分定义。几何空间是三维、同质、无限的，而视觉空间是二维的、异质的、局限于视觉的。几何空间中的物体可以在不变形的情况下移动，但视觉空间中的物体与观看者的距离产生变化时，其大小似乎会膨胀或收缩。运动空间则随肌肉的生长而变化，因此"我们的肌肉有多少维度空间就有多少维度"。[4]马赫以类似的方式定义了视觉、听觉和触觉空间，这些空间随着感觉系统不同部分的敏感度和反应时间而变化。这些空间构成了几何空间"自然"发展的生理学基础。对称性能在身体上找到来源，笛卡尔几何的正、负坐标来自我们身体的左右两个方向。我们对表面的概念来自自身皮肤的体验。"皮肤的空间，"马赫写道，"是二维、有限、无界、封闭的黎曼空间的类比。"测量的基本单位的名称，如"英尺"和"步"，揭示了其解剖学起源，因此"空间的概念根植于我们的生理有机体"[5]。

134

存在着一种假设，那就是除了欧几里得所描述的空间之外，还有二维和三维空间，我们对空间的体验是主观的，只是我们独特生理功能的一种作用，这些想法令大众相当不安。V. I. 列宁（V. I. Lenin）应该是对这些想法最有名的批评者，他在 1908 年的《唯物主义与经验主义批评》（*Materialism and Empirio-Criticism*）中表示空间的扩散、"康德学派"关于空间是一种理解形式而非客观现实、马赫与庞加莱的哲学等都让他"受不了"。列宁在绝对的时空里四处奔走，捍卫客观的物质世界。他认为这才是马克思主义的基础，而数学与物理的发展已经威胁到了马克思主义。

列宁在关于"时空"一章的开头就陈述了唯物主义的立场：物质在时空中独立于人的思想运动，这是客观的现实。这与康德的观点相反，康德认为时间和空间不是客观存在的，而是理解的形式。他承认，人类对空间和时间的概念是"相对的"，但这种相对在朝着客观现实的"绝对真理"迈进。马赫关于空间和时间是"一系列感觉的系统"这一观点是

"显而易见的理想主义胡言乱语"。马赫推测,物理学家能在非三维空间中为电子找到一个解释,但这一想法被列宁斥为"荒谬"。列宁重申了他的正统立场:"科学并不质疑它正在调查的物质存在于三维空间内。"他摒弃了庞加莱关于时间和空间相对论的著名预言,然后批评了"唯物主义谨慎的敌人"卡尔·皮尔森(Karl Pearson),皮尔森曾写道,时间和空间是"我们感知事物的模式"。列宁坚持认为那种否定时间和空间客观实在的思想是"腐朽的""虚伪的"。⁶

列宁之所以参与这场论战,是因为他认为,布尔什维克党的声望和政治效果正处于危险之中。当时,《时代》周刊(*Die Neue Zeit*,1907)上刊登了一篇关于信奉马赫主义哲学、危害正统马克思主义的布尔什维克的文章,列宁决定公开抨击以界定布尔什维克的立场,并表明马赫主义只是党内某些人的一种失常行为,只是怀疑唯物现实的一般疾病的表现之一,它可以感染整个现代社会,也会在任何政党中爆发。⁷列宁在总结段落中提到了卓越的布尔什维克哲学家 A. 波格丹诺夫(A. Bogdanov),他曾为《经验一元论》(*Empirio-monism*,1904—1906)中所有类别的经历中的社会相对性进行辩护。波格丹诺夫曾写道,时间和空间一样,是"不同人经历的一种社会协调形式"。这种相对论唯心主义破坏了唯物主义,破坏了这样一种信念,即所有文化事件都是在一个而且只有一个真实的时空框架中发生的。针对波格丹诺夫的说法,列宁提出,"各种形式的空间和时间调整自身以适应人类的经验和感知能力"。⁸空间多重性的指涉挑战了单个空间的普遍性,而认为这些不同形式的空间和时间"适应"人类经验的观点,则让保达诺夫与马赫和庞加莱的遗传认识论达成了一致。

当列宁与波格丹诺夫的社会相对主义做斗争时,爱因斯坦正在发展重要得多的相对论。物理学家们试图把迈克逊·莫雷(Michelson Morley)实验的消极发现融入经典物理学体系的这一行为就如同松鼠试图把坚果埋入瓷砖地板里一样毫无成效。洛伦兹假设,光束在"以太流"的方向中传播时,其时间会发生膨胀,而这刚好能使实验与绝对时间一致。乔治·菲茨杰拉德(George Fitzgerald)也提出了类似的妥协方案以保留绝对空间。他推测，仪器臂在实验中会向以太电流的方向收缩，其收缩的程度足以补偿光传播时所需的更多时间。爱因斯坦放弃了菲茨杰拉德的对立论和洛伦兹的膨胀理论，转而提出了相对论。在 1905 年的特殊理论中，空间被重新定义为准透视畸变。这种收缩并不是因为仪器分子结构真的在变化，而是从移动的参考系观察而产生的一种扭曲。这种透视效果与普通的视角不同，因为它不是由光学引起的，而且无论运动中的物体离观测者有多远，都会发生这种现象。其中的关键因素在于物体和观察者的相对速度，而非它们之间的距离。根据爱因斯坦的解释，这个装置的实际长度或所占空间的概念不可能有绝对的意义。长度不存在于任何事物中，它只是作为测量的结果而存在，因此绝对空间不具有任何意义。爱因斯坦在 1916 年解释道："我们完全避开了'空间'这个模糊的词语，但我们也必须诚实地承认，我们无法形成一个最细微的概念，只能用'相对于一个实际刚性体参照物的运动'来代替它。"[9]随着广义相对论的出现，空间数量大量增加，其数量相当于宇宙中所有物质产生的所有引力场的运动参考系统。1920 年，爱因斯坦大胆地总结道："有无限的空间，它们在运动中相互尊重。"[10]幸运的是，列宁当时正忙着革命，对此无暇顾及。

当物理学家们试图接受抽象空间的异质性时，自然科学家开始研究生物体的结构与其空间方向之间的关系。1901 年，俄罗斯生理学家伊利·德·赛昂(Elie de Cyon)发表了一篇关于欧几里得几何学的"自然"基础的文章，这一研究结果是基于他 20 多年来在体验空间的生理起源方面所做的实验。[11]其假设是空间感源于耳朵的半规管。耳朵有两条半规管的动物会经历两个维度，而那些只有一条半规管的动物则只面向一个维度。人类有三维感觉是因为他们有三个位于垂直平面的半规管，三维欧几里得空间与这些半规管决定的生理空间相对应。从这些实验中，赛昂得出结论，即空间感不是固有的，康德认为它是思维的先天范畴的理论是错误的。只有半规管是固有的，我们的空间感来源于它们，并依赖于它们。这些大胆的主张，尤其是对康德的攻击，引发了大量的学术批评[12]，但赛昂没有气馁，而是继续扩展这一理论。1908 年，他提出时间感也依赖于半规管。[13]第二年，他的研究成果被收录进雅各布·冯·魏克斯库尔（Jacob von Uexküll）的一本经典理论生物学著作《动物的外部世界和内部世界》（*Umwelt und Innenwelt der Tiere*）。

魏克斯库尔认为自然、地球、天堂以及太空中的物体都是理所当然的，他让生物学家们将这些都抛到一边，只关注特殊生物体才能体验到的环境中的那些部分。虽然所有生物都生活在同一个环境中，但它们周围的世界各不相同。每个物种都以各自的方式对外部世界做出反应，而这种反应形成了它独特的内在世界。较低等的动物对刺激做出直接反应，只有拥有视觉器官的较高等的动物才会发展出合适的空间感。他们对周围的认识不但基于直接接触，而且还能反映出环境中的物体和空间关系。这种镜像世界或反世界与每种神经与肌肉系统都不相同。如此这般，内部世界、周围世界和反世界与每种动物的"修建计划"都不相同，形成了不同的空间感。

魏克斯库尔对赛昂的理论进行了修正，并将其扩充到整个动物王国，并得出了一个结论：无论动物的空间感多么原始，都因其独特的生理结构而不同。每种动物都有独特的维度，甚至单细胞动物也有空间感。阿米巴虫的空间是有限的，但他对其进行了细致的重构，并将其描述为"最生动的艺术作品"。他对动物的需求和结构模式所产生的创造力相当欣赏，这使他对达尔文的自然选择理论提出了批评。"人们通常认为自然界迫使动物适应环境，这种说法并不正确。相反，动物是根据自己的特殊需要形成本性的。"[14]他推测在众多的世界和生活空间中，可能还有我们看不到的更高维度的世界，就像阿米巴变形虫看不到人类天空中的星星一样。

这种认为在进化阶段上有独特空间导向的完整世界的说法是对人类中心主义的挑战。一直以来，冒险家和学者们都在地球上航行且挖

137

掘地壳,想要找到别的社会,但他们总是以现代西方世界的统一空间对
其进行重构,从来不曾设想在不同社会中,空间自身也会像亲属关系模
式和青春期仪式一样互不相同。涂尔干对于空间的社会相对性和异质
性的论证是他对经验的基本范畴的社会起源的一般理论的一部分。[15]
在《原始分类》(*Primitive Classification*)一书中,他对詹姆斯·弗雷泽
爵士(Sir James Frazer)提出的社会关系是建立在人类理解中固有的逻
辑关系基础上的理论提出了挑战。他认为逻辑范畴源于社会范畴,而
空间就是社会范畴之一。为了说明这一点,他描述了祖尼族印第安人,
他们将空间划分为七个领域——北、南、东、西、最高点、最低点和中
心——这些领域的划分来自社会经验,包含了世间万物。风和空气属
于北,水和春天属于西,火和夏天属于南,土和霜属于东。不同的鸟类
和植物以及生命的能量都属于特定的领域。北方曾是鹈鹕、鹤、常青
树、武力和破坏的领域。他的结论是,他们的空间"只不过是部落的地
盘,只是无限延伸,超出了真正的界限"。[16]空间从两种意义上来说是混
杂的:它会随着社会的改变而改变,而在像祖尼人这样的社会中,空间
在不同的领域中具有不同的性质。

　　在《宗教生活基本形式》(*The Elementary Forms of the Religious
Life*)中,涂尔干详述了空间的异质性,这也再次被作为思想分类的社
会起源的一般理论的一部分。他认为,如果空间是一样的,那它就无法
与感官经验以及各种各样的数据相协调。要在空间里对事物进行确认
就必须能够将它们放在不同位置——上面和下面,左边和右边——因
此在每一个社会中,空间都是异质性的。一个社会中的每个成员都分
享着对于这些特别空间的共同感觉,因此这些共同感觉一定有一个社
会起源;有证据表明这些空间分类在结构上类似于社会形式:"在大洋
洲与北美的一些社会中,空间是以巨大的圆的形式来认识的,因为营地
是圆形的形式;这些空间的圆正是像部落的圆那样划分的,形象也类
似。部落中有多少个部族就有多少个区域,占据这块地方的营地里的
部族决定着这些区域的方向。"[17]涂尔干相信在地球表面有多个这样的

空间,它们就如东方的地毯一样,具有全然不同的纹理。[18]在德国,另一位社会学家发现了埋藏在时间里的多重空间。

斯宾格勒认为不同的文化有各自独特的空间感(和时间感),它们会表现为象征意义,拥抱生活的方方面面。这种空间感或其延伸是文化的"基本象征",是政治制度、宗教神话、道德理想、科学原则、绘画、音乐、雕塑所固有的。但它从未被直接概念化,而且要掌握它独特的扩展概念就必须阐释一种文化的多个方面。现代"浮士德"时代无限延伸的空间,不过是众多伟大历史文化上演的空间之一。

埃及人认为空间是一条狭窄的道路,沿着这条路,个体灵魂会在祖先的审判之前到达终点。他们最独特的建筑不是建筑物,而是由砖石围成小径。浮雕和绘画是成排完成的,并把观看者引向一个明确的方向。在中国文化中,空间也是一个穿越世界的路径;但个体是被自然引向了祖先的坟墓,由"狡猾的方式穿过门,走过桥梁,围绕山丘和墙壁",这与埃及人由成排的石头导引的方式不同。希腊的空间被一种接近和限制的感觉所支配。世界是一个宇宙,是一个由近处和完全可见的物体形成的井然有序的集合体,被有形的天穹覆盖。其政府显然是一个受限制的城邦;其庙宇是围绕中心形成的有限结构,被柱廊包围。古典艺术中的人物形象是"封闭的",表面有明显的界线,身体的优势使眼睛从遥远的地方转移到"近而静止的地方"。它的雕像,就像它的建筑物一样,被清楚地划定了界限,没有任何无限或无界的暗示。它产生了一种规则而封闭的几何体,是天地的理想形态。[19]

斯宾格勒对现代空间的描述以一种与他的论点所具有的丰富展开——现代浮士德灵魂的主要象征是无限的空间。浮士德永不停息的奋斗、高耸入云的哥特式教堂、几何空间的扩散,都反映了这种无限的感觉。瓦格纳的《崔斯坦》(*Tristan*)这样的现代音乐,把灵魂从物质的沉重中解放出来,让它自由地走向无限。他的总结里有着现代对空间无限感的有力证据:"我们现在所拥有的哥白尼世界图景在恒星空间方面的扩展;哥伦布的发现发展成为西方对于地球表面世界性的控制;油画与悲情场景的透视；对极地地区的探索；对几乎不可挑战的群峰的攀登。"[20]

几何空间和物理空间的扩散对数学和物理产生了很大的影响，但一般不影响其他领域的思维。对于阿米巴虫、祖尼人和古埃及人空间体验的探索，对一些自然科学家和社会科学家来说很重要，但在这些学科之外几乎没有激起任何反应。然而，绘画中视角多元化所产生的影响远远超出了艺术的范畴。它创造了一种在太空中观察和呈现物体的新方式，并对同质性的传统观念提出了挑战。

绘画中的描绘的空间反映了文化的价值及其重要的概念分类。在中世纪，人和物在天地中的重要性决定了他们在空间中的大小和位置。随着透视法的引入，人们根据物体的实际大小对其进行比例渲染，并将之放置在空间中，重现可见世界的关系。[21] 1435 年，佛罗伦萨画家莱昂·巴蒂斯塔·阿尔贝蒂（Leon Battista Alberti）制定了透视法的规则，这一规则统治了绘画 450 年。他意在帮助画家们创造一个统一的绘画空间，在这个空间里，上帝的秩序、自然的和谐和人类的美德都是可见的。塞缪尔·埃杰顿（Samuel Edgerton）曾说透视法的形成可以被看成当时整个佛罗伦萨世界的"视觉隐喻"：政治上，它处于美第奇寡头政治的权威之下；银行业和商业依赖于数学条理，采用复式记账法，理性不断增强；托斯卡纳山岩壁有排列整齐的橄榄树和平行的葡萄树，全部由土地集中管理控制着；在文化的各个领域人们都很重视得体和整齐，并期望以此来规范礼仪和衣着。[22] 尽管偶尔会出现一些变化或故意违反透视法则的情况，但在 20 世纪之前，透视法一直支配着艺术空间的呈现。后来，在印象派画家的影响下，塞尚和立体派画家打破了透视世界，仿佛地震袭击了文艺复兴街景中精确的网状人行道。

当印象派画家离开画室，到外面去画画时，他们发现了一些新的视角和色调，以及光线。他们打破了阿尔贝蒂的规则，即画布应该被准确地放置在离地面一米远的地方直接对准绘画对象，他们将画布以奇怪

的角度上下放置，以创造新的构图。他们在场景中进进出出，框架不再
是传统意义上的一个立方空间的舞台。多比格尼在船屋上作画，把他
们对固定视角的排斥发挥到了极致。有了这些新的观点，印象派画家
抛弃了空间的透视画法概念。[23]

　　尽管印象派空间的范围和角度各不相同，但从一个角度看，它本质
上是一个空间。塞尚(Cézanne)是第一个通过对一个物体的多重视角
在单一画布中引入真正异质空间的人。在《静物》(*Still Life*，1883—
1887)中，他从两个不同角度重新构建了一个大花瓶，其椭圆的瓶口比
从科学角度观察到的更圆，瓶颈的圆洞则比它旁边同一平面上的花瓶
更加圆满。在《一篮苹果的静物》(*Still Life with a Basket of Apples*，
1890—1894)中，从不同的视角可以看到桌子的各个角落，它们被嫁接
在一起，以与其他形状形成平衡。他创作的《古斯塔夫·吉奥夫罗伊肖
像》(*Portrait of Gustave Geoffroy*，1895)结合了对坐着的主体的正面观
察和对他面前桌子的鸟瞰图。在这张桌子上，摊开的书几乎没有透视取
景。这种光学上不可能的视角点的混合使塞尚能够表现出他对这个人
和作品的全部要求，同时又符合构图的要求。塞尚被圣维克多山的形状
迷住了，将其描绘了几百遍。通过对风景的不同部分使用不同的视角，
他逐渐将之从遥远的背景拉向前景，直到在后来的画作中，它显得巨大，
成为他毕生对形式和空间着迷的象征。他的风景画为现代艺术开辟了
道路，他挖出采石场、清除树木，使普罗旺斯艾克斯的地形符合他的艺术
需求。

　　塞尚主要致力于在画布的平面上构建形式；对于体积和深度的精
确描绘则是次要的。[24]虽然大多数画家都试图创造一种三维空间的幻
觉，塞尚却强调了画面表面的平坦性，并经常为了遵从这一原则而违反
透视法。他从未完全摒弃展现深度的技巧，但在必要时也会妥协。因
此，他打破了线性透视与多角度透视的一致性，在风景画中，他违反了
空间透视法，将远处的物体画成与前景一样明亮甚至更加明亮的样子。
当重叠干扰整体设计时，他还会偶尔去掉一块陶片。他力图使三维空

142　　间的体量特性与二维平面的画质相协调，他的绘画作品因张力而颤动。他还想把观点和概念融合在一起——我们从单一角度看待事物的方式，以及我们从多个不同角度的组合中认识事物的方式。经验告诉我们，花瓶的开口处是圆形的，但从侧面看，我们却看到它是椭圆形的。塞尚用多种视角将这两种观点在视觉上结合起来。

　　只有对于具有敏锐空间感的人来说，这些大胆的创新才具有可能性。在一封于 1906 年 9 月 8 日写给他儿子的信中，塞尚显示了自己对于视角轻微移动效果的独特敏感性："在这条河的边缘，主题是充足的，从不同角度看到的同一个物体为最有兴趣的学习提供了题目，这些主题互不相同，我想我可以不用变换地点，只需向左或向右调整位置，这样就能研究上好几个月。"[25] 几个月来，塞尚一直被大多数画家没有注意到的形式和视角上的细微差异所吸引。正如梅洛-庞蒂（Merleau-Ponty）认为的那样，他与他们斗争，直到创造了"一种新秩序的印象，一种在我们眼前自我组织起来的显现艺术的目标"。[26] 他"意识到"空间中物体的形成，眼睛在视野中快速移动，在物体周围盘旋，直到它们在空间中被识别，并融入我们的经验世界。对塞尚来说，空间里的物体是由肉眼创造出来的众多物体，它们随着视角最细微的变化而发生戏剧性的变化。

　　历史重建的最大谬误之一是把事件定性为过渡性的。塞尚的作品是艺术史上得到最充分认识的作品之一，把它看作向现代艺术的过渡，这是非常错误的。然而，他在空间处理方面的重要创新——减少图像的深度和使用多重视角——在 20 世纪早期被立体派进一步发扬，因此被认为是过渡性的。立体派反复表达他们对塞尚的感激之情，并利用他的技术创造出更为激进的空间处理方法。他们对多视角的运用也表现出与电影的强烈相似性，打破了视觉空间的同质性。

　　和现代艺术一样，电影也提供了一些新的、多样的空间可能性。剧场观众的视角来自单一的角度、不变的距离，所处的空间从头到尾都是静止而统一的，看到的动作处于同一个框架中。但是电影可以通过很

143　　多方式操纵空间。可以通过移动摄像机或更改镜头角度来改变画面。

视角或动作之间的距离可以随着摄像机的不同位置移动,视场中的空间可以随着平移器不断移动。通过编辑,这些摄像机技术产生的空间的多样性得到了增强,这使得在不同视角之间快速切换成为可能,并进一步打破了空间一致性。[27]电影还向观众们展示了世界各地那些他们很少有机会能去的地方。1898 年,维也纳的一位医生拍摄了一段在手术中呈现的博动的心脏。照相机还通过新的 X 射线对人体内部进行拍摄。1913 年一篇名为《电影的扩张领域》("The Widening Field of the Moving-Picture")的文章中描述了康奈尔医学院的一位放射科医生的"X 射线摄影技术",他利用一系列的 X 光片把碳酸铋和酪乳的混合物通过肠道的情况拍成了电影。[28]

立体派的两位先驱,毕加索和布拉克(Braque),结合了塞尚和电影的创新,带来了 15 世纪以来最重要的处理绘画空间的革命。他们放弃了线性透视的同质空间,从多个角度以 X 射线般的室内视角在多重空间中作画。毕加索的第一部立体派作品《亚威农少女》(Les Demoiselles d'Avignon, 1907)在画面上展示了两个鼻子有着鲜明轮廓的正面造型人物,坐着的人物背对着观众,头却是面朝观众的。德劳内的立体派画作《埃菲尔铁塔》(Eiffel Tower, 1910—1911,图 5)显示了其在巴黎生活中的无处不在的存在感。城市不同地区的房屋就像圣诞树下的礼物一样,聚集在铁塔的底部和周围。人们能从四面八方的窗户看到它,甚至从窗户里面也能看到。铁塔下面的部分是从一个角落显现的,后面的铁架从一旁伸了出来以表明结构的通风性,以及从所有方位都能看到它这一事实。塔的一部分已经被移走,上面部分向底部塌陷以显示其高度。这座塔是一个特别好的主题,因为人们真的可以从任何地方看到它,而且它还象征着立体主义的目标,即从多个角度重新排列物体。

144

图 5　罗伯特・德劳内，《埃菲尔铁塔》，1910—1911 年。

对多重视角的一种解释是，它使立体派超越了传统艺术的时间限制。1910 年，评论家罗杰・阿拉德（Roger Allard）将让・梅青格尔的立体派绘画描述为"位于时间的合成元素"。[29] 第二年，梅青格尔解释说，立体主义已经"把使得画家保持固定距离一动不动地站在物体前面的偏见连根拔起……他们允许自己在物体周围移动，以便在智慧的掌控下对物体进行由几个连续方面形成的具体呈现。从前，一幅画只占据空间，现在它还要占据时间"。[30] 1913 年，阿波利奈尔评论说，立体派一直追随科学家，超越了第三维度，"相当自然地被引导得……专注于空间测量的新的可能性，用现代研究的语言来说，这一可能性被称为：第四维度"。[31] 当时法国人对四维空间有一种普遍的兴趣，这可能激发了立体派的灵感。[32]

　　除了呈现多视角外,立体派还对传统的深度概念进行了修正。以前的艺术家认为绘画是对于物体在三维空间中的表现,但现代艺术家拒绝艺术应该表现什么东西的这种概念。相反,它必须是它的本来面目——在平面上形式的组合。1900 年,艺术评论家莫里斯·丹尼斯(Maurice Denis)宣称现代艺术的基本特征是:"一张画在成为一匹战马、一个女人或一桩轶事之前,本质上是一个平面,上面覆盖着按一定顺序组合的颜色。"[33]这种整平一部分是立体主义者们通过多视角达成的,但他们同时也采用了多光源、空中视角的减少、离散形式的分解和一致重叠的方式。所有这些技巧都显示在了布拉克的《有小提琴与水罐的静物》(*Still Life with Violin and Pitcher*,1910,图 6)中。小提琴

146

图 6　乔治·布拉克,《有小提琴与水罐的静物》,1910 年。

被分解并从几个角度显示。颜色仅限于白色、黑色和棕色,画面没有空间透视。疯狂的重叠暗示了形式和深度,不可能准确地确定是什么形式、在什么深度。光源是模糊的,并在不同的方向投射阴影,但顶部的折叠纸在左边投射出一个清晰的阴影,而虚幻的钉子则在右边投射出一个阴影。这种矛盾进一步打断了人们对深度的一贯理解。墙上模型二维和三维的空间性则具有另一种矛盾性,它在一个角落清晰地表明了深度,在其他地方却变成了更平面的组合。和塞尚一样,立体派只是减少了深度,并未将之彻底抛弃,这就在他们灵感所在的三维世界与其艺术所在的绘画的二维世界之间造成了张力。错视画派的钉子是这种创造性张力的象征,它是绘画中最明确的三维物体,被一种可识别的光源清晰地表现了出来。但它也与深度的错觉相矛盾,因为它宣称这幅画是平的,可以像一张纸一样被钉在墙上,这就像三维绘画中心的赌注一样。

147

　　1912 年格利希斯(Gleizes)和梅青格尔的一篇论文的主题是立体派打破传统艺术的空间。他们认为透视的融合技术只记录视觉空间,要建立图像空间,艺术家必须像观众一样用所有的感官对世界做出反应。"是我们的整个人格,无论是收缩还是扩张,改变了画面的平面。当它做出反应时,这个平面通过观众对画作的理解反映了他们的个性,从而定义了图像空间——两个主观空间之间的通道。"现代艺术不再满足于对科学透视规则的臣服。"尽管人们对于尺度一丝不苟,但他们不再用宽度、厚度、高度或这些维度之间的关系来衡量河流、树叶、河岸的价值。他们从自然空间中分离出来,进入了另一种不同的空间,这种空间无法吸收所观察到的比例。"这种不同类型的空间绝不能再与"纯粹的视觉空间或欧几里得空间"混为一谈。它是所有官能和情感的空间,如果要把它与任何几何联系起来,它将是一种非欧几里得几何学,如黎曼几何。[34]

　　在许多人看来,艺术中视角的扩散和同质三维空间的解体,是现代多元化和混乱的视觉表现。早在 1923 年,毕加索就试图通过那种强迫的并置来为自己的成就辩护："数学、三角学、化学、精神分析、音乐什么的，一直被人们与立体主义联系起来，以给它一个更简单的解释。所有这些即使不是胡言乱语，也都是纯文学。它们只是成功地用理论蒙蔽了人们的眼睛。"[35]这个提醒相当重要，因为立体主义是来自艺术内部的压力和挑战。尽管如此，立体派还是和其他事物的发展相互影响。连续摄影术和电影无疑对立体派渲染空间的方式产生了一定的影响，尽管这种影响是间接的。它们旨在将一个物体在时间上的发展表现为连续的点的构建。X射线一定与立体主义对固体内部的描绘有关。尽管毕加索发出了警告，批评家们仍然将立体主义和其他一些文化发展进行比较。弗里茨·诺沃特尼（Fritz Novotny）认为，立体主义中"物体与现实的疏离"是一种文化的症状，这种文化肯定了被虚无主义困扰的地点的虚幻。[36]齐格弗里德·吉迪恩（Siegfried Giedion）把立体主义与道德和哲学问题的多边性联系了起来。[37]皮埃尔·弗朗卡斯泰尔（Pierre Francastel）认为立体主义反映了现代支离破碎的空间。[38]马克斯·科兹洛夫（Max Kozloff）看到了立体主义与松弛的语法规则之间的联系，就像在乔伊斯的写作中一样，词与词连在一起。[39]威利·西弗（Wylie Sypher）则强调了它与新的电影不断变化的角度的相似性，并把它作为现代"没有对象的世界"的隐喻。[40]

画家和小说家在再现体验的维度上面临着截然不同的挑战。画家被限制在一个瞬间，在及时进入视野时利用多个角度来描绘物体。作者受限于一系列的单一情景，使用多个视角来描述空间中物体的不同景象。普鲁斯特和乔伊斯以多种方式运用了这种技巧。

马塞尔坐在马车里，看到马丁维尔教堂的两座尖塔时很受感动。当他沿着一条蜿蜒的道路靠近教堂时，两座尖塔不断地变换着位置。他对移动的尖塔的描述就是对立体派绘画的文学类比。[41]他描述了从疾驰的火车窗外看到的连续不断的日出景象，这与绘画产生了直接联系："我正在感叹遗失的粉色天空，却又再次看到它，但这次它是红色的，就出现在对面的那扇窗户，但很快它又转换轨道离开了。因此我不

148

得不跑来跑去，从这扇窗到那扇窗，以便在一张画布上汇集这变化多端
的美丽深红色早晨的断续而又截然相反的碎片，以此获得它的全景和
连续图像。"[42]除了在相对较短的时间内观察到对象的多种多样之外，
普鲁斯特的作品中还有另一种空间的扩散，这种扩散是在一段很长的
时间内通过对重要事件情景的情感反应形成的。多年以后，马塞尔回
到布洛涅森林，想要重新找回童年的快乐。但一切都变了。汽车取代
了马车；女人们戴着的帽子也不一样了。他意识到，空间本身就像其中
的物体一样具有可塑性："我们的世界现在只属于大家为了方便而将它
们绘制在地图上的那个小小的空间。没有任何一个地方曾是薄薄一片
的被夹在组成我们那时的生活的连续印象之中；对于某种形式的回忆
不过是源于对某个时刻的遗憾；房屋、道路、大街，啊，它们都如时间一
样无常。"[43]空间受制于不断变化的观点、思想和感情，还忍受着时间中
事物的不断变化。

我们已经在对于同时性的讨论中观察到乔伊斯是如何重构事件
的，比如在《漫游的石头》（"Wandering Rocks"）那一章，他利用多视角
对事物进行了更加全面的展现。他还设想了多维度共存宇宙的多样
性。布鲁姆对他宇宙的大小进行了思考，把它看作无穷无尽一个套一
个的数字中的一个，就像一套中国匣子一样。他想到了57兆英里外的
天狼星，它的大小是地球的900倍，又想到了猎户座星云，在其中能放
得下100个太阳系。然后他对周围无限小的宇宙进行了思考，"数不清
的数以万亿、十亿、百万计的难以察觉的分子包含、凝聚在针尖大的地
方的分子中"。在对主人公的最后一段描写中，乔伊斯嘲笑了给出一个
精确的、单一的行动地点的传统。布鲁姆和莫莉躺在床上，告诉她自己
今天过得怎么样："听者东南偏东；述者西北偏西；北纬五十三度，西经
六度；与地球赤道成四十五度角。"[44]在这里，两人头对着脚躺着的相对
位置是由这种不协调的航海术语来确定的，这讽刺性地使人想到要精
确了解人体在空间中的位置是不可能的。我们知道人体在地球上的位
置，但地球又在哪里呢？而且乔伊斯暗示，即使我们知道地球在哪，那

149

也不会揭示关于地点的关键信息。奥德修斯的《地中海》、布鲁姆的《都柏林》以及他在埃克尔斯街 7 号的床，都不是故事的主要背景，因为真实的情节发生在多个空间里，在一种意识中，这种意识在宇宙中跳跃，并到处混合，无视制图师有序的绘制。埃德蒙·威尔逊（Edmund Wilson）将这些视角的转变解读为欧洲整体文化运动的一部分。"乔伊斯的确是人类意识新阶段的伟大诗人。就像普鲁斯特、怀特黑德或爱因斯坦的世界一样，乔伊斯的世界也在不断变化，因为不同的观察者和他们在不同的时间所感知到的世界是不同的。"[45] 因此，这一时期最具创新精神的两位小说家将现代文学的舞台从一系列固定的、同一空间的设置，转变为大量质量不同的空间，这些空间随着人类意识的情绪和视角的变化而变化。

在几何学、物理学、生物学和社会学中，艺术和文学对认为只有一个空间的传统观念发起了攻击，这种传统观念认为世间有且只有一个空间，单一视角足以理解任何事物。有时，历史记录是慷慨的，并为文化变迁提供了丰富的证据。在这一时期，它还用"透视主义"哲学为这一变化提供了一种解释。 150

尼采离开大学后开始批判学术思维的狭隘——一种否认通过感官获得的知识的有效性的柏拉图主义，一种无视知识固有主体性的实证主义。他写道，学者们"为灵魂编织袜子"。[46] 他在学院外清新的空气中苏醒了，就像印象派画家在户外写生中发现了一个新的色彩世界一样，他也发现了可用于写作的新的哲学主题和一种新的诗意语言。与实证主义者对客观事实真实性的信奉相反，他坚持认为除了观点和解释之外根本不存在客观事实这样的东西。他敦促哲学家们"在服务于知识的过程中运用各种视角和表达情感的解释"。这种哲学被称为"视角主义"，他于 1887 年宣布了这种方法。

> 亲爱的哲学家们，从今往后，让我们警惕那些危险的旧概念小说，它们提出了一个"纯粹的、没有意志、没有痛苦、永恒的认知主体"；让我们警惕诸如"纯粹理性""绝对精神""知识

本身"这样的矛盾概念：这些概念总是要我们去想象那种不可想象的眼睛，不看向任何具体方向的眼睛，在这样的眼睛里缺乏积极解释的力量，通过它，看就是看某种东西；这些概念总是需要眼睛具有一种荒谬和一种胡言乱语。只有一种视角的看，只有一种视角的"知"；在谈论一件事时，我们允许的情绪反应越大，用于观察的眼睛越多，越不同，对于此事的"概念"以及我们的客观性就会越全面。而如果完全消除意志，暂停所有影响，我们做得到的话——那除了阉割智力还能是什么呢？[47]

在观察世界时，我们要从望远镜的正确的那一边看，也要从错误的那一边看，从内到外，从后面看，用明亮和昏暗的光线看。在这种哲学中，空间随着视角扩散。

151

在 20 世纪，西班牙哲学家奥尔特加·伊·加塞特将透视主义正规化了。理性主义者认为真理有且只有一个，可以通过剔除从主观角度看待事物时产生的错误得以掌握。奥尔特加反对这种方法且于1910 年形成了自己的透视主义理论："这所谓不变和独特的现实……是不存在的：有多少种视角，就有多少个现实。"[48] 1914 年，他将视角变成了现实的材料："上帝是有视角和等级的；撒旦的罪孽是因视角而造成的错误。"如今视角是通过其观点的倍增而完善的。[49]理性主义者的立场是主张空间的同质性，奥尔特加反驳说，现实中有多少空间就有多少观点。在 1916 年出版的第一期《观察报》的一份宣言中，他重申了个人观点的正确性。现实是有视角的。他认为，战争本身是由各国的狭隘思想导致的，这种狭隘使他们看不到其行为更广阔的背景。人们必须反对这种"排外主义"，树立一种支持多种视角的开阔视野。[50]

在一次关于爱因斯坦的历史意义的演讲中，奥尔特加把透视主义和广义相对论联系起来，提出两篇论文都在 1916 年发表的这一巧合是这个时代的标志。这两个学说标志着旧观念的崩溃，这种观念认为在一个单一、绝对的空间里有一个唯一的现实。"没有绝对的空间,因为没有绝对的视角。要具有绝对性,空间就不能是真实的,不能是一个充满各种现象的空间,而要成为一种抽象。爱因斯坦的理论是所有可能视角和谐多样性的绝妙证明。如果把这一思想扩展到道德和美学中,我们就将以一种新的方式来体验历史和生活。"[51] 他还提出了道德和政治方面的后果。欧洲的和平之所以破裂,是因为每个国家都抱着狭隘的观点。英国人有"白人的负担",法国人有"文明的使命",德国人有"德国文化",这些不过是对同一景观的不同观点,但每个国家都认为只有自己的看法才是正确的。

奥尔特加曾经这样描述视角主义在立体主义上的应用:"真理、真实、宇宙、生活分裂成了数不清的切面和制高点,每一个切面和制高点都向个人展现出一种景象。"[52] 他的哲学本身反映了许多其他的东西。他受到黎曼、罗巴切夫斯基、马赫、爱因斯坦、尤克斯卡尔、普鲁斯特和乔伊斯的影响,或者与他们有相似之处,并与他们一样,奥尔特加对将单一空间或视角视为神圣的传统观念感到不安。他对深深植根于西方文化中的一种傲慢提出了挑战,那是一种自我中心主义,认为无论是数学家、哲学家还是自然主义者的观点,都只有一种是正确的。具体经验的多样性与知识的进步、文化的发展一样都应该为人所知。只有将现实本土化的观察者才能理解这个世界,他们将现实放入"那个在人群、物种、一代又一代、人与人之间流动的生活洪流之中,逐渐掌握了越来越多的宇宙现实"。[53] 有一种危险,那就是那种透视主义哲学有可能会变为一种混乱无序的多元论,成为不具有任何观点的一种借口,但在这一时期,它纠正了长期主导西方文化的认识论和审美的自我中心主义。

涂尔干的空间社会相对性理论赋予了西方世界以外的社会以分量,甚至斯宾格勒也能够欣赏基于不同空间意识的广泛文化成就。奥尔特加的透视主义哲学在其社会和政治含义上明显站在反对一元论和君主制的多元主义和民主一边。它意味着,许多人的声音,无论多么未经训练或混乱,都是对一个阶级、一种文化或一个人的判断的理想检

验。甚至连蔑视民主、反对群众均化效应的尼采也明白，超人必须通过
与群众的不断斗争与对话，从而实现超越。查拉图斯特拉一再转向群
众，尽管他总是被误解，不断受到与群众接触的威胁。尽管这些代表空
间异质性的各种论点并不总是符合社会平等与社会特权、民主与君主
政体的社会和政治术语，但它们构成了这一时期总体文化重新定位的
一部分，而这一时期本质上是多元化和民主的。

∞

人们对空间本质提出的第二个主要问题是它的组成。

那种认为空间是一种存在着物体的惰性空间的传统看法已让位于
一种新的观点，即空间是活跃而充满活力的。大量的发现和发明、建筑
和城市规划、绘画和雕塑、小说和戏剧、哲学和心理学理论都证明了空
间的组成功能。我将把这个新概念称为"正负空间"。艺术批评家把绘
画的主体描述为正空间，把背景描述为负空间。"正负空间"意味着背
景本身是一个正面因素，与其他所有因素同等重要。这个术语有些不
实用，但它是准确的，表明了这一时期发展的历史意义，因为它意味着，
过去被认为是消极的东西，现在却具有一种积极的、构建的功能。

这一重估的一个普遍影响是平衡了人们之前在空间体验中所认为
的主要和次要之间的区别。它可以被看作物理中物质的充盈与空间的
空虚、绘画中的主体与背景、感知中的数字与范围、宗教的神圣与世俗
空间之间的绝对差别的瓦解。尽管这些变化的性质各不相同，但它们
之间惊人的主题相似性表明，它们加在一起就构成了生命和思想形而
上学基础的转变。

自德谟克利特时代起，科学家们就相信世界的物质是由固体组成
的。1897 年，J. J. 汤姆森(J. J. Thomson)宣布，他发现了一些更基本的
构成元素的"核心"，并建立了一个原子模型，上面有围绕原子核旋转的

微粒(最终被称为电子)。[54] 因此,汤姆森原子在很大程度上是空的空间,它消除了物质空间和真空空间之间的经典区别。到 1914 年,一本关于原子的书解释说,物质具有一种"海绵状"的一致性,而且"极其缺乏连贯性"[55]。

　　1876 年,黎曼的英文翻译者威廉·克利福德(William Clifford)提出了一种理论,认为物质及其运动是空间曲率变化的表现。他推测,曲率在空间的位置类似于平面上的"小山丘";"被弯曲或扭曲的物体被不断地以波浪的形式从空间的一部分传到另一部分";"这种空间曲率的变化就是我们所说的物质运动现象中真正发生的事情"。[56] 1898 年,美国哲学家希拉姆·M. 斯坦利(Hiram M. Stanley)在物理学家中发现了一种趋势,他们把所有的东西都看成是不同的能量状态。对他们来说,空间不是一种认识论形式,而是在可能将其取代的对抗力量中挣扎以求生存的产物。斯坦利的结论是,空间"并未充满事物,而事物却是具有空间性的"。[57] 这种形容强调其主动和组成功能,但 19 世纪的大多数物理学家不能设想将物理功能归因于空间,所以他们设想了一种叫作以太的介质,它会渗透到空间中,传播无线电波和 X 射线等电磁现象。一本关于无线的书认为,"自然界中没有绝对坚实的东西",媒介可以穿透一切。[58] 威尔斯的时间旅行者通过穿越物质之间的空隙,成功地避免了与那些占据他的机器运行位置的固体物发生碰撞。另一位科幻作家设想了一种"Y 射线",它可以增加物质之间的空间,让一个实体穿过另一个实体。[59] 因此,空间构成了物质的很大一部分,而介质被认为在能量的传递中起着至关重要的作用。

　　在爱因斯坦场论的影响下,物理空间变得非常生动。1873 年,克拉克·麦克斯韦尔假设电和光以波的形式穿过那些像磁铁周围的磁场一样的场。15 年后,海因里希·赫兹(Heinrich Hertz)发明了通过真空传播电磁波的仪器,但他和麦克斯韦尔一样,无法想象电磁波如何在真空中振荡,因此仍然坚持以太理论。即使在迈克尔逊-莫雷实验未能探测出以太之后,物理学家们仍在继续调整理论以适应波在可称量物

154

质中传播的力学模型。爱因斯坦却大胆地放弃了这个模型。他的特殊理论推翻了一种观点，即"电磁场被视为物质载体的一种状态。场因此成为物理描述中不可还原的元素，不可约的意义和牛顿理论中物质的概念是一样的"。在牛顿力学中，光的粒子在真空和静止的空间中运动。在爱因斯坦的力学中，所有的东西都同时在整个场中运动，空间充满活力，具有"参与物理事件"[60]的力量。根据新的物理学，宇宙充满了各种状态的能量场，空间可以被认为是像台球一样的实心，或者像闪电一样活跃。

155 　　建筑史出于各种政治、社会、宗教或纯粹审美原因而塑造空间的历史。希腊庙宇和剧院、罗马大教堂和浴场、拜占庭教堂、罗马式和哥特式大教堂、文艺复兴时期和巴洛克时期的宫殿，每一种风格都有其独具时代特点的空间感，都是由受到各自艺术传统熏陶的建筑师自觉地创造出来的。[61]然而，在世纪之交，建筑师开始修改他们关于建筑空间的构思方式。以前他们倾向于认为空间是地板、天花板和墙壁等积极元素之间的消极元素，在此期间，他们却开始将空间本身作为一个积极的元素看待，他们开始按照"空间"组合来思考，而不是用不同形状的"房间"组合。尽管这一变化本质上是对建筑设计本质的重新思考，但它是由三项发明推动的，这三项发明将建筑师从诸如照明、承重等结构需求中解放出来，使他们能够自由地塑造室内空间。

　　即使在电灯问世之前，人工照明设备的使用就已经有了巨大的增长：1855 年至 1895 年，费城一个普通家庭照明设备的使用量增加了 20倍。[62]但这主要是由燃烧石油或汽油造成的，对建筑形成了很大限制。19 世纪 80 年代，气灯罩的发明消除了煤烟，但即便如此，电灯泡还是迅速占领了市场，到 90 年代中期，电灯泡开始为建筑和室内设计带来革命性的变化。它比汽油更凉爽、更清洁，几乎可以放在任何地方，因此建筑师可以利用任何想要的自然光来建造房屋，或者完全消除自然光也行。

　　1892 年，法国工程师弗朗索瓦·亨内比克（François Hennebique）

将钢筋换成了钢，并使其在支架附近弯曲，从而提高了钢筋混凝土的承载强度。他在自己的房子里用它来支撑一座塔，这座塔悬挑在离房子四米高的地方，直到第一次世界大战前，法国人在混凝土结构的发展方面一直领先。巨大的马其诺防线是他们对于新材料迷恋的顶点。钢筋混凝土使得建筑师们在 20 世纪初在欧洲和美洲各地创造出引人注目的新形式，由于钢筋混凝土可以被浇铸到模具中，因此人们可以创造出无数各种不同寻常的形状和空间。[63]

关于哪栋大楼是第一栋控制温度、清洁度、湿度和空气循环的全空调建筑尚存争议，但它最终还是在 1903 年到 1906 年被建成了。雷纳·班纳姆(Reyner Banham)将 1903 年建成的贝尔法斯特的维多利亚皇家医院(Royal Victoria Hospital)确定为"第一座为人类舒适而设置空调的大型建筑"，因为该建筑的整个设计适应了环境因素。斯图亚特·W. 克莱默(Stuart W. Cramer)在 1904—1906 年的讲座和专利申请中创造了"空调"一词。但最关键的发明是湿度调节露点控制系统，威利斯·卡里尔(Willis Carrier)于 1906 年获得了该系统的专利。[64]这使得建筑师们从为通风提供结构开口的必要性中解放了出来，他们可以随意打开或关闭空间了。

随着 19 世纪工业产品的大量涌入，欧洲人失去了空间上的尊严感，房间里堆满了小摆设、纪念品、鸟笼、水族馆、华丽的相框、模制品、窗帘，以及塞满东西的家具。巨大的室内空间被认为是不完整或贫穷的标志。正如齐格弗里德·吉迪恩所观察到的，这些时尚的室内"阴暗的光线、厚重的窗帘和地毯、深色的木头以及人们对空间的恐惧，流露出一种奇怪的温暖和不安"。[65]大约在世纪之交，随着新艺术派设计的四处蔓延，在室内设计师和建筑师之中掀起了一场运动，人们要求清理房间里的形式上的堆砌和外观上的过分装饰。1895 年，英国建筑师查尔斯·沃西(Charles Voysey)在一篇文章中表达了他对"大多数房间都挤满了形形色色的形式和颜色"的厌恶。[66]他批评 19 世纪的杂乱和折中主义的品味，呼吁平坦的表面和简单的功能结构。在德国，弗里德里希·瑙曼（Friedrich Naumann）称赞船舶、桥梁、火车站和集市大厅是机器时代的新建筑，"没有固定的装饰，没有花哨的东西"。[67]奥地利设计师阿道夫·卢斯（Adolf Loos）在 1908 年的一篇著名文章《装饰与罪恶》（"Ornament and Crime"）中指出，洞穴壁画、浴室涂鸦和建筑装饰都是原始冲动的表现，而这种原始冲动在当代世界会导致堕落和犯罪。他的结论是："文化的进化伴随着有用物品上的装饰的消失而前进。"[68]

荷兰建筑师亨德里克·伯拉吉（Hendrick Berlage）在他于 1890 年至 1903 年建造的阿姆斯特丹证券交易所大楼上弱化了装饰部分。他在 1905 年提出了朴素设计的美学，又在 1908 年对之前的时代对于装饰的过度在意进行了评说："19 世纪忘记了构建应是由内而外的；建筑的外墙因外观而牺牲了实际。"建筑必须认识到它作为"空间艺术"的真正价值。建筑的主题不是墙壁和天花板，而是形成它们的空间围护结构。[69]这种观念的转变在弗兰克·劳埃德·赖特（Frank Lloyd Wright）的著作和建筑中表现得更为强烈。他设计的布法罗的拉金肥皂公司大楼（1904）本质上是一个封闭的单间。赖特本人也确认了它在建筑史上的作用。正是"最初积极的否定"显示了"作为现实的'内在空间'的新意义"。他的室内空间被精心设计以符合人类需求，这也是整个结构的基本原理。空间是赖特的建筑设计联合教堂（伊利诺伊州橡树公园，1906）的基本元素，其内部是一个从建筑的外部可见的简单立方体，建筑由简单的水泥块和朴素的混凝土板屋顶构成。他解释说自己最初的想法是"在脑海中保留一个高贵的房间，让这个房间塑造整个大厦"。虽然这种说法使用的是那种用房间来设想空间的更加传统的术语，但它本身具有现代的感觉，因为赖特接着对空间积极功能的概念做出了大胆而具有历史性的宣言："橡树公园的联合教堂是我对现代建筑新现实，即'生活的内部空间'的第一次有意识的表达。真正的和谐和美之元素的节制使用是有意识地规划的，属于这种新的内部空间感——在建筑的每一个部分中，自由都是活跃的。空间是建筑设计的基本要素。"[70]

这种对建筑空间唤起的自由感觉的引用,呼应了德国哲学家西奥多·利普斯(Theodor Lipps)的美学理论,以及英国建筑师杰弗里·斯科特(Geoffrey Scott)对这一理论在建筑中的应用。1903 年,利普斯提出,我们的身体会对建筑形式产生无意识的共鸣。当身体活动没有外在限制时,我们会感到自由,而拥有大片开放空间的建筑则提供了这种自由。[71] 1914 年,斯科特在这一理论的基础上阐述了"人文主义的建筑"。建筑师将人类的情感投射到建筑中,反过来,它以一种即时的物理反应给观众留下深刻的印象。在一个 50 平方英尺大、7 英尺高的房间里,我们感到不舒服,因为它限制了我们的自由感。在此之前,建筑师们忽视了空间在他们艺术中的重要性。"我们的思维习惯是固定在物质上的。我们谈论什么占据了我们的工具,什么吸引了我们的眼球。物质一旦成形,空间就会附带产生。空间是'虚无'——不过是对实体的一种否定,因此我们会忽视它。"建筑是一种对空间进行直接处理的艺术形式。绘画可以描绘空间,诗歌可以形成空间的形象,音乐可以提供类比,但只有建筑才能真正创造空间。"封闭一个空间是建筑的目标;我们建筑时,所做的不过是使一定数量的空间分离出来,隔离它、保护它,所有建筑都源于这种需要。但在美学上,空间则更为重要。建筑师在空间里塑造模型,就像雕刻家在黏土中雕刻一样。他把自己的空间设计成一件艺术品。"斯科特总结了一代建筑师为认识空间的组成功能所做的努力。[72]

与由房间内物品造成的室内空间的拥挤相对应的是城市中人口、车辆以及建筑的快速增长;为解决这个问题,出现了城市规划。所有不同的建议都认为空间是城市规划中一个积极的组成因素。莱因哈德·鲍迈斯特(Reinhard Baumeister)和约瑟夫·斯塔本斯(Joseph Stübbens)根据交通需求来设计,切断了贯穿城市的大动脉,以加快交通流量。[73] 埃比尼泽·霍华德是现代"花园城市"理念的先驱,他围绕着绿化区域规划城市。卡米洛·西特坚持认为,以愉悦和功能模式进行的空间节奏分布应该是首要任务。他认为城市空间应该被围起来,给它们一个明确的形状。他还批评了空置空间的可怕之处，这种情况多次使得规划者将雕像和纪念碑放在城市广场的中心。他的模式是充当市场或集会场所的开放的中世纪城镇广场。他的座右铭是"保持中间的自由"。[74]虽然大多数室内设计师、建筑师和城市规划者认为他们的主要决定是关于把固体物放在哪里，但其他一些人，如沃西、伯拉吉和西特无视这种想法，而是寻求发挥空间本身的美学潜力。

舞台设计的变化符合同样的规律。19世纪90年代，德国设计师阿道夫·阿皮亚（Adolphe Appia）放弃了绘画背景，创造了"有节奏"的空间，采用雕塑式的建筑形式和戏剧性的明暗对比照明。[75]在英国，戈登·克雷格（Gordon Craig）进一步把阿皮亚的想法引向舞台，将其变为一个积极的空间。[76]他还消除了绘画背景上带有欺骗性的果园和拱廊，用窗帘、屏风和简单的几何形状重新组合了空间。由于画家拒绝传统艺术的幻想视角，阿皮亚和克雷格也消除了传统舞台设计创造的深度错觉。伴随着这些简化的舞台设计的是简化的服装，不再有卢斯式的室内装饰和伯利奇式的外观中的那种繁复装饰。舞台只能用光、影和非写实的布景来装饰，这些布景的唯一作用就是突出演员活动的空间。

在这一时期，德国的全国性节日都在国家纪念碑周围的空地上举行，人们可以在那里唱歌跳舞。早期的设计师以纪念碑周围的公墓的形式提供了一个举国崇拜的空间，但这一时期见证了一个"从死到活的空间的演变，这个空间不是由坟墓，而是由履行国家礼仪的活人们占据"。[77]乔治·莫斯发现了这样一个"生活"空间出现在完工于1896年的凯夫豪泽纪念碑周围。民族大会战纪念碑建于1913年，为纪念莱比锡战役100周年而建造，它包括一座纪念过去的公墓和一个大型的开放空间，人们在这里举行全国性节日的活动，让这里充满了活力。[78]

雕塑以最形象、最明确的方式肯定了正负空间。在博乔尼作品《瓶子在空间中的发展》（*Development of a Bottle in Space*，1912）中，瓶子从镀银的青铜池中盘旋而出进入空间，空间自身卷成了固体（图7）。博乔尼在一个宣言中宣布未来主义者将创造大众，"这样雕塑块本身将包含存在对象的雕塑环境的建筑元素"。[79]空间不再是主体的设置,而是雕塑家必须塑造的作品的组成部分。

在亚历山大·阿奇宾科的雕塑中,正负空间得到了更为戏剧性的运用。他创造了具有孔洞和空白的人物。他颠覆了传统观念,即空间是围绕着物体的一个框架,雕塑从材料接触空间的地方开始,并坚持"雕塑可能从材料环绕空间的地方开始"。《行走的女人》(*Woman Walking*,1912)是他第一次成功地创造了"具有象征意义的空间"。在这个作品中,躯干是一个被物质形式包围的空间。[80]19 世纪被人们用紧身蕾丝强调的女性腹部在此处由美观的空白表达;空间已成为他的艺术的核心。在 1915 年的《梳头的女人》(*Woman Combing Her Hair*,图 8)这一作品中,拱形的手臂构成了她头部的空白,其形状在凸起的断臂和凹陷的颈部重复。正如阿尔基边克本人所观察到的那样,在浅浮雕、凹雕和非洲面具中有使用凹面的先例,但在以前用完全空白的空间来表现人物面孔从来都不是雕塑的基本要素。在这个作品中正负空间的传统划分消解了,物质形式与空间形式共同流动,以同等力量形成了这位女性。

160

图 7　翁贝托·博乔尼,《瓶子在空间中的发展》,1912 年。

　　绘画中出现的积极和消极的空间与早期的以强烈背景处理主题的绘画习惯形成了鲜明的对比。几个世纪以来，背景就像枕头框住脑袋一样框住了主体。例如，18世纪的肖像画经常由肖像画家和他的助手组成的团队来完成。约书亚·雷诺兹爵士（Sir Joshua Reynolds）是利用这一等级安排的最著名的艺术家。肖像画的关键部分——整体设计和脸部——是由雷诺兹完成的，而主体的服装和背景则是由一名助理——布料画师完成的。[81]在现代，背景具有与主体同等重要的积极主动的功能，需要艺术家的充分关注。

图8　亚历山大·阿奇宾科，《梳头的女人》，1915年。

　　印象派画家通过描绘气氛率先给予了空间应有的重要性。[82]他们利用沿海的雾、潮湿的夏季薄雾、弥漫的森林光线、冬季阴沉沉的暮色、落日的橘黄色余晖，使主体和背景成了色彩和形式的融合物。莫奈在关于鲁昂大教堂的系列作品中将一天中的不同时间和一年中不同季节的图案表面统一到了一起。空间和光线压倒了名义上的主题,他把这个主题画了二十遍,似乎它比周围光线的作用更重要。塞尚对印象派画作的氛围中缺乏清晰的形式表示遗憾,但他通过忽视主体和次要背景之间的区别,并对画布的每一部分都赋予同等的意义,从而肯定了空间的构成功能。在肖像画中,他对头部和画框之间的空间形状的重视不亚于对头部本身形状的重视。在他的静物画中,桌子边缘和画布边缘之间的部分与他的苹果和花瓶一样对整个构图十分关键。在他晚期的风景画中,天空中布满了相互交错的多面空间。塞尚的画中没有负空间。一切形式都具有同等的价值,都构成了作品的主体。奥地利分离主义艺术家古斯塔夫·克里姆特(Gustav Klimt)的作品中也出现了类似对于背景积极作用的表述。正如卡尔·E. 索尔斯克(Carl E. Schorske)所观察到的,"在 1904 年至 1908 年的三幅肖像画中,克里姆特逐步扩大了环境对主体中人物的主宰"。[84] 尽管在每一幅作品中,背景都为肖像主题起到了画框的作用,但它坚实的几何结构足以在吸引观众的注意力方面与主题媲美。在 1907 年阿黛尔·布洛赫-鲍尔(Adele Bloch-Bauer)的肖像画中,背景把人物包裹在一种金色的金属光泽中。

　　对于立体主义来说,空间作为一个组成元素的出现是完整的。布拉克和毕加索赋予空间与实物一样的颜色、质地和实体,并使它们相互交织,几乎无法区分。空间形式在布拉克的《诺曼底港口》(*Harbor in Normandy*, 1909)中变得尤为突出,在那里,灯塔、码头、船只和帆被处理成与海洋、天空以及物体之间的空间一样的相同的多面元素。在一次采访中,布拉克解释说立体派最吸引人的地方是"我所感觉到的新空间的实体化"。他发现了一个在自然界中的"触觉空间",他想描绘在物体周围移动的感觉、地形的感觉,以及物体之间的距离:"这就是吸引我的那种空间,因为早期的立体主义绘画都是这样的,对空间的研究。"在他的《有小提琴与水罐的静物》中(见图 6),空间和物质对象的水平和两者的相互渗透达到了高点。小提琴的琴颈保持着它的离散性,琴身却被分割成几个部分，它们向着一个如木头碎片一样大幅度敞开的空间。由于石膏、玻璃、木材、纸张和空间都以类似的形式呈现在流动的图案中，因此不可能清楚地区分主题和背景。布拉克解释说："碎片化使我能够建立空间和其中的运动，只有当我创造了这个空间，我才能介绍这个物体。"[85]水罐和小提琴只是被固体占据的不同种类的空间，这些物体可以被简化、几何化、破碎，然后在空间中重组。在布拉克的画中，所有的空间在质量上是相等的。[86]

美国诗人威廉·卡洛斯·威廉姆斯（William Carlos Williams）尤其被这些立体派技法震撼，他在 1916 年的《春曲》（*Spring Strains*）中试图通过将天空空间和其中的物体具体化来模仿这些技法。

……颤动的弯曲的枝干向下拉，吸进从后面凸出的天空，

天空将自己贴在拥挤的裂缝中，岩蓝色和肮脏的橙色！

但是——

（别忙啊，坚硬的连接的树木！）耀眼的、红边的、阳光模糊

的潜动的能量，集中的反力——铆接起天空，花蕾、树木，

形成一个折叠的支架！……

树枝被吸进了天空，但是天空，在"拥挤的裂缝"中变得坚实，自己贴在他们身上。甚至色彩都是早期立体主义风景画中较为柔和的色调，使得整个画面一致。而且，就好像焊接还不够牢固一样，嫩芽、树木和天空也被铆接在一起，形成了"一个折叠的支架"。[87]

正如在物理学中，原子理论和场论认为空间是构成的，是活跃的，在艺术中空间也以两种积极的方式实现。它的构成功能在立体主义对于物体之间空间的表现中体现得最为明显，而其积极功能则可以在凡·高、蒙克、塞尚和描绘被物体所激发的空间的未来主义艺术家身上看到。

文森特·凡·高在生命的最后两年具有非凡的创造力。他在画布上创造了一个令人难忘的活力世界。他的风景画是他内心动荡的视觉

隐喻。屋顶随着地形的轮廓波动,天空随着汹涌的山脉起伏,树木在我们眼前生长,将一道道的力量甩入大气层,盘旋成星星,围绕着一个突出的太阳旋转。在自画像中,点点的颜色爆发出来,仿佛他眼睛里的能量已经冲入了大脑周围的空间。他的宇宙是一个连续的领域,能量在其中通过思维、世界和艺术环绕。在他生命的最后的几个月,那时他已经疯了,无处不在的尖叫似乎充满了所有的空间。

挪威画家爱德华·蒙克(Edvard Munch)在 1893 年的《呐喊》(*The Cry*)中明显地表现了这种强烈的情感。画面上,一个惊恐地尖叫着的人站在桥上,双手抱头,与远处正在离去的两个人切断了联系。周围空间的空洞和人物的孤立与无处不在的尖叫和强烈的压力感形成了对比。头部后面的头骨状景观以及头部上方的空间都随着声波而起伏。塞尚也为物体周围的空间注入了能量。在他晚期的风景画中,圣维克托瓦尔山就像一座火山,打破了乡村的轮廓,向空中喷发。在 1904 年的一幅画作中,前景被去物质化,被分割成垂直和水平的绿色、黄色和蓝色笔触。[88]土地冲向一座山峰,山峰上方的天空中闪烁着色彩斑斓的火花。天空与大地的形状遥相呼应,仿佛这座山刚从地面上冲出,仍在向大气发出冲击波。地形、青翠和天空形成的线条、颜色、笔触的连续形式与凡·高的风景画有相似之处。

塞尚的画布上布满了肌肉发达的空间形态,而未来主义者则描绘了由运动、光线和声音创造的空间中的力量线条。博乔尼在 1910 年的宣言中表达他们对于活跃的、动态空间的信仰:"绝不能通过描绘来画人像;你必须处理它周围所有的氛围。"[89]他在《街道的力量》(*The Forces of a Street*,1911)中就体现了这一想法,画中叮当的响声、耀眼的车灯、东倒西歪行驶的电车将周围的人、建筑和氛围的颜色与形式都进行了呈现和修饰。1909 年,巴拉在画布上画了一盏街灯,1912 年,他又用大气密度的扇贝和膨胀球形状来作了另一幅画。1912 年,未来主义艺术家解释说,人们可以通过使用物体静止时形成的"力线"来扩充其自身、它与周围空间的连续性、它的过去和未来的轨迹,以及它将"根据其力

164

量的趋势分解"的方式。由于有这样的多重决定因素，它的实际描绘形式多种多样，但在所有的变化中，空间被认为是与"主题"同等重要的活跃的组成元素。在博乔尼对《自行车手的动感》的研究中，力线甩掉了高速行驶的自行车，就像它在水坑中奔跑一样，并与自行车本身形成连续的线。在完成的作品中，自行车和骑手与周围的空间融合，并呈现出一个单一的运动图像。

　　西方历史学家开始思考"空空间"的概念。美国 1890 年的人口普查表明，边境已经关闭，到 19 世纪末，世界大国已经完成了对非洲和亚洲"开放"空间的占有。政府官员对关闭世界边境的政治影响进行了考虑，学者们发展了一个新的学科来归纳其重要性。弗雷德里克·杰克逊·特纳（Frederick Jackson Turner）在他 1893 年的一篇论文《边界在美国历史上的重要性》（"The Significance of the Frontier in American History"）中运用地缘政治理论来解释美国性格和机构的发展。他推测，开放边境的存在创造了一种个人主义精神。移民们被迫适应穿越野外的挑战，一次又一次地重建他们的生活，牺牲传统，把宗教、社会和政治等级统一起来。不断的扩张打碎了宗教权威，导致了散布在边境城镇的敌对教会的扩散。持续的社会混乱使得人们不可能维持老牌东部城市式的固定社会秩序，在东部，家族一直在同一地方，阶级差异随着时间的流逝而加强。但边境最重要的影响是"促进了这里和欧洲的民主"。荒野里的生活将复杂的社会打破成为以家庭为基础的原始组织。即时表现的需要引致了新的社会组织的出现，人们在这些组织中都会发挥作用，对社会的生存至关重要。这些情况产生了"对控制的反感，特别是对直接控制的反感"。在合作与民主盛行的边疆地区，没有一个人能垄断权力。1903 年，他在一篇文章中写道："每当东部的社会条件趋于明朗化时，每当资本压迫劳工时，这扇通往边境自由的大门都会出现。这些土地促进了个人主义、经济平等、自由的崛起和民主。"[93]但当这扇大门关闭时，资本就集中在了基础产业，海外也有了商业和政治扩张。这些发展重建了财富和皇权的等级制度，扭转了开放边疆的均等化趋势。特纳的论文及其所处的历史环境构成了对空间构成功能的普遍评价的一部分。边境的关闭凸显了开放的领土空间尤其是其对传统等级制度的侵蚀对全体人民的重要性,而特纳的阐释集中在其社会和政治后果上。

当代历史学家罗德里克·纳什(Roderick Nash)指出,"1872 年 3 月 1 日黄石国家公园的建立,是世界上首次为了公众利益而对荒野进行的大规模保护"。建立国家公园意在保护间歇泉,但在 19 世纪 80 年代和 90 年代,一些人开始意识到,整个荒野都受到了保护,到那时,一场意在为公众使用而保护开放土地的运动正在全世界进行。与国王、贵族和富人的私人保护区形成鲜明对比的是这些公园向公众开放。[94] 随着世界上空白空间的消失,国家公园与边疆在提升民主精神方面所起到的同样重要的作用也得到了清楚的说明。1909 年罗伯特·皮尔利(Robert Peary)到达北极,两年后罗尔德·阿蒙森(Roald Amundsen)到达南极。靴印在无人踏足的雪地上留下足迹,世界上最后的伟大边疆也随之关闭。

从 19 世纪 80 年代起,关于帝国的文学作品与主要帝国主义列强攫取土地的心理、政治和经济收益相当。文学评论家苏珊娜·豪(Susanne Howe)对数百部这类小说进行了研究,得出的结论是,这些小说中的人物在家里患有幽闭恐惧症。他们对土地贪婪,对边界恼怒,对围栏感到愤怒,"陶醉于空间"。有些人感到兴奋,有些人则感到恐惧,比如奥利弗·施雷纳(Olive Schreiner)1883 年写的《非洲农场的故事》(*Story of an African Farm*)中,一位刚从英国回来的女人在第一眼看到绵延数英里的灌木丛就惊呼道:"哦,太可怕了!太多了!这么多!"[95]无论他们觉得这是一种鼓舞还是一种恐惧,是发财还是毁灭的环境,巨大的空虚压在他们身上,塑造他们的生活。康拉德的《黑暗之心》(*Heart of Darkness*,1899)是关于帝国最伟大的故事之一。在这部小说中,空旷的空间让人无法抗拒:它吸引了马洛,摧毁了他要寻找的库尔茨。马洛的旅程是对人类历史的反讽,是物种回到过去、黑暗、

167

虚无的退化。

马洛小时候常常盯着地图上的大片空白，幻想着帝国的辉煌。刚果尤其让他着迷。到他长大的时候，刚果已经充满了河流、湖泊和名字。"它不再是一个令人愉快的神秘的空白地带——一个男孩光荣梦想中的白色地带。它变成了一个黑暗的地方。"他仍然对此很感兴趣，并被委任为一家从事象牙贸易的公司在刚果河巡逻。在海岸火车站，他第一次听说了库尔茨的事。库尔茨是该公司在内地的人，他曾送出大量象牙，人们担心他陷入了可怕的困境。因此，马洛的旅程变成了寻找和拯救库尔茨的任务。在去中央车站取汽船的旅途中，他的周围都是消极的景象——空旷的土地、废弃的村庄、死去的运送者，以及"周围和上空一片寂静"。他注意到，他沿河而上的旅行就像回到了草木茂盛的世界之初，但尽管有茂密的植物，这个世界似乎仍是"一条空空的小溪、一片寂静、一片密林"。当他"越来越深入黑暗的中心"，他就越觉得自己与以前的世界隔绝。岸边的土著发出奇怪的声音。突然会有一阵尖叫，这声音又会戛然而止，留下"可怕而无穷的寂静"。但这种寂静并不平静——"它是寂静，来自一种不可调和之力对于一种神秘意图的沉思"。丛林里的土著人是食人族，他们的饥饿更多地象征着空虚。马洛发现到处都是黑暗——在荒野里，在人们中间，在库尔茨心中，最终，在人类的状态中。

在内部车站，他看到库尔茨房子周围的杆子上挂着断头。他们"黢黑、干燥、凹陷、闭着眼"——那是一种最后的否定符号。在这个充满饥饿和空虚的地方，只有与库尔兹交谈的前景，让人有了一些光明的希望和一些肯定。但他发现库尔茨是一个被剥夺了现代文明价值的人。荒野对他的入侵进行了报复，并低语着什么可怕的东西，这在他心中形成了大声的回荡声，因为他在内心是空洞的。库尔茨要死了，马洛带走了他。他们在轮船上说话，但玛洛观察到，"他的黑暗不可穿透"。就好像在最后，他突然想到了他的生活，库尔兹哭喊了一声："恐——怖！恐怖！"

168

马洛在思考库尔茨临终前的遗言时，得出了一个积极的结论。库尔茨的生活是一次进入黑暗的冒险，在黑暗中，强烈的欲望浮出水面，但他最终赋予了自己的生命一种形式。"他有话要说。"马洛对于他能够总结一切印象深刻——"恐怖！"这是一个判断。"是一种肯定，是一种道德上的胜利，却以无数的失败、讨厌的错误和可恶的满足为代价。但这是一场胜利！"结论是，象牙依然存在。尽管大象遭到屠杀，尽管它引发了邪恶，但它是艺术的一部分，是黑暗中耀眼的白色。空虚本身就是小说的主题，一股黑暗的力量统治着荒野，激发着那些想在荒野中生存的人的行动。

这个中篇小说是对时代的评论，康拉德煞费苦心地让库尔茨成了这个时代的男人："他的母亲有一半英国血统，父亲有一半法国血统。整个欧洲都对库尔茨的形成做出了贡献。"这是一个应用在帝国主义的背景下空虚的文学形象的目录。康拉德把黑暗解释为一种平衡力量，它否定了调节欧洲生活的阶级和特权的地位差别。在荒野中，旧的阶级路线已经过时了。食人和人头猎取消除了身份差距。回到伦敦后，马洛注意到国内等级森严的社会与更加平等的刚果之间有着鲜明的对比，他终于能够理解荒野的创造潜能。在危险面前，在黑暗中，所有的人都很相似。

几年后，另一个故事讲述了丛林、旅行以及空虚，那就是亨利·詹姆斯的《丛林中的野兽》（"The Beast in the Jungle"）（1903）。这是一个关于约翰·马切尔的故事，他确信有一个罕见而奇怪的命运正等着他，就蹲在丛林里，会像一头野兽一样跳出来杀死他。他得到了梅·巴特拉姆的喜爱，后者答应和他一起观察等待。多年以来，梅·巴特拉姆逐渐明白了野兽是什么，但没有告诉他。马切尔也是一个属于他那个时代的人——彬彬有礼、严于律己、沉默寡言，除了对梅有所依赖之外，都很自立。他生活中的一切都井井有条——他的图书馆、乡下的花园、他的感情。当梅病得很重时，他预计他对她的死亡所感到的损失一定是那头野兽，但她告诉他那头野兽已经跳走了，只是他没有注意到。她的解释是令人困惑的否定——"你没有意识到这件事，这真是太奇怪了。"更让他困惑的是她说她很开心"能够看到这并非如此"。最后马切尔将学习第二个否定的意义：野兽并不是他对她的爱，也不是他的失落感。她死后，他必须独自等待一些已经发生但他尚不明白的事情。一年后，当他忠实地去为她扫墓时，他注意到了另一个极度悲伤的男人。马切尔意识到陌生人的脸上流露出一种他从未感到过的紧张。他回头看着梅的坟墓，突然看到了那头野兽。墓碑上的名字变成了"他生命的空虚"。她是他所失去的，那是他特殊的命运。"他是他那个时代的人，对于他来说世上无事发生。"他已经被现代文明的优雅所麻醉，在她生前或死后都不能对她产生很深的感情。那所谓丛林里的野兽就是感情的缺乏。这不是像歌德的《浮士德》里的米非斯托菲那种积极的否定精神，而是一种内心的空虚，如同从梅的坟墓的寂静中发出的空虚。

他可怕的洞察力，和库尔茨临终前的遗言一样，是消极的两种模式。在斯特林堡的《梦之剧》（*A Dream Play*，1901）中，也有一个什么也没有发现的高潮。多年来，一名官员试图越过警卫，打开舞台中央一扇显眼的门。就像约翰·马切尔对野兽的痴迷一样，这位警官也痴迷于往门后看。"那扇门，"他惊呼道，"我无法把它从我的脑海中抹去……背后是什么？这里面定有蹊跷。"在这出戏的进程中，许多其他角色都想打开这扇门，当他们终于打开时，几名大学官员围在一起，发现里面什么也没有。这位神学院长立即强调了它的意义："什么也没有。这就是解开世界之谜的钥匙。起初神从无之中创造天地。"哲学院长评论道："无来自无。"医学院长做出诊断，如同刚刚切开一个无害的脓肿："胡说！什么都没有。就这样。"法学院长认为整件事是一起诈骗。浮士德对这四个领域的掌握没有任何东西有助于他肯定生命。斯特林堡笔下四个领域的管理人努力解释此事这一现象提醒了我们：生命的终结本身就是虚无。

19世纪小说中的野兽通常是有形的——是自然的力量、罪恶、机器和制度，有卖淫、酗酒和赌博；有铁路、工厂和煤矿；有唯物主义、资本主义和大城市。尽管这些东西看起来令人恐惧、难以抗拒，但它们至少可以被命名。但生活在康拉德、詹姆斯和斯特林堡身上那种神秘的负能量世界里的 20 世纪的野兽远没有那么容易被辨认。对他们来说，空虚提供了焦点。他们的角色在自身之外寻求意义——在丛林，在墓地，在门后——却只发现内心虚无的恐惧。

积极的、消极的时间，就是沉默。对其构成作用的认识类似于对空白空间以"黑暗""空虚""虚无""虚空"等各种文学形式为构成功能的认识。虽然创造性的沉默在诗歌和音乐中表现得最为明显，但它们在一些散文作品中也很突出。

在俄罗斯作家列奥尼达斯·安德烈耶夫（Leonidas Andreiyeff）1910 年的《沉默》一书的开始部分，父亲伊格纳修斯和妻子谈论着他们的女儿，她不顾父母的反对去了圣彼得堡，回来后就发现自己怀孕了。他们对她进行了无情的惩罚。她拒绝说话，在几天的沉默之后，自杀了。妻子中风了，也不再能说话。从女儿出殡那天起，家里一片寂静。"这不是静止，"安德烈耶夫解释说，"静止只是没有声音；这是沉默，而那些沉默的人似乎是有话可说的，只是他们不说。"正如空无一物成为阿尔基边克雕塑的焦点一样，寂静在这个故事中扮演了中心角色。房子里充满了寂静的象征。妻子一声不吭，女儿的画像似乎特别沉默，当她的宠物金丝雀飞走后，笼子"保持沉默"，就如空虚的提示物一般。每天早晨，伊格纳修斯神父都坐在寂静的屋子里，痛苦地忍受着。他一下班回来，就总会觉得好像一整天都没有说过话。寂静包围着他，就像黑暗笼罩着马洛一样。伊格纳修斯神父去了女儿的坟墓，请求得到一些回应来填补空缺。她似乎在说话，但仍同样保持着打不破的沉默。"他想象整个气氛在一片高亢的寂静中颤抖着，悸动着。"声音的缺失成了一种实质形式的存在："冰冷的电波滚过他的脑袋又让头发焦躁。"他回到家，恳求妻子打破这可怕的寂静，但她仍然保持沉默，故事以他们在一所"黑暗、废弃的房子"[96]里"沉默而无言"地对视而告终。

171

比利时神秘主义作家莫里斯·梅特林克（Maurice Maeterlinck）的

作品就像双头怪的哀号。他探索了直觉和超自然事件的神秘体验，以及在表层下无法表达的情感和无意识的想法。在一篇关于"沉默"的文章中，他争论，我们之所以害怕没有声音是因为它象征着死亡，因此我们花了大量时间来理解无意义的声音。许多普通的友谊甚至爱情都是基于一种共同的"对沉默的憎恨"。这些消极的情感阐明了沉默的重要性，并从积极的方面指出了沉默的约束力和创造力。科学绝不仅仅是没有声音，它能表达任何语言或声音所不能表达的东西。情侣之间最难忘的时刻是由沉默组成的，而沉默的质量体现了爱的质量。"就像人们在纯净水中给金银称重一样，灵魂也在沉默中检验自己的重量，而我们所说出的话语除了包裹着它们的寂静之外，并没有任何意义。"这种对沉默与声音相对重要性的重新评估显示出梅特林克明确阐述的社会领域的一种更广泛的水平。"国王或奴隶在面对死亡、悲伤或爱情时都表现出同样的特征。"[97]另一方面，小号的喇叭声会宣布君主们的出场的。

整整一代人在经历了四年的杀戮后回到家中，却发现没有人使用和他们同样的语言，也不再有旧时的感觉。这一代人的沉默正是普鲁斯特小说的主题之一。遗忘、沉默和失去时间是否定这一主题的变体。19世纪的小说就像冉阿让在巴黎的阴沟里逃窜那样生动，如基度山伯爵的宝藏那样明显。他们围绕着战争与革命、犯罪与惩罚等重大的喧嚣事件。即使是福楼拜，声称自己想"写一本关于虚无的书、一本没有任何外在支撑的书、一本靠风格的内在力量支撑自己的书……一本几乎没有主题的书，或至少这个主题几乎是隐形的"——但即使是他在构造包法利夫人这一人物时也是围绕着诱惑和通奸的激情迸发、拙劣外科手术受害者痛苦的叫声、古怪自杀发出的声音。但普鲁斯特把他的小说集中在对茶和蛋糕的遗忘和回忆上，以及回忆使他能够理解的失去的时间。他是一位伟大的沉默建筑师。勺子敲击杯子的声音是他小说中最重要的声音之一。沉默如背叛的低语和辱骂的呼喊一样强烈，使情侣们陷入绝望。描写失败的圣卢普是蕾切尔的失败："因此她的沉默确实让他因嫉妒和悔恨而发疯。此外，比监狱里的沉默更残酷的是，这种沉默本身就是一所监狱。我承认,这是一种无形的封闭,却无法穿透,它夹在一片空旷的气氛之中,尽管它是空虚的,但被抛弃的情人的视线却无法穿过它。"[98] 小说的一卷以"阿尔伯丁小姐已经离开了!"这句话开始,这一卷详尽地描写了一个不在人世的人。马塞尔·普鲁斯特探索了发现阿尔伯丁离开他时最初感到的震惊以及随之而来的一切——对于他们爱情消失的遗憾、关于她失落感的幻想、他的回忆从甜到苦的转换、得知她随后的死讯的打击,以及最终意识到这只能加深他的嫉妒以及最终的漠然与忽略,而这些都是由她的缺席以及他生命中已经习惯的沉默形成的。

小说和短篇小说以"空"和"静"为主题,诗歌的概念从词的排列到词的构成,以及词与词之间的空白也发生了形式上的改变。早在 19 世纪 80 年代,一些法国象征主义者就开始尝试将"自由诗"延伸到书页上,有意识地形成空白。[99] 这项技术在史蒂芬·马拉美(Stéphane Mallarmé)手中得到了充分的发展,他将词与词之间的空白作为一种视觉停顿,从而为词与图像建立一种有韵律的运动,就像音乐作品中的音符一样。[100] 他还认为诗歌应该能唤起人们的回忆,他用一句经常被引用的话来敦促人们:"不是画物体,而是画效果。"主体,即事物,再一次失去了它之前的重要性。当布拉克用同样的物质来呈现周围的空间,从而颠覆了它的绘画权威时,马拉美通过把它排除在诗歌之外,并从它的阴影和效果中创造出语言作品,削弱了它的文学权威。在 1895 年的一次演讲中,他解释说,新诗没有精确的描述,而是采用了唤起、典故和暗示。它形成了"突然的跳跃和高贵的犹豫",这两者会对事物进行暗示,也允许读者自由地用自己的意象和联想做出反应。他挑战了旧美学形而上学的假设,即"只有存在的东西才存在"。(这与杰弗里·斯科特对旧建筑美学的攻击类似,后者只关心"什么占据了我们的工具,什么吸引了我们的眼球",却没能意识到创造空间的核心任务。)马拉美认为诗人未提及的部分可能才是诗里最重要的部分。[101]

他在晚年发展了一种方法,通过字里行间的空白空间使得他的诗歌唤起情感的本质可视化。这些中断象征着顺序思维的断裂、人类交流的空白，以及围绕着每一句话的沉默。他解释说："诗歌的智慧框架隐藏了自身，但又出现并存在于分隔诗节的空间中，以及纸张的空白之处：一个重要的沉默，与诗行本身一样美。"[102]他在一篇文章中坚持表达这种写作的历史独特性："我们必须让自己的独立思想一页一页地屈服，向每一页开头的空白屈服；我们必须忘记标题，因为它太过响亮。然后，在最小和最分散的停止点页面，当机会一点一滴地消失，空白会无穷尽地回归。之前它们是无由来的；现在他们是必不可少的；现在有一件事最终变得很清楚，那就是远处什么都没有；现在沉默是真实和公正的。"[103]在他最后一首诗《骰子一掷，不会改变偶然》(Un Coup de dés, 1897)中，空白的确是必不可少的，这首诗是对消极创造性力量的最终见证。[104]这首诗极其难懂，而他在前言中以诗的形式写的目的宣言表明清楚地掌握他的方法是多么重要。他在文中解释说，白色的空间在页面上"均匀地分散"了文字，使整个页面的视觉同步成为可能，并表明了诗句的节奏，这样读起来就像乐谱一样。

这首诗最初发表在一本杂志上，但马拉美希望它能成为一本单独的书。在他生前，这首诗从未以书的形式出现过，但在他去世之前，他已经在为这本书修改校样了，他纠正的错误显示了空白的重要性。他在页边空白处做了些笔记，让人们把打字员擅自改动的行距移回来，以达到他想要的精确"测量"。出版商用了灰色的封面，但马拉美强调要把封面印在同诗的其他部分一样的白纸上。[105]他坚持要用两页纸来印刷这首诗，中间的裂缝是一本书的整首诗行距的重要组成部分。他仔细研究了现有的印刷字体，并选择了八种不同的字体来呈现诗歌中的不同声音。独特的字体设计使印刷表面更加引人注目，使整个页面的视觉效果更加统一，所有的元素都发挥着重要的组成作用。

虽然马拉美特别关注这首诗的视觉表现，但也很关心它的声音效果，他首先把它大声朗读给保罗·瓦莱里(Paul Valéry)听，保罗回忆了这首诗读起来的非凡效果。马拉美以一种低沉而平稳的声音朗读，让字句和停顿赋予这首诗充分的力量,而并不使用专业演讲者中流行的戏剧性装饰音。瓦莱里听到了"具体的寂静""可见的低语和暗示",还看到了一种新的语言像星星一样从纸上闪耀而出。在一个文字片段中,马拉美将印刷术的黑白对比与天空"昏暗区域"上的"星星的发光字母表"进行了比较。瓦莱里也用了同样的黑白相互依存的形象,他指出,在《骰子一掷,不会改变偶然》中,马拉美试图"把一页纸提升为星空的力量"。[106]诗歌总是简洁而又能唤起人们的回忆,但是有了马拉美后,空白发挥了比以前作为偶然的背景更加积极的作用。

在音乐中,沉默对于声音和节奏的识别至关重要,就像白纸对于印刷品的识别至关重要一样。在音乐史上,总是有明显的沉默,但它们通常发生在乐章的末尾,并具有分离功能。在这一时期的新音乐中,小节的中间出现了停顿,具有更强的构成功能。几位评论家指出,德彪西、斯特拉文斯基和韦伯恩的音乐中存在明显的沉默,事实上,他们的音乐确实包含了一些新颖的听觉负面性。

正如马拉美的灵感来自音乐一样,克劳德·德彪西(Claude Debussy)也从马拉美的诗歌中,尤其是《阿普雷斯-米迪》(L'Après-midi d'un faune)中获取了灵感。1893 年,他完成了《野生动物前奏》(Prélude à l'après-midi d'un faune),这是一首有着同样主题的音乐作品。笛子独奏的音调听起来像农牧神的踱步声,走走停停。在第六小节中有一个神秘的停顿,还有一些更微妙的暗示,是关于农牧神在树叶间进进出出的,正如诗中所写,"动物的洁白荡漾着休息的涟漪"。与瓦格纳的大规模华丽管弦乐不同的是,德彪西保持着简单的配乐。音符像森林中移动的动物皮肤上的光一样忽明忽暗。不同乐器之间旋律线的互换形成了一种消失的感觉,每一种乐器都变得明显地沉默。对马拉美的明确借鉴显示了德彪西希望停顿或停顿的暗示对整体音乐效果起到了重要作用,就像诗中的空白部分所产生的作用一样。

阿奇宾科(Archipenko)发现了音乐中的寂静与他自己雕塑的凹面和空白之间的相似性。他解释说,只有在声音与寂静的交替之间,音乐

175

的节奏才可能实现。"沉默是这样诉说的。在贝多芬的第九交响曲中，长时间的停顿出现了两次，引起了神秘和紧张。在交响乐中使用寂静和声音，类似于在雕塑中使用重要空间和材料的形式。"[107]他以贝多芬为例，暗示现代音乐中没有什么新东西，但其实是有的。作曲家们开始比以往任何时候都更有意识、更引人注目地使用"寂静"。罗杰·沙特克（Roger Shattuck）认为，斯特拉文斯基 1910 年的作品《火鸟》（*The Firebird*）的结尾包含了音乐作曲中独特的寂静。"积累下来的装饰音、切分音和强调音符形成了寂静——22 小节的休息与单一的打击和弦交替。这些沉默的片段是最令人感动的，就好像前面所有篇章都是为了引出最后几个小节的平和。许多作曲家已经尝试过，但是很少有作曲家能如此成功地改变我们的听觉习惯，使寂静比声音更有分量。"[108]

　　最大胆的消极作曲家是安东·冯·韦伯恩（Anton von Webern）。他的作品极其简洁（整个乐章不到一分钟），与所有没有写入乐章的部分相互呼应，音乐里经常包含着惊人的静默。在《帕萨卡里亚舞蹈》（*Passacaglia*）前九小节中，停顿和音符一样多。奥托·德里解释道："暂停的功能与普通的音乐实践中的休息是不一样的；韦伯恩音乐中的暂停在节律中具有重要的功能性。在韦伯恩的音乐中，声音与无声之间有一种新的关系。"[109]甚至即使在音符响起的时候，也有着沉默的暗示，这时乐器把旋律抛到另一个地方，开始漫长的休息。演奏这类作品的音乐家在等待再次演奏旋律的过程中，会强烈地意识到这些。韦伯恩拒绝多音性，他创作的交响乐只有单一的音符，仿佛在太空中回荡，周围是整个管弦乐队的寂静。这些交响乐的演奏给人一种管弦乐队缺阵的感觉，而乐手们则在聆听、计算休息时间，等待着再次演奏。

176　　有人说消极与艺术的主题同等重要，这种说法有些夸张。布拉克的画作名为《有小提琴与水罐的静物》而不是《小提琴与水罐之间的空间》；是《骰子一掷，不会改变偶然》中的字句，而非马拉美在其中安排的空间更多地引起了评论家们的兴趣。一群在一战前出现的心理学家对感知的主题和其背景之间的关系做出了更为温和的评价。形态心理学的先驱——马科斯·韦特默（Max Wertheimer）、沃尔夫冈·科勒（Wolfgang Köhler）、科特·卡夫卡（Kurt Kaffka）——精心构想了法规来解释感知中的"背景"与"图像"是如何相互创造的，但他们也主张图像更加注目。他们的理论驳斥了联想主义的观点，即复杂的概念是由简单、离散的元素构成的。相反，他们认为知觉是一个经验的整体，理解的任务必须是这个整体，而不是单独的部分。埃德加·鲁宾（Edgar Rubin）在1915年出版的一本关于人物形象视觉外观的书中，重新绘制了一幅所谓的"彼得-保罗酒杯"（Peter-Paul Goblet），它看起来可以是两张黑脸互相凝视，也可以是一只镶有两个黑色边框的白色酒杯。这说明了图像和背景的相互依赖，以及它们随着观众注意力的转移而改变的方式。鲁宾坚持认为，这个图像比背景更"引人注目和突出"，但背景确实发挥着重要作用。[110]在考虑整个知觉领域时，形态心理学家眼中最小的细节可能和其中更引人注目的图像一样重要，因为所有的元素相互作用并赋予彼此意义。

　　坚持知觉场的统一性，符合威廉·詹姆斯的激进经验主义。在《心理学原理》一书中，他在对思维流的讨论中阐述了消极的力量，或者在他所列举的关于声音的具体例子中："当雷声轰鸣时，我们听到的不是纯粹的雷声，而是打破—沉默—与—沉默—相对的—雷声。"[111]用连字符连接词语之间的缝隙，以说明经验的连续性，颠覆了实验心理学的分析传统。声音的相互依赖和缺失只是构成我们精神生活的积极和消极相互作用的一个例子。詹姆斯还指出了他哥哥亨利的文章《美国场景》（*The American Scene*）中消极因素的构成功能。1907年，他在给亨利的一封信中写道，他的风格是避免直接指出某件事，"而是通过呼吸和叹气绕圈子，在那些可能已经有类似感觉的读者中唤起……一个实体的幻觉，使……完全脱离了难以捉摸的材料、空气和棱镜般的光线干涉，巧妙地由镜子聚焦在空旷的空间上……你对美国的描述在很大程度上是关于其遗漏、沉默和空缺的。你把它们变成了固体"[112]。

　　与威廉·詹姆斯同时代的人在他的思想中感受到了正负极空间的

均衡作用。1914 年，威斯康星大学的哲学家贺拉斯·卡伦（Horace Kallen）写道："纯粹的经验是没有偏爱的。它承认现实中有……邪恶也有好，有不连续也有连续性，詹姆斯……是第一个形而上学的民主主义者。"詹姆斯与理想主义者一样拒绝厌恶物质世界——对于他来说，所有的东西都同样地真实或不真实。他认识到"每一个实体在彼此的经验中都具有民主同质性"。[113]

我们所调查的事态发展很少与重大的政治、社会或宗教变革有直接关系。但对于积极的负空间的肯定，这种此前被认为是无效的看法现在有了一种组成功能，它与政治民主的进步、贵族特权的崩塌，以及生活的世俗化有一个共同特点：他们都拉平了等级。尽管这两组作品之间的联系很不明确，但主题上的相似是惊人的，这就使得这种联系令人信服。这一代人挑战了主题比背景更为重要的这种看法，这种挑战也影响到了别的领域的固有观念，例如，在选择政治领袖上一些人比另一些人更重要，贵族享有特权和世袭权力、宗教里的神圣空间比世俗空间更重要。虽然大多数人继续接受旧的等级制度，服从等级，但仍然有一个重大的变化影响了生活和思想的许多方面。这些变化甚至来自那些与尼采想法一样的人，他们坚持认为贵族只要能从宇宙统一的尘埃中创造新形式，就能配得上自己的地位。没有什么特殊的物质是由牧师涂上圣药的，没有什么特殊的阶级是由国王授予的，没有什么特殊的个人是由法律特许的。只有艺术家们用简单的材料创作出来的独特的作品才能获得人们的欣赏。

一些人在新的空间感和民主之间建立了明确的联系。特纳认为边疆的开放空间是民主的力量。威廉·詹姆斯的思想被贺拉斯·卡伦描述为一种民主形而上学，而詹姆斯本人则暗示，他的兄弟以"疏漏、沉默和空缺"来诠释美国的景象，捕捉到了其独特的民主精神。乔治·莫斯（George Mosse）建议"群众的国有化"涉及被大众使用的纪念碑周围延伸的"生活空间"的创建，这样就否定了一个等级制度，而这个等级制度本身是被纪念碑自身雄伟的花岗岩或青铜所竭力代表的。建筑师路易斯·沙利文(Louis Sullivan)设想了一种新的"民主"建筑,它将挑战传统的设计,创造出符合现代反君主制思潮的新结构。

传统等级制度最深刻、最令人不安的混乱,是生活和思想世俗化的结果。根据神权的概念,统治的合法性来自上帝。在 18 世纪,君主政体的基本原理开始从神权转向人民主权原则。结果,围绕基督教君主的宫廷和光环失去了许多神秘性和"神圣"的一面,在公众的想象中被议会和国会的权力走廊取代。基督徒形而上学框架的衰落转换了时间的意义也影响了空间感,历史中重大事件的背景从天堂、教堂、宫殿这些神圣的空间向战场、车间、市场、家这些世俗空间转换。

整个 19 世纪,知识分子和艺术家们都在努力适应一个更加世俗化和"被玷污"的世界。包括费尔巴哈和马克思在内的一些人很高兴看到对宗教不断深入的理解终于使人们得以在一个完全人类的空间里开始创造一个人的城市。评论家 J. 希利斯·米勒(J. Hillis Miller)分析了跨越世纪的五位英国作家——托马斯·德·昆西(Thomas de Quincey)、罗伯特·布朗宁(Robert Browning)、艾米莉·勃朗特(Emily Brontë)、马修·阿诺德(Matthew Arnold)和杰拉德·曼利·霍普金斯(Gerard Manley Hopkins)——对"上帝的消失"的反应。他们觉得这样的消失令人难以忍受,努力要在人与上帝之间建立一种新的关系。但这是一场注定失败的战斗,也是最后一场战争。霍普金斯陷入了他生命最后几天的绝望之中,孤独而无能——时间的太监/努力建造而不是孕育一件会苏醒的作品。1882 年尼采的"狂人"宣称"上帝已死"。但是这个疯子并没有疯。他对这些后果的阐述包含了一幅生动的画,描绘了一个没有圣地的世界里新的空虚感。"当我们把地球从太阳手中解放出来的时候,我们在做什么?它是在动吗?我们在动吗?是要离开所有的太阳吗?我们不是一直在下降吗?向后、向侧、向前、向四面八方?还有向上或向下的吗?难道我们不是像在无限的虚无中一样迷失吗?我们感觉不到真空空间的气息吗?"[115]如此这般,尼采通过暗示上帝的死亡迫使人类感受"空无一物的气息",隐喻性地将正负极空间与宗教

179

空间的亵渎性联系起来。

随着传统信仰的瓦解，不仅是空间的方向，西方世界的价值观也不再如以往那样不可侵犯。这一损失带来的最重要后果是，神庙神圣空间与外部世俗空间之间的区别变得模糊起来。"被玷污"的意思是"寺庙之外"，许多艺术家和知识分子发现自己置身于寺庙之外，他们不仅需要知道该走哪条路，还面临着一种现实，即再也没有一座寺庙可以回去了。在一个没有上帝的世界里，所有的人都面对虚无，正如尼采所说，大多数人"宁愿要虚无也不愿什么都不要"。[116]但有些人避免虚无主义的无望，学会了建立自己的避难所。这是工头、艺术家和知识分子的伟大创造，他们肯定生命，学会在面对空虚时热爱自己的命运。如果没有神圣的庙宇，则任何地方都可以变得神圣；如果没有神圣的材料，那么普通棍棒和石头也必定可用，艺术家就能让它们变得神圣的。这一时期的主要建筑师展示了简单的木头、石头、砖和玻璃材料，并剥去了装饰过去等级森严的、神圣的和皇家建筑的立面和装饰，这些并非偶然。

新组成的消极性出现在大范围的现象中：物理领域、建筑空间和城市广场；阿奇宾科的空洞、立体派的空隙、未来学家的力线。关于舞台、边境和国家公园的理论；康拉德的黑暗、詹姆斯的虚无、梅特林克的沉默；普鲁斯特失去的过去、梅里美的空白、韦伯恩的停顿。虽然这些概念五花八门，来自很多不同的生活领域和思想，又对它们产生作用，但这些概念都有一个共同的特征，即复兴了此前只扮演配角的被忽视的"空白"空间，将它们放到了与传统学科相当的注意力的焦点。如果图形与地面、印刷与空白、青铜与空白空间具有同等的价值，或者至少对于意义的创造是同等重要的，那么传统的等级制度也就可以重新评估。从此价值将由美感、公共效用或科学证据来决定，而不是由世袭特权、神权或已揭示的真理决定。特权、权力和神圣的古老避难所即使没有被正面否定空间的确认完全摧毁，也受到了攻击。

7 形 式

华尔特·E. 霍顿(Walter E. Houghton)的著作《维多利亚时代思想框架，1830—1870》(*The Victorian Frame of Mind，1830-1870*)的书名就表明了那个时代的思想是有一个特定的"框架"的。霍顿与那些将维多利亚时代中期看作完全真理的人不同，他认为英格兰当时的重要人物已对社会生活的知识与道德基础产生了深刻质疑。但他们仍然希望找到一个基础，霍顿将此种情况总结为他们从一个单一不变的角度看问题；他们倾向于"将人物和行为划分为严格的类别，诸如对与错，好与坏，真和假；他们并没有认识到人类经历的复杂特点"。[1]塞缪尔·斯迈尔斯(Samuel Smiles)，这位典型的维多利亚人精炼地表达过秩序存在于一切经历中这一观点——"万物皆有其位，且皆应在其位"[2]。无论是在他们的家中，还是思想里，抑或是在社会生活中，万物都有一个合适的位置，就如同他们会把办公桌上每一样东西都放在合适的文件架上一样。

面对这种对于生活与思想现状的自满，欧洲各地的一些重要知识分子对传统形式的崩溃做出了反应。1905 年，于果·冯·霍夫曼斯塔(Hugo von Hofmannsthal)认为这个时代的本质就是"多样化与不确定性"，以及"前人认为毫无疑问的东西如今正在瓦解"。[3]在美国，1913 年纽约的军械库展览产生了轰动效应，梅布尔·道奇(Mabel Dodge)写道："如今，几乎每一位知识分子都在反对着什么，因为对个体的渴望才能促成进一步的意识，也因为意识正在扩张并突破在此之前形成它的那些模具。"[4]穆希尔总结这种变化是"每一处的明确边界都变得模糊，一些新的、难以描述的能力有利于形成一种前所未有的关系，而这造就了新的人民和新的思想"。[5]穆希尔用小说描述了这一切，而塞缪尔在一篇正式的文章中阐明了自己的见解。文章这样说道："目前，我们正经历着一种旧式斗争的新阶段——这不再是生命与非生命之间的那种当代形式的斗争，而是生命与形式的对抗，是反对形式这一原则的。道学家、反动派以及对风格严格要求的人都在抱怨现代生活越来越'缺乏形式'，他们说得完全没错。"柏格森的活力论动摇了传统思维的机械论框架。塞缪尔提出，在过去思想和感觉是有"一个固定的框架，或坚不可摧的总体形式"，但在实用主义中事实与"生活交织在了一起"。同年，在第一次世界大战前夕，华尔特·利普曼（Walter Lippmann）观察了美国的状况："几世纪以来的社会基石——不可侵犯的财产、父权家庭、世袭阶层、关于罪恶的教义、对权威的服从，简而言之，都已被我们摧毁。"[6]奥尔特加察觉到用"特定建筑"构筑往日风景的目标也已不再成立。但那些代替之物尚未成型，因此境况"看起来破碎、摇摆、四处摇摇欲坠"。叶芝在解释他用《二度圣临》中的末日图像时回忆说："19世纪钢筑石造的自然变成了人类淹没或游动其中的流动之所。"[7]

弗吉尼亚·伍尔夫对形式的消亡做出了最有名而大胆的论断。她冒险提出"在1910年12月，或在那前后，人类的性格改变了"。她又让步说道，这事并不像下蛋那般突然，但剧变随处可见，甚至包括厨房。"维多利亚时代的厨师如海中巨兽一样住在楼下，他们令人敬畏、沉默晦涩、神秘莫测；乔治王时代的厨师则是阳光清新的生物，他们在客厅进进出出，一会儿借《每日先驱报》，一会儿询问关于帽子的意见。"这种变化影响着主仆、夫妻、父母与子女之间的关系。这个时代的主旋律就是"打碎与坠落、碰撞与破坏的声音"。语法与句法分崩离析，乔伊斯的《尤利西斯》是"一个绝望男人的意识与刻意的下流，他感觉自己为了呼吸必须打破窗户"。[8]尼采曾预言新的伟大领袖们会用锤子来进行哲学探讨，而伍尔夫坚称她听见四处都有斧头砸过的声音。她认为这"充满活力并发人深思”，但别的人觉得这令人烦恼。对于生活的新节奏是有争议的，而对于这一切的价值却只有否定，因为毫无疑问的是生活与思想的旧形式已经被彻底破坏。

∞

　　如果物质的气室和空间的空隙之间没有明显的区别，如果物质可以被认为是能量排列的一种结构，那么认为物质是由具有明确定义的表面的离散位组成的这种传统观点也必须被摒弃。19 世纪下半叶，电磁和热力学理论的一系列发展破坏了这一概念。1896 年，柏格森调查了微粒理论面临的几项挑战，认为将物质划分为具有绝对确定轮廓的独立体是“人为的行为”。他将法拉第的物质理论解释为原子是辐射整个空间的能量线的交叉点：“因此，每个原子都占据了引力延伸的整个空间，所有原子都相互渗透。”他认为存在一个连续的、均匀的、不可压缩的流体填充空间，以及我们所说的原子是“一个涡旋环，一直在这种连续性中旋转”，[9]这两者都是加尔文的观点。通俗报刊上也出现了对微粒理论的质疑。一篇关于“物质与电流之间界限的消失”的文章认为物质是由移动的电粒子组成的。1906 年，一位密歇根的物理学家在《大众科学月刊》上发表了一篇题为《元素是可转化的吗？原子是可被分割的吗？物质的形式只是运动模式吗?》（“Are the Elements Transmutable, the Atoms Divisible, and Forms of Matter but Mode of Motion?”）的文章，这使得读者们眼花缭乱。他对所有问题的回答都是肯定的，并认为微粒理论已经成为他那个时代的“燃素理论”。[10]

　　1896 年放射性衰变的发现也让人们对物质的稳定性表示质疑。某些元素如镭的粒子通过释放能量而自发地解体，并适时显示出明显的质量损失。小说家和物理学家都认识到，宇宙中古老而稳定的物质已不复存在。威尔斯 1909 年的小说《托诺与邦盖》（*Tono-Bungay*）中

184

的主人公发明了一种名为"夸普"（对"废话"一词的恶搞）的放射性药剂，他把这种药剂装瓶后作为一种神奇药物出售给公众，他很容易就用广告噱头操纵了大家。他指出，基本元素曾被认为是自然界中最稳定的物质，但这些新元素是通过破坏来生存的"癌性"物质，而放射性是一种"物质疾病"，会扩散到周围的一切。"夸普"是现代价值观的一个绰号。"它实际上正是我们的旧文化在社会上的衰落，是传统、差别和肯定反应的丧失。当我想到这些在我们地球上形成的令人费解的、有溶解力的中心时，我就被一种怪诞的幻想所萦绕，那就是我们所有的旧世界最终会毁灭、干枯腐烂和分散。"

爱因斯坦的相对论质疑所有空间扩展形式的稳定性。他在 1905 年的一篇文章《论运动物体的电动力学》（"On the Electrodynamics of Moving Bodies"）中介绍了这一特殊理论，并认为，相对于静止参考系，物体在运动时确实会改变形状。静止时呈球体形状的刚体在运动时开始呈椭圆形，所有三维物体的相对速度达到光速时都会"收缩成平面图形"。[12]广义相对论打破了整个物质宇宙的传统稳定性。经典物理学告诉我们，所有的物体都是可以伸缩自如的变形体，体积随温度的变化而变化。根据爱因斯坦的理论，宇宙中的每一点物质都会产生一种引力，这种引力会加速宇宙中所有物质的运动，并改变它们外形的大小。因此绝对的刚体是不存在的。在这种情况下，笛卡尔坐标系的网格对于绘制运动轨迹是无用的。爱因斯坦建议使用一种非刚性参考系，他称之为"参考软体动物"。[13]因此，那个在笛卡尔坐标系整齐的方格中生动展现的有序的几何世界变成了一个复杂而不稳定的世界，只能由黏性的参考软体动物的矩阵代表，不停变化的质量和无数移动粒子的接近性为矩阵加速，使它不断变形。

X 射线穿透人体表面和其他材质的屏障。一位评论人士指出，它通过照亮不透明物体的内部，"颠覆"了以往所有关于光的作用的概念。随着 1896 年爱迪生荧光镜的发明，直接看到活生生的人体内部成为可能。[14]未来学家们认为 X 光不过是又一种打破了他们所深恶痛绝的旧形式的设备。博乔尼问道:"谁还能相信身体是不透明的?"

他还将 X 射线的穿透能力与未来主义艺术"敏锐且加倍的敏感度"联系起来。[15]托马斯·曼在《魔山》中探索了它的影响。医生让汉斯通过荧光镜屏幕看自己的手,当 X 光在他的身体上"解体、湮灭和溶解他的肉身时,他有生以来第一次明白了自己是会死的"。[16]托马斯·曼写出了许多人在第一次窥视人体内部、观察新技术突然刺穿体内器官时一定会经历的反应。

用作支撑的钢铁框架、玻璃墙和电力照明也打开了建筑的外壳,这使得室内和室外之间一种新的相互渗透成为可能。1889 年,埃菲尔铁塔的竣工宣告了钢梁建筑的新纪元。传统的内部和外部的区别无法描述这种开放的结构。从螺旋形楼梯下来的游客在外面,但同时也在"里面",因为天空和周围房屋的连续不断的螺旋和旋转景象产生了一种由内而外的感觉,德劳内在描绘巴黎铁塔融入周围环境的绘画中也捕捉到了这种感觉。[17]

一直以来建筑物都由墙壁支撑,但大约在这个时期,建筑师们开始用钢梁等承重基础设施建造摩天大楼。由威廉·勒·巴伦·杰尼(William Le Baron Jenny)设计的芝加哥莱特大厦(1889—1891)是第一座没有任何支撑墙的纯骨架建筑。芝加哥建筑学院的一个显著特点是横向拉长的窗户,这满足了办公楼的照明需求。另一特征则是对内部框架结构的外部展示,这与传统中的用外立面隐藏结构形式形成了对比。

在 1889 年巴黎博览会上,机器展厅的墙壁展示了玻璃的潜力就如埃菲尔铁塔展示了钢铁的潜力。建筑师们从建造坚固的支撑墙的需要中被解放了出来,他们可以使用玻璃来为室内引入光线和外部世界的风景。德国表现主义艺术家保罗·希尔巴特(Paul Scheerbart)在他的《玻璃建筑》(*Glasarchitektur*, 1914)中评价了玻璃的文化影响。"砖文化,"他写道,"令人沮丧。"人们在狭小、封闭的房间里感到窒息,被"砖芽孢杆菌"毒害,他认为这种细菌存在于古老的砖石结构中。他们必须

186

用玻璃建筑打开自己的生活和思维。自然光将穿透室内，照亮他们的心情，扩充他们的意识。在夜间，建筑物将从外面被看作在灯光下形成的模型，它将照亮周围的地形，突出山脉，使夜间飞行成为可能。[18]

希尔巴特对乡村未来的看法是对电力照明带来的建筑变革的最早明确认识之一。正如美国设计师摩根·布鲁克斯（Morgan Brooks）指出的，建筑师习惯在日光下观察构思结构，很少去想这些建筑在夜晚看起来是什么样子的。[19]雷纳·班纳姆道出了电灯应用的革命性："大量的光与大面积的透明或半透明材料结合在一起，有效地改变了人们观察建筑物的所有既定视觉习惯。这是人们第一次拥有了构思一种在夜晚才会被感知到其真实本质的建筑的可能，天黑后，人造的光线会透过建筑结构照射出来。"[20]

在很大程度上，弗兰克·劳埃德·赖特的决心造成了美国住宅建筑中封闭形式的瓦解，他的"有机风格"要求彻底开放室内生活空间。维多利亚时代中期常见的房屋包括早餐室、餐厅、厨房、食品储藏室、主卧室、独立的儿童房、女佣室、托儿所、书房、客厅、浴室、客厅、阳光走廊、壁橱，以及由门、门厅、小过道和墙壁隔开的角落。赖特的第一个目标是减少这些独立的部分的数量，创造一个统一的空间，让光、空气和街景渗透整个空间。其次，他试图将建筑与其所在地融为一体。他将高大、笨重的维多利亚式房屋夷为平地，并加以精简以符合美国中西部地区的平坦地势，在此过程中他发展出了"草原风格"。房屋的长水平扫面与连续窗户的水平线条以及平缓倾斜屋顶的宽阔屋檐融为一体。他的众多窗户和外门创造了"户外生活"的感觉，这在后来变得相当流行。他把这个主题确立为"'内在'变成了'外在'"。[21]另一个目标是通过让所有的墙都围上屏风，让天花板和墙壁互相连通，来消除盒子般的房间。

虽然草原小屋的线条融入了周围的环境，但赖特坚信，房子一定是一个远离外界的庇护所，他把外面的门藏在石墙和门廊墙后面。他深信，只有在住宅受到安全保护、不受外界侵扰的情况下，内部才有可能开放,这是人们对隐私要求和公共领域与私人领域之间适当关系的广泛重新考虑的一部分。

许多发明刺穿了隐私的外壳。1877 年左右,麦克风的发明使外人能够听到房间里的私人谈话。或许第一个"窃听器"是 1881 年由纽约监狱官发明的,他把扩音器藏在牢房里,窃听到两名囚犯在讨论一桩罪行。²² 柯达在 19 世纪 80 年代发明了完美的干底片固定焦距摄影技术,这使得业余爱好者和记者可以在未经他人同意的情况下,在摄影棚外的任何地方对人们进行偷拍。1902 年,《纽约时报》抱怨柯达使用者入侵了人们的隐私,"柯达人埋伏着"等待拍摄公众人物。²³ 1906 年,G. S. 李(G. S. Les)将电动门铃进入家庭内部视为新技术所带来的生活普遍内部化的一部分。现代人"放弃了闪亮的黄铜门环———一种外在的感觉的愉悦象征———门廊门上的一个小按钮和厨房里遥远的叮当声"。²⁴ 英国作家阿诺德·本内特(Arnold Bennett)在美国旅行时,被电话"可怕的普遍性"吓倒了。他发现美国的城市"人行道、屋顶上、地板和天花板之间、墙壁之间、千千万万的丝状物交织着,它们将有机体的所有隐私连接在一起,并将其摧毁,以便形成一个巨大的宣传机构"。 188 他还反对欧洲的酒店在每个房间里都安装"电话的可怕诅咒"以侵犯个人隐私。²⁵ 在短篇小说《乡村电话》(*A Rural Telephone*)中,中西部的农民发现,通过偷听合用线上的电话,他们获得了一种归属感,这弥补了对他们隐私的侵犯。²⁶ 1893 年在布达佩斯的《电话报》通过每晚向听众广播酒店里陌生人的身份和位置,破坏了他们的隐私。1912 年,一位受欢迎的科学作家抱怨说新的无线信息使得旧式莫斯电报丧失了其交流的私密性,因为任何想要"窃取隐私"²⁷ 的人都能获取信息。

从立法的通过中也可以看出公共部门对私人生活的日益干涉,这些法律规定了建筑物的大小和标志,限制了广告的内容和位置以及噪声大小。1901 年,研究城市设计的历史学家查尔斯·马尔福德·罗宾逊(Charles Mulford Robinson)调查了一系列规则,"几乎所有最近采用的规则都对建筑物的大小和高度进行了规范"。1887 年,罗马的市政法规制定了明确标准,规定了与街道宽度成比例的高度限制。在比利时,没有法律规定建筑的审美标准,1890 年 6 月 20 日的一项法院判决,使得镇议会可以要求建筑"与所处场地保持一致"。在维也纳,新的规则对卫生、建筑的高度和阳台的位置都进行了规范,以建立一个"整体和谐的外观"。1893 年英国成立了防止滥用公共广告协会,旨在促进"城镇形象的尊严和得体"。爱丁堡本就有法律禁止任何广告上的字母对着天空,又于 1899 年通过了一项法律,允许社区自主决定所有广告的投放地点。1895 年,比利时劳动组织开始了一场宣传运动,要求广告成为商业结构中的装饰元素。此外,若干压制街道噪声协会也成立了起来。1899 年,纽约市进步协会报告说,在向该协会提出的投诉中,侵入性的公共噪声占了绝大部分。罗宾逊指出,波士顿城市音乐委员会被指控他们使得手摇玄琴和手风琴一个调子。[28]

美国隐私法的立法历史说明了对私人生活的侵犯。《纽约晚报》(*New York Evening Post*)编辑 E. L. 戈德金(E. L. Godkin)在《公民的权利——对自己名誉的权利》("The Rights of the Citizen—to His Own Reputation", 1890)中写道,英美法律一直认为家是一个避难所,在这里,一个人应该能够退回到"思想和情感的内心世界"。[29]但是,现代报纸侵入了它,使流言蜚语成了一种有销路的商品。同年,路易斯·布兰代斯(Louis Brandeis)和塞缪尔·沃伦(Samuel Warren)发表了一篇关于"隐私权"的学术文章,详述了戈德金在法律史上具有里程碑意义的一篇争论文章。此文源于沃伦 1883 年所遭受的一次骚扰,当时一家报纸刊登了有关他婚姻生活耸人听闻的细节。布兰代斯和沃伦通过介绍的方式追溯了法律对于个人从外界经受的日益微妙、私密的伤害的逐渐承认,最早的法律保护个人的身体、生命、财产不受伤害,之后又有法律保护人民免于语言的伤害,直到后来的版权法和保护人们名誉免受诽谤中伤的法律。但在此之前,法律关注的是个人与社会之间的外部关系,而布兰代斯和沃伦则坚持认为,法律必须承认个人与自己之间关系的合法地位,使他免于丧失自尊,不被侵犯隐私。"随着文明的进步,生活的强度和复杂性已经使我们有必要从这个世界上撤退一些",但最近的发明,如即时摄影和报纸事业,已经侵入了私人和家庭生活的"神圣领域"。当制造未经许可的宣传的技术变得更加有利可图时,人类对宣传的敏感度也就相应地提高了。文章最后呼吁立法承认隐私权,并将侵犯隐私权定为刑事犯罪。[30]

1891 年,美国最高法院裁定,以人身伤害为由起诉铁路公司的人,不得被命令接受外科手术检查以证实该主张。[31]可以理解的是,对诸如隐私权之类的首次司法承认本应用于对个人身体更明显的隐私权。1902 年,阿比盖尔·罗伯森(Abigail Roberson)起诉罗切斯特折叠盒公司未经她同意就使用她的照片宣传产品。下级法院做出了对她有利的裁决,但纽约上诉法院推翻了这一裁决。这一否定判决在《纽约时报》上激起了一篇代表隐私权的愤怒文章。次年,纽约州立法机构通过了一项法律,规定未经事先书面同意,将他人的照片或图片用于商业用途属于轻罪。[32]1905 年乔治亚州最高法院决定代表一个人起诉保险公司未经他的同意将其照片用作广告用途。这是法院第一次承认隐私权及其损害赔偿裁决,而这一切都是以隐私权被侵害为基础的,这成为一个法律上的先例。[33]

190

在精神病学和文学中,外部势力对私人世界的深入渗透和保护私人世界的努力的加强也很明显。弗洛伊德的结论是,他的许多病人都遭受着旧时社区庆典和宗教仪式私人化的痛苦。在现代,公共信仰和公共仪式正被神经症患者的私人仪式取代。[34]个人在内化以前的公共规范,因此承受的压迫越来越大。他反复强调,文明本身的进步需要越来越多的本能性的放弃,而随着父母们越来越多的担心,禁令被传递给了下一代,这一点也就此达成,孩子们通过他们不断发展的心理内部的审查和内疚感把这些禁令内化了。在治疗中,弗洛伊德遇到了越来越多的阻力,因为他的解释开始渗透病人的防御结构,并揭示了他们的梦和症状的无意识内容。他说,这就像一个孩子在父母试图打开他的拳头想看看他手里拿着什么东西时,他反而会将拳头攥得更紧。在广泛的社会层面上，弗洛伊德观察到人们和机构对个人私生活的窥探，与此同时，他看到人们对日益紧张的、表现为日益严重的神经症的私人世界紧抓不放。

小说中也显示了私人领域的强化。"19世纪的小说，"大卫·戴奇斯（David Daiches）说，"被固定在一个读者和作家都认同的公共价值世界里，它的情节模式是由主人公的财富和地位的变化决定的。"人们在一个共同原则的公共舞台上展现自己，并得到发展。他们可能与这些原则产生冲突，但仍被这些原则界定。在《米德尔马契》中，金钱的得失和声誉控制了大部分行为。在托马斯·哈代的小说中，婚姻、职业、阶级和声誉塑造了人物的生活。戴奇斯认为，康拉德是英国第一个现代小说家，因为他最优秀的作品关注了公共道德不适用状态下的情形。《黑暗的心》里面，马洛的旅行揭示了"所有人类标准和人类动机的公共表述都是不充分的"。[35]《秘密特工》中无政府主义英雄的任务——炸毁格林尼治天文台——是对实现公共生活的协调的公共世界和公共时间的批判。在现代小说中，外在的行为并没有揭示人物性格的本质，公众的姿态被误解或根本不被理解。利奥波德·布鲁姆的私人世界并没有因为外界的攻击而崩溃，而是被激发起来，成了小说中最重要事件的发生地。随着公众越来越多地介入，个人退回了一个更加坚固和孤立的私人世界。这就是为什么我们可以在这段时间里观察到两个世界的相互渗透和分离。[36]在考虑到城乡、社会和政治形态的崩溃时，我们将看到，其他看似对立的发展相互激励，并辩证地成对发生。

纵观历史，人口的增长往往会扩大城市的规模，但工人步行或骑马上班所能达到的距离总是会造成限制。随着铁路和19世纪晚期街道铁路系统的发展，范围扩展到包括新的"有轨电车郊区"[37]。有轨电车在欧洲和美国的城市中涌现，打破了旧的空间形式，这表现为整个地区突然被遗弃、乡村被通勤者挤满，旧城市边界之外的新社区蔓延开来。一种新的生活方式伴随着城市的新维度出现了，因为郊区住房使得大量的人能够将城市和农村生活的优点结合起来。对于这一现象，持传统观点的观察人士和持新观点的人各执一词。前者哀叹农村隐私的丧失，而后者则认为，郊区是对农村生活的孤立和狭隘，以及对城市的拥挤和腐败的一种纠正。

1893 年，美国科幻作家亨利·奥列里希（Henry Olerich）在一部乌托邦小说中描绘了扩展城市的有利后果，小说讲述了一位来自火星的游客来到地球，讲述了他自己的"没有城市和乡村的世界"。在序言中，奥列里希阐明了地球上这两个区域之间的界线破裂所带来的好处。精神活动"更大胆、更广泛、更自由"，城市居民和乡村居民之间的误解和冲突也较少发生。客人向地球居民解释了火星人是如何做到消除市区的拥挤、犯罪以及孤立的农民的缓慢又浪费的劳动力的，他们将人口在土地上分布开来，使需要紧密互动的公司以及需要相当大生存空间的独立性都能达到利益最大化。[38] 1906 年，一位颇受欢迎的美国作家观察到电话和电报、农村免费送货和改善的道路如何将城市生活和乡村生活融合在一起。连接小城镇的支线铁路的扩展使工人们能够从郊区通勤，他预测这种农村—城市的模式不久就会"融合成郊区"。[39]

郊区把城市的道路带到了乡村，而"花园城市"把乡村带到了城市。1898 年，英国城市规划师埃比尼泽·霍华德（Ebenezer Howard）在他的一本书中提出要建造花园城市，把城镇的高工资和就业机会与乡村的美丽、低租金和宽敞的生活空间结合起来。[40] 1899 年，霍华德成立了花园城市协会，1903 年，第一个英国花园城市在莱彻沃斯诞生。他的影响很快扩展到欧洲大陆，在那里，20 世纪初有了许多花园城市运动。1896 年，在霍华德发表他的花园城市理念之前，德国规划师西奥多·弗里奇（Theodor Fritsch）就提出了"不是由内而外，而是由外而内"的城市建设理念。他设想了一系列的同心圆，这些同心圆只为特殊类型的建筑而划分，中间有一个大花园。[41] 这种将城市和乡村结合在一起的渴望的高潮是德国前印象派建筑师布鲁诺·托特（Bruno Taut）梦幻般的愿景。在 1917 年的《高山建筑》（*Alpine Architektur*）一书中，他提出利用电力照明和玻璃建筑，将意大利北部的一整座山脉改造成一座由

192

金光闪闪的神殿和水晶环绕的山谷。三年后，在《城市的解体》(*Die Auflösung der Städte*) 一书中，他宣布那些"大蜘蛛"——古老的城市——即将灭亡。[42]

一些社会形式也让位了。在世纪之交，社会的阶级分化在社会等级的较低端变得尤其尖锐，因为工人阶级开始进入政治程序，但与此同时，贵族和上层中产阶级之间的传统边界变得模糊。一旦被法律明确界定并受到继承性的保护，贵族阶层就失去了作为唯一统治精英的能力，被迫与上层中产阶级团结起来。对于阶级界限的侵蚀，人们最强烈的抱怨与社会等级制度的这一特殊边界有关，因为许多贵族被迫进入"资产阶级"企业，或者为了钱结婚以维持他们的生活方式。

193　　1912 年，巴黎上流社会报纸《高卢人》的编辑阿瑟·梅尔哀叹旧沙龙中阶级划分的严格界限被侵蚀了："民主通过消解所有区别已消除了那些几个世纪以来保护着旧式社会等级的壁垒，而我们如今的沙龙最好的情况就是没有个性，而最坏的情况是全都一个样。"[43]势利感当然不是这一时期所特有的，但那种强烈的防御性语调是。迈耶在美国的同行、种族主义社会学家爱德华·阿尔斯沃斯·罗斯(Edward Alsworth Ross)指责私家车被有轨电车取代，造成了上流社会和中产阶级令人厌恶的融合。他还指责美国 34 个城市在 1911 年提供了 1 800 多万个免费公共浴室。民主的洪流涌入公共供水系统，用暴徒的残渣污染了上层社会。他警告说，如果这种趋势继续下去，"其影响将是有地位者与无地位者之间的审美空间缩小"。[44]英国观察家菲利普·吉布斯(Philip Gibbs)认为，阶级和社区的瓦解是几种传统形式瓦解的一部分。他认为，新人类没有固定的信仰，旧的确定性的毁灭随处可见。不再有"一个阶级有明确的界限，把它从一边是穷人，另一边是富人中分离出来"的地方。郊区已经变成了一个被各种各样的人包围的"巨大的散乱地带"。现代社会的不安情绪已经"像打开窗户的微生物一样"渗透进了家庭，在家庭内部滋生了混乱。[45]普鲁斯特来自中上阶层的犹太家庭，又渴望被法国贵族的圈子接受，他在这两个阶级之间的边界徘徊，情况岌岌可危,就像在世纪之交由于反犹主义和德雷福事件带来的阶级偏见使得社会的无人之地所面临的境况一样。在小说中,马塞尔渴望进入格尔曼蒂斯公主的专属领地,但当他最终到达时,发现那里已经经历了一场重大的转变。"某种贵族偏见和势利感的情节在过去自动地在格尔曼蒂斯的名字和一切与之不协调的东西之间保持着一道屏障,但现在这种情节已经失效。机器的弹簧衰弱了,或者坏了,再也不能执行阻挡人群的任务;成千上万的外来元素涌入,所有的同质性,所有的形式和颜色的一致性都消失了。"[46] 势利的意象反复涉及外来因素对"纯粹"阶级的渗透,以及社会阶层和僵硬的阶级界线的断裂。

在奥地利,社会底层和上层的阶级界线正在减弱。卡尔·索尔斯克重建了这种彻底的转变。民主主义运动对跨国哈布斯堡帝国进行了政治上和社会上的分裂,工人、中下阶级,以及农民开始挑战这个由衰败的贵族组成的不稳定的统治阶级和想要融入贵族的不稳定的自由中产阶级。在 19 世纪的最后 5 年里,政府试图通过各种方法把帝国团结在一起,包括提拔那些致力于帝国的普遍性和文化的社会尊严和稳定功能的艺术家。但在世纪之交,随着统治阶级失去控制,这种结构开始瓦解。索尔斯克在奥地利戏剧、城市规划、建筑、心理学和艺术中追溯了这种光谱性的社会和文化混乱,这种混乱最终以科柯施卡的狂暴绘画和索恩伯格对自文艺复兴以来一直作为音乐结构中心的调性的排斥达到了理性的"花园里的爆炸"。[47]

国界本身也变得更加容易跨越,因此旅行者跨越国界格外容易。交通的发展促进了人们跨越国界的自由流动。飞机穿过边境的墙,摧毁了固定防御工事的军事意义。通常人们并不需要护照。许多欧洲国家在法国大革命期间设立了这些机构,但在 19 世纪,这些机构逐渐被撤销。英国、挪威和瑞典根本就没有。法国在 1843 年废除了护照制度,除了 1870—1971 年战争期间的一段短暂时期外,法国不需要任何人的护照。1861 年,比利时废除了所有入境或出境旅客的护照要求。1863 年,西班牙紧随其后,而后是德国(1867 年)与意大利(1889 年)。

1888 年,当阿尔萨斯-洛林(Alsace-Lorraine)的德国政府提出护照要求时,引起了强烈的抗议。一位批评人士抗议称,护照是人为的,因此不可能进行突然旅行或紧急访问。他写道,他们由德国当局建立的机构是一种"罪恶和折磨的行为,让阿尔萨斯人和洛林人无法忍受"。[48] 广泛的抗议迫使德国政府在 1891 年取消了阿尔萨斯-洛林地区对除了法国军官和未服兵役的德国人以外所有人的护照要求。1912 年,法国制定了一项类似的规定以控制外国军官的旅行,但直到 1914 年战争爆发之前,西欧大多数国家都没有护照要求,几乎人人都可以自由旅行。斯特凡·茨威格对战前欧洲的怀念也包含了在一个没有第二次世界大战期间在边境经历的那种创伤的世界里轻松旅行的记忆。1914 年以前,他去印度和美国旅行时无需护照,也从未见过护照。"这些边界,"他回忆说,"只不过是一些象征性的界线,人们越过这些界线时,就像穿过格林尼治子午线时一样,不加思索。"[49]

　　除了科学、技术、法律和政治的发展所带来的具体变化之外,艺术和剧院中较古老的空间形式以及哲学、心理学和物理学的概念形式也呈现了广泛的文化再审查。在 1915 年出版的《艺术史原理》(*Principles of Art History*)一书中,德国美学家海因里希·沃尔夫林(Heinrich Wöfflin)提出了两对对立的概念,用于描述艺术"理解形式"的转变。他写道,这两种开放和封闭的形式在古典风格和巴洛克风格中形成了最鲜明的对比。古典风格以水平和垂直为主,包含轮廓鲜明的物体,牢固地扎根于空间,和谐地被画框包围。而在巴洛克风格中,曲线和斜线占主导地位,物体和图形是不对称地组合在一起的,并延伸或指向框架之外。沃尔夫林没有探讨当代绘画,但他的概念很适合描述其独有的特征,形式就像现代艺术发动机上的阀门一样,有开有关。[50]

　　印象派画家分解了形状。他们描绘被光线和大气状况改变了的物体的模糊"印象"——飘浮的雾气、闪烁的森林阴影、雨天街道上煤气灯的光亮。立体主义打破了艺术之镜。在他们的绘画中,物体没有完整的轮廓,向周围的空间开放。一些部分被打破,颜色渗入邻近的物体,带有多个光源的半透明空间的切面在边界表面形成阴影。他们把脸部一部分移除,然后把剩下的部分重新组合起来,创造出一种无视自然外观的怪诞的开放形态。在《亚威农少女》中,从左到右五具躯体的轮廓越来越不清晰,仿佛毕加索在一步一步地展示如何拆除这个封闭的人体。在布拉克1908年的画作《埃斯塔克的房子》(*Houses at l'Estaque*)里,墙壁逐渐变成了植物,树枝刺穿了屋顶。在1910年的《女孩与曼陀林》(*Girl with a Mandolin*)一画中,毕加索让人物右肘脱臼,就像一个疯狂的外科医生把骨头碎片移植到大块空间上一样。1911年,毕加索和布拉克并肩工作,创作了几乎一模一样的肖像画——《玛奥利》(*Ma Jolie*)和《葡萄牙》(*Le Portugais*)——作品中的人物被分割成几乎辨不出人形的几何构图。这些肖像宣告了漂浮在无框空间中的开放形体的胜利。正如格特鲁德·斯坦因解释的那样,在立体主义中,"生命的框架,一幅画必须存在于并保持在框架内的那种必要性已经结束了"。[51]

在我们观察到的所有变化中,立体派对封闭形式的攻击是这一时期最生动、最重要的。这不仅仅是现实主义到印象派的那种艺术风格的转变。它涉及艺术目的的转变,对视觉感知的现实的解释转变成为对审美想象的现实的创造。立体派发现,出于对艺术敏感性的考虑,他们可以而且必须使物体变形,以及更改当地的颜色性。如果一幅作品的视觉运动需要肘部向周围的空间张开,那么他们就把它切开。对他们来说,打破封闭的形式是艺术对视觉外观的独立宣言。他们对物体进行分割并将其拼接到空间中,可以被视为对那种将物体与背景分隔开来的旧传统的抛弃,同时也否定了那些坚持艺术家要尊重现实中物体外观的传统。毕加索画中的曼陀林演奏者断裂的肘部打破了正反面空间的界限,宣告了艺术家的自主性,也使视觉现实摇摇欲坠。

批评家们站出来为画框和艺术中的几何形式辩护,但这主要是为了强调相反的趋势。在1902年的一篇文章《画框》("The Picture Frame")

196

中，格奥尔格·西梅尔（Georg Simmel）坚持认为，艺术作品的本质在于它的自我包容，这就要求它清晰、完整地封闭在一个画框中。画框的特点是增强和强化画面的内在统一性。它将视线引向中心，将画面从所有无关紧要的干扰中拉开。[52]在第一幅立体派绘画展出前三年，法国哲学家保罗·索里奥（Paul Souriau）在《理性之美》（*La Beauté rationnelle*）这一美学专著中收录了一篇慷慨激昂地为"几何之美"辩护的文章。他认为，理性的形式和结构，甚至是节奏，都是恰当的艺术主题，因为它们是自然和人类所固有的，因此在艺术中具有审美上的满足感。我们本能中的几何感在人类思想最基本的创造中表现了出来——建筑、花园和

197

装饰——也在更高的层次上以规则的、简单的、比例匀称的艺术形式表现了出来。[53]西梅尔和索里奥要求保留传统而有规律的形式，仿佛世界的政治和社会稳定受到了现代艺术开放形式的威胁。

　　未来主义者像鼓风炉的门一样把形状吹开。在《技术宣言》（"Technical Manifesto"）中，博乔尼描述了"我们的身体如何穿透我们所坐的沙发，而沙发又如何穿透我们的身体。公共汽车冲进它经过的房子里，反过来，这些房子又扑到公共汽车上，和它混在一起"。博乔尼在《街道的喧闹穿透房屋》（*The Noise of the Street Penetrates the House*，1911，图9）中描绘了这一相互混杂的场景。画面上是一个建筑工地，其中的楼房都是开放式的，但随着立体主义风格的碎片化，博乔尼也打开了围绕着工地的房屋。与标题一致的是，博乔尼延续一个正在修建的楼梯的轮廓，使其进入一个站在前景中的女人的左肩，伪装成各种各样的形状，生动地描述了噪声对房子里的人的渗透。建筑的柱子像中国发簪一样插在她头上，一匹马从她的右臀跑了出来。声音和图像穿透她的意识时，物质世界穿透了她的身体。博乔尼解释说，未来主义"今后将把观众放在画面的中心"。[54]这幅画上女人的形象和她旁边阳台上的两个观察者在视觉上融合了，而又几乎迷失在外部世界，这使得这幅画实现了观众和景观的融合。博乔尼在为一尊1911年至1912年制作的名为《头与窗的融合》的雕塑所进行的两项绘画研究中，对自己的构思进

行了评价。其中一幅画展示了一个坐着的女人被窗户以及光线通过不同角度、形状和厚度的玻璃所产生的棱镜效应穿透。在传统艺术中被窗户分隔开来的室内和室外与未来主义展现的设计一致而相互融合，正如安东·布拉加利亚（Anton Bragaglia）所言，这是"将我们抽象的内心与具体的外部联系在一起的微妙纽带"。[55] 在 1912 年的第二幅绘画作品拥有一个讽刺性的名字《物质》（*Matter*），闪烁的光线反射或穿过了玻璃的一部分，那位女性进一步丧失了物质形态。

198

图 9   翁贝托·博乔尼，《街道的喧闹穿透房屋》，1911 年。

以普通三维物质为工作对象的未来主义雕塑家也打破了传统封闭形式的外壳。博乔尼再次宣布了他们的目的："让我们把一切都颠倒过来，宣布绝对彻底废除有限的线条和独立的雕像。让我们把人物劈开，把周围的环境置于其中。我们宣布环境必须形成人造整体的一个组成部分，一个自己的世界，有自己的定律：这样路面能跳上你的桌子，或者你的头可以过马路，当你的灯发出蜿蜒的石膏光线，从一个房子穿到另一个房子。"[56] 在《瓶子在空间中的发展》（见图 7）这一作品中他试图实现基座、雕塑和周围空间这些传统上的独立元素的渗透。瓶子从基座中升起，就好像它是陶工旋盘上的一块，在我们眼前旋转发展。基座和瓶子之间没有明显的分割线，但这个整体没有实现对所包含雕塑的"完全废除"。它打开了一个传统的瓶子的形状，但又在破碎的形状周围闭合。博乔尼过分强调了他的目标，因为任何雕塑的材料不管是多么不寻常都必须有一个离散、连续的边界表面。但像这个瓶子一样以这种方式描绘的物体似乎是开放的，而且即使它们没有完全做到，也会产生一种环境的人造价值的印象。

在剧院里，几项技术发展开辟了新的可能性。1896 年，卡尔·劳特施拉格(Karl Lauterschläger)发明的旋转舞台简直彻底地改变了舞台设计。尽管一开始没有得到广泛应用，但它为快速改变布景提供了新的可能。电影院的多用框架表明打破了传统的固定舞台布景，19 世纪 90 年代，电灯取代了煤气灯，人们能够在一个场景中照亮舞台的不同部分，并且通过改变灯光的颜色和强度来制造出变化的明暗对比效果。洛依·福勒(Loie Fuller)在跳舞的时候，利用新的照明技术将彩色光束投射到自己身上。在一段名为《镭》("Radium")的舞蹈中，她的服装上涂上了一种能发出磷光的发光物。一位评论家在评论 1900 年的一场演出时说："光线来自四面八方。洛伊在玻璃上跳舞，玻璃反射着大灯的强光，而美妙的光流似乎从两翼、舞台和乐队向她涌来。"[57] 当光线照在她的身上时，她还转动着挂在长杆上的彩旗，把她的身体伸展到空间里。光和旗帜的结合创造出了发光的力线，就像一幅未来主义的绘画被赋予了生命。

一些大胆的剧作家和设计师试图消除舞台和观众之间的明显分隔。这方面的先例可以追溯到古典戏剧中经常隔着"幕布"说话的合唱队。18 世纪，卢梭反对剧院人为地将演员和观众分开，但他对实际的舞台表演几乎没有产生影响。一般来说，当演员想对观众说些什么时，他必须假装自言自语，陷入独白的状态。19 世纪的剧作家主张用墙，即用一堵"看不见的"又不能被演员和观众任何一方突破的墙来分隔这两个领域。

德国和奥地利的剧作家率先穿透了第四堵墙。1889 年,在慕尼黑开业的改革公司将舞台扩展到观众中,从而迈出了第一步。[58]后来阿道夫·阿皮亚系统地致力于超越演员和观众之间的隔阂。为了在 1891 年和 1892 年上演瓦格纳的一些歌剧,他提高了剧院的灯光亮度,降低了舞台前半部分的灯光亮度,以缓和传统上黑暗的剧院和明亮舞台之间的过渡。他还主张扩大舞台前厅的宽度,使其与侧墙齐平,以消除传统中舞台开口的窥视孔效果,提供从房子到舞台更平稳的过渡。[59]1908 年,慕尼黑莎士比亚剧院的一位设计师解释说,他让演员们从观众中间的坡道走进去,以创造一种更大的"有机统一"感。[60]1905 年,马克斯·莱因哈特(Max Reinhardt)带领演员们从观众席走过桥梁和坡道,1911 年,他在一座被改造成大教堂的剧院里上演了《奇迹》(*The Miracle*)。被安置在观众席上的演员们在人群中指挥群众活动,并组织宗教游行。[61]如 1907 年开放的哈尔茨"山剧院"这样的露天剧场,也旨在通过减少在黑暗的剧院中高耸、明亮的舞台和固定的一排排座位之间的人为分隔,使演员和观众在自然的环境中更亲近。

与此同时,1910 年后纽约出现了卡巴莱(cabaret)歌舞表演,打破了主导娱乐行业的阶级、性别和种族壁垒。以前上层阶级有他们的剧院、音乐会和歌剧,而大众阶层则享受吟游诗人、杂耍和滑稽戏。到了 19 世纪 90 年代,电影、歌舞杂耍和拉格泰姆开始吸引各阶层的人们。1911 年,"牧女游乐园"在百老汇中心的第 49 街开业,这是在纽约副城区之外开设的第一家重要的歌舞表演场所。卡巴莱歌舞表演的布局及其娱乐性会模糊传统上观众和表演者之间的尖锐分隔。舞台尽量靠近观众,通常都被桌子包围着。它和观众处于同一水平线,没有窗帘或脚灯来强调演员和观众之间的区别。卡巴莱歌舞表演者有时也会在周围的桌子上吃饭,然后从顾客中间站起来,开始他们的例行表演,在表演间隙,顾客们会被鼓励在舞台变成的舞池中跳舞。座位安排有利于流动性的增强。表演的同时人们在吃饭、喝酒,聊天也在继续;椅子的流动性使得客人们能够按不同需要来安排座位,从而突出了刘易斯·爱

伦伯格(Lewis Erenberg)所谓的"整个房间的无政府主义可能性"。许
多时事讽刺歌舞剧鼓励表演者和观众之间的互动。歌舞团的女孩们会
弄乱男人的头发，撞到他们的椅子，或者拉他们到舞台上跳舞。1912
年，一位纽约社会丑闻杂志的编辑抗议酒店"消除了障碍，将演员置于
观众之中，这种熟悉性无疑会打破传统形成的所有防御"。[62]他的顽固
形象既表明了上流社会强烈的防御姿态，又展现了维系旧式等级社会
的习俗的力量——以及它分崩离析的组成部分。

　　未来主义者还试图拆除传统的"第四堵墙"，他们认为，这是一个防
腐和垂死的社会变性艺术的症状。在1913年的一份宣言中，马里内蒂
宣布有一种新的剧院，在这个剧院里，观众将会参与进来，这样动作就
会"在舞台上，在包厢里，在管弦乐队里"同时展开。四年之后，他这样
阐述了他们的意图："通过探索将观众的情感交响化，尽可能地使其最
懒的层面也能动起来；在舞台和观众之间撒下感官之网，以消除观众对
舞台灯光的偏见。"在"一战"期间，他们开始上演将观众和演员织入一
个戏剧矩阵的剧目。1917年埃托雷·佩措里尼(Ettore Petrolini)的《射
线检查法》(Radioscopia)中的一些情节来自散落在观众中的演员。在
1919年弗朗西斯科·坎圭罗(Francesco Canguillo)的《灯光！》(Lights！)
一剧中，观众们被安置在他们中间的演员所鼓舞，会表演整部戏剧。在
一个漆黑的剧院里，这些演员兼观众开始要求把灯打开，这使得其他所
有人都支持这个抗议。当骚乱达到顶峰时，灯会亮起来，窗帘则会
落下。[64]

　　斯特林堡为这场剧变做出了贡献，他改变了舞台上的戏剧形式，在
时间和空间上塑造出螺旋形的人物，以复制梦境思维的狂野旋转。在
《梦之剧》的序言中，他解释了自己的创作方法："在这部梦幻剧中，就像
在他之前的《去大马士革》(To Damascus)那部梦幻剧一样，作者试图
再现梦境中不连贯但显然合乎逻辑的形式。任何事情都有可能发生；
一切皆是可能可信的。时间和空间并不存在；在轻微的现实基础上，想
象在旋转并且编织出由记忆、经历、无拘无束的幻想、荒谬，以及即兴表

演组成的新模式。人物分裂开来,变成双倍甚至三倍。他们蒸发、结晶、散射、收敛。"[65] 在前半小时里,有 9 个场景变化。道具和布景随着时间和空间的维度而改变。背景升起或分开,展现出新的内部空间,人物在几秒钟内变老,直接穿过墙壁,城堡顶上的花蕾绽放成一朵巨大的菊花。在接下来的场景里,树先后变成帽架和枝状大烛台;舞台大门变成了一个文件柜,然后又变成一扇通往教堂圣器安置所的门。斯特林伯格有些夸大了舞台的成就,因为时间和空间并没有完全消失。但他确实忽略了公共生活的统一框架,复制了个人经历的可塑框架。在没有任何直接影响的情况下,斯特林堡的目标陈述呼应了弗洛伊德在一年前出版的《梦的解析》一书中所描述的梦的"主要过程"。这两部来自不同领域的重要作品表明,精神生活的过程既不能被封闭在传统心理学僵化的概念框架中,也不能在传统戏剧的僵化统一中令人信服地被戏剧化。

除了打破旧的形式,画家、音乐家和剧作家发现,为了有效地表达技巧,有时候有必要超越各自流派的限制。"共同感觉"一词于 19 世纪 90 年代开始出现在精神病学文献中,用来描述一种感觉,由一种刺激(如声音)产生的颜色,通常与感觉系统的另一部分相关联。[66] 这个想法并不新鲜。浪漫主义把绘画和音乐结合起来,波德莱尔在一首同名的诗中使用了这种"呼应",后来成为象征主义者的灵感来源。瓦格纳在他的作品《总体艺术》中试图实现光和声音的感官对应,阿皮亚试图为他上演这一幕。奥迪隆·雷东(Odilon Redon)称自己为"画家交响",1905 年前后,神秘的立陶宛音乐家 M. K. 修欧尼斯(M. K. Ciurionis)转向绘画,以描绘被构思为交响乐章的彩色作品。[67]

在对这种文化异族通婚的探索中,一群未来主义者为音乐特质赋予了色彩。他们制作了一架"彩色钢琴",按顺序从键盘上触发彩色灯光,然后用电影技术对这些"彩色交响乐"进行了持久的记录。[68] 卡洛·卡拉(Carlo Carrà)试图在《有轨电车对我说》(*What the Streetcar Said to Me*, 1911)中描绘声音的印象。这些形式看起来就像是从一个透明固体中凿出来的，揭示了城市和颠簸的电车噪声的方方面面。卡拉在1913 年的一个关于《声音、噪声、气味的绘画》的宣言中解释了未来主义的通感。他们将使用尖叫绿、黄铜黄和"最最最红的咆哮红"——所有的"速度的颜色"表示嘉年华、烟花和唱歌。他们将画出电影院、妓院、港口、火车站、医院的噪声和气味的塑性等效物。[69]这些未来学家忽视了对每种感官的传统划分，坚持认为心灵能够通过结合各种感官的接受能力来创造新的审美形式。

20 世纪初，随着几位画家和雕塑家进行抽象尝试，造型艺术这一可识别的学科的最基本要求也开始消失。在现代艺术史中，沃纳·哈夫特曼（Werner Haftmann）总结道："这十年的整个人类结构——对有形世界的真实性和牢固性日益加深的怀疑所引发的不安——在抽象绘画中寻求救赎。"[70]俄罗斯画家瓦西里·康定斯基（Wassily Kandinsky，居于慕尼黑）创造了伟大的突破，他于 1910 年创作了第一幅完全抽象的油画。彩色的斑点在胶状的球体中流淌，就像在人类最后的日子里，甲虫在文明的废墟中疾行。虽然塞尚把瓶子变成了圆筒，格赖斯把圆筒变成了瓶子，但两者笔下的最终形式都是可辨的。康定斯基的笔下开始和结束时都只是彩色的形式，画布上代表的只是他的内在精神生活。正如他在 1911 年出版的《关于艺术精神》（*Concerning the Spiritual in Art*）一书中所解释的那样，他把自己的作品视为艺术对外在事物暴政的胜利。他写道，当代是"物质主义的噩梦"。艺术模仿自然，精神是沉默的，现代人很少能感受情感。但画家可以通过利用色彩与精神状态的自然联系，找回内在的精神，给予它客观的表现。他的书是通感技术的目录，是颜色和形式的精神意义的指南。颜色能代表声音、气味和情绪。有些颜色糙而黏，有些颜色光滑而统一。他们也可能与阶级相关："绿色是'资产阶级'——洋洋自得、不可动摇、狭隘。"他认为绘画风格是时代精神的反映，因此他把自己的绘画与即将到来的"物质的消解"联系起来。随着物质结构的崩塌，艺术家将从表现自然中的事物的义务中解放出来，可以自由地描绘自己的内心感受。要做到这一点,他们必须打破感官之间的障碍,描绘出与不同颜色有关的气味、声音、印象和情绪。[71]

传统的思维方式也受到了质疑。在对学术哲学的一次尖刻抨击中,尼采讽刺了康德宣布他发现了人的道德能力后人们的反应:"德国哲学的蜜月期到了。图宾根神学院所有年轻的神学家都到灌木丛中去寻找'能力'。"[72]他的话适用于那些认为人类的思维是一串能力的哲学家和心理学家,他们认为人类的能力就像集市上的许多货摊一样独立运作。到19世纪中叶,颅相学家已经确定了其中的37个能力,并为它们找到了精确的解剖位置。除了古典的感知、记忆、想象和意志能力外,他们还发现了一些离散的能力,如隐秘、意识和协调。亲和性位于大脑后部,介于黏附性和好斗性之间。19世纪80年代,当柏格森和詹姆斯开始争论精神生活是一种没有明确概念或操作界限的流动时,他们的攻击对象之一就是这种僵化的能力心理学,另一个对象则是弗朗西斯·赫伯特·布拉德利的一元论。

詹姆斯率先抨击了布拉德利无视时间和变化只是表象的做法,以及他严格的系统哲学的"闭塞宇宙"。对詹姆斯来说,只有经历的多样性和变化才是真实的。现代思想家不应遵循传统系统哲学的整齐分类和循序渐进的步骤,而应遵循不可预测和不规则的经验轮廓。意识流不能用桶来衡量,每一种体验都有一些边缘超出任何一种简单的范畴。"当我们概念化的时候,我们进行了剔除和固定,也排除了我们已经固定的东西,而在真实的、具体的、感性的、不断变化的生活经历中,经历互相弥补。"尽管在《心理学原理》一书中,他使用传统心理学的能力作为章节的标题,但他在这些章节中辩称,精神生活不能被划分为单独的概念单元。传统的分类充其量只能提供性格分化的两极,因为经验"在不同的环境下会分成诚实与不诚实、勇气与懦弱、愚蠢与洞察力"。[73]

自我和世界之间的其他陈旧的概念墙被胡塞尔和弗洛伊德推倒了。胡塞尔反对笛卡尔关于在某处等待着被发现的预先存在的现实的概念,相反,他认为所有的意识都必须是关于某物的"意识"。到1913

年，他阐述自己的革命理论不是一种意识的行为，它的对象只是同一事物的主观和客观方面。[74] 意识浸入世界是弗洛伊德对新思想的贡献。在 1914 年[75]的一篇名为《关于自恋》（"On Narcissism"）的论文中，他分析了"原始人"、儿童和精神病患者（患有他最初所说的"自恋神经症"的人）的自我与外部世界的关系。在"原始人"中，自我与外部世界的界限是混乱的。他们相信思想和语言的无所不能，高估了愿望和精神行为的力量，用魔法操纵世界。一个正常的婴儿在"初级自恋"的状态下开始生活，在这种状态下，所有的心理过程都与一个无差别的、与外部世界的任何事物都无关的自我联系在一起。这种原始的自恋为塑造孩子的发展奠定了基础。一个受痛苦折磨的正常人通常会放弃对他人的兴趣，从爱的对象中抽离性欲，将其重新投入自己的自我中。那些生活中痛苦不断的人可能会完全远离他人。弗洛伊德认为，由此产生的"自恋型神经症"将人们与所有的人际关系隔离开来。这种"继发性自恋"是一种对客体关系的背离，在更深层次上涉及对自我与世界的混淆，在妄想症、妄想狂和疑病症等精神状态中，这种自恋抹杀了独立的自我。这样，人们就会从一种正常的初级自恋状态中走出来，与外部世界保持联系，只要满足能将他们引向他人，并防止他们重新陷入继发自恋的泥沼。

弗洛伊德也认为，在正常的心理过程中，本能生命的方向可能会在自我和他人之间转换。在其 1915 年发表的《本能及其变迁》（"Instincts and Their Vicissitudes"）一文中，他解释说，同样的本能可能指向自我或他人，产生同样的心理效应。虐待狂和受虐狂，除了来源和目的，是相同的。爱出风头的人在向别人展示自己身体的同时，也满足了自己想看到自己身体的欲望。弗洛伊德写道："在这些例子中，主体的自我扭转和从主动到被动的转换是汇聚或同时发生的。"[76]在梦中或精神病症状中最能观察到这些多样的心理过程，因为在那些时候理性的"修正"减少到最低，思绪在经验的宇宙中猛冲，将自我与世界结合，以与最初的自恋及其所源的未分化状态一致。

当哲学和心理学的概念形式被重新塑造和拒绝时,物理学也经历了类似的转变。1907 年,爱因斯坦提出理论,认为在引力场中传播的光是弯曲的。由于光的轨迹是两点之间最短的距离,也是所有测量的基础,他的理论改变了空间本身的概念。他的结论是,通过减慢光速,重力扭曲了空间和时间。他还假设引力不是一种力,而是时空连续体的固有曲率。在轨道上运行的行星或围绕太阳的"测地线"并不是因为太阳吸引它们,而是因为在有引力的宇宙中没有直线。[77]第二年,德国物理学家赫尔曼·明科夫斯基(Hermann Minkowski)把空间和时间的命运作为经验的两个独立维度进行了推测。根据爱因斯坦的理论,他宣布:"从今往后,独立的空间和时间都注定要消失在阴影中,只有二者的某种结合才能维持一个独立的现实。"他建议将这种结合称为"世界线",他将其描述为一个点的"永恒事业",因为它存在于过去被视为独立的时间维度。所有的事件都应该在一个由坐标 x、y、z 和 t 表示的四维连续体中考虑,这些坐标应该被理解为同一种单位,不完全是空间或时间,也不完全是距离或持续时间,而是时空间隔。[78]八年后,爱因斯坦总结了世界观的转变。"因此,把物理现实看作一种四维的存在似乎比以前认为的三维存在的进化更为自然。"[79]

无论在过去还是现在,要将世界概念化为一个时空连续体是极其困难的。这一理论打破了奠定西方思想基础的古老范畴之间的分歧。19 世纪在吸收康德的理论方面已经遇到了足够的困难,以至于观察者的思维工具决定了时间和空间的形式。但康德从未提出这些形式是可互换的,牛顿和几代古典物理学家也没有提出过,他们设想了在三维空间中延展的质量宇宙,沿着质量不同的时间维度进行传输。温德姆·刘易斯(Wyndham Lewis)指责柏格森"在空间和时间之间插入了一个连字符",[80]但即使在时间的浪潮中,它们仍然保持着作为独立维度的身份。爱因斯坦和明科夫斯基首次将这两个概念统一为一个概念单元。

∞

任何时代都无法承受持续不断的危机。骨细胞的重建在折断后几分钟内就开始了，即使是在恐慌和严重迷失方向的时候，最疯狂的精神病患者的大脑也在经历重建过程。世纪之交那一代人的危机也是一个本质上具有建设性的过程的一部分，因为最大胆的革新者用铁锹撬开了传统形式的铁器，为未来的所有重建扫清了道路。

尽管最耸人听闻的报道强调了由此导致的崩溃，但驱动能量是创造性的。关于原子多孔性的发现源于对物质组成的理解的一种努力，而场论则试图在用旧以太理论解释光所产生的悖论和矛盾的纠缠中找到意义。尽管埃菲尔铁塔的内部和外部相互渗透，但它是一个坚实的建筑，是新材料和新技术稳定性的象征。赖特的草原风格旨在使建筑符合人类的需求，并与场地协调。建筑商建造郊区，并非出于强迫人们放弃旧城区的任何变态乐趣，而是因为郊区住宅在想要同时享受乡村和城市生活的好处的消费者中有市场。画家们抛弃了传统形式以捍卫艺术的独立性，正如 1898 年维也纳分离派（Vienna Secession）之屋上刻的一句箴言所说："时代需要艺术，艺术需要自由。"20 世纪早期的艺术家并不排斥一切形式，他们只排斥那些扼杀自由的形式。毕加索把曼陀林女孩的手肘打开并不是为了对传统艺术形式施以暴力，而是以一种不会对他的审美情感造成暴力的方式来安排这些形式。

如果所有这一切的驱动力都是积极的和具有创造性的，为什么霍夫曼斯塔、穆西尔、齐美尔、奥特加和伍尔夫他们在对这一时期的普遍评价中却强调"滑动""爆破""缺乏形式"，以及"崩溃和破坏"的声音？其中一个原因是，轰动效应吸引了评论家和历史学家，使阅读变得引人入胜。毕加索的艺术确实摒弃了旧的形式，他的弟子和评论家们也许一开始更多的是被这种形式而非他对新形式的构建所震撼。第二个更重要的原因是,旧的形式是根深蒂固的,需要有力的驱逐。反传统主义要想奏效,就必须强调这一点。

传统像蠕虫一样在社会结构中根深蒂固。对等级和等级制度的尊重是欧洲人生活的基础。民主的发展和社会特权的侵蚀所产生的焦虑与旧文化形式的瓦解所产生的焦虑类似。新的科技加剧了两种形式的焦虑。它打破了传统的劳动方式和社会关系,也打破了传统的习惯。尽管许多戏剧性的文化变化来自各种不同学科内部产生的压力和问题,但技术为改变旧模式提供了一种令人信服的物质力量。

最初由富人使用的电话[81]很快就成为一种民主工具,使阶级界线变得平直,把各国束缚在一个单一的电子网络中。携带摄像机的记者可能会侵入私人住宅,在他们八卦小报的文章中曝光私人事务,比如那篇激怒沃伦和布兰代斯的文章。新电影是一种独特的民主艺术形式。虽然剧院相对昂贵,无法被复制,但影院技术在数百家影院为广大工人阶级观众提供了相同的大画面。与剧院相比,电影院不仅更容易接近,而且更重要的是,它使所有的观众看到摄像机能拍摄到的任何地方。隐喻跨越层级链接的不平等。电影强大的隐喻技术夸大了旧等级制度的不平等和陈旧习俗的浪费。世纪之交发明的新闻片使得知识跨越了阶级和国家边界。

1913 年发表在《国民日报》(*The Nation*)上的一篇题为《民主艺术》("A Democratic Art")的文章解释了电影的社会和政治意义。便宜的座位、价格都同等、广泛的主题,及其对"所有国家、所有年龄、所有阶级、两种性别"的吸引使得电影成为一个真正流行的艺术形式。在纽约早期的"五分钱影院"(nickelodeons)里,看一场无声电影只需五分钱,来自世界各地的工人,甚至那些不会说英语的工人,都可以在黑暗中与上层社会的人混在一起,带着一种前所未有的社会接近感和亲近感。电影"对基本情感有直接又普遍的吸引力",还允许每个人都成为评论家,因为"观众讨论着电影的技巧,就像巴黎或伦敦的文学沙龙讨论高级戏剧的细枝末节一样满怀兴趣"。D. W. 格里菲斯(D. W. Griffith)声

209

称他的故事和他心目中的英雄都是民主的。他问道："难道我们不是在通过电影为民主、美国民主创造一个安全的世界吗？"这种侵入式的摄像头能穿透社交障碍，传播知识，破除迷信，颂扬传统美德。1918 年，赫伯特·弗朗西斯·舍伍德（Herbert Francis Sherwood）推测，电影是"一种民主的语言，它影响到所有阶层的人民，并把他们紧紧联系在一起"。[82]

美国建筑师路易斯·H. 沙利文（Louis H. Sullivan）认为，现代建筑要忠于时代精神，就必须是民主的。在名为"启蒙对话录"（"Kindergarten Chats"，1901 年首次发表，1918 年修订）的系列文章中，苏利文用政治术语对现代建筑进行了描述，他坚持认为，"表被的圈套"最终必须让位于一种真正的民主建筑，这种建筑将"穿透所有封建屏障"。苏利文以尼采笔下愤怒而生动的意象，抨击了懒惰的历史主义者，称其在"旧价值观必须被重新评价的时代"，从旧书中寻找思想，"咀嚼这种建筑的反刍，以获得生活津贴"。在美国，目前存在着一场"野心勃勃的民主与长期以来对封建主义的痴迷"之间的斗争。政治将消除旧的障碍，把自然的力量与当代的需要和审美价值结合起来。虽然苏利文没有详细说明什么样的结构或风格是民主的，但他强调民主的功能是"解放、扩大、强化和集中人类的每一种能力"。[83]

传统的世界根植于规定个人如何体验自己、他人和世上事物的习俗。它按等级顺序排列，万物都有一个合适的位置。贵族高于资产阶级，中产阶级高于工人阶级，每个人都应该知道自己的社会地位，履行自己的职责。原子是固体的，是离散的；空间是弹性的，是惰性的。皮肤的表面隐藏着心脏的秘密，只有死后才能看到骷髅。在家里，每个人都有自己的房间和相应的角色，房子的里里外外都用坚固的墙牢牢地隔开。没有一种电话能使人在不身处其中的情况下进入室内。万物都有各自的天性、一个正确的地方、一个适当的功能，因为整个世界都在离散而相互排斥的形式中排列：固体/多孔、不透明/透明、内部/外部、公共/私人、城市/国家、贵族/平民、同胞/外国人、框架/开放、演员/观众、自我/对象，以及空间/时间。长久以来，是这些古老的支架支撑着西方世界的生活方式和文化，以至于没有人能确切地回忆起它们是何时开始出现的，以及它们为什么还在那。这需要一代不满足的科学家、艺术家和哲学家来拆除它们，并开始以一种伟大的酒神式的积极态度来对待生活与艺术，尼采在他最后那段清醒的日子里曾对这种情形进行过预想。旧形式的瓦解，加上透视主义和积极的消极空间的肯定，使得等级消失了。这些空间体验的变化与习俗和习惯能够支配享有特权的观点、地点或形式相矛盾。相反，所有这些都必须在生活的过程中得到检验，由艺术家的眼睛来选择，并根据当前的价值观和需求进行重建。

8 距　离

1872 年 10 月 2 日,伦敦高级改革俱乐部的一些成员在一堆火前玩惠斯特牌,讨论一个银行抢劫犯成功逃跑的可能性。工程师安德鲁·斯图尔特(Andrew Stuart)坚持认为劫匪能逃脱。银行董事之一戈捷·拉尔夫(Gauthier Ralph)则不同意这种观点。世界各地的特工都收到了一份关于这个强盗的描述,因此,"他能跑到哪去呢"?

斯图尔特答道:"我也不知道,这世界这么大,总有藏身之处吧。"

"从前确实是这样。"另一位绅士低声说。

拉尔夫表示同意,并指出,人们能够以"比一百年前快十倍"的速度环游世界。

另一位成员报告说,大印度半岛铁路最近开通了一段新路。根据《纪事早报》(Morning Chronicle)的计算,如果路径选择得当,人们可以在 80 天内乘火车和轮船环游世界。

他们继续讨论着这样旅行的可行性,晚上七点左右,先前提到地球变小的那位温文尔雅的男人使得这场讨论更进了一步,他下注两万英镑赌自己能在 80 天内环游地球。他打算当晚 8 点 45 分在多佛乘火车离开,但坚持要打完手上这圈牌。7 点 25 分,斐利亚·福克赢了 20 几尼,离开了俱乐部,准备和他的法国仆人路路通开始环球旅行。

儒勒·凡尔纳(Jules Verne)的经典小说《80 天环游世界》(Around the World in Eighty Days, 1873)中的主人公体现了大英帝国所有的自信和奢侈。他的财富来源是个谜,他用它来放纵自己在长途旅行中获得的品位。改革俱乐部的冰"花了很多钱从美国湖区运来",以保持他的饮料新鲜。他彬彬有礼、沉默而准时,是一位完美的绅士,他的生活方式会让塞缪尔·斯迈尔斯微笑。他醒来,穿好衣服,吃好早餐,然后按照严格的时间表开始他的一天,这种习惯对他在世界各地的快速奔走大有裨益。他在位于萨维尔街的优雅的家中安装了最精确的新型电子时钟,也配有电铃和通话管以方便主仆之间的即时通信。他短暂的成功之旅吸引了大众,这本书很快就在多国畅销。有了福克和路路通,读者就可以借他们和时间赛跑,也可以征服空间。

这本书是事实和幻想的混合体,是一个正在发生的全球旅行的概要,也为其他人的效仿提供了灵感。虽然凡尔纳从未承认他的主人公有特定原型,但有两个人很可能就此书的原型。1870 年,波士顿商人乔治·弗朗西斯·特雷恩(George Francis Train)几乎就用 80 天环游了世界。两年后,另一位美国商人威廉·佩里·福克(William Perry Fogg)出版了一本名为《环游世界》(*Round the World*)的书,记述了 1869 年一次比 80 天长一点的旅行。在苏伊士运河、美国横贯大陆铁路和横贯印度半岛铁路完工后,1870 年 3 月在《风景如画的商店》(*Magasin pittoresque*)一书里出现了一张时间表,而凡尔纳的八十天时间表就很有可能是从中得来的。

凡尔纳小说的名气使得 80 天成了一个人们竞相想要打破的记录。第一个这样做的是美国记者奈莉·布莱(Nellie Bly),她在 1889 年至 1990 年花 72 天完成了环游世界。乔治·特雷恩在 1892 年将这个时间缩减到了 60 天。[1] 随着旅行的改进、世界标准时间的引入所促进的行程安排,以及电话和无线电的发明,环游世界所需的时间逐步减少,到了世纪之交之时,人们希望能够减少到福格(书中主人公——译者注)所用时间的一半。1902 年,几个欧洲国家和中国的官员聚首以计划从巴黎到北京的铁路旅行,他们还宣布,他们已经"解决了 40 天环游世界的问题"。[2] 随着铁路、电话、自行车、汽车、飞机和电影彻底改变了人们的距离感,这部小说展现了一种新的世界团结,这种团结在随后的几十

213

年里变得更加强烈。

铁路并非新鲜事物，但在世纪之交，随着铁路网络的日益壮大，它们对政治、军事、经济和私人生活的掌控越来越多。[3]在这部自然主义小说的隐喻语言中，铁路具有凶险的含义。在左拉的《人兽》(*The Human Beast*，1890)中，"它就像一个巨大的身体，一个躺在地球上的巨型生物，他的头在巴黎，脊椎呈直线，四肢伸展成分支，脚和手在勒阿弗尔和其他终点"。[4]弗兰克·诺里斯(Frank Norris)的《章鱼》(*The Octopus*，1900)的中心意象就是紧紧抓住农民的铁触角，整个圣华金河谷都被它控制住了："从雷诺一边到旧金山，奔流着红色的神经丛，一个名副其实的血液循环系统，复杂、分裂、统一、分支、扩展、伸出触角、主根、供料器——从主动脉射出一些小型水蛭，然后扭曲进入一些偏远的县郡，抓住一些被遗忘的村庄或城镇，将其纳入无数分支线圈之一，成为上百触须之一，可谓将其拉向所有这些系统的中心。"[5]铁路终结了遥远的避难所。铁路公司将广大的陆地和海上航线统一为一个单一的商业单位，将小麦种植户吸纳到国内和国际市场的主流中。

214

在需求和技术发明之间复杂的相互作用中，很难将其中之一完全确定为因果关系。这条铁路顺应了经济的需要，对经济生活产生了巨大的影响。电子通信与全球市场的创建有着相似的关系。电报和铁路一样，都是 19 世纪早期的产物，但电话独属于 19 世纪最后的 20 多年。它极大地扩展了信息发送的范围、机动性和联系点，把数百万人吸引到了一个即时通信的网络中。起初，法国人对电话持怀疑态度，直到 1898 年，法国仅有 31 600 部电话。到 1912 年政府控制该系统时，更有进取心的英国人已经有 60 万部使用中的电话。在德国，电话的增长速度就更快了。1891 年，世界上有 7.1 万部电话，到了战前则已有 130 万部。一份报告称，在 1913 年，德国共有 25 亿次通话[6]，美国人对电话的热情最高，到 1914 年，美国有 1 000 万部电话投入使用。假设每台电话的通话率相同，并将这一数字翻倍，使通话双方次数相等，那么可以估计，1914 年美国的电话线大约被使用了 380 亿次。

俾斯麦(Bismarck)是第一个认识到远程电话通信价值的政治领袖。早在1877年,他就看到了电话的连接潜力,当时他在柏林的宫殿和瓦尔津的农场之间架设了一条超过230英里的铁路线。到1885年,有33个城市与柏林直接连线。俄罗斯迅速认识到了电话的军事用途;1881年,他们建立了一个委员会来研究电话的潜力,三年后在莫斯科和圣彼得堡之间开通了直通线。1887年,巴黎和布鲁塞尔之间开通了第一条国际电话线。1891年,英国和法国之间铺设了第一条海底电话线,从此,欧洲的海外电话业务开始了。1892年,美国开通了纽约至芝加哥之间的连线,这也是美国长途线路服务的开端。到1915年,纽约与旧金山之间开通了第一条海岸至海岸的线路。"距离的毁灭"不是科幻小说的幻想或一些物理学家的理论飞跃;它是群众的实际经验,他们很快就习惯于这种设备,使他们能够筹集资金、出售小麦、演讲、通知风暴、防止航海堵塞、报告火灾、买杂货,或只是通过越来越远的距离交流。[7]1905年的一篇文章写道:"在某些地区,偷鸡已经成为一种失传的艺术,因为犯罪行为一旦被发现,人们就可以通过电话达到封锁所有逃跑的途径的目的。"[8]偷鸡贼或凡尔纳假想的银行抢劫犯发现,距离的消失使得他们要想成功脱逃,只能扩大逃跑的范围。

电话也扩展了居住空间。"电话改变了大脑的结构。人们生活在更广阔的空间里,从更广阔的角度思考问题,有资格追求更高尚、更广泛的动机。"[9]一位社会观察家这样写道。谈话激起了人们拜访的欲望。普鲁斯特有一种与电话交谈既亲近又分离的感觉。他在1902年的信中讲述了他和母亲在她的父母刚去世以后的一次谈话,"突然之间,她可怜又颤抖的声音通过那部总是响个不停的电话向我传了过来,与我一向熟悉的那个声音不同,这个声音破碎不堪;从那些通过电话筒传向我的受伤、流血的只字片语中,我第一次有了一种可怕的感觉,那就是她内心的一切都永远破碎了"。[10]在《追忆逝水年华》中,他把这段经历转化成马塞尔和祖母之间的对话,并对电话沟通的本质进行了思考。这是一种"令人钦佩的魔法",为我们带来了"隐形却又现时的、我们一

215

直想要与之谈话的人，这个人身处自己的城镇，坐在自己的桌前……身在我们一无所知的环境和困扰之中，他就要把这些事告诉我们了，突然之间他发现自己穿越了几百英里"。电话接线员是"隐形的女祭司"，她给我们带来了"战胜距离"的声音。但他祖母的声音也让马塞尔有了一种"永远的分离"的预感。她的声音不仅遥远，而且与她的身体的其他部分隔绝了——她身体的动作、面部表情、声音、气味和触感，这些完成之前对话的舞台布置。这个被截短的抽象的个体成了一种象征，象征着他自己的孤独以及在死亡中等待着每个人的永恒分离。[11]

距离也有助于缓冲面对面接触的强度。通过电话交谈，人们可以随意对待接线员，他们想着反正也不会和这些人当面接触。[12]男人们通过电话对女人展开追求；一些人甚至在电话里求婚。[13]电话也使商业活动得以分散。虽然在 19 世纪中叶，公司的办公室通常设在工厂里，但在世纪之交人们开始将办公室迁往城市中心。19 世纪 80 年代，总公司开始在纽约聚集，到了 20 世纪初，伦敦也出现了类似情况。[14]电话也使商人们能够走出城市，在乡下处理事务。1914 年发表在《科学美国人》(*Scientific American*)上的一篇题为《远距离行动》("Action at a Distance")的文章指出了城市拥堵的问题，并期待有一天电话和可视电话（当时尚未发明）将允许企业在远离城市的地方开展业务。[15]电话连接可能有双重影响。他们可以将业务从单一贸易社区分散开来，也可以将其集中起来。电话使商人无需离开办公室就能在远处进行买卖，同时也扩大了他们的"地盘"，迫使他们向更远的地方发展。它使人们紧密接触，但也迫使他们"生活在更远的距离"，并创造了一种明显的空虚感，在这种空虚感中，声音似乎是独特的、空洞的和遥远的。

自行车创造了另一种距离效果。1893 年，一辆新的美国自行车的价格在 100 美元到 150 美元之间。1897 年，它的平均价格在 80 美元左右，但到了 1902 年，大规模生产使得它的价格降低到 3 美元到 15 美元之间，完全在工人阶级的承受范围之内。19 世纪 90 年代的"自行车热潮"使越来越多的人能够自由旅行。[16]在《这是翅膀！》(*Voici des ailes*！)中,勒布朗笔下的英雄帕斯卡表达了他对太空新秩序的兴奋之情:"地平线令人窒息的极限被摧毁了,自然被征服了。"[17]道德卫士警告说,女性正利用自行车带来的新机动性,越来越多的女性出门在外时无人陪同。自行车还连接了社交空间。1891 年,一位势利小人在《双周刊》上撰文承认,一个人是有可能骑自行车而"不危及他或她的社会地位"的。但他的保证也暗示了这种危险:在都柏林,按照惯例,每个人都要骑自行车,上层社会"永远不会因为呼吸到邻家杂货店店员的空气而感到自己的文雅受到冒犯"。[18]1895 年,发表在《明尼阿波利斯论坛报》上的一篇文章对"所有交通工具中最民主的"、允许所有阶层以同样的方式自娱自乐的自行车持更为正面的态度。另一位记者则对自行车的"革命性"影响赞不绝口——自行车是"伟大的平等工具",是社会平等的工具。[19]毕晓普称赞自行车缩短了社交距离,让两性更容易在一个共同的基础上相遇。毕晓普还指出,旅行半径的扩大以及郊区旅游越来越受欢迎,这些都是"无意识的,但肯定会使城市和乡村更紧密地结合在一起"。他的观察是自行车使人们的活动半径从 2、3 英里扩大到了 10 或 20 英里,而在世纪之交,人们对于汽车也做出了相似的评估。[20]

1902 年,一位早期的汽车爱好者阿尔弗雷德·哈姆斯沃斯(Alfred Harmsworth)解释了汽车将如何延展美国人的社交生活,因为汽车使得人们不必像 10 年前那样安排马匹的更换也可以拜访 25 英里以外的人。[21]在汽车出现之前,任何住在 8 或 10 英里以外的人都"无法打电话"。西格弗里德·沙逊(Siegfried Sassoon)在回忆童年时写道:"邓伯勒公园离我姑妈住的地方 12 英里……姑妈家离邓伯勒夫人家整整两英里远。这两英里使得情况大不相同,那贵族的黄色轮子的四轮大马车从未进入过我们谦卑的大门。"[22]茨威格观察到"山脉、湖泊、海洋不再像从前那般遥远;自行车、汽车和电动列车缩短了距离,给了世界新的空间感……以前只有少数特权阶级才会去国外,现在银行职员和小商人也会到法国和意大利去"。[23]在 1898 年出版的《体育的道德》(*La*

217

Morale des sports）一书中，保罗·亚当阐述了新的汽车运动主义。驾驶技能需要持续的注意力和遥远路途上的快速反应。旅行的轻松和频繁带来了思想的交流，激发了智力、打破了偏见、减少了地方主义。[24]同一年，亨利·亚当斯（Henry Adams）在写作中思考了汽车对空间和时间的征服。汽车可以把分散在各处的历史遗迹，如沙特尔大教堂（cathedral at Chartres）连接起来，让他"不间断地从一个世纪跨越到另一个世纪"。[25]普鲁斯特也有类似的观察。战前，许多人认为快速的铁路旅行会扼杀沉思，但他指出："汽车已经取代了铁路的功能，让游客再次置身于被遗忘的教堂之外。"[26]然而，普鲁斯特更喜欢铁路。乘汽车旅行"更真实"，因为它能让人与地球保持更亲密的关系，并作为一个连续体穿越空间。而火车从一个车站跳到另一个车站，使出发和到达之间的差别尽可能地强烈。铁路旅行就像是一个隐喻，因为它"把世界上两个遥远的个体统一了起来，把我们从一个名字带到另一个名字"。[27]火车旅行是找回失去的时间的一条线索。他对艺术最有名的定义集中在隐喻将经历的"遥远个性"结合起来的方式上："我们只有在比较两种感觉的共有特质时才能够获得真理和生命。我们成功地提取了它们的共同本质，并在一个比喻中把它们从时间的偶然性中解放出来，让它们重新团结在一起。"[28]

在凡尔纳的故事里，地球在菲利亚·福格（Phileas Fogg）的整个旅程中都维持着同样的大小；在普鲁斯特的作品中，距离则会随着意识的介入收缩伸展。凡尔纳用科技让他的主人公在八十天内环游世界，而普鲁斯特则用科技来描述大脑无法控制且持续不断地进行的时空跳跃。福格可以计划他什么时候出发，在途中如何连接，而马塞尔则需等待不由自主的记忆以开始他的旅程，然后看着他记忆中无数的地方一闪而过。奥尔特加在写到普鲁斯特创造了"我们和事物之间的一种新的距离"时，评论了这种对空间的独特敏感性——这种距离被注意力、想象力、爱和欲望改变。[29]从凡尔纳的旅行小说出版到普鲁斯特的小说第一部出版之间的四十年里，不仅仅只有新的交通工具和通信工具使得文学中的距离感发生了变化。对于普鲁斯特来说,他和乔伊斯一样,旅行既发生在思想上,也发生在世界上,距离取决于记忆的效果、情感的力量和时间的流逝。

电影对视觉艺术中的距离感有两种独特的贡献,一种是特写(close-up),另一种是快切(quick cut)。第一次戏剧性地使用特写镜头是在波特的《火车大劫案》(*The Great Train Robbery*, 1903)的最后一幕,当时屏幕上是一个歹徒枪管的近景,他近距离地向观众开了枪——这象征着整个媒体以及这种技术的爆炸性影响。五年后,格里菲斯在名为《伊诺克·雅顿》(*Enoch Arden*)的电影中使用了特写镜头,这部电影改编自丁尼生的一部小说,讲述了一个被困在岛上的男人的故事。在其中一个场景中,格里菲斯在屏幕上展现了安妮·李(Annie Lee)的脸的特写,她在思念失散已久的丈夫,紧接着镜头切换到孤身在岛上的丈夫。亲密的特写镜头和大洋彼岸的快速切换剪辑的结合震惊了早期的电影观众,但这个场景是有效的,并展示了如何创造新的距离和它们所暗示的情感。[30]1916 年,于果·明斯特伯格将特写镜头作为电影的一种装置,用来重现大脑选择重要对象并将其固定下来的方式。如果摄像机展示一条盒式项链坠挂在一个被偷走的孩子的脖子上,那么观众自然知道当女孩长大后,一切都将取决于这条项链坠。特写镜头增加了某些物体的尺寸和意义,使观众感觉离它们更近,并给电影制作者提供了一种新的技术来渲染不同的生活距离的体验。[31]

特写镜头创造了亲密感,快剪则创造了一种强烈的分离感和跨越的距离感。1907 年,法国评论家兼小说家雷米·德·古尔蒙特(Remy de Gourmont)在一篇文章中表达了他对电影的热爱,因为它使他能够"环游世界",瞬间体验到沙漠与海洋的强烈对比,体验到大不相同的环境和与其关联的情感的出人意料的并列。那是一盏"大魔术灯",向他展示了地球上最遥远和人迹罕至的地方。1913 年,另一位法国评论家强调他通过"电影的远足"毫不费力地参观了许多地方。[32]明斯特伯格对电影、对遥远地方统一的历史意义进行了深刻的诠释。"那些事件彼

219

此相距遥远，因而我们无法同时出现在所有这些事件中，但它们正在我们的视野中融合，就像它在我们的意识中融合在一起一样。我们的大脑是分裂的，很明显，在一个精神活动中，我们的大脑既可以在这又可以在那。"[33]在一系列的镜头中，电影能够接近大脑的力量，对那些发生在各处的众多记忆进行召唤和并置。

普鲁斯特用技术类比来说明他的隐喻方法，而未来主义者则用技术隐喻来说明他们的类比方法。在1912年的一份宣言中，马里内蒂坚持认为，现代作家必须创造一种新的语言，并广泛地运用类比——"将遥远的、看似千变万化的事物凝聚在一起的深沉的爱"。在一个有着飞机、无线电和电影的世界里，没有什么比与其他事物的类比联系更遥远、更多样化的了。[34]通过对旧语法的攻击，马里内蒂呼吁一种真正的当代文学风格，他将其描述为"没有束缚的想象——文字的自由"。现代作家必须"在世界各地撒下巨大的类比之网。通过这种方式，他将以电报的方式揭示生活的类比基础，其速度与电报强加给通讯员和战地记者的速度相同"。马里内蒂不加思索地把各种论点混合在一起，就像他把各种比喻混合在一起一样——一种简洁、电报式风格的创新，肯定与他在这份宣言中倡导的夸张而神秘的类比不协调。但他认为，遥远地方之间的交流速度也要求诗人"用基本的自由词汇，把没有连接弦的遥远事物编织在一起"。[35]虽然连接弦的缺乏使得无线交流更加通用，但缺乏逻辑连接也使未来主义的写作更加混乱，尽管在他们看来，这是唯一一种能反映生命类比基础的写作。[36]其他批评家对类比的本质功能没有那么坚持，但他们认为，新的距离控制与现代情感之间存在着联系。1914年亚历山大·莫修瑞（Alexander Mercereau）将几个立体派展览带到了东欧，他写道："我们自己的时代，是活力和强烈的戏剧的时代，也是电力、汽车和大工厂的时代，新发明迅速扩散——使我们的视觉能力加倍，轮流地收缩和延伸着我们的感知范围。"[37]文化记录中充满了这样的对新技术、新视角和新距离感之间联系的观察。

除了技术所创造的独特的空间性之外，两大社会经济发展也影响了人们之间和国家之间的距离感,两门社会科学使得评估其重要性的分析工具更加敏捷。社会学研究拥挤的城市生活的接近性,而地缘政治学研究帝国主义的巨大扩张和分裂。

尽管有 3 000 万人移民国外,欧洲的人口还是从 1890 年的 3.7 亿增加到 1914 年的 4.8 亿。人口的增长和城市人口的日益集中,以及新技术的出现促进了郊区的扩展。城市化速度最快的是德国,1880 年至 1913 年,德国人口超过 10 万的城市从 14 个增加到 48 个。尽管法国人口几乎没有变化——1891 年为 3 830 万,1911 年为 3 960 万——但到 1914 年,巴黎及其郊区的人口已超过 400 万。在那一年,伦敦人口达到了惊人的 750 万。在维也纳,"许多人不仅被迫把所有空余的房间都租出去,还把床位租给那些租不起单间的人,他们在公寓里没有任何权利,甚至连壁橱的使用权都没有"。[38]

社会学是社会科学中的几何学,是与空间最有关联的一种,其主要的分析动力是理解社会形态的空间分布。在进化理论的支持下,经过30 年的历史学导向,社会学家们在 19 世纪 90 年代对社会结构的兴趣日益浓厚;这一时期最紧迫的问题,也是现代社会学初露锋芒的问题,就是"群众"问题。

1890 年,法国社会学家加布里埃尔·塔尔德(Gabriel Tarde)发表了十年来对模仿规律的研究成果。他观察到,"更快的移动方式使得距离缩短了","人口密度在增加",这些都促进了模仿的过程。[39] 1893 年,涂尔干提出了一个缩小社会距离的类比概念来解释劳动分工。他写道:"如果我们同意说这个关系和积极贸易是由其动态或道德密度带来的,那么我们可以说,劳动分工的进步与道德或社会的动态密度成正比。"社会中个人之间的"实际距离"缩小的原因是人口增长、城市的形成,以及通信和交通工具的种类和速度的增加。[40]

1893 年,意大利社会学家西皮奥·西格勒(Scipio Sighele)确认了群体中发生的集体心理过程。与塔尔德和涂尔干一样,西格勒也注意到了人口密度的不断增长和由此造成的人群的不断增加,但他反对任何空间还原论，他坚持认为，在大群体中的个体中存在着特殊的心理特征，而这些特征不能只用拥挤的客观社会环境来解释。一个群体的"集体灵魂"与个体的简单总和是非常不同的。它包括个性的提升和超越"更有教养"的性格的本能的出现，会带来侵略和犯罪，非理性的疯狂爆发，以及对领导者奴性的忠诚。[41]

　　两年后，法国社会学家古斯塔夫·勒庞（Gustave Le Bon）在他的经典《乌合之众》（*The Crowd*）中宣称，这是"群众的时代"，人们对于布朗热将军的疯狂让他感到惊恐，此人在 1886 年开始煽动群众游行反对第三共和国的政府，他担心这是一种新的趋势，会最终导致"大众之声"对国家的统治。[42]勒庞与西格勒一样认为人口密度的增加是形成人群的必要前提，但并非决定性因素。其中也必然存在着一种独特的人与人之间的心理互惠。群众的思想是一种"集体的思想"，在这种思想中，个人被大众的情感淹没，思想通过某种"社会传染"传播。[43]

　　塔尔德、西格勒和勒庞试图解释远距离传输的过程和正在发送的消息的种类。他们的方法不同，但重点一样，以至于西格勒声称《乌合之众》"在很大程度上是对我的书的一个聪明的重建"。[44]关于优先级的争论爆发了。优先级争论的激烈程度，以及勒庞的书立即受到的巨大欢迎，都表明这三人是在回应许多人深切关注的问题。

　　无论他们是否认为拥挤是个性平衡、家庭破裂、犯罪猖獗、生活节奏破坏性的加速、神经系统难以应付的感官刺激倍增的原因，他们对于拥挤的社会学判断通常都是负面的。[45]正面的评价来自那些认为城市人口中存在着更多的机会、地方主义的瓦解或在大城市人群中存在人道主义统一的人。1913 年，杰拉尔德·斯坦利·李（Gerald Stanley Lee）出版了一本广受大众欢迎的书。有时，他比喻过多、感情过度，就像他的标题表现的一样——《人群：民主的移动画面》（*Crowds: A Moving-Picture of Democracy*）。新科技使人群集中，消除了以前的等级差别，这让李更加兴奋。靠近城市中心就代表着活力："如今，人的力量可以用英里来衡量，即他与城市之间的英里数；也就是说，他与城市所代表的大众中心之间的英里数。"在塔尔德和勒庞眼中引发恐惧的大众对于李来说却代表着民主的美景。现代化的旅馆是 20 世纪的帕特农神庙，"它不属于伟大、少数、神灵，而是属于大众，在那里，民主不分昼夜地在宏伟的走廊上游荡、沉睡和闲聊"。他将电力视为共和理想的潮流，因为"它把属于各个地方的所有电力都放在电线上，输送到所有地方"。矛盾的是，他把电梯解释为一个伟大的平等工具，"给每人一层楼，以同样的价格让所有的人都在同一水平上"。⁴⁶李把马尔萨斯关于人口过多和拥挤的罪恶的预言搁置了一个世纪，他深信缩小人们之间的生活空间也会减少他们的误解和冲突。

比利时诗人埃米尔·韦尔哈伦(Émile Verhaeren)在 1895 年的史诗《庞大的城市》(*Les Villes tentaculaires*)中设想了城市生活的新维度。中心形象让他联想到城市令人窒息的一面及其包罗万象的统一功能。在对韦尔哈伦的现代空间新感觉概念的阐释中，斯蒂芬·茨威格总结说："这些生活的速度不同了，我们的衡量也不同了。时间越来越多地成为空间的胜利者。眼睛也学会了其他距离……而人类的声音自从学会了在一百英里之外进行友好的交谈后，似乎已经变得强大了一千倍。"要理解"其他"距离，人们必须培养新的感情、新的道德和新的艺术。茨威格认为，韦尔哈伦是第一个把现代维度融入诗歌的人。他的诗歌有着"一种全新的观点，它不仅扫过距离，还考虑到高度、层叠的房屋、新的速度和空间条件"。韦尔哈伦的"触角城市"是现代性的核心，是一个熔炉，在这里不同的人和习俗"融合在一起"。⁴⁷

这种统一的形象，是居住距离缩小的另一个后果，是儒勒·罗曼斯的一致性哲学的灵感来源，他在 1908 年出版的诗集《一致生活》(*La Vie unanime*)中体现了这种哲学。他以未来主义的丰富精神设想了一个有着共同感受的世界，在这个世界里，人们和物体的领土完整完全统一。"楼上的孩子在我的身体中痛苦；/他的身体将模糊信息发送给我，/像一个久久不散的汽车队伍，/它的噩梦从我潮湿的眉毛下划过。"整个世界就像现代剧场的观众那样一致，居住在同一个近距离的

223

空间里，呼吸着同样的空气，对同样的噪声和手势做出反应，关注着同样的话语。教堂，那些统一体过去的避难所，现在已经被现代化的工厂所取代。这些工厂把成千上万的人联合起来，发出比旧钟的响声更强烈的冒烟信号。[48]

这一时期出现的另一个社会科学分支——地缘政治学，提供了一种关于距离感的新语言。虽然 1888 年对世界贸易路线的一项调查的副标题是"地理距离的科学"[49]，但地缘政治学并不仅仅是对距离的研究。它是随着 19 世纪晚期帝国的大扩张而发展起来的，尤其关注国家的大小、地理位置以及它们之间的距离对政治和历史的影响。

19 世纪的很多地理就是地图制作、旅游账户、地名词典和区域描述的混合体。现代系统性的地缘政治是由弗里德里奇·拉泽尔（Friedrich Ratzel）在德国首创的，他在 1886 年成为莱比锡格（Leipzig）的地理教授。通过地质、动物学和历史的训练，拉泽尔试图建立一种综合的方法来研究地球表面和人类历史的所有现象之间的联系。

拉泽尔把注意力放在了他的第一部主要作品《人类地理学》（*Anthropogeographie*, 1882）的标题中的双焦点上。他声称，近年来许多零碎的研究未能确定"生命的空间统一"，也就是土地。这是人们之间的物质联系，形成了一个根据进化定律而发展的有机单位。"文化"一词也代表了土壤的耕作，在历史的进程中，人们与土地的联系变得越来越深。尽管这一早期的作品比他在德国进入 19 世纪 80 年代中期的帝国主义混乱后所写的政治宣传更加节制，但在这一作品中，拉泽尔允许自己代表"庞大"和"扩张"进行说教。一个国家的面积越大，人们就越自由。他的章节关于"从小到大的空间的进步"，阐明了全世界帝国主义的道德规则，即大就是好。"所有人，"他写道，"处在文化发展较低阶段的人，在空间上也很小。""他们的生活领域很小，就像他们的行动领域和眼界一样……一个人身上能促成政治扩张的素质一定总是有独特价值的，因为他们对更大空间的形成具有持久倾向。"地理必须成为"距离科学"以调查地球表面对文化和政治的影响方式。[50]

1896 年,拉泽尔在一篇关于"国家空间增长定律"的文章中编撰了他的科学。这些规律是:国家的空间会随着文化的发展而发展;国家的成长会跟随生产和商业等发展信号;国家的成长由较小单位的合并开始;边境是国家的周边器官;越来越多的国家致力于包含有价值的部分,如海岸、河床、自然资源;原始国家领土增长的第一个刺激来自内部,来自"更高的文明";领土增长的倾向会随着它在国与国之间的传递变得越来越强。[51]这些定律的实现是拉泽尔膨胀本能的结果,他认为扩张的本能存在于每一个活细胞中,也存在于个体有机体和民族国家中。1897 年,他在一本名为《政治地理学》(*Politische Geographie*)的巨著中充实了这一理论。在这一时期,进化论的普遍影响和生物学隐喻的吸引力是巨大的。拉泽尔将有机的类比应用于国家,他将其解释为一个必须生长或死亡的"有根的有机体"。质变性的发展可能发生在其境内,但最明显的增长是领土的增长。世界政治(福利政治)的发展是一个国家发展的"共同阶段"。英国通过在世界各地扩张而变得强大,所有大国都受到类似的空间本能的驱使,渴望将整个地球纳入一个单一的政治体系。"现代人越来越意识到了空间关系",现代政治已成为一个"空间学派",教授自然选择的地缘政治法则——国家之间为生存而斗争就是为空间而斗争。在幅员辽阔的伟大新帝国中,空间扩张是精神复兴和民族希望的源泉。它减少了居民之间的摩擦,将政府的干预降到最低。拉泽尔也看到了一些缺点。大空间将人们隔离开来,强化了种族冲突;他们减少创造性交流的频率产生了传统习俗的乏味重复。但是,他的偏见是站在大的这一边的,这从一篇关于"较小空间/较小国家的政治影响过早发展,没有达到较大国家的较高文化水平"的讨论中可以明显看出。克莱因萨特雷扼杀了一切有男子气概和重要的东西,产生了一种"可悲的地方虚荣心",这种价值和目标的一致性反映在景观的千篇一律、植被和气候的一致性上。[52]

两个转折点标志着德国帝国主义的出现。1884 年,俾斯麦不再反对海外扩张,德国在不到一年的时间里就迅速占领了四个非洲殖民地。

225

1897 年，德国开始建立一支公海作战舰队以保护这个帝国，确保德国作为世界强国的地位。1890 年，美国海军上尉阿尔弗雷德·泰尔·马汉（Alfred Thayer Mahan）出版了《海权对历史的影响》（*The Influence of Sea Power upon History*）一书，认为海权是国家繁荣的关键，该书广受欢迎。1900 年，拉泽尔出版了《海洋为伟大民族之源泉》（*The Sea as a Source of the Greatness of a People*）一书，那个时候他的国家致力于实现福利政治的目标，他从马汉那里汲取灵感支持自己的主张，为德国的扩张主义进行了一些明确的宣传。所有国家的发展都"遵循着由小到大的进步的规律"。海洋是海外殖民地这类开发的新领域，因此"德国必须在海洋上强大起来，才能完成她在世界上的使命"。[53]

拉泽尔不仅关心空间和距离。他还考虑到了地形、资源、植被和气候等环境因素的重要性；而他更独特的空间因素包括位置、边界和周围领土。但全书始终有一个明显的抽象重点，似乎这一学科的科学有效性依赖于将地质现象简化为纯粹的空间术语。涂尔干试图在他对劳动分工的分析中试图通过强调人们之间的"真实距离"的减少产生的社会影响来排除主观因素。和涂尔干一样，拉泽尔试图超越文化如何对土地进行不同使用的观察，转而关注空间自身作为一股政治力量的更为客观的因素。他对大空间的狂热赞美代表着一战爆发前德国和其他国家很多地缘政治学者的思想。当然也有人反对扩张和帝国主义，但大多数地缘政治学家都和拉泽尔一样有一种倾向，那就是不但将"大"等同于国家政治力量与经济繁荣，也将其与诸如勇敢、开放、远见等个人特点联系在一起。

1911 年，在美国，埃伦·丘吉尔·森普尔（Ellen Churchill Semple）重申了拉泽尔的观点。森普尔相信特纳的观点，即边疆是塑造美国人性格以及政治系统的主要因素，她热情地将拉泽尔的空间概念（sich）翻译成国家形成的一个基本因素。"人类是地表的产物，"她开始说道，"巨大的空间概念，产生于……无休止的有规律的游荡，使他们长大，离开养育他们的土地，并在帝国的广泛征伐中结出合法的果实。"对于一

个扩张土地以达到横跨北美大陆的"天定命运"的国家来说,拉泽尔的
"大即好"的这种地理观念是很有道理的。她这样阐述拉泽尔的格言,
就好像这就是一个普遍规律:"在其他地理条件相同的情况下,一个种
族或一个民族所占的面积越大,其永久存在的保证就越可靠,被镇压或
被消灭的可能性就越小。"[54]

森普尔反映了指导美国帝国主义冒险的价值观,而卡米尔·瓦洛
(Camille Vallaux)在同年对拉泽尔进行的更具批判性的评论则反映了
法国的经验。瓦洛指责拉泽尔的纯空间理论(l'espace en soi)不过是用
科学术语为德国的帝国主义辩护。纯粹的空间是"被动和中立的",不
能决定国家的命运。一个国家快速而连贯地做出反应的能力比其规模
更能决定它的演变。俄国甚至被其辽阔的国土所削弱,巨大的国土使
它无法迅速采取协调一致的行动,1905年被日本人灾难性地击败就是
例证。一些小的空间也可能有很大的政治意义,而大的空间也可能没
有什么政治意义。英吉利海峡只有40公里宽,却对英国的发展产生了
巨大的有利影响,而撒哈拉沙漠,这个面积超过200万平方公里的地
方,法国在经历了许多艰辛之后终于将其吞并,却只产生了相对较小的
影响。此地能产生令人印象深刻的政治辞令,从地图上看十分壮观,但
实际上并没有促进法国的权力、安全或繁荣。有一种"被占用空间的集
体意识"将人们团结在一起,这种意识部分地由面积决定,但也受到其
他因素的影响,这些因素决定了它的历史和政治影响。尽管瓦洛拒绝
将纯粹的空间作为一个独立的地缘政治变量,但他接受了"距离"这个
地缘政治概念,此概念包括穿越一个空间所需的时间。他在1906年绘
制了一幅等时线地图,显示了一个由地区标记的世界,而地区则由它们
到伦敦或巴黎的旅行天数决定,他总结说"拉泽尔应该强调的是时间和
距离的概念,而不是空间"。[55]他对拉泽尔的纯空间概念的批评有些含
糊其词,因为,正如他所承认的,拉泽尔知道自然特征、位置和技术是如
何对任何地理空间的重要性做出影响的。他们在重点上有很大的不
同。拉泽尔试图将地缘政治学确立为一门客观的社会科学,并把环境

227

置于他那个时代的历史学家们经常说到的"极端"决定因素之上。瓦洛认为这种空间缩减太抽象，需要一种考虑到"人为"因素的方法。他们的著述也反映了各自的民族取向。拉泽尔为德国的扩张辩护，而瓦洛则批评法国在撒哈拉的帝国主义，他认为那是没有任何政治和经济上的价值的。赤道非洲的广阔空间在 1911 年时一文不值。

虽然理论和国家偏见导致了对地缘政治空间重要性的各种强调，但一些观点得到了认同。大多数人都同意，地理在国家政治中起着重要的作用（在那之前人们几乎没有意识到这一点），一个国家所拥有的空间是影响其政治和经济生活的重要因素。虽然有些人指出，大小并不是权力和繁荣的明确决定因素，但大多数人都接受这样一种观点，即在别的条件相同的情况下，庞大往往会促进自由、繁荣和安全。没有人认为渺小是国家伟大的源泉。在人类历史上帝国领土扩张最迅速的时代，为研究这一现象而发展起来的社会科学，在其最明显、最触手可及的成就面前卑躬屈膝，也就不足为奇了。

地缘政治的河流流经整个欧洲文化版图。它们从大量的理论大部头著作开始，如拉齐克的两本主要著作，接着是新创办的期刊《国家地理杂志》（1889）、《地理鉴》（1891）、《地理杂志》（1893）、《地理纪事》（1895）。无数的杂志和报纸文章，它们在公众意识的平原上奔跑，从正式的外交声明到酒吧间的玩笑，无处不在。当时最具争议的地缘政治理论，是由牛津大学的《地理学读者》以及伦敦政治经济学院院长哈尔福德•J. 麦金德（Halford J. Mackinder）在 1904 年的一篇论文《历史的地理枢纽》（"The Geographical Pivot of History"）中提出的。他认为，随着边境的关闭、全球电子通信的发展和铁路网的扩展，有必要把世界看作一个有机体，它会对全球任何地方的权力转移做出整体反应。"我们第一次能够感知到世界舞台上一些特征和事件的真实比例，并可能寻求一种表达某些方面的公式……在宇宙历史中地理上的因果关系。"历史上第一次有了"世界帝国"的可能性，由控制欧亚轴心地区或"中心地带"的国家主导。[56] 麦金德的前提是，从世界范围的角度思考是可能而且必要的,这是当时许多观察的特点。一些人认为全球视角是促进和平的力量,另一些人则认为是战争的原因,但所有人都认为世界正在变得越来越小,越来越统一。

马歇尔·麦克卢汉(Marshall McLuhan)最近提出的"媒介即信息"将注意力集中在以技术为中介的经验的维度和结构上。他认为印刷文字的影响更多地在于视觉能力的扩展,视角和个人主义的强化,思维的线性、精确性和统一性的培养,而非印刷的内容。铁路传递的信息不在于它所运输的东西,而在于它所创造的城市的运动速度和规模及结构的加快:"任何媒介或技术的信息都在于其为人类事务的规模、节奏或模式带来的变化。"麦克卢汉用广义的、大胆的历史术语解释了电子媒体的信息。"经过三千年的爆炸,通过碎片化和机械技术,西方世界正在坍塌。在机械时代,我们向空间伸展身体。现在,经过一个多世纪电子技术的发展,我们已经在全球范围内扩展了我们的中枢神经系统,就我们的星球而言,空间和时间已经废止了。"[57]他对电的影响的有名的总结,即电所创造的"地球村",只显示了积极的公共的方面,但很多人都预见了这一观点,他们看到人与人之间有效距离的缩短以及传统范围之外经验的扩展使得人们的团体和团结意识增加。

早在 1891 年,《科学评论》的编辑就写道:"世界上不再有距离这句话不过是一个非常老套的真理。"[58]与 H. G. 威尔斯一样,他也对这种新的邻近性印象深刻,威尔斯在 1901 年指出,"世界变得越来越小,电报、电话无处不在,无线电报为人们的想象提供了越来越广泛的可能性"。技术消除了国界等"过时的特殊主义",并将在某一天导致一个"和平的世界国家"的建立。[59]同年,俄罗斯国际主义者 J. 诺维科夫(J. Novicow)对世界上的分裂势力进行了调查,当时的世界被一种"平方公里的偶像崇拜"所蛊惑,各国很容易患上一种他称之为"公里数"的新型疾病。但他强调了统一的力量,引用了威廉·格拉德斯通(William Gladstone)的一句话:"每一列经过边境的列车都编织着人类联邦的网络。"[60]电子通信加速了国家之间的交流,使国家之间的重要统一成为可能。他希望,有效距离的缩短和精神视野的扩大能使欧洲联邦建立。1903 年,一位杰出的美国商人乔治·S.莫里森(George S. Morison)预言,由于能源的日益丰富和技术的广泛应用,各国将实现和平与统一。"制造力量给我们提供了有规律和快速地穿越整个地球的方式,以此将所有种族聚集起来,并必须及时去除所有在能力上的差异……这会逐渐打破国家分歧,最终使得人类成为一个伟大的整体。"[61]

230

在 45 个国家派代表参加 1907 年第二次海牙国际会议时,人们觉得国际合作大有希望。[62]尽管四个月的会议未能在三个讨论主题即裁军、仲裁和战争法上取得任何实质性进展,和 1914 年爆发的战争一样,这是一个集体的失败。就像在一个紧密联系的神经质家庭里,对立与和谐一样具有约束力,甚至力量更强。正如许多历史学家所写的那样,在战前,欧洲实际上是一个"武装营地",但无论如何,它是一个营地。早在一年前,G. S.李就宣布,人类已准备好迎接这样一个人:他将致力于"一个在历史上第一次至少为全世界倾听提供便利的世界"。李感觉到"一种精神吸引力——来自世界的巨大拉力",正在为一位伟大作家做好准备。[63]他没有预料到,与之相反,世界可能会变成一个大独裁者,但他正确预测了电子通信技术使得世界性的观众成为可能。

大约在这个时候,全球旅行对普通游客来说变得更加容易。[64]我一直无法确定"环球旅行者"一词的起源,但在 1907 年一本流行的德国旅游指南中,它被引用为描述一种数量正在不断增加的旅行者的新术语。[65]法国诗人瓦莱里·拉博(Valéry Larbaud)在 1908 年的一本诗与速写的合集中,虚构了一个旅行者 A. O.巴纳布思(A. O. Barnabooth),以表达全球旅行的新感觉:

> 只要愿意,我们就能进入原始森林、
>
> 沙漠、草原、巨大的安第斯山脉、
>
> 白色尼罗河、德黑兰、帝汶岛、南海,
>
> 只要愿意,
>
> 整个地球表面都是我们的!

　　于我，

　　欧洲就如一个巨大的城市。[66]

　　……

　　颇受欢迎的德国文化历史学家卡尔·兰普雷希特（Karl Lamprecht）也找到了一种新的无处不在的感觉。铁路、轮船和电话都是"无家可归"的技术，它们为每个人创造了更广阔的视野，在某种意义上使人们可以同时到达任何地方。[67]更高的文化水平和不断增长的大众媒体以另一种方式拓展了个人的视野，随着成年选举权的扩大，大众开始以前所未有的程度影响国家政治和国际关系。

231

　　在 1890 年到 1914 年之间的英国，"政治和外交的宣传增加了一千倍"，越来越多的人更了解世界各地的情况。[68]赫伯特·菲斯（Herbert Feis）在《欧洲，世界的银行 1870—1914》（*Europe the World's Banker 1870 - 1914*）一书中重建了经济国际主义的历史。他观察到，"在金融利益和计算领域，距离失去了它的意义；在所有的纬度和经度的道路上，英国资本一直在前进"。[69]1916 年，列宁评估了生产和分配非凡的国际范围，他认为这是 19 世纪末 20 世纪初最明显的资本主义特征，这个时候金融资本"在世界各国扩展它的网络"。

　　　　当一个大企业占了巨大的比例，并在精确计算大量数据的基础上，按照计划组织主要原材料的供应，达到数千万人所需的全部供应的三分之二或四分之三；当原材料被有组织、有系统地运往几百甚至几千英里外的最合适的生产地点；当一个中心指导所有连续的工作阶段，直到生产出各种各样的成品；当这些产品按照一个计划在数千万乃至数亿客户中分配时……很明显，我们的生产是社会化的。[70]

　　这种世界性的规划需要国际组织。1875 年制定了国际电报通信程序的《圣彼得堡公约》就是一个范例。纯科学领域里也有国际合作；在 1881 年的巴黎会议上，欧姆、伏特、库仑、法拉和安培被确定为标准单位。1889 年的第二次代表大会通过了瓦特和焦耳，第三次代表大会也于 1900 年在巴黎通过了麦克斯韦和高斯。[71] 国际大地测量协会成立于 1867 年，以协调欧洲的地质调查，并于 1886 年扩展到全世界。1903 年，国际地震学协会成立以研究地震活动。1904 年，国际地图委员会成立。国际主义历史学家，F. S. L. 莱昂斯（F. S. L. Lyons）发现，在 1900 年到 1909 年的世纪之交，这类新组织达到了 119 个之多，这简直令人震惊，而在"一战"前的五年间又增加了 112 个。[72] 人们一再表示相信世界正在走向更大的合作，例如 1913 年，一份建立世界通信中心的计划在巴黎发表了。这一计划声称："人们越来越认识到，国家之间永远不可能再完全隔离。包围和保护他们的无法逾越的围墙已成为过去。"[73] 比利时著名的国际主义者亨利·拉方丹（Henri La Fontaine）和保罗·奥特莱特（Paul Otlet）在《国际生活》杂志上发表的一篇文章中也表达了同样的观点，这一杂志创建于 1912 年，以宣传国际会议、计划和组织。"国际主义将通过各国之间越来越多的接触以及它们经验和作品的分享来发现其伟大之处和力量；因此，所有国家的普遍文明将得到和解和统一。"[74]

但对于距离缩短和距离越来越近的另一种反应是冲突。最明显的表现就是帝国主义及其最明确的书面表达，即帝国主义拥护者的领地。英国和法国最先标出了帝国，德国和美国作为后来者也和前两国有着同样的假设、价值观和担心——新技术极大地促进了庞大帝国的开发和夺取，领土空间的掌控对于国家的荣光来说是至关重要的，这样的掌控在道德上是站得住脚的，帝国主义的争夺最终会导致战争，特别是在所有的"原始"土地被夺走的时候。国际主义和帝国主义像蛇一样盘绕着新技术的工作人员，它们也互相缠绕，如尸体上的蛇一般。

1880 年之前，法国、英国和葡萄牙满足于啃食非洲这块小甜饼上大约 100 万平方英里的海岸线土地。到 1890 年，意大利、德国、比利时和西班牙总共占领了大约 600 万平方英里的土地；到 1914 年，除了阿比西尼亚和利比里亚外，其他地区都处于欧洲的统治之下，面积达 11

万至 50 万平方英里;其中法国占 423.8 万平方英里;英国占 349.5 万平方英里;德国和意大利各约占 100 万平方英里;比利时占 80 万平方英里;葡萄牙占 78 万平方英里;西班牙占 7.5 万平方英里。所有这些土地都是在 1900 年前获得的,尽管直到 20 世纪早期,这些土地都没有被条约批准,或得到其他强国的正式承认。欧洲列强贪婪地把黑暗的心变成了他们在阳光下的领土。这一时期在亚洲进行的土地入侵并不涉及如此巨大的土地面积,但也是出于同样的冲动。诺维科夫关于平方公里的偶像崇拜的概念,就像马克思关于商品拜物教的概念一样,是一种对价值的集体神秘化,它既放大了物质的价值,又掩盖了人类的苦难。它掩盖了原住民的苦难,颂扬了帝国的荣耀。各国的话术略有不同,但正如乐观的和平主义者诺曼·安吉尔(Norman Angell)也承认的那样,大片的国土就是伟大的象征的观点是"普遍的假设"。[75]

233

J. R. 西莱(J. R. Seeley)的《英格兰的扩张》(*The Expansion of England*, 1883)与其说是对扩张的请求,不如说是对它的解释和辩护,因为它涉及统一的力量。西莱指出,"在现代世界,距离已经失去了它的影响"。蒸汽和电力使俄罗斯和美国等幅员辽阔的国家得以建立,贸易和移民的增长引发了"巨大的联合力量"。[76]他没有考虑建立帝国的潜在竞争,因为当他写那本书的时候几乎还没有什么竞争;但他的自满情绪掩盖了大英帝国的侵略本性,这种侵略本性不仅反对当地人民而且反对每个渴望强盛的国家,尤其是在下一年开始扩张并且在每处都发现"更大的英国"[77]的威胁现实的德国。詹姆斯·弗劳德(James Froude)的《大洋洲》(*Oceania*, 1885)关注的是当时就已很庞大的大英帝国的维持。他用一个经典的树栖类比来挑战分离主义的论点:

> 对于公园或森林里的橡树来说,如果任枝丫自己生长,它们可以活上上千年;但树枝被砍掉或被风吹断的话,橡树就会烂掉,变成被修掉枝的树。其作用就仅在于展现出它曾经的样子和命运或暴力使其变成的样子之间的那种对比。国家也是如此。国家的生命,就像树的生命,是在它的极限里的。树

叶是树木呼吸的肺，也是从大气中收集养分的供料器。只拥有制造业的英国，赤身裸体地站在世界市场的角落，只关心为世界制造供人购买的商品就像被削掉枝叶的大树；其荣耀已经一去不复返。

"世界变得越来越小，"他解释说，"不列颠群岛已经满溢。"因此，1885 年对英国人的巨大挑战是通过维持大洋洲的统一为数百万到来的人们提供生存空间。[78]

甚至在德国开始直接挑战他们的海上力量之前，英国人就已意识到维持帝国是困难的，特别是在军舰建造的改进削弱了他们以前的海上优势的情况下。在 1888 年和 1889 年的斡旋中，形势变得越来越清楚了，那就是在蒸汽船时代，封锁会变得越来越困难，大国必须在世界各地维持安全的港口和装煤站。查尔斯·W. 迪尔克爵士（Sir Charles W. Dilke）在 1890 年出版的另一本帝国主义小册子中详细阐述了这些问题，这本小册子预示着一场摊牌。迪尔克的愿景说明了帝国的傲慢及其对规模的执着。"世界的未来，"他写道，"属于盎格鲁–撒克逊、俄国和中国，下个世纪结束之前，站在英国、美国以及未来的俄国面前的法国和德国会显得如同侏儒一般。"[79] 这类对于"大"的雄辩既典型，也有很多。用一部英国帝国主义史的话来说："以其所有模式进行的扩张，似乎不仅自然、必要，而且不可避免；它是预先注定且无可非议的权利。是一个内在充满活力的社会的自然表达。"[80]

所有帝国主义的辩护者都有同样的比喻和修辞，是一种有机类比和自然选择的混合，后来的一些想法来自尼采和柏格森。法国人和英国人一样，很早就很容易地建立了一个帝国，所以他们起初认为这是一个自然的政治过程。颇具影响力的政治经济学家保罗·勒鲁瓦–博利厄（Paul Leroy-Beaulieu）在 1874 年写到帝国主义时，就好像它是人类胚胎学的发展的延续："殖民一个国家的膨胀力、繁衍力、它在空间的扩张和增殖；它将宇宙或其中一大部分交给了宗主国的语言、礼貌、思想和法律。"文明国家在有限的空间里窒息而死，把大半个世界留给"无知"和"衰老"的民族,这不公平,也不自然。殖民帝国至关重要:"法国要么成为在非洲的强大势力,要么在一两个世纪后沦为二流强国;她在全世界的重要性将与希腊或罗马尼亚相仿。"[81]路易斯·维侬(Louis Vignon)教授在《法兰西的扩张》(*L'Expansion de la France*,1891)一书中写道,世界上的每个国家都要保存它以武力、努力、财富、天才征服的领土,"以及它在普遍斗争中不停发展起来的力量,这也是伟大的自然定律"。[82]另一位宣传者在 1897 年争辩说,殖民扩张是必不可少的,其作用就像"测力计"一样衡量各国的活力。二十年后,朱尔斯·哈蒙德(Jules Harmand)认为扩张是自然的普遍规律,是充满活力的能量,是本能性"权力意志"背后的精神。[83]

235

英国和法国对扩张的道德承诺,使得对德国的战争罪责的重新评估成为必要。因为德国是战败的同盟国的领导人,因此它的档案第一个被打开,供本国和外国的研究者进行了无数次的研究。在德国,指责和道歉是激烈的,并按照德国的学术传统有大量的文献记载。1961 年弗里茨·费舍尔(Fritz Fischer)以《抓住世界霸权》(*Griff nach der Weltmacht*)重新开启了这样的讨论,1969 年他又在《幻象之战》(*Krieg der Illusionen*)中更加彻底地记录了那些让第二帝国走上战争道路的扩张集团和帝国主义思想家。他的研究详尽而令人信服。然而,如果人们对其他交战国同类档案进行调查的话,会发现类似数量的扩张组织和领导者;反对扩张的社会主义者、自由主义者和国际主义者有着相似的软弱与无能;人们也都甘愿冒着战争的风险追求国家的荣光。每个国家的政治形势都需要采取不同的行动以及对其进行不同的合理化,但其基本价值和长期目标是相同的。到 1900 年,人们清楚地认识到,与 20 年前相比,领土扩张将带来更高的欧洲战争风险,因此,许多帝国主义者将扩张目标转向了商业领域。所有国家都认为增长就是好的,没有人质疑实现增长的智慧。他们都认识到挑战另一个领土或商业帝国的危险,但也都相信,在生死搏斗中必须冒这个险,这就是国际关系的现实。从当时主流的政治价值观来看,大英帝国的存在对和平的威胁不亚于德国的追赶计划。除了一个是从非洲土著人手中夺取土地，另一个是从欧洲征服者手中夺取土地之外，在非洲建立英法帝国和德国对英法帝国的挑战之间并没有什么道德上的区别。道德准则是一样的——大即好——这是隐含的政治要求，要么为伟大而扩张，要么沦为平庸。对德国来说，它是像瑞典一样破产的幽灵；对法国来说，正如我们所见，它像希腊或罗马尼亚那样沦为了"二流"国家。可以根据每个国家执行其各自国家政策的方式确定责任，但必须认识到，这些政策是围绕着有关空间控制的共同价值观制定的。德国的失败从本质上说，是它未能同时实现其他国家掌权的人和绝大多数人所认为的政治需要和道德。在那个时代，每个国家的领袖要想在本国得到或维持权力就得一心提高国力。当然，也有反对帝国主义的人，但他们没能影响到国家的行为，因此帝国发展起来了。

在 1907 年一个著名的备忘录中，英国外交部的副部长助理艾尔·克洛爵士(Sir Eyre Crowe)评价了在当时的道德—政治背景下的德国世界政策："像德国这样有着 6 000 万居民的强大健康的国家，必须扩张而不能一成不变，必须得有供其过剩人口不用改变国籍就能移民的领土……忽视一个像德国这样充满活力和不断发展的国家在合理发展领域中的自然主张，既不公正，也不明智。"[84]一个"健康的"国家可能扩大的资源和空间都是有限的，德国"国家权利"的实现必然与英国的利益产生冲突；因此克洛对德国的扩张会保持在"一个合法的范围内"而不对英国造成威胁的希望，即使不是自相矛盾，也是一厢情愿。除了这一点，该文件是对当时所有国家的帝国主义冲动及其导致它们不断冲突的一系列思想的最清晰的分析之一。

对扩张概念的尊崇与希腊和罗马、葡萄牙和西班牙、英国和法国的帝国一样古老。基督教扩展到近东、新世界、亚洲，最终到达非洲，对于欧洲的思想来说是一种想法成功的典范，是善良和神圣的一种胜利。欧洲人不需要被说服对空间的控制是值得向往的：这种想法本身就根植于他们的历史意识中。它在 19 世纪晚期的独特表现在于物质与智力方面都有赖于以前所未有的速度和效率把遥远的地方连接在一起的新技术。在欧洲历史上,任何时候渺小和收缩都与疾病和死亡联系在一起,而德国"夺取世界权力"不过是一个古老而被普遍接受的原则的现代的国家变体。如果德国的文献资料看上去更加尖锐和紧迫,部分原因就在于它起步较晚,且担心被排除在外。德国政策背后的价值观与几十年前启发英法两国的价值观相同。费舍尔对有影响力的历史学家和政治思想家如古斯塔夫·施穆勒、汉斯·德尔布吕克、麦克思·泽林、奥托·辛策、埃里希·马瑞克斯、保罗·罗尔巴赫、鲁道夫·契伦等人的著作进行了研究,他们详细解释了拉泽尔的理论,为德国的生存空间、命定空间、国籍政策提出了辩论和辩护。没有必要重复这项工作,但只要稍作考虑就会发现德国帝国主义的论调与其他大国类似,它们都有着类似的"普遍假设",即庞大对于国家的强大、繁荣和子孙后代的希望至关重要。

德国总理贝特曼·霍威格(Bethmann Hollweg)的私人秘书库尔特·里兹勒(Kurt Riezler)的两本书概括了德国帝国主义的许多论点,并揭示了其对1914年七月危机的决策者的一系列直接影响。俾斯麦曾把外交描述为"可能性的艺术",但对里兹勒来说,外交是不可能达成的成就,正如他的第一本书的标题所阐明的那样:《不可能的必须性》(*Die Erforderlichkeit des Unmöglichen*, 1913)。1884年以前,俾斯麦的殖民政策一直是有节制的,这违反了万物必生长的自然法则。里兹勒认为,德国必须扩张,否则就会灭亡,他找了很多自然象征对其进行说明。种子的发芽、营养的过程、树枝的伸展、器官的肿胀、物种的繁殖——他用了200页的篇幅,从类比的角度阐述了每一种有生命的事物是如何在无穷无尽、不可抗拒的过渡过程中超越自身的。柏格森关于生命能量驱动有机体获得更复杂形式的观点,被纳入了里兹勒的《国家生理学》一书,该书认为德国是个体灵魂的有机统一,通过共同追求不可能实现的目标而团结在一起。国家统一有四个要素:空间、种族、文化和民族。空间统一的发展必然导致与外界的冲突。"有机体是一

238 个必须对周围充满敌意的世界采取行动和做出反应的过程。"里兹勒提供了德国包围战的生物物理学资料。[86] 他在《当今世界政治的基本原理》(*Grundzüge der Weltpolitik in der Gegenwart*, 1914)中分析了调节人们之间的距离和构建国际关系的两种对立趋势。世界主义倾向使人们团结在一起，并构成了国际关系。国家性的倾向则使人们疏远，产生敌对情绪，而这两种情绪似乎都处于上升趋势。"国际贸易和人员、货物、思想交流的时代，也是民族倾向日增、民族隔阂加剧的时代。"国家的发展趋势像独立个体一样成长和自治；国家必须在空间上扩张，因为树枝需要伸展开来以通过树叶吸收阳光。支配周围环境的意志不可阻挡又贪得无厌，这是一个必然导致冲突的生活原则。尽管他的生物形而上学指出冲突，里兹勒也观察到，商业交通的发展将国家连接在了一起，国际政治矩阵联系紧密，每一个动作都会使整个系统动荡不安，在有了强大的新型武器的情况下，战胜国是否能从战争中获利也是一个疑问。[87] 从拉泽尔到里兹勒，德国的地缘政治思想充斥着对边境限制的不满、扩张的野心、对国家可能无法正常发展的担忧，以及对其扩张主义外交政策可能导致一场残酷战争的日益确信。

早在美国扩张主义的分支蔓延到太平洋和加勒比地区之前，帝国主义就已经在人们的意识中根深蒂固了。在 1845 年，《纽约晚间新闻》的编辑约翰·L.奥沙利文(John L. O'Sullivan)，运用了"天定命运"(manifest destiny)一词来描述美国西进运动中对墨西哥人和印第安人居住地的夺取："去吧，去吧，与发现权、探索权、定居权、接触权等一起的，是天定命运所赋予我们的扩张并占领整个大陆的权利，是上帝为了自由的伟大实验的发展和联邦自治政府而赐予我们的权利。这种权利就如树木为了充分体现其生长的原则和命运可以扩展到任何有着合适的土壤和空气的地方一样。"[88] 他的言辞与后来欧洲帝国主义宣传册中的用语毫无区别。

美国人带着信心扩张到"处女地"，他们深信自己正在执行的如果不是上帝的意志的话，也是一个更高的命运。毫无疑问，德国地缘政治学家在设想德国扩张为一个庞大的内陆帝国或跨越大洋寻找"生存空间"时，脑海中就有这种令人印象深刻的跨大陆扩张。边境，是美国民主的考验，也是摧毁一个民族的环境，直到现在它在流行文化中也一直被描绘为疯狂的"头皮猎人"，他们将广大的开放空间浪费在了奇异的部落利益和对怪神的崇拜上；"开拓精神"仍然是勇气和足智多谋的同义词。世界上没有任何一个国家像美国一样，认为扩张是实现国家命运中最自然、最必然的一部分。

最终，美国的扩张跨越了海洋：夏威夷、波多黎各、关岛和菲律宾于1898 年被吞并；1901 年，古巴也成了美国的受保护国。1903 年，运河区实际上被吞并；1917 年，维京群岛从丹麦手中被买走。最初的阶段与美国公司制度的出现相吻合，这就需要一种积极的外交政策来确保其投资渠道。该政策的缔造者之一，银行业权威查尔斯·A. 科南特（Charles A. Conant）在 1898 年的一篇重要文章中分析了美国的扩张。树状图形被再次用以表明这一点。"不可抗拒的扩张倾向导致越来越多的树冲开每一个障碍，也使得哥特人、汪达尔人，最后是我们撒克逊人的祖先以连续而不可抗拒的浪潮凌驾于罗马的颓废之地，这一倾向也再一次起作用，为美国的资本及其企业的新机会要求新的出口。"历史上的例子表明，正如科南特认为的那样，扩张的趋势是普遍的，但这在他那个时代的表现，是针对一场独特的资本主义危机的。与其他国家的正式政治关系相对来说不那么重要，但"如果当前经济秩序的整个结构不被社会革命所动摇"，[89] 就必须达成某种安排，允许过剩储蓄的投资。前国务卿约翰·W. 福斯特（John W. Foster）至少证明了商业扩张的普遍承诺，他在 1900 年写道："无论美国公民们对于领土扩张政策的观点有多不同，他们在商业扩张的意愿上似乎达成了一致。"[90] 威廉·埃尔普曼·威廉姆斯（William Appleman Williams）调查了美国历史上由对外交政策"扩张或停滞"的方式形成的"轮廓"，这一政策得到了麦金莱和罗斯福总统的支持，由政治领袖约翰·海（John Hay）和亨利·卡伯特·洛奇（Henry Cabot Lodge）实施，历史学家弗雷德里克·

杰克逊·特纳（Frederick Jackson Turner）和布鲁克斯·亚当斯（Brooks Adams）对其进行了解释。正如特纳 1396 年在《大西洋月刊》上发表的一篇广受欢迎的前沿论文中所写的那样："实际上，三个世纪以来，美国生活的一个主要事实就是扩张。"[91] 亚当斯在 1900 年的一篇关于美国经济霸权的文章中观察到了更具历史具体性的表现："为了占领仅剩的还能吸收过剩生产能力的市场，所有有活力的种族都陷入了一场竞赛，因为他们都被迫鼓励出口来维持自身状况。"[92]

现代社会有了一种新的距离感，这是由技术创造、城市主义和帝国主义调和的。通信和交通线路延伸到前所未有的距离，向外扩展，同时使人们比以往任何时候都更接近，对这种影响的评价也因所涉及的空间动态而各不相同。1903 年，德国历史学家埃里西·马雷克（Erich Marcks）观察道："世界已经变得更难、更好战，甚至更排外；与以往相比，世界成了一个更大的统一体，一切都相互连接着，一切也都挤在一起；在这个统一体中，几乎没有我们过去所梦想的那种基本思想毫无偏见的和谐与自由的竞争补充。"[93] 技术加强了民族主义，促进了国际合作，但它也分裂了国家，因为它们在攫取帝国，并在一系列危机中发生了冲突。世界只有在高度统一之后才有可能爆发世界大战，这是那个时代最大的讽刺之一。

9 方　向

扩张和控制空间的动力是普遍的,但随着每个国家在对帝国、贸易和盟友的争夺上的不同,这种动力的方向对于各个国家来说也各不相同。在横贯西伯利亚和柏林—巴格达的铁路上,人们可以更自由地沿着东西轴线旅行,欧洲政治的动态与联盟系统是一致的,联盟系统创造了两大战斗前线,并最终在 1914 年将同盟国纳入其中。然而,在考虑国家空间定位之前,我们必须首先考虑随着飞机的发明而出现的普遍方向转移。

它的文化影响最终被与上下轴相关的根深蒂固的价值观所定义。下表示不道德、粗俗、贫穷和欺骗;上则是成长和希望的方向,是光明的源泉,是天使和神的天堂。从奥维德到雪莱,飞翔的鸟都是自由的象征。人们对飞行的反应各不相同:一些人称赞它是又一次伟大的技术解放,另一些人则预见了它的破坏性潜力。H. G. 威尔斯属于后者,尽管开始的时候他认为飞行器不会有什么影响。1901 年,他做出了最糟糕的预测:"我不认为航空学会在交通与交流方面引起什么重大的改变。"[1]七年后,他用一部科幻小说《空中战争》(*The War in the Air*)弥补了这个错误。这部小说详细描述了空战的潜在危险,并准确预测了1914 年至 1918 年的许多事件和情绪,那段时间飞机确实扮演了重要的军事角色。威尔斯所设想的空袭造成的破坏要比第一次世界大战中实际发生的破坏更大,但这部小说识别出了他那个时代人们与日俱增的恐惧,并预料到了格尔尼卡与德累斯顿的恐怖。它的主人公伯特·

斯莫威斯在英国的一个小镇长大，对 20 世纪初的"理想速度"很感兴趣。在一次乘坐热气球的过程中，他飘过德国上空，目睹了一个空军舰队的集结，该舰队正准备发动一场战争，以让德国得到世界霸权。威尔斯在他的小说中评论了这个时代特别的新维度：人类的自然本能曾让世界团结在一起，"但随着空间、范围、材料、规模、人类生活的可能性的急剧变化，旧的界限、隔离和分隔都发生了剧烈分解"。飞机只是打破保护性边界并创造出新的空间动态的技术的一个变体。"科学发展改变了人类事务的规模。快速的机械牵引力使人们更紧密地团结在一起，在社会、经济和身体上都更加紧密，因此，过去那种分裂成国家和王国的情况已经不复存在了。"在拥挤的城市里，人们开始相互推搡，世界各地的国家之间发生冲突，"人口和产品交互混杂"，精力被浪费在军事武装上。当时有六个大国——美国、德国、英国、法国、俄罗斯，以及中国和日本的联盟。当德国拒绝门罗主义，决定挑战美国在西半球的霸权时，战争开始了。[2]

威尔斯在他 1908 年的小说中，带着对 1914 年 7 月爆发战争的不可思议的预见，描述了一群外交官和军人在空中发起的虚构战争。书中还有"施里芬计划"的空中版本，要求德国空军舰队在美国发起反击之前对其发动迅速攻击。在萨拉热窝事件后两天，威廉二世评论说此事"机不可失"（指粉碎泛塞尔维亚运动和保护奥匈帝国），[3] 威尔斯则早就设想到了这一评论，他写道："'机不可失'，德国人说，'我们仅有这一次机会可以像英国人攫取海域那样占领天空！'"这部小说真正从全球范围预测到了将欧洲迅速卷入战争的联盟制度以及军事必要性。"没有时间进行外交斡旋。电报来来回回地发送着警告和最后通牒，几小时后，整个恐慌激烈的世界就公开交战了。"城市被夷为平地，国家的政治和社会结构瓦解，"一百年来维系世界的信贷和金融的奇妙结构变得紧张而崩溃"。[4] 这场战争没有前线，第一次在飞艇上真正参加战斗的人们可以向下窥视并向城市中心发射炮弹，根本不必穿越巨大的城墙或严密的防御。威尔斯的故事以恐慌和瘟疫结尾，战争导致了文明的崩溃。在目睹了纽约屠杀之后,伯特·斯莫威斯意识到同样的事情也会发生在伦敦,"银海中的小岛已经走到了它豁免权的尽头",没有一个地方是安全的。

1909 年,C. F. G. 马斯特曼(C. F. G. Masterman)详细描述了一幅未来图景:炸弹将从飞艇上坠落,"火和硫黄像雨一样洒在平原上的城市上"。到那时,英国肯定会"在从天而降的军队面前感到无助和脆弱"。[5]同年,曾经设计带有玻璃结构的开放建筑,以及在山上绵延为夜航提供光亮的开放城市的保罗·希尔巴特推测了空战对固定防御工事的不利影响。飞机可以随意向任何固定目标发射"动态鱼雷"。他写道:"仅仅是想到这种战争艺术,就会精神崩溃。"[6]

但这对其他神经产生了积极的刺激。1909 年 7 月,一架飞机在 36 分钟零 30 秒的时间里穿过了英吉利海峡。公众的反应非常热烈,法国飞行员路易斯·布莱里奥(Louis Blériot)成了国际英雄。斯特凡·茨威格解释了维也纳的反应。"当布莱里奥飞过英吉利海峡时,我们欢呼雀跃,仿佛他就是我们国家的英雄。由于我们对自己技术、科学的不断胜利感到自豪,一种欧洲共同体精神、一种欧洲国家意识正在形成。我们自言自语地说,当任何飞机都能轻而易举地飞越边境时,边境是多么无用;海关、警卫和边境巡逻是多么狭隘和造作,这与这个时期寻求团结以及四海之内皆兄弟的精神对比起来是多么不和谐!"[7]8 月,一场航空比赛在兰斯举行,吸引了来自多国的参赛者和观众。由帆布和铁丝制成的纤巧的飞机在仓促搭建的电塔周围来回穿梭。为了本周的赛事,有 50 万观众涌入大看台观看技术和技巧的展示。11 月,法国汽车俱乐部的国际汽车大奖赛因参赛人数太少而取消。[8]兰斯的竞赛帮助人们把注意力从道路转移到天空,就目前而言,冒险的前沿和人类注意力的新方向已经出现。

第二年美国记者维克多·拉菲德(Victor Lougheed)指出了飞机对人类意识的振奋及其将人们和国家团结起来的能力,他宣称飞机摧毁了"国界的人为阻碍",并预测"探照灯眼睛般的光彩将会与地球尽头的科学、浪漫、进步以及手足情谊的信号相混合"⁹。历史记录中充满了这种对飞行卓越品质的赞颂。1913 年，G. S. 李大胆地提出飞行开创了人类意识的新方向。它彻底改变了人们的思维方式，"仿佛揭开了世界的盖子"。威尔伯·莱特(Wilbur Wright)环绕纽约的飞行吸引成千上万的人爬上屋顶，"整个城市都昂起了头"。¹⁰即使是几乎没有离开过家的普鲁斯特，在他曾经的情人、虚构的阿尔伯丁的原型阿尔弗雷德·阿戈斯蒂内利(Alfred Agostinelli)在一次空难中丧生时，也悲剧性地卷入了对法国飞行的热情。1913 年 3 月，阿戈斯蒂内利在一次飞行训练中冒险越过海面，在低转弯时机翼落到了水面。在离他出事地点几百码远的岸上，惊恐的旁观者看到不会游泳的阿戈斯蒂内利站在出事飞机的座位上，当一艘救援船靠近时，他已经淹死了。但在小说中，普鲁斯特强调了向上的动力。"几小时前我所见到的飞机，如昆虫，如蓝色夜幕上的棕色圆点，此刻就如发光的火船般穿过夜的黑色⋯⋯而这些人类流星让我们所感受到的最美丽的印象仅仅来自一个事实，即它们迫使我们望向了天空，而我们平常对其根本不屑一顾。"¹¹

　　另一种精神高潮来源于向下看。对马里内蒂来说，它唤起了未来主义的广泛愿景，帮助他从"无翼"的传统和"深陷地上的有限语法"中解脱出来。在飞行中，他看到了大胆的类比。"当我从一个新的角度看待事物时，不再是头朝上或从后面看，而是直接向下看，也就是说，我能够打破逻辑的旧枷锁和古代思维方式的铅垂线。"¹²格特鲁德·斯泰因推测，立体主义者对旧的观看方式的破除是由空中视觉引出的，尽管他们都没有坐过飞机。她评论说，从汽车上看到的风景与步行、在马车或火车上看到的风景本质上是一样的，"但从飞机上看到的地球则完全不同"。

　　　因此 20 世纪与 19 世纪不同，毕加索从未从飞机上看过
　　这个世界，这一事实相当有趣，身处 20 世纪，他必然知道此时
　　的世界与 19 世纪不同，他知道这不可避免，他也使得这个世
　　界不同于以前，而如今全世界都能看到他做了什么。当我在

美国时，几乎所有的旅行都要依靠飞机，我看到了地球上呈现出立体主义的线条，而那种线条出现时还没有任何画家坐过飞机。我看到毕加索的线条在地球上交织在一起，来了又走，发展又毁灭……[13]

立体派减少深度，消除不必要的细节，用简化的形式构图，以及整个画面的统一，这些都是从飞行中的飞机上看到的地球表面的图像表达。虽然没有证据表明毕加索或布拉克曾飞行过，也没有证据表明他们受到过航拍照片的影响，但斯泰因的这番话如果不是对其直接影响的描述的话，至少也是一个恰当的比喻。

美国军事分析家亨利·苏普雷（Henry Suplee）认为，空袭的可能性本身就是对战争的一种威慑。他认为战争必须停止，因为没有一个统治者敢于进行战争，所有人都同样脆弱。他在一张纽约港船只的航拍照片上写道："毫无防备的纽约——摄于一架在布鲁克林大桥上空一英里处超速飞行的飞机。"任何船只或固定的防御工事都无法保护一座城市。"任何有机会从高处俯瞰一座手无寸铁、毫无保护的城市的人，几乎立刻就会意识到，任何武力保护的企图都是无望的。"[14]但是，并不是每个人都相信人们对毁灭的恐惧会制止战争。1899 年和 1907 年的海牙和平会议讨论了是否可以允许在战争期间从气球上发射炮弹。第一次会议制定了五年的禁令，并在 1907 年更新。1912 年的一篇文章急切地呼吁人们对空袭进行抗议，但同时指出，这个问题很可能要等到定于 1915 年召开的第三届海牙和平会议之后才能得到解决，当然后来并未召开这一会议。[15]

1914 年战争爆发时，飞机并没有像许多人预测的那样带来战火和毁灭。有一些空中轰炸，但飞机主要用于侦察和指挥炮弹。在一本出版于 1916 年的关于战争中的飞机的书中，英国军事史学家威廉·A. 罗布森（William A. Robson）仍然调用了战前常见的对于飞行的狂热的修辞："美妙的全景图在下面和四周展开，脸上令人兴奋的空气流动、对速度的意识、浮力带来非凡感受。"空气中没有摩擦、没有震动、没有

246

灰尘，也没有与地球接触产生的障碍。飞行员"满怀令人难以形容的印象，宽敞、宏伟、尊严……精神上和身体上都很振奋"。在那个地面遭受空前破坏的时代，罗布森坚持认为，飞机将加速国际旅行和交流，减少导致战争的无知和误解。即使在德国福克战斗机和英国哈维兰战斗机在欧洲上空混战的时候，他也写道："天空中的空间是无限的，所以肯定有足够的空间能满足所有人的需要，而且每个国家都有足够的呼吸空间。"[16]罗布森的预言充满了希望，他认为飞行时代会更加和平，人们相互之间有着更深的理解，预言的结尾带着他的希望，即飞机能及时"使地球和天空足够紧密地站在一起，以满足打破东西方之间的障碍所必需的条件"[17]。

247　　　在第一次世界大战前，飞机没有连接东方和西方的力量，但它确实开始了对欧洲国家之间的政治地理关系的变革，例如，布莱里奥的飞行削弱了英国作为一个岛国的战略优势，要求其政治家更密切地参与大陆事务。然而，除了飞机所创造的新的向上的感觉之外，个人的方向感在这个时期并没有显著的改变。但在更大的地缘政治层面上，新的技术和政治手段不断令国际关系震惊，各国的方向发生了决定性的转变。

　　在这两种对立的联盟体系中，欧洲国家的空间取向存在着鲜明的对比。在1914年战争的五大交战国中，英国有两个独特的地理特征，一是其面积最小，二是它是唯一的岛屿。人口的密集和城市的邻近使它的行动比幅员辽阔、人口稀少的俄国或内部分裂严重的奥匈帝国更为集中。作为一个拥有安全边界的岛国，英国能够建立一个影响深远的帝国，并具有独特的向外的导向。英国商业从一个紧密的核心辐射到世界各地，在全球各地纵横交错，拥有全方位的历史影响力。英国人对美洲殖民地、加拿大、澳大利亚和印度的兴趣遍及南北，而在非洲，英国人的领土纵向移动，覆盖的区域从开普至开罗，几乎可以修一条铁路。在追求传统的与欧洲大陆隔离的政策的同时，英国总是关注着海峡对岸的发展，尤其是当他们开始威胁到英国商业和海军时，就像在19世纪90年代德国的制造业威胁到了英国的工业霸主地位（德国的钢产量于 1893 年超过了英国），德国政府开始制造作战舰队，那种时候更是如此。就像欧内斯特·E. 威廉姆斯（Ernest E. Williams）在 1896 年出版的那本有名的畅销书《德国制造》（*Made in Germany*）中描述的那样，辉煌的孤立在短短几年内变成了一种恼人的困扰。在一张关于英国人生活用品的详情单中，威廉姆斯指出德国货无处不在。在衣服、玩具、娃娃、刺绣、针线活、棉花、皮具、书籍、新闻纸、瓷器、铅笔、版画、照片、钢琴、马克杯、排水管、装饰品、墙上挂饰、铁器、电器上都能找到"德国制造"的字样。德国歌剧、乐器和乐谱主宰了英国的音乐世界。他最终还指出了这一连串商业灾难中最可怕的一件事——1893 年汉堡港的航运总吨位首次超过了利物浦。[18] 这一统计数字还指向了商业领域之外的战斗舰队，这挑战了英国的海军霸权，威胁了本土安全。

英国对德国日益增长的反感是在与法国日益友好的背景下表现出来的。1904 年，两国正式达成协议，同意瓜分北非，并以《友好协议》承认彼此在那里的势力范围。1907 年，英国与俄罗斯签订了协约，很快解决了两国在波斯、阿富汗及其他地区的长期冲突。世纪之交后的几年里，英国与欧洲大陆的关系有所加强，海峡两岸的积极和消极潮流在一系列外交危机中越来越频繁地交织，加深了英国国内关系，也深化了两大联盟之间的冲突。

同盟国的三个成员国缺乏协约国成员尤其是英法两国的内部凝聚力。奥地利是一个由不同民族、文化和语言组成的笨拙的大杂烩；意大利深受重地方主义和几乎难以理解的方言差异的困扰；德国对其整体性缺乏安全感。尽管有人会说，俄罗斯幅员辽阔、民族众多，因此与奥匈帝国一样容易陷入内部混乱，但俄罗斯帝国（与英国和法国一样）已有数百年的历史，并表现出了强烈的民族意识。空间的紧凑与海洋的隔绝造成了英国的团结，而法国的统一则是由长期以来巴黎的中央集权形成的。[19] 在法国，权力从处于中心的首都发散到各省，其行动方式要比奥匈帝国、德国、意大利统一得多。

山脉和海洋从三个方向保护着法国边境，所以它的东面注定是要

248

开放的。在附近的大陆上战败后，法国人的民族意识转向了帝国，但德国在 1870 年的胜利和他们在瑟丁的军队的崩溃，仍然给法国人留下了创伤。与强大的德国毗连的法国的人民总是想着东部边境，并被为失去的阿尔萨斯和洛林复仇的精神所激励。那次失去领土留下的伤口需要 44 年才能愈合。20 世纪初，人们对东方的关注在军事学校的教科书中得到了生动的体现，这些学校为未来的另一场东西方之间的决战准备士兵。直到 1906 年，有许多军事演习，包括英国也在北方登陆，但是这些敌对的想法很快就消失了，那些设计出来对抗可能从阿尔卑斯山攻入的新意大利对手的军事演习也一样停止了。很明显比利牛斯山脉保护了法国人，使他们免受来自西方的任何严重威胁，因此，军事人员的注意力都集中在了莱茵河上。[20]

这次失败深深挫伤了法国人的信心，使德国人的自豪感膨胀了起来，但德国人觊觎着其他的边界。德国地理学家格奥尔格·魏格纳（Georg Wegener）在《第一次世界大战的地理成因》（*The Geographical Causes of the World War*, 1920）一书中评价了地理位置和地形在欧洲历史上所扮演的独特角色："世界上几乎没有哪个国家的地理环境像德国那样注定了一场可悲的悲剧。"作为印度-日耳曼人的移民中心、贸易的十字路口、缺乏安全边界的国家之间的战略分界线，德国一直以来不是缓冲区就是战场。[21] 1912 年，弗里德里希·冯·伯恩哈迪将军（General Friedrich von Bernhardi）越过中立立场，指责德意志帝国是"残缺不全的躯体"；海军上将阿尔弗莱德·提尔皮茨（Alfred Tirpitz）认为德国没有海军，就如同"没有壳的软体动物"。[22] 它的战略位置似乎使得其周围的民族和武装部队不断地渗透或封锁它的边界不可避免。此外，从 1879 年开始，德国开始了一段以孤立为前提的外交之路，从而变成了一个自我实现的预言，创造了"包围"的神话和现实。

到 1882 年，德国、奥匈帝国和意大利结成联盟，巩固了欧洲的中心，为反对协约国的形成创造了地缘政治条件。在 1894 年法俄同盟引发了两线战争的幽灵之后，两国之间的联系更加紧密。代表英国的吉卜林可能对东西方的会面感到高兴,因为他为"两个强壮的人""面对面"地站在一起而鼓掌,但德国人发现自己陷入了一个致命的陷阱。他们委托阿尔弗雷德·施里芬(Alfred Schlieffen)伯爵制定作战计划,以阻止周围的两股军队在德国领土上相遇。1894 年,伯爵认为,德国只有依靠迅速而决定性的胜利才能生存下来,他计划通过在东部对俄国发动保卫战,同时以闪电般的速战速决击败法国来实现这一目标。一支庞大的德国军队将穿过比利时、卢森堡和荷兰南部到达巴黎,而西方八分之一的主力部队将作为诱饵,牵制驻扎在他们共同边界上的大批法国军队的进攻。十年来,施里芬制定出的细节要求空前地精确和协调,以实现每天的动员和战斗目标。在 1905 年的一份备忘录中,他拟定了这一计划的最终形式,在德国备战之际,这一计划主导了未来 9 年的战略思维。[23] 在第二帝国的最后二十年里,西线的决定性战役成了德国总参谋部的定心针。

当英国离开了友好国家的轨道,最终成为三个协约国敌对阵营的成员时,德国对包围的恐惧变得更加彻底和严重。1895 年,德皇威廉二世给正与英国交战的德兰士瓦(Transvaal)的克鲁格总统发去贺电,搞砸了英德外交关系。1905 年,德国总理伯恩哈德·冯·比洛(Bernhard von Bülow)则引起了另一场外交危机,他让德皇在丹吉尔(Tangier)停留以抗议法国在摩洛哥的设计,并测试新的英法协约。但次年举行的国际会议支持法国在摩洛哥的权利,增进了英法之间的谅解,在德国人看来,还加强了德国周围的紧张情况。迄今为止,在英德关系中引起敌意的最具决定性的原因是德国海军的建立——这包括成立于 1897 年的海军联盟的积极宣传,和对英国国家安全造成威胁的越来越多的船只。德国的民族意识在国际政治的宏伟愿景和对包围封锁的偏执恐惧之间摇摆,这一政治悖论带来了各种各样的解释和阐释。伯恩哈迪将军时而悲愤,时而恐慌,他声称德国的国家边界被掠夺,四周被敌人包围,随时可能受到猛烈冲击德国海岸的"斯拉夫浪潮"的攻击。[24] 与其他国家不同的是,那些国家只有一个边境需要保卫,而德国

250

251 位于欧洲的中心，必须为四面八方的战斗做准备。当他注意到国家被
拥有更古老、更发达文化的国家包围时，就给封锁增加了一个暂时的转
折。[25] 德国在时间和空间上都很受约束，因其国家地位不高和处在欧洲
的地理中心而很脆弱。瑞典地缘政治学家鲁道夫·凯伦（Rudolf
Kjellén）总结了伯恩哈迪和里兹勒的担忧："德国是欧洲的'中间王国'。
这就是它独特地位的核心事实。它不像其他大国那样有自由的一面，
在自己的门前没有扩张领域。它四面被更古老、更广阔的文化土地所
包围，其本质是被其他大国所包围。"[26] 这种精神状态不断地动摇着德
国人的意识，其痕迹比比皆是。在 1914 年 7 月的外交危机期间，德皇
对公文的回应是一些在政府官员之间传阅的旁注。7 月 30 日，他收到
了俄罗斯驻圣彼得堡大使发来的一份紧急电报，通知他俄罗斯正准备
动员，他还写下了封锁包围的详细阐述。读起来他像是松了一口气，因
为这个二十年来自我应验的预言终于把一种偏执的恐惧变成了现实。

> 因为我对此毫不怀疑：英国、俄罗斯和法国已达成一
> 致——在通过奥地利为我们以之前的理由奠定基础后——要
> 以奥匈-塞尔维亚冲突为借口，对我们发动一场灭绝战争……
> 因此，尽管我们的政治家和外交官尽一切努力阻止，德国著名
> 的"11 大包围"终于变成了一个完整的事实。我们头上突然
> 被撒了一张网，英国持之以恒地坚持着反德的世界政策，如今
> 她冷笑着收获这最为光辉的胜利。我们因对奥地利的忠诚而
> 在政治上和经济上遭到破坏，只能独自挣扎，我们发现自己无
> 能为力，而英国却为我们套上绞索。[27]

战后人们分为两派展开了激烈的辩论，一方认为封锁是造成战争
的现实和不可避免的原因，另一方认为封锁是无稽之谈，是对和平不必
要的挑衅。[28] 英国的区域意识来自一个连贯自然的防御核心，而德国的
区域意识则在浮夸友好的政治和一种偏执的、会削弱这异质的、地理上
无可防御的祖国的反射之间形成了分裂。

德国人向东方进军即"向东的冲动"（Drang nach Osten）显得很紧迫。在世纪之交，它把重点放在两个长期项目上，其中一个是修建一条从柏林到巴格达的铁路。1899 年，土耳其政府向一个德国财团——安纳托利亚铁路公司（Anatolian Railway Company）——授予了一项原本难以捉摸的特许权，即修建一条穿越小亚细亚、连接君士坦丁堡和巴格达的铁路。自亚历山大时代起，对这条路线的控制一直是在东方进行政治和商业扩张的关键。英国将这条铁路的完工视为对它与印度贸易的威胁，并以正式抗议德国在波斯湾的存在和派兵占领科威特作为回应。俄罗斯对巴尔干半岛的兴趣加强了，并与法国一道努力推迟这条线路的融资和建设。当然，在德国，这种商业扩张的方式得到了强有力的支持。1900 年，科尔马·冯·德·戈尔兹将军（General Colmar von der Goltz）写了一篇关于实现德国东方政策，将德国文化和商品带到波斯湾的文章。"因此，"一位历史学家回忆道，"许多德国莱茵人的手指沿着从柏林向东南方向伸出的细细黑线前进，许多爱国人士一听到'我们的巴格达'，心跳就加快了。"[29]另一些人设想殖民地在沙漠中蓬勃发展，为日益增长的德国人口腾出空间。1902 年，保罗·罗巴赫（Paul Rohrbach）通过促使人们关注铁路的政治、军事和经济优势，推广了铁路项目。[30]这条铁路横贯通往巴格达的战略要地，成为国际冲突的一个主要原因。[31]

另一种向东方扩张的表现是，德国设想建立一个中欧帝国，深入东欧和近东。有影响力的经济学家古斯塔夫·施穆勒（Gustav Schmoller）在 1890 年的一份著名声明中预测，在 20 世纪，历史的进程将由俄罗斯、英国、美国，或许还有中国来决定，只有一个中欧关税同盟才能使欧洲国家免于落入二流地位。德国对于在经济上控制中欧的兴趣，是由一些经济社团催生的，他们沿用了德国经济学家朱利叶斯·沃尔夫（Julius Wolf）于 1904 年在柏林创建的经济社会模式。战前最直言不讳的支持者是神学家和社会评论家弗里德里希·瑙曼，他设想了一个向东欧扩张的开明的德意志帝国，会结合资本主义、民族主义和社会改革的优点。[33]

并非所有德国人都满怀热情地看向东方。尽管分散在奥匈帝国各地的日耳曼人——奥匈帝国是这个德国唯一可靠的盟友——似乎在召唤他们加入领土扩张的大军，但这种扩张将会引发巨大的政治冲突。与土耳其的良好关系所带来的商机，以及巴格达铁路建设所带来的机遇，似乎都很有吸引力，但它是一个陌生的国家。东南部是动荡不安的巴尔干半岛，威胁着奥匈帝国的和平与领土完整。除此之外，最令人担忧的是俄罗斯，一个由其他外来民族组成的帝国。俄国人从 1905 年对日战争的失败中吸取教训，重建军队，剑指西方。随着俄军规模的扩大，事情变得再明显不过，一旦俄军向德国进发，奥匈帝国能做的不过是让俄国减速。

当英国、法国和德国都把目光投向帝国时，奥匈帝国却把注意力集中在威胁其存在的无数内部分歧上。民族统一主义者的运动像扯太妃糖一样扯着它。德国吸引了奥地利的"人民"，俄国人对北方的斯拉夫人采取保护态度，意大利想要吞并附近的民族聚居地，罗马尼亚人觊觎特兰西瓦尼亚（Transylvania），而帝国内的塞尔维亚人则欲并入与之接壤的南部独立王国。捷克人、波兰人和匈牙利人在内部大声疾呼要求自治；亚美尼亚人、保加利亚人、希腊人、阿尔巴尼亚人、吉卜赛人和犹太人则蜂拥而至，加剧了帝国内部的紧张局势。自 13 世纪以来，哈布斯堡王朝经历了一系列的联姻和战争。完整的帝国头衔给人一种异质感：

> 我们……蒙上帝恩典，奥地利的皇帝；匈牙利、波希米亚、达尔马提、克罗地亚、斯拉沃尼亚、加利西亚、洛多米里亚、伊利里亚的君主；耶路撒冷等地的国王；奥地利大公；托斯卡纳和克拉科夫大公；特兰西瓦尼亚、摩拉维亚的马格瑞夫的大公；上西里西亚和下西里西亚、摩德纳、帕尔马、皮尔琴扎和古斯特拉、奥斯威辛和索特、特辛、弗里奥、拉古萨和扎拉的公爵；哈布斯堡、蒂罗尔、基堡、戈尔兹、格拉迪斯卡、特里恩特和布里克森的公爵；上、下劳西茨和伊斯特里亚的马尔格雷夫；

荷亨内姆、费尔德基什、布列根兹、索南伯格等的伯爵；里雅斯特、卡塔罗和温迪士标志以上的地方的勋爵；塞尔维亚伏伊伏丁那的伟大航海家，等等等等。[34]

匈牙利历史学家奥斯卡·贾西（Oscar Jászi）认为，君主制注定要在国家特殊论的离心力下灭亡；另一位观察家预测，在弗朗西斯·约瑟夫皇帝（Emperor Francis Joseph）死后，帝国将"像一个被打劫的旧桶一样"[35]分崩离析。

帝国内部的弱点完全占据了其领导人的注意力，并制造了一个权力真空来规范外交政策。这些状况"加剧了邻居的贪婪，使他们的要求愈加大胆和傲慢"。[36]最大的麻烦是巴尔干半岛，1908年奥地利吞并了波斯尼亚，使整个地区动荡不安，也使俄国人更加下定决心要阻止奥匈帝国的进一步扩张。随着帝国内部和邻国塞尔维亚的塞尔维亚人寻求统一，泛塞尔维亚运动变得非常具有威胁性。人们担心割裂一大块奥匈帝国领土会引发更多的民族主义起义，从而导致哈布斯堡王朝的彻底解体。奥地利人有理由相信，一旦发生战争，德国将履行其条约义务，保护王国的西部边界，但当他们放眼东方，考虑到长期的巴尔干危机有朝一日有可能将他们拖入与俄罗斯的战争中会发生什么时，他们的焦虑加剧了。欧洲其他国家也有着同样的疑问。

早在1883年，J. R. 西莱就根据英伦三岛的安全进行了猜测："俄国已经紧逼欧洲中部。她拥有广阔土地与众多人口，当她的智力与组织赶上德国，铁路建好、人们受到教育、政府有了坚实基础的时候，她会有什么样的举动呢？"[37]在1901年的俄罗斯之旅后，支持帝国主义的印第安纳州参议员阿尔伯特·J. 贝弗里奇（Albert J. Beveridge）警告说"这位身穿灰色制服的激进分子"站在冰冻的太平洋海岸，在过去的五年中"引起了欧洲所有内阁和每一个深思的美国公民的强烈关注"。西伯利亚铁路"是现今为止世界上最伟大的建筑工事"，一夜之间，它在远东创造了一个强大而充满威胁的俄罗斯。[38]亨利·亚当斯设想远东地区会形成一个"再多新力量也无法使其转向的单质量系统"。西伯利亚

254

大铁路,就像沙特尔大教堂和发电机一样,是一种不可抗拒的广泛力量——俄罗斯帝国的国际力量——的具体表现。[39]

德国人带着嫉妒和恐惧看待俄罗斯;政治分析家沃尔夫·冯·斯希布兰德(Wolf von Schierbrand)对这些情绪的常见表露进行了调查。俄罗斯帝国"庞大且不断扩大的版图"、它"危险的"扩张政策、看似"取之不尽、用之不竭"的资源,使其成为德国大陆霸权和世界政治抱负的威胁。[40]在《超越善恶》一书中,尼采对使得俄罗斯成为未来之国的广阔空间做出了这样的评论:"一个拥有时间的帝国,它不属于过去。"[41]从字面意义上讲,俄罗斯对未来很有信心。在《魔山》中,曼也观察到了同样的情况。汉斯·卡斯托普在贝格夫住了几年之后,开始全身心地投入永恒之中,甚至连起初斥责他太守时的塞特布里尼也说:"你四处游荡的方式简直有点可怕。"他还警告汉斯不要屈从于亚洲世界的巨大浪费,因为它们有足够的空间。

> 这种对时间的野蛮挥霍是亚洲人的风格,东方的孩子们在这里感到如此自在可能也是有原因的。你难道从来没有注意到,俄罗斯人的四个小时指的是我们的一个小时?很容易看出,这些人在时间问题上的轻率可能与这片无边无际的土地上的人们所特有的空间观念有关。广阔的空间,充裕的时间——他们说,事实上,他们是一个有时间而且可以等待的国家。而我们欧洲人却做不到这一点。我们的时间是有限的,就像我们这个伟大而又紧密相连的大陆所拥有的空间一样有限,对待时间和空间我们都必须要同样节约,我们必须节省啊,工程师![42]

曼以当代地缘政治的语言将俄罗斯大陆帝国的广阔疆域解释为走向未来的广阔时间推力的基础。

俄罗斯人敏锐地意识到了广袤的空间是如何塑造他们的性格和历史命运的。有一个生动的例子能说明他们中的一些人是如何完全依赖于地缘政治因素的,那就是1915年的8月,陆军大臣阿列克谢·波利万诺夫(Aleksei Polivanov)对前线的灾难形式做出了如下评价:"我把自己的信任交付于不可穿透的空间、无法穿越的泥浆和俄罗斯保护者圣尼古拉斯的仁慈。"[43]俄国人在空间上的主要目标是君士坦丁堡和达达尼尔海峡(Dardanelles),他们希望在那里可以自由进入利润丰厚、具有重要战略意义的地中海航道。俄罗斯的外交政策在该地区和巴尔干半岛展开,在那里,俄罗斯与塞尔维亚结盟,划定了反对同盟国的界线,并帮助创建了第一个一战前线。

外国人把俄罗斯的"惯性力量"视为推动大陆向外扩张的力量,而俄罗斯人却越来越意识到敌对国家的临近性和普遍性。德国人可能更愿意直言不讳地表达他们被包围的感觉,俄罗斯人则看到,在各个方向都有更多潜在的敌人。在西方,挪威和瑞典的敌对情绪由来已久,德国则控制着波罗的海,并为西欧最强大的大陆军队联盟提供支持。奥匈帝国和罗马尼亚在西部构成了不友好邻国的边界,俄罗斯西南角黑海的开口处则被土耳其和土耳其的联合军队封锁。在他们自己的西部边境线上,是一群潜在的反叛的被压制的少数民族,包括芬兰人、爱沙尼亚人、拉脱维亚人、立陶宛人、波兰人、犹太人和乌克兰人。往南方是与波斯和阿富汗长期不和的地区。来自蒙古东南部的游牧民族仍然有着给俄国人带来噩梦的可能,在东岸则是日本和关于一场新的军事失败的记忆。大自然带着北极崎岖的地形和冰雪,从北方气势汹汹地逼近。

俄罗斯地形、气候和人民的多样性表现在国家形象的多样性上。拉迪斯·克里斯多夫(Ladis Kristof)确定了四种不同形象,位于不同区域,指向不同方向。第一个形象聚焦于中世纪的基辅,它是俄罗斯的心脏,源自"最初的欧洲通道"。它背弃了蒙古鞑靼俄罗斯(Mongol-Tartar Russia),向西方寻求文化历史渊源。第二个形象位于莫斯科周围的中心地带,展现的俄罗斯与西欧截然不同。这是一种内向性的国家形象,以俄罗斯广袤的领土为中心,以此作为身份和自主权的来源。第三个形象与圣彼得堡有关,将俄罗斯的文化和历史与西欧联系在一起。这种关系从1894年的法俄同盟开始变得更加紧密。第四个形象是从喀尔巴阡

256

山脉(Carpathians)延伸到太平洋广阔地域的俄罗斯，它是一个文化大熔炉，也是占据欧亚大草原的东方与西方的地理交汇点。[44]随着西欧国家在 19 世纪末建立起庞大的殖民帝国，俄罗斯开始关注东部地区的资源和机遇。19 世纪 90 年代末，中国对世界贸易和商业投资的开放，以及与此同时日本作为一个不可忽视的大国的崛起，将世界的注意力转向东方，也将俄罗斯人的注意力吸引至其帝国大陆的侧翼。1914 年战争前夕，与德国一样，俄罗斯也在两个利益领域之间左右为难，因为它深知东西轴心两端都有可能发生战争。

257

在整个时期，世界大国的注意力不断地被吸引到沿这条轴心出现的新动态之上。新的东西铁路线、全球旅行的普及、地理上和精确时间上有序的世界时区的划分、联盟系统的结盟，以及将军们的作战计划，都强调了东西方轴心作为地球自转方向和日出日落地点的古老而普遍的意义，这种意义如此深刻地埋藏于人类意识里的诗歌和意象中。长期以来，欧洲学者一直把东方想象成一个"浪漫、充满异域风情、有着令人难忘的记忆和风景以及非凡经历"的地方。[45]它现在也变成了一个投机的地方，有着异国情调的原材料、风险和回报丰厚的投资以及令人难以置信的利润。东西方之间的政治和经济联系也是大胆假设的主题。

20 世纪初最新颖的地缘政治理论集中在欧亚大陆的中心地带。与传统的帝国向西行进的推测相反，哈尔福德·麦金德爵士把目光投向东方，认为欧洲是亚洲的附属物，因为"欧洲文明，在非常真实的意义上，是反对亚洲入侵的世俗斗争的结果"。海洋力量决定国家力量来源和财富分配的时代已经结束。早些时候蒸汽船和苏伊士运河增加了海权的流动性和重要性，但横贯大陆的铁路正改变着土地权力的重要性，尤其是在欧亚大陆的中心地带，今后土地将具有主宰力量，俄罗斯占领了中央的战略位置，其重要性与德国在西欧的位置一样，有了发达的铁路系统，就能主导整个欧洲大陆。陆地力量的复兴将世界划分为不同的地缘政治区域。"外新月形地带"(outer crescent)包括英国、南非、澳大利亚、美国、加拿大和日本；在"外新月"之中则是包括德国、奥地利、土耳其、印度和中国的"内新月形地带"（inner crescent）。中间是"枢纽区"（pivot area）——俄罗斯的一大片楔形区域，最宽阔的部分位于寒冷的北部，向波斯湾方向逐渐变窄。令人惊讶的是，中心地带几乎排除了欧洲北部的所有地区、直到莫斯科郊区的俄罗斯中部大约一半的地区、乌克兰的所有地区、波罗的海周边所有省份，以及整个太平洋海岸。为了强调内陆核心的新战略潜力，麦金德放弃了周边地区，尽管这些地区包括人口最密集和工业化程度最高的地区，以及那些与邻国或海洋有战略联系的地区。麦金德确信内部的通信和交通的优势将使俄罗斯将敌人一一消灭并控制中心地带。而且，如果与德国结盟，就能确保横贯大陆的权力基础可能控制"世界帝国"。他得出结论，认为帝国的西进运动不过是"边际权力在关键地区的西南和西部边缘的短暂轮流"。[46]

258

　　在那个时代，由中心地带主宰的世界帝国的幽灵并没有成为现实。麦金德大大高估了铁路所能发挥的作用，这一点在接下来的一年里得到了证明，彼时俄国对西伯利亚大铁路的首次军事袭击导致了对日战争的巨大失败。他倾向于从西欧的角度来看待广阔的欧亚大陆，因此他期望的行动一致性要比俄罗斯当时可能实现的大得多。俄国人自己也忽视了他的论点，因为他把俄国的一些最重要的地区排除在关键的枢纽地区之外，而把荒凉的闭塞地区视为世界帝国的核心。[47]但是这个理论确实在西欧和美国引起了广泛的注意，因为在那里，全球思维符合政治现实。麦金德认为，世界第一次可以而且必须被作为一个整体来看待，在这当中，重要的国家发展具有世界性的影响。他的论文带有一种令人不安的再幻想色彩，将世界权力的宝座和未来从西方转移到了东方。

　　国家方向的转变只是导致战争的复杂外交史的一个方面。在费迪南大公被暗杀的 6 月 28 日和最终宣战的 8 月 4 日之间的 37 天里的"七月危机"中，在领导者们试图阻止，同时也为敌对行动的爆发做好准备时，这些导向不断影响着谈判。而国家之间的方向感只是塑造国家身份和姿态的一般空间感中的一个因素。时间观念的变化表现在这一时期的外交步伐和之后的战斗节奏上。

10　七月危机的暂时性

斯宾格勒在文明兴盛衰落的几千年中发现了加速西方衰落的那个时期独特的暂时性："在古典世界中，岁月起不了什么作用，在印度，几十年也没有什么变化；但如今，一小时、一分钟，甚至一秒钟都很重要。无论是古希腊人还是印度人，都不可能理解1914年8月那样的历史危机所造成的悲剧性紧张局势，当时甚至连一些瞬间都似乎具有压倒一切的重要性。"[1]对于那些生活在电子通信时代之前的人来说，这场危

机也是深不可测的。1914年夏，在电报、电话交谈、备忘录和新闻稿纷乱的节奏中，掌权者迷失了方向；在紧张的对抗和不眠之夜的压力下，头脑冷静的政客和经验丰富的谈判者们都崩溃了，他们为自己仓促的判断和行动可能带来的灾难性后果而苦恼。在7月23日至8月4日的高压期间，有五次期限很短的最后通牒，所有这些通牒都或明或暗地威胁说，如果要求得不到满足，就会发动战争。在最后的日子里，动员时间表的紧迫要求磨尽了人们最后一丝耐心。甚至在正式宣布动员之前，军队就已开始为战争准备，在时间与和平的流逝中，外交官们仍在继续进行着谈判，这一切都不过是在假装外交上的努力。

奥匈帝国大公弗朗西斯·费迪南德（Francis Ferdinand）被暗杀，引发了一场国际外交危机，这仅仅是即将到来的战争的序幕。政治领导人们通过快速的电报通信得到了可怕的新闻，震惊的公众则在日报上读到了消息。报纸快速并直接地影响了人们的反应，创造了大量的观众。民众的怒火助长了双重君主制的愤怒，减少了所有外交官的灵

活性,他们不得不担心自己的政府以及他们的反对派。[2]虽然电影并没有像媒体那样直接激起人们的战争狂躁,但在过去的几年里,它激发了人们对政治问题的普遍兴趣。美国和英国的电影制作人在电影出现初期就将其用于宣传美西战争与布尔战争。[3]到了 1913 年,一位法国影评人观察到电影对政治的巨大影响,尤其是对庞加莱总统职业生涯的影响。他在新闻中的频繁出现大大提高了他在法国民众中受欢迎的程度。他相信电影艺术是"爱丽舍宫的流行附属品"。[4]茨威格也注意到了电影对政治的影响,当威廉二世出现在法国新闻片上时,图尔人对他的憎恨让他震惊。[5]大众传播技术已成为政治和外交事务中的一个因素,并直接加速了民众对业已狂热的外交活动的反应。

1914 年,欧洲各国政府对事件的反应,就好像它们是一条合用电话线上的众多出口,每个外交部里都能听到叮当声。但是一系列的关键事件都集中在一个地方。暗杀发生后,双重君主制立即占据了中心舞台,因为它准备设计粉碎泛塞尔维亚运动的最佳手段。大多数奥地利领导人意识到必须迅速做出反应。总参谋长康拉德·冯·霍岑多夫(Conrad von Hötzendorf)称这种情况具有严重的威胁性,并表示"不能再推迟做出决定"。[6]在维也纳,只有为数不多的官员一开始就公开表示要保持克制,其中之一是德国大使奇尔斯基(Tschirschky),他于 6 月 30 日建议德国总理贝特曼·霍威格"不要采取过于仓促的措施"。德国皇帝在 7 月 2 日读到这份报告时被激怒了,并在页边空白处写下要向贝特曼和其他高级官员说的话:"要么现在行动,要么永远不做。谁授权他那样做的? 这太愚蠢了!"他又加上一句:"奇尔斯基别再胡说八道了! 塞尔维亚人必须被除掉,而且要快!"[7]奇尔斯基在维也纳收到了这一指令,他在 7 月 4 日接受《法兰克福汇报》的采访时说:"不管在塞尔维亚问题上做出什么决定,德国都会全力支持这个君主制,而且奥匈帝国越早采取行动越好。昨天行动比今天行动更好,今天比明天更好。"7 月 5 日在波茨坦(Potsdam)的私人会议上这一建议被正式提出,德国皇帝开出"空头支票",亲自向奥地利大使索耶尼(Szögyény)保证德国会全力支持奥地利对暗杀做出的任何反应措施，并敦促他转告奥地利政府"要立刻行动。"德皇有一种普遍为各地军事领导人所接受的看法，即俄罗斯尚未为战争做好准备，因此，目前是解决塞尔维亚问题的最佳时机。7 月 6 日，佐格尼致电奥地利外交部长贝希托尔德（Berchtold），称贝特曼也认为"我们立即采取行动，是解决巴尔干半岛问题的最佳方案"[8]。在那个 7 月的第一个星期，为了控制局势，就连英国人也赞成奥地利对刺杀事件迅速做出反应。[9]

在 7 月 7 日的部长会议上，贝希托尔德提议奥地利尽快与塞尔维亚达成协议，但匈牙利总理蒂萨起初不愿向塞尔维亚发出最后通牒。到 7 月 14 日，他改变想法转而采用有时限的最后通牒策略，但其他事态发展说服奥地利 7 月 23 日之前都不要发出最后通牒。在短暂的和平期间，在人们对最后通牒进行辩论、起草、等待交付的过程中，一再有人催促他们尽快行动。奇尔斯基在 7 月 10 日的一份报告中谈到了奥地利关于终结塞尔维亚的麻烦的决定，德皇的回复很不耐烦："这件事已经拖得太久。"他建议要求塞尔维亚人"滚出这个地区！然后事情就会顺利进行了"。7 月 11 日奇尔斯基提醒贝希托尔德"应该采取快速行动了"。[10] 同一天，里兹勒在他的日记中写道，需要"长得可怕的时间"——16 天，才能将奥地利人动员起来。"这是非常危险的。快速接受现实，对协约国友好，然后他们可以承受冲击。"[11] 因此，贝特曼、德皇、里兹勒、佐格尼、贝希托尔德、奇尔斯基，甚至格雷都有类似的想法——对塞尔维亚的快速打击将有助于控制任何可能导致的敌对行动的范围。就连康拉德也意识到必须迅速行动。7 月 12 日，他写信给贝希托尔德：

> ……在外交领域，应该避免一切拖延零碎的外交行为，因其将使我们的对手有时间采取军事措施，使我们处于军事劣势……因此，明智的做法是避免一切可能过早地惊动对手并导致其采取反制措施的事情，在各方面都应表现出和平的样子。但是，一旦做出了采取行动的决定，出于军事考虑，这一

行动必须一次完成,并发出短时间的最后通牒,如果遭到拒绝,应立即发出动员令。[12]

到 7 月 18 日,奥地利已经起草了一份最后通牒,并决定给塞尔维亚人 48 小时的考虑时限。

许多因素导致了和平的破裂,但事件的突然性本身就是把欧洲推入战争的独立原因。在回顾中,斯宾格勒看到了这一时期所特有的时间精度,这在德国国务卿贾戈对发出最后通牒的确切时间的调整上表现得尤为明显。7 月 21 日,他得知法国总统庞加莱原定在对俄罗斯进行国事访问后于晚上 11 点乘船离开圣彼得堡,这一时间晚于计划在贝尔格莱德提出最后通牒的中欧时间下午 5 点。他立即给维也纳的奇尔斯基发了一份电报,奇尔斯基及时传达了这一消息,安排奥地利官员将外交活动推迟一小时到下午 6 点。那个时候庞加莱肯定是在海上,无法与俄国人面对面地商讨如何采取行动。[13]

263

7 月 23 日,塞尔维亚外交部长帕库(Paču)在贝尔格莱德的外交办公室接见了奥地利大使吉斯尔,并收到了被要求在 7 月 25 日前做出答复的奥地利照会。帕库答复说,有些部长不在首都,迅速答复是不可能的。现代外交家吉斯尔反驳道,"在一个拥有铁路、电信和电话的时代,以塞尔维亚国土的大小,部长们要回办公室可能只需要几个小时,而他那天早上就已经暗示(首相)帕西克(Pašić)已得知了情况"[14]。他认为塞尔维亚能在 48 小时内毫无困难地将其部长们集合起来,这一冷淡的回应几乎与最后通牒本身一样傲慢。关于时间限制的适宜性,他是大错特错了,但有一件事他是对的——现在是电报和电话的时代。具有讽刺意味的是,一位外交家会提醒另一位外交家注意这一事实,似乎可节约时间的技术的存在使得这种仓促的外交被合理化了。

当最后通牒的条款被知晓然后通过快速的现代通信手段被再次传播开来后,每个欧洲首都的领导人都意识到了这就意味着战争。格雷将其描述为"他所见过的由一个国家写给另一个独立国家的最令人生畏的文件";俄罗斯外交部长萨佐诺夫(Sazonov)高呼"这是欧洲人的荣誉"；在奥匈帝国内部，人们立即准备撤出贝尔格莱德的整个公使馆。最后通牒的内容是其立刻被看作战争挑衅的原因之一，因为第5和第6个条款要求奥地利官员参与对塞尔维亚颠覆运动的镇压，以及参与与刺客审判有关的调查；极短的时间限制也很重要。英国、俄罗斯和法国外交官立即得出了这一结论，并试图延长最后通牒的日期。7月24日，德国驻伦敦大使利奇诺斯基（Lichnowsky）在柏林给雅戈发了电报："爱德华·格雷爵士（Sir Edward Grey）最痛惜的，除了文件的语气，还有短暂的时限，这让战争几乎不可避免。"他告诉我，他愿意同我们一道请求延长在维也纳的期限，因为那样的话**也许能找到一条出路**。就在那一天，萨佐诺夫向柏林、巴黎、伦敦、罗马和布加勒斯特的代表团发送电报，开篇就在请求更多的时间："由于奥匈帝国在向贝尔格莱德提出最后通牒的12小时之后才向各强国求救，因此各强国不可能在剩下的短时间之内对由此引发的复杂情况采取任何有效措施，因此，为了避免奥地利的行动方针可能导致的无数和普遍不受欢迎的后果，我们认为，她必须首先延长给塞尔维亚规定的答复期限。"第二天，法国驻柏林大使委婉地告诉雅戈，"给塞尔维亚的投降期限太短，会给欧洲各国留下不好的印象"[15]。在庞加莱陪同下的法国外交部长维维安尼通过来自俄国的无线电报得知最后通牒的内容之后，从船上向圣彼得堡、伦敦以及巴黎发送了无线电报，敦促塞尔维亚"要求延长24小时的时限"以及试图找出一个能兼顾其荣誉和独立的可接受的回应。[16]

准确地重建7月25日之前的事件需要精确到日；在那之后，有时甚至一分钟都变得至关重要。

7月25日，当协约国仍在竭力争取延长时限时，奥地利和德国似乎一致认为，在最后通牒遭到预料中的拒绝后，必须迅速采取行动，以期控制战争的范围。在期限结束前大约四小时，佐格尼向柏林的贝希托尔德发去电报："这里的普遍看法是，如果塞尔维亚的答复不能令人满意，我们就会立即宣战，战争行动也会立即展开。在这里，战争行动的每一次延误都被视为可能遭到外国势力干涉的危险信号。人们迫切地建议我们毫不拖延地行进，将既成事实置于时间的面前。"[17]即使是最初发出警告的蒂萨，现在也带头敦促皇帝弗兰西斯·约瑟夫下令，一旦塞尔维亚的答复不能令人满意，就立即动员。"轻微的延迟或犹豫，"他写道，"将严重损害君主大胆和主动的声誉，不仅会影响我们的朋友和敌人的态度，还会影响那些不确定的因素，并导致致命结果"。[18]

就在同一天，在得知塞尔维亚的答复之前，俄罗斯下令开始"战争准备期"——这是一项部分措施，包括调动四个军区，激活波罗的海和黑海舰队，以及加快军队供应。理由是，由于俄罗斯比任何西方国家都需要更多的时间进行动员，因此有必要启动一些初步行动，以便如果战争爆发，俄罗斯的准备工作能与其他国家处于同等状态。这种局部的或预防性的动员成为争分夺秒的外交手段的一个组成部分，因为其他国家对俄罗斯的突然启动越来越警觉，并开始担心本国动员计划的紧迫性。第一个下令全面动员的国家是塞尔维亚，时间是 7 月 25 日下午3 点，比它必须向奥地利大使递交答复的时间早了 3 个小时。

当通信技术以极快的速度取代了缓慢的传统外交，并似乎排除了面对面的外交的时候，一件机械装置失灵了。在写回复时，塞尔维亚外交部仅存的一台打字机坏了，最后的文本是手抄的——这是即将到来的敌对状态的一个可怕征兆，即不论这些机械武器有多令人印象深刻，还是要用人类的双手战斗，用人类的生命来买单。

从贝尔格莱德撤出奥地利公使馆是最后疯狂日子的前奏。在最后期限到来之前，吉斯尔（Giesl）就知道塞尔维亚人的答复不会是无条件的接受，他遵照贝希托尔德的严格指示，烧毁了密码本，准备关闭使馆，收拾了他的行李。下午 5:55，帕西克向他呈递了塞尔维亚人的答复。吉斯尔很快确定答复确实不令人满意，便给帕西克发了一封断绝外交关系的信，然后赶到贝尔格莱德车站，坐上了下午 6:30 的火车。十分钟后，他穿过奥地利边境，并在那给贝希托尔德和蒂萨发了电报。然后他给在布达佩斯等候的蒂萨打了电话，后者一直保持电话线路畅通，以便接收信息并将报告转发给维也纳。[19]

265

有大量证据表明，奥地利并不认为塞尔维亚的答复意味着需要立即宣战。当弗朗西斯·约瑟夫得知两国外交关系破裂的消息时，他说"这不一定是战争的原因！"在抵达维也纳后与吉斯尔的一次谈话中，贝希托尔德强调"断绝关系绝不是战争"。[20]但在 7 月 26 日，德国催促立即宣战，以阻止其他大国的长期调停，并使战争局限在奥地利和塞尔维亚之间。26 日上午，贝希托尔德收到了佐格尼前一天发来的电报，上面报告说，由于塞尔维亚人的答复不能令人满意，德国希望不要推迟宣战。贝希托尔德随后会见了奇尔斯基和康拉德。德国大使重申了德国的立场，而之前渴望战斗的康拉德则敦促谨慎行事，他指出，奥地利军队的全面动员需要 16 天。奇尔斯基离开后，贝希托尔德告诉康拉德："我们应该尽快向塞尔维亚宣战，以结束各种影响。你想要什么时候宣战？"康拉德回答："只有当我们进展到足以立即开始行动的时候才能宣战——大约 8 月 12 日。"贝希托尔德说："外交形势不容等那么久。"[21]这是动员时间表可能会起到拖延作用的一个例子；但是外交形势一天比一天严峻，奥地利最终屈服于德国的压力。7 月 27 日，康拉德同意立即宣战。下午 4 点 37，柏林方面在奇尔斯基发来的得意扬扬的电报中得知了这一消息："柏林方面已决定，明天或最迟后天就要正式宣战以切断任何干预企图。"[22]

奥地利在 7 月 28 日中午前发出了宣战声明。对奇尔斯基来说，这事来得正是时候，否则它可能会被一个最意想不到的来源挫败。就在一小时前，刚刚从斯堪的那维亚半岛之旅归来的德国皇帝威廉二世，在 28 日清晨得知了塞尔维亚人的回复，在其副本的页边空白处写道："48 小时内的精彩表演。这超出了人们的预料！对维也纳来说，这是一场伟大的道义上的胜利，但战争的理由也随之消失了，吉斯尔也许还会静静地留在贝尔格莱德。凭这一点力量，我根本不该下令动员！"他立即给雅戈寄去了一封亲笔信，重申"一切战争的理由都是站不住脚的"，并敦促奥地利仅将贝尔格莱德作为"人质"占领，以使塞尔维亚履行承诺。[23]但是他"在贝尔格莱德停止"的建议（人们后来才知）与后面几天提出的建议一样都已太迟。自暗杀事件以来,德国一直在越发猛烈地挥舞着奥地利的军刀,而德国皇帝在最后一刻改变主意也并不足以阻止战争的爆发。

28 日一整天,贝特曼忽视了巩固德皇阻止宣战的计划和企图,他忙于处理相关国家的外交部和政府向他办公室提交的诸多事件。只有在那天晚上的 10:15 分,那时奥地利已经向塞尔维亚宣战了,他才给维也纳的奇尔斯基发了一封电报告知其德皇在贝尔格莱德的停战计划,但他没有提到德皇更重要的指示,即告诉维也纳"不再有战争的理由"。他对德皇调解提议的翻译很简略,这使得该提议被忽视了,接下来几天所做的其他提议也遭到类似的对待。

德国皇帝待在波茨坦,没有用电话与部长们沟通,所以不知道柏林 7 月 28 日发生的关于他的和平计划的情况。但他确实利用电报在最后一刻与他的表兄、俄罗斯沙皇尼古拉二世(Tsar Nicholas II)进行了交流,试图避免一场席卷欧洲的战争。7 月 29 日凌晨 1:45,他给表兄发了一封电报,提醒他注意引发危机的"卑鄙谋杀",并请求帮助"平复可能出现的困难"。那份电报与尼古拉在凌晨 1 点发给他的电报内容相似,沙皇也敦促德皇阻止奥地利"做得太过火",并帮助他抵抗俄罗斯国内的压力,这些压力要迫使他"采取**导致战争**的极端措施。"晚上 8 点 20 分,尼古拉二世又给威廉发了一份电报,建议通过海牙会议解决南塞尔维亚问题。当晚威廉二世在回复尼古拉二世的第一封电报时,提出了一个在沙皇看来同样荒谬的建议:俄国在奥塞冲突中"保持旁观者的身份"。7 月 30 日一早,沙皇做出了回应,称奥地利自身的准备使得俄罗斯有必要进行正在采取的军事措施。30 日下午 3:30,德皇回电警告说,俄罗斯的动员行动对和平造成了威胁,并在结尾批评道:"俄国要对决定全权负责,对战争或和平担起责任。"

31 日下午 2:55,沙皇的回复显示了军事需要对外交的影响:"由于奥地利的动员,我们必须进行军事准备,**严格来说**,我们是不可能停止军事准备的。"8 月 1 日,尼古拉二世给他的表弟发了最后一封电报。

他承认相应地，德国也有义务要进行动员，但要求威廉二世给他同样的保证——"这些措施并不意味着战争"。但德皇无法提供这样的保证，因为德国的动员与两线战争有着千丝万缕的联系。8月1日晚上10：30，德皇以一份简短的电报结束了这次独特的交流，通知沙皇他已下令动员德国军队。[24]电报中没有任何保证。

沙皇和德皇之间的电报交流不过是谈判期间发送的数百封电报中的一小部分。由于它们发生在两个敌对大国的君主之间，因此突显了电报通信的优缺点。电报无疑是快捷的。战争迫在眉睫，两人在45分钟内，各自决定跨越遥远的距离，对两国的家族关系、传统和共同价值观亲自发出直接的呼吁，试图挽救和平。电报使之成为可能。但是，这种机械的非人化的交流中并没有在面对面的会议中可能出现的人类情感的表达。普鲁斯特第一次通过电话与祖母通话时，他的脑海中浮现的是死亡的幻象；也许德皇和沙皇听到的是喋喋不休的外交辞令在电报机的咔嗒声中发出的死亡之声。这种最高层次的电报交流突出了外交上的重大失败，电报造成了信息交叉、延误、突然的意外和无法预测的时机。在整个危机期间，每个人要去适应这种不仅更快而且多变的新速度，这使得人民无法承受，外交官们很是困惑，将军们烦躁不安。

傲慢自大、缺乏安全防范措施、对技术的依赖、事件的同时性、全世界的关注、生命的丧失，所有这些都使人将泰坦尼克号的沉没联想为战争爆发的比喻。泰坦尼克号上的瞭望员被大雾蒙住了眼睛，政治领导人、外交官和军人被对历史的短视蒙住了眼睛，他们相信，即使战争来临，也不会持续很久。在灾难前夕，他们都相信欧洲国家的基本结构是健全的，能够经受任何风暴。他们确信欧洲是不会沉没的。来自沉船、救援船只和沿海监测站的集中的无线信息显示，七月危机期间，电报信息和电话交谈十分频繁。甚至连漂浮在客轮航线上的冰山，也与弗朗西斯·费迪南德被杀那天在他游行路线上的不同地点埋伏等待的八名刺客类似。他无视萨拉热窝街头恐怖分子发出的危险警告，就像泰坦尼克号船长无视关于前方危险水域的无线信号一样。船长与时间赛跑,以最快的速度横渡大西洋。另一场竞赛发生在大国军队之间,他们赶在七月底外交开始失败的时候进行动员。

人们从 1870 年德国对法国的胜利中吸取的教训就是在战场上迅速动员和集中兵力相当重要。法军人数过少,只能派出不超过 24 万名士兵来对抗莫尔特克(Moltke),将军凭借高度发达的德国铁路系统有效运送边界的 37 万德军。"别再建堡垒了,建铁路吧。"莫尔特克命令道,他据此制定了德国的战略。[25] 在 1885 年出版的一本关于现代战争的书中,法国将军维克多·德瑞卡盖(Victor Derrécagaix)提出一国之要事必为"用能保证最快速的集中的铁路网络覆盖国土"。动员军队需要同时使用无数国家资源:"设立新的当局;成立新的机构;组织仓库、内部驻军、指挥部、特别政府和车站服务;组织新的工作人员;组织火车、公园、车队和附属的现场服务;装配马匹、供给、军火、运输工具等。"[26] 1870 年的教训并没有被其他欧洲强国忽视,他们很快就开始修建与军事需要相匹配的铁路线。俄国人由于距离遥远,在动员和迅速调动军队方面无法与欧洲人竞争,他们试图利用铁路来阻止对他们国土的入侵。他们将铁路的轨距建得更宽(5 英尺,而不是欧洲的 4 英尺 8.5 英寸),使在铁路上有优势的敌人难以入侵。

到 1914 年,军队的规模已比普法战争时大得多;人员配备、物资供应和人员集中的问题要严重得多;对时间精确度的需求也更加迫切。1914 年,法国动员的一位观察员解释了这种时机的必要性:"从动员开始的那一刻起,每个人都必须知道自己要去哪里,必须在给定的时间内到达目的地。每一个部队一旦装备齐全,就必须准备好在指定的那一天的指定时间到预先安排好的一个地方等待火车,火车必须根据精心准备的铁路方案行动。每个部队必须在更高级别的阵型中找到自己的位置,这些阵型也必须根据基本的计划找到自己的位置并集合。动员过程中不可能有任何改变。在像法国人那样处理近 300 万人和 4278 列火车的移动时,即兴发挥是不可能的。"德国的动员时间表甚至更为精确,因为它立即组织了两线作战,而且需要出其不意才能取得成功。

270

动员与战争对于法国和俄国军队来说的确不同，但对于德军来说却毫无区别。正如 A. J. P. 泰勒（A. J. P. Taylor）所说，施里芬"没有动员计划"。[27]一旦德国人开始动员，战争就不可避免地接踵而至，因为在西方实施的计划要求立即入侵比利时。敌对爆发后，战斗进攻的时间表也同样严格。德军必须快速抵达巴黎，将法国军队卷向德国边境以防止法军往巴黎后方撤退，这将延长在西部的战斗，使军队向俄罗斯边境的转移延迟，在那里他们需要处理庞大的俄罗斯军队。施里芬计划的傲慢在这位将军 1905 年的备忘录中显而易见，他认为德国军队将"不受干扰"地前进。"可以认为，"他写道，"德国的部署没有受到干扰……在与敌人发生冲突**之前**通过默兹河以北布鲁塞尔和纳木尔之间的防线是很重要的，这样 9 个陆军兵团的部署就可以不受干扰地向前推进。"[28]遵循这个时间表的唯一方法就是以最快的速度和压倒性的力量行动，以确保各个阶段的胜利，绝不让敌人反攻，始终保持攻势。几乎每一个训练有素的士兵在最初的几周内都要上战场，没有剩下任何储备可以进行长时间的战斗。施里芬把一切都押在速战速决上，并一丝不苟地准备好了他的右勾拳。其他交战国可以通过发布动员令的方式虚张声势，希望展示武力能取得外交上的成功，但德国人做不到。对他们来说，动员就等于战争。[29]

外交官们未能避免战争的一个原因是他们对各种动员缺乏清晰的认识。尤其是沙佐诺夫似乎没有理解俄国针对奥地利的"部分动员"的完整含义——实际上，那是所有俄国军队计划在完全动员下向奥地利的行进，对此奥地利必须以全面动员予以应对，然后俄国就不得不全面动员，这样一来，奥地利与德国之间的联盟就会导致德国进行全面动员并最终走向战争。贝特曼倒是对此有所感觉，7 月 26 日他指示驻俄大使弗里德里希·冯·布塔莱斯（Friedrich von Pourtalès）告诉沙佐诺夫："俄国针对我方进行的任何预备军事措施都会迫使我们采取包含动员军队在内的反制措施。然而，动员就意味着战争，而且必须同时针对俄罗斯和法国，因为法国与俄罗斯的盟约是众所周知的。"[30]但是，贝特曼和布塔莱斯都不知道,德国的计划要求在发出动员令几个小时后,军队就必须越过边境进入中立的比利时。当外交官们就动员和部分动员进行谈判时,时间很快就用完了:对德国来说,他们的动员计划没有给外交活动留出时间。

俄罗斯全面动员令之前发生的戏剧性事件指明了事件的紧密时刻,而电话在这当中扮演了特殊角色。29 日,电路图传遍了欧洲,尤其是圣彼得堡。对贝尔格莱德的轰炸向俄国人发出了一个极端危险的信号,萨佐诺夫和沙皇屈服于来自总参谋长伊努什基耶维奇(Ianushkevich)的压力,他担心俄国人的动员速度缓慢而被打个措手不及。那天早晨,沙皇向他下达了全面动员的命令。要正式下达动员令需要战争部长、海军部长和内政部长签字。伊努什基耶维奇将这项任务委派给了动员部部长多布罗罗斯基(Dobrorolski)将军,他征集了签名,然后前往位于圣彼得堡的中央电报局,向帝国各地发出命令。下午 9 点 30 分,正当电报员为传送命令打字的时候,伊努什基耶维奇给身在电报局的多布罗罗斯基打了电话,吩咐他在传令员到来之后再发送。几分钟后,传令员来了,他解释说,国王改变了主意,命令他宣布部分动员。沙皇收到威廉二世的电报后改变了主意,电报中暗示俄国可能在奥塞冲突中"继续保持旁观"。局部动员将妨碍随后的全面动员,而多布罗罗斯基只想到了军事上的危险,沮丧得发狂。30 日上午,伊努什基耶维奇试图干预。在电话里他敦促萨佐诺夫提醒沙皇部分动员的技术问题和政治后果——法国可能会认为俄罗斯没有履行联盟的义务,德国可能说服法国保持中立,然后袭击俄军,俄军则将在混乱中从局部动员变成全面动员。他恳求萨佐诺夫在沙皇改变主意时立即致电给他。"在这之后,"他补充说,"我将从人们的视线中消失,砸碎我的电话,并采取一切措施以使人们无法找到我,让我发出推迟全国总动员的命令。"当天下午,萨佐诺夫在面见沙皇时强调了这一问题,他提醒沙皇,如果俄罗斯在毫无准备的情况下遭到攻击,"成千上万的人将会死去",并敦促他考虑帝国的安全。沙皇最后同意立即进行全面动员。萨佐诺夫急忙跑到王宫一

272

楼的电话旁,把消息告诉了伊努什基耶维奇,并补充说:"现在你可以砸碎你的电话了。下达命令吧,将军,然后——在今天剩下的时间里你就消失吧。"[31] 多布罗罗斯基再一次拿到了三个签名,他带着签名的谕旨匆忙地赶到电报局。多布罗罗斯基回忆道:"每个接线员都坐在他的仪器旁等待着电报的副本,以便把征召俄罗斯人民入伍的重大消息发送到俄罗斯帝国的各个角落。六点过几分的时候,房间里除了敲击仪器发出的咔嗒声之外,没有任何声息。那是伟大时代的开端。"[32] 在接下来的几个小时里,咔哒咔哒的声音一直响个不停,命令从主要的军事区域被发送到当地的中心,确认电报又被发回到圣彼得堡的主要办公室。于是有史以来最大的军队同时运动开始了——744 个营、621 个骑兵中队,一共约 200 万人。[33] 多布罗罗斯基如此回想此事在时间上的正确性:"选择好时机后,只需按下按钮,整个国家就会以钟表机械一样的精确度开始自动运转……时机的选择受到各种复杂政治因素的影响。但是,时机一旦确定,一切就都解决了,没有回头路;时间的选择在机械上与物理上决定了战争的开始。"[34]

273   所有主要大国的直接参与都被最后一刻的谈判暂时推迟了,谈判有关德国向法国和俄罗斯提出的两项有时间限制的最后通牒,目的是避免挑起战争的道德责任。7 月 31 日晚上 7 点,德国驻巴黎大使冯·舍恩(von Schoen)向法国政府递交了一份声明,要求他们在德国与俄罗斯的战争中保持中立。法国有 18 个小时的答复时间。(万一法国同意了,贝特曼秘密地指示舍恩要求法国交出图尔和凡尔登的要塞作为中立的保证,直到战争结束。法国将有 3 个小时的额外时间来决定此事。)午夜时分,德国人向俄国发出最后通牒,要求停止一切针对奥匈帝国和德国的军事行动。俄罗斯被要求在 12 小时内做出回应。当晚若弗尔(Joffre)将军敦促庞加莱动员东战线的法军:"在召集后备军人和发送电报上每拖延一个小时就意味着对力量集中的妨碍,也就是说,每拖延一天就要失去 15 到 20 公里的领土。"[35] 在敦促沙皇动员时,萨佐诺夫将人命的丧失列为搁置的后果;在敦促庞加莱时,若弗尔把耽搁后果说成了国土的丧失。在 1914 年 7 月，时间就等同于生命和空间。8 月 1 日上午，若弗尔威胁说，法国必须立即动员起来，否则他将辞职。中午，俄国的时限到了，一小时后，法国的 18 个小时的时限也到了。庞加莱最终同意了若弗尔的要求，并在下午 3 点 45 分左右下达了命令。15 分钟后，德国下令全面动员，一小时后，德国对俄罗斯宣战。

还有两次最后通牒，由于时间紧迫，时限也越来越短了。7 月 29 日，雅戈将一份最后通牒的副本交给了身在布鲁塞尔的德国外长克劳斯·冯·贝洛（Klaus von Below），这一文件将被转交给比利时政府。在这一最后通牒的最初版本中，比利时有 24 小时的时间来考虑开放其领土，让德国军队自由通过，但在 8 月 2 日下午 7 时，当贝洛把这张字条交给比利时外交部长时，时间限制被缩短了一半。12 小时后，比利时拒绝了德国的要求。第二天上午，德国入侵比利时，这是第五次最后通牒。下午 7 点，英国驻柏林大使把这封信交给了德国政府，要求他们撤回对比利时政府的最后通牒，并从比利时领土撤军。德国有五个小时的时间回应。[36]当时钟在 8 月 4 日午夜敲响时，德国没有给出令人满意的答复，德国和英国开战。

外交是时机的艺术。19 世纪早期，人们通常认为"独处的时间是抚慰"。[37]那是一个慢交流的时代，当时很多大使由于害怕超越自己的职权范围，于是只是传递信息和编辑大量关于情况的报道，而当这些报道被传送到政府之时，情况有可能已经完全改变。另一些人则利用这种距离来承担责任，并采取强有力的行动。但随着 19 世纪 40 年代末电报的引入，全权代表的权力和他们的行动速度发生了变化。1861 年，英国外交官亚瑟·布坎南爵士（Sir Arthur Buchanan）在回答有关电报的影响的质询时表示，"它在很大程度上减轻了部长的责任，因为他现在可以请求指示，而不必自己承担责任"。[38]1899 年出版的一本广受欢迎的法国外交官手册中也登载了类似的观察结果。[39]1902 年，英国驻维也纳大使谴责"那些人之前必须亲自行动，现在却满足于待在电报线的另一端，这是一种电报的堕落"。[40]电报的另一个影响是外交步伐的加快。1875 年,法国历史学家查尔斯·马扎德(Charles Mazade)敦促,涉及战争或和平的严重问题不应通过电报交流,他还得出结论,如果外交官花时间去进行正常的谈判步伐,而不是一味使用电报的话,1870 年的普法战争本来是可以避免的。[41]最近,法国历史学家皮埃尔·格拉纳特(Pierre Granet)认为,电报的出现以"灼人的现实"将遥远的事件带到了人们面前,使得他们有必要做出迅速而往往欠考虑的反应。普法战争的爆发再次成为一个合适的例子,俾斯麦编辑的一封电报的刊出,激起了法国人对德国人的反抗,并促成了战争的爆发。"电报使得欧洲各国首都之间不断运作,新闻以更快的速度传播,这极大地加剧了公众舆论的强度,最终导致政府陷入一场本可避免的冲突。"电报不给人们冷静的时间:"政府与其代理人之间电报的不断传递、有争议的信息在已经被煽动起来的民众之中的快速散播即使没有直接激起战争,也加快了战争的爆发。"他也很遗憾"在 19 世纪,时间这个因素消失了,而在这之前时间常对国际关系起到缓和的作用"。[42]

第一次世界大战期间和之后的观察家一致认为,电报和电话在 7 月危机期间塑造了外交的步调和结构。具有讽刺意味的是,虽然这两项发明更多地被用于战争而不是维护和平,但当时所有的主要外交家都没有充分认识到它们对外交的影响。1917 年,《外交实践指南》(*A Guide to Diplomatic Practice*)的作者欧内斯特·萨托爵士(Sir Ernest Satow)提出,在技术创新和外交使团的反应之间可能存在一段致命的时间间隔。政治家和国家的道德品质——谨慎、远见、才智、洞察力和智慧——没有跟上其所能使用的行动手段的发展:军队、船只、枪支、炸药、陆路运输,以及更重要的,电报和电话的快速通信。电报、电话不给人思考或协商的时间,往往要求对事关重大的问题立即做出仓促的决定。[43]费迪南德大公被暗杀后,一位研究电话的历史学家对这种装置的和平潜力和它的挑衅性使用进行了对比。"世界上所有的电信设施……本应用于和平目的,却被疯狂地用于战争。"[44]虽然马歇尔·麦克卢汉并没有特别提到电话或电报,尽管他对现代战争的观察有些言

过其实,却指出了电话和电报可能以另一种方式构成了七月危机:

> 战争从来都不只是加速了的技术变革。当增长速度不平
> 均,引发现有结构中一些明显的不平衡时,战争就开始了。德
> 国由于在工业化和统一上步调迟缓,多年以来都被排除在争
> 夺主要原料和殖民地的竞争之外。正如拿破仑战争是法国在
> 技术上赶超英国的一种形式,第一次世界大战本身就是德国
> 和美国最终工业化的一个主要阶段。[45]

有充分的证据表明,外交上的失败是导致第一次世界大战的一个
原因,而外交官们无法应付电子通信的数量和速度则也是导致外交失
败的原因之一。组成 1914 年外交使团的大多数贵族和绅士在许多方
面都属于老派,他们对新技术怀有戒心,就像一些将军对新奇的武器和
战略抱有的警惕态度一样。将军们未能欣赏远程火炮和机枪的重要意
义,仍然想着骑兵冲锋的荣耀和"冰冷钢铁的恐惧"。[46]同样,外交官也
未能理解延迟效应得到改良的即时通信所产生的影响。他们仍然指望
着"一个正派人说的话"[47]在面对面的交流中发挥终极效果,但又不得
不通过电线来协商许多重要问题。成堆无用的电报(就像后来一排排
死去的士兵)是他们失败的有形遗留物。奥地利最后通牒的交付情况
揭示了新的快速技术对旧式外交的要求。这份最后通牒是在非常慌乱
的情况下起草的,所给出的时限之短,在电报和电话出现之前根本无法
想象,但它又要求对方做出谨慎的回应,这就需要进行磋商权衡,在允
许的时间内根本做不到。在整个危机中最激烈的对抗时刻,奥地利已
准备好断绝外交关系开始战争,吉斯尔提醒帕库这是火车、电报、电
话的时代了,因此这个时限是合适的。后来,他发现自己的解释意义重
大,就将其写进了一份寄给在维也纳的贝希托尔德的报告中。也许,吉
斯尔也想到了两天后时限到达之时,穿越边界的火车之旅和他将要打
的电话。当奥地利最终在 7 月 28 日对塞尔维亚宣战时,他们采取了电
报的方式,这是以前从未有过的。[48]列兹勒(Riezler)7 月 25 日的日记记

276

录了奥地利发出最后通牒后的狂热节奏:

> 在最后的几天里,德国总理贝特曼·霍威格几乎一直在
> 打电话。他显然是在为所有可能发生的事情做准备,和军方
> 讨论那些不可言说的事情,对商船队发出警告,对鲁道夫·哈
> 文斯坦(Rudolf Havenstein)[德国央行行长]进行了财政动
> 员。到目前为止,人们对外界发生的一切都无可奈何。这是
> 伟大的运动,但奥地利太过呆板了。第一份关于大国们对奥
> 地利最后通牒的反应的电报来了,一小时后消息传到了柏林。
> 我们的命运会怎样? 但是,命运在很大程度上是愚蠢和不确
> 定的,完全纠缠在纯粹的偶然之中。谁抓住它,谁就得到它。
> 这个该死的疯狂世界已经变得太过混乱,以至于无法被理解
> 和预测。同时存在太多的因素。[49]

贝特曼只是发生在七月的同时危机中的众多悲剧英雄之一。欧洲
的领袖们传达着争取时间的绝望呼吁、最后条件、动员命令和最终宣
战,世界各地的电报嗡嗡作响。

∞

1880 年后,各国在各个时代——过去、现在和未来——的自我形
象都发生了变化。一个国家对未来的认识会决定其长期的外交政策和
当前的外交举措,而对未来的认识是建立在对过去的认识的基础上的。
对第一次世界大战中主要交战国的历史感的研究揭示了各联盟体系国
家的暂时性和产生怨恨与误解的根本原因之间的鲜明对比。

英格兰的历史是由一个流行的神话所塑造的,即早在 1066 年以
前,英格兰就一直存在。在伊丽莎白时代就已经存在一种真正意义上
的国家团结,这种团结是由诸如共同法则和议会这样的悠久而不可动

摇的传统所支撑的。第一次世界大战期间,英国士兵曾嘲讽地唱道:
"当德国还是一只小狗时,英国就已经是英国。"[50]法国也有着悠久的统
一历史,1914 年的法国的领土范围几乎在 17 世纪就已由路易十四完
成。[51]法国人甚至将他们的民族传统追溯到 12 世纪的圣路易斯。在
1789 年的革命中,法国实现了全面的宪法统一,每个人都成了在法律
下享有平等权利的公民。1913 年,俄罗斯庆祝罗曼诺夫王朝建立 300
周年。尽管各少数民族之间有着激烈的内部冲突,但罗曼诺夫王朝仍
然大权在握。

英国、法国和俄国可以追溯漫长而相对完整的过去,而德国、奥地
利和意大利却只能回望使他们成为现代民族国家的两代之前的战争。
因此,他们的公民不可能像英国人那样相信他们的国家会一直存在,而
且将永远存在。使这些国家形成的战争仍然历历在目。奥地利在
1866 年被德国可耻地击败后诞生;在法国和德国军队的帮助下,意大
利经过漫长而艰苦的努力成了一个国家。在 1864 年至 1870 年的三次
战争后,德国的建立使其专注于军事胜利,将国家统一与对周边敌人的
战争联系起来。作为渴望建立世界帝国的最后出现的国家,它对英吉
利海峡对岸的世界强国和海军对手充满了嫉妒和怨恨。也许德国和奥
地利的一些反犹主义可以归因于对一个民族的怨恨,这个民族在没有
领土基础的几千年里一直保持着强烈的认同感。相比之下,几个世纪
以来,德国人一直占据着同一块土地,但直到最近才把它统一为一个国
家。对德国和奥地利来说,过去充满了侵略、征服和内部斗争的混乱。

在"旧即好"的传统评价中,英国、法国和俄罗斯在道德上似乎要比
德国这个 19 世纪 60 年代的新产物更加优越。毫无疑问,德国领导人
之所以想把战争爆发的责任推给俄罗斯或法国,其中一个原因是他们
深刻地意识到,他们必须确立自己的道德信誉。作为神圣罗马帝国的
继承者,德国和奥地利对他们的古代遗产有一定的认识,但这种血统一
直被王朝和领土的变化所打断。黑格尔、达尔文和马克思的历史决定
论认为,所有事物的出现和成熟都是过去事物的合成作用。英国、法国

278

和俄罗斯可以回顾国家机构相对持续的发展，并从其悠久而丰富的遗产中汲取力量。时间给古老的欧洲国家蒙上了厚厚一层铜绿，也给予了一种真实感；同盟国是被新造出来的德国盔甲紧紧地束缚在一起的新来者。

虽然五个主要交战国过去的独特方向决定了它们对未来的期望，但七月危机期间的紧急情况对所有这些国家或多或少都有影响。现在是欧洲辉煌而繁荣的过去和不确定的未来之间的一段间隔，当时外交官们在极其紧迫的情况下为各自的国家说话和采取行动。这是同时性时代的高潮。发送给 6 国首都的电报同时引发了各种反应。电话可以进行即时的双方和三方对话。事件在时间上的压缩最适合那个时代的一种新的艺术形式——电影——它能够表示瞬间在不同地点发生的不同事件。七月危机是几十名外交官和之后数百万士兵同时行动的蒙太奇。每个国家都有自己独特的视角，结果对其也产生不同的利害关系。但总体而言，对于当下的感觉是相似的——由于事件的绝对密度而变得浓厚，新技术则使其在空间上得到扩展。对未来的理解大不相同，这些看法决定了各个国家为什么以及最终如何开战。

在所有的交战国中，英国是最保守的，对一个全新的未来抱着最低的期望。它的兴趣在于维持现状和保持帝国的伟大。英国人即使不是绝对肯定也希望未来将继续与过去相似。正如 A. J. P. 泰勒所观察到的，"在英国，土地所有者会同意签下为期 99 年甚至 999 年的租约，他们同样相信，在这段时间内，社会和金钱将完全保持不变"。[52] 英国人对于德国经济的增长，尤其是德国海军的建设很是在意，但他们仍然是海军竞赛的领导者，并希望继续控制一个富裕的殖民帝国。他们对俄罗斯军队的未来实力不太关心，因为在 1914 年，俄罗斯是英国的盟国，其扩张的主要目标是巴尔干半岛，主要军事目标是针对同盟国。毫无疑问，英国是最不情愿卷入 1914 年战争的主要强国。在七月危机期间，英国的外交努力试图避免重大变化，放慢节奏，在敌对国家之间进行斡旋，推迟敌对行动的爆发，并在战争爆发后限制战争的范围。

在法国，人们对于未来更有兴趣，这种兴趣可以被分为两种截然不同的模式，即主动模式和被动模式。所有的军事准备工作都谈到了法国士兵的巨大活力，这种活力能使军队即使在面对远程火炮和机枪的火力时也取得胜利。然而，其中一些夸夸其谈表达了一种潜在的恐惧，即在即将到来的对德战争中，法国将再次处于守势。反复强调要始终保持进攻，这表明法国人怀疑德国可能会先进攻，然后再进攻。[53]法国在 7 月 30 日执行的"10 公里撤退"是为了迫使德国先进攻，并承担发动战争的道义责任。[54]1914 年，法国人拥有自己的庞大的殖民帝国，但其利润远不及英国殖民地。他们控制未来和维护帝国的能力依赖于英国和俄罗斯军队对德国的阻止以及英国海军允许法国人通过直布罗陀海峡自由进出地中海的好意。因此，在 1914 年，法国人比英国人更担心未来。庞加莱害怕不断增长的德国军队，认为在德军变得过于强大之前，以及对军队造成过重负担提出抗议的法国社会党成功废除 1913 年开始实行的三年兵役之前，利用与俄罗斯和英国的联盟击垮德国是正确之举。

虽然英法两国对未来抱有一定的希望，但协约国的另一个成员国强烈感觉到，当其军队完全强盛时，它将在欧洲事务中处于主导地位。1906 年，赖纳·玛丽亚·里尔克（Rainer Maria Rilke）已经意识到，俄罗斯的未来和它宏伟开放的空间一样广阔，一样富有潜力："那里的人们很少留意时间和当前，因为它总是就已到了未来，流逝的每个小时都离永恒很近。"[55]托马斯·曼已经通过登布里尼之口表达了类似的观点，他推测，俄罗斯人对时间的浪费源于他们的广阔国土，因此"他们是有时间、能等待的国家"。俄罗斯在日俄战争战败后启动了重整军备计划，大量的人力资源有待开发，他们打算在 1917 年完成计划，届时有望拥有历史上最大规模的军队。奥地利驻柏林的大使对这个目标日期肯定很是在意，他在 1914 年 7 月 12 日写给身在维也纳的贝希托尔德的信中总结了德国对在那个时间开战的合适性的看法："德国最近发现其想法得到了证实，即俄罗斯在为与其西方的邻国开战做准备，他们并不只认为有战争的可能，而是积极地将它包含进了对未来的政治考量中。这是重要的：它打算发动战争，它正在全力准备，但是并不打算现在就发动，或者我们应该说，现在还没有准备好。"[56]六天后，雅戈写信给驻伦敦的德国大使说："根据所有的有力观察，俄罗斯将在几年后准备战斗。届时她将以众多的士兵人数压垮我们，然后建造她的波罗的海舰队和战略铁路。与此同时，我方会变得越来越弱。"

在同一封信中，雅戈还评估了奥匈帝国不能粉碎泛塞尔维亚运动将面临的悲惨未来。"我们既不能也不应该试图阻止她。如果我们这样做，奥地利将有权指责我们（和我们自己）剥夺了她最后一次政治复兴的机会。然后她也会加速萎缩和身体内部的进一步衰老。她将永远失去在巴尔干半岛的地位。"[57]在对七月危机以及奥地利在其中扮演的角色的回顾性评价中，康拉德指出，奥地利多年来给人一种"阳痿"的印象，它"不断地投降，长期的忍受"也使得敌人们更加猖狂。暗杀后未能做出反应"将会释放这些存在于南斯拉夫、捷克、莫斯科、意大利民族统一主义的倾向，它们正在动摇历史结构的根基……萨拉热窝的刺杀推翻了由外交文件建起无法实现的计划，奥匈帝国原以为自己的政策在其中是安全的……"君主制被"扼住喉咙"，被迫采取立场，以防止其最终灭亡。[58]在奥地利首都，到处都有一种厄运将至的感觉。7月2日，刺杀事件发生后不久，皇帝向奇尔斯基透露："我看到了一个非常黑暗的未来……令我特别不安的是，俄罗斯计划在秋季进行动员，而那时我们正在调遣新兵。"[59]7月18日，舍恩报告了他与德国副国务卿齐默尔曼关于奥地利局势的谈话。齐默尔曼说："由于优柔寡断和散漫，奥匈帝国已经成了欧洲病夫，就像土耳其曾是欧洲病夫一样，俄罗斯人、意大利人、罗马尼亚人、塞尔维亚人和黑山人现在都在等待将其分而食之。"如果采取果断有力的行动，奥地利和匈牙利将有可能"再次感到自己是强国"，但他警告说，"再过几年，随着斯拉夫宣传的继续，情况将不再如此"。[60]

人们普遍感觉奥匈帝国虚弱无力，它因内部腐败而日渐衰弱，四面

楚歌,这就像是明科夫斯基在 1923 年讨论的一个案例史的隐喻。这两
者之间的联系是明科夫斯基的诊断,他认为在面临即将到来的毁灭时,
受阻的未来和无助感之间存在联系。病人是个外国人,他责备自己没
有去除法国国籍。他深信,一场残酷的报应正等着他:有人会砍掉他的
四肢。整个世界将见证这个惩罚,所有的污物和宇宙的垃圾都将被倒
入他的胃。当明科夫斯基第一次见到他时,这个人宣称他将在当晚被
执行死刑,于是很是恐慌。接下来的几个晚上他都觉得事情会发生。
明科夫斯基的结论是,这种障碍的核心是时间流动的阻碍,对于正常人
来说,从过去到未来是一个连续体。一个正常人可以从过去的经验中
吸取教训来减轻一时的恐慌或突然的无助感,但对于这个病人来说,每
次体验都是全新的,就好像他每天都在重新开始生活。"生活,我们的
个人热情,鼓舞带领着我们……走向一个向我们敞开大门的未来。"但
他的病人欠缺这种运动。"在这一连串沉闷而相似的日子里,没有任何
行动和愿望能够从现在产生,走向未来。正因为如此,每一天都具有一
种不同寻常的独立。它并没有消失在生命延续的感觉中。每一天都在
黑暗的进化之海中作为一个独立的岛屿出现。未来被一场毁灭性的可
怕事件的信念阻挡。"被迫害的妄想、被处决的想法,实际上是思维中的
理智部分试图在"摇摇欲坠的大厦的各个部分之间"建立一种逻辑联
系。个人的活力不仅决定了我们对未来的定位,也决定了我们与环境
的关系。一个正常人知道自我在哪里离开,周围的世界从哪里开始。
人们对内心敌对冲动的感受就如同它们真的在现实世界发生过一样,
反过来这会触发这个世界的惩罚,并表现为迫害的错觉。未来受阻,罪
恶感进一步加剧,因为没有机会纠正错误或为恶行赎罪,因为所有的改
变和行动都是不可能的。随着未来的结束,精神生活变得暗淡,个人被
一种静止不变的固定和邪恶的感觉控制。[61]

正如其领导人在声明中所表明的那样,奥匈帝国在 1914 年时的集
体心理也有一些同样病态的想法。那种认为帝国没有前途的普遍感
觉,带来了一种深深的无能为力和无助感。这些领导人还担心内部分

282

283

裂（"啃噬""欧洲病人"），类似于明科夫斯基病人人格的"摇摇欲坠的大厦"。哈布斯堡帝国的发言人一直想着自己会被民族统一运动瓦解。正如明科夫斯基所解释的那样，总是想着一个充满敌意的环境"被掐住喉咙"也可能是未来受阻的病理状态的结果。毫无疑问，奥地利对塞尔维亚的最后通牒设置的时间限制很短，这是它自己感觉时间很短的投射。这种因自己缺乏未来而进行的报复行动，使它失去了作为暗杀受害者在开始的时候本来享有的全世界的道义支持，反而在所有潜在的交战国中造成了敌对。奥地利领导人所能看到的行动路线之一就是出于敌对的冲动而采取最终行动——战争。正如 A. J. P. 泰勒所讽刺的那样，"哈布斯堡王朝带来了致命的危机以证明自己还活着"。[62]明科夫斯基病人的病理原因和奥地利面临的问题当然是不同的，但病例史有助于说明未来是封闭的，时间已经不多了的这种感觉。

　　德国对未来的看法并不像奥地利那样绝望，但人们普遍担心，在未来几年，德国自 1870 年以来一直享有的欧洲大陆军事优势可能会消失。1911 年，莫尔特克敦促进行一场预防性战争，因为德国"处于一种越来越无望的孤立状态"。[63]1912 年 12 月，在与德皇和军事官员的一次会议上，他表达了战争不可避免、"越快越好"的想法。海军上将提尔皮茨建议推迟到海军做好进一步准备，但莫尔克愤怒地回答说："海军也没有准备好，陆军将会处于越来越不利的地位。"[64]据报道，在 1914 年6 月 1 日，莫尔特克曾说："我们准备好了，它来得越快，对我们越有利。"[65]7 月 1 日德国的公法学家维克多·瑙曼（Victor Naumann）在与奥匈帝国外交部的内阁部长亚历山大·冯·霍尤斯伯爵（Count Alexander von Hoyos）的交谈中说道，"与去年相比，人们更能接受对德防御战这一想法了"。在第二天的一份报告中，柏林的撒克逊部长写道，"来自军方的新压力，让事情朝着战争的方向发展，而俄罗斯还没有做好准备"。[66]上文提到的雅戈和齐默尔曼对于奥地利在面对日益强大的俄国时行动的紧急性的观察，反映了德国人对俄罗斯威胁的普遍看法。就连在 1914 年 6 月拒绝了预防性战争的建议的贝特曼也在一个月后,在考虑到德国相对于俄罗斯的军事优势不断缩小时不情愿地接受了这个想法。7月7日,里茨勒尔记录了贝特尔曼沉思的原因:"未来属于俄罗斯,它正在成长,像一个不断增长的噩梦一样压在我们身上。"7月20日,里茨勒尔还提到了俄罗斯"日益增长的需求和巨大的爆炸力"。"再过几年,就没有人能抵抗它了。"[67]

尽管德国的未来并不像奥地利那样黯淡,但在七月危机期间,一些有影响力的领导人预计,国内和外交事务中会出现越来越多的问题,最好在当时通过一场"预防性战争"来解决。依附于军队和君主制的保守势力担心社会民主党势力的崛起。在1912年的选举中,社会民主党成为国会最大的一个政党。他们认为,战争会减少工人对社会民主党的支持,因为军火工业创造了就业机会;缓和了社会民主党的和平主义和国际主义计划,在贵族行使他们发动战争保卫国土的古老功能时停止了特权的侵蚀。他们推断道,在1914年,在奥地利和三国同盟变得太弱、俄罗斯军队变得太强大之前,在这两个联盟体系之间的战争中取胜的概率要比后来大得多。德皇的"现在或永不"特指的是奥地利的情况,但它也很可能适用于德国,并为德国高级官员在七月危机期间发表的一系列类似言论奠定了基调。德国皇帝、总理、国务卿、副国务卿、参谋长、几位重要的大使和几位级别较低的官员都认为战争是不可避免的,而且越早到来越好。和奥地利人不同,他们并不害怕这将会是一个维护帝国的生死攸关的斗争,但是他们也有同样的紧迫感,坚信建立和维护世界帝国的机会随着时间的推移递减。

他们的不同态度体现在战争计划中,奥地利和德国从此开始了敌对行动。在战争的最初几天里,奥地利对于少数民族民族主义愿望的压制有一种无助、自我怀疑,甚至内疚,它没有进入塞尔维亚边界,只是在它们的共同边界炮轰贝尔格莱德。这是一个犹豫不决的开始,与一个前途未卜、一直被动地等待其将会到来的解体的国家相符合。相比之下,德国人设想并试图执行一项积极的、压倒性的作战计划,这是迄今为止为控制这么多人的近期未来而进行的最雄心勃勃的计划。施里

285

芬计划的基本特点是通过集中压倒一切的力量和在每一个关键时刻无情和迅速地利用胜利来操纵事件。这个计划是一天一天、一节节车厢、一支支军队地制定出来的，因为西部的德国军队为了确保胜利，不得不继续保持攻势。对于要在西线执行计划的 150 万人来说，这是一个时间精确而大胆的操作，按照日程表，动员后的第 12 天需要开通通过列日市的大路、第 19 天攻下布鲁塞尔、第 22 天越过法国前线、第 39 天攻占巴黎。

尽管一段时间以来，塞尔维亚一直威胁着奥地利的领土主权，但奥地利的战争开始看起来是暂时的，似乎它没有资格入侵塞尔维亚。也许德国人更相信自己而不是奥地利的未来，因此他们觉得更有权利去把握。这一推测或许可以解释，德国厚颜无耻地建议对奥地利采取贝尔格莱德停火战术（据推测是为了避免其他国家在道义上的反对），自己的作战计划却要求从第一枪就打通中立的比利时。施里芬计划和"贝尔格莱德停火计划"是对未来不同感觉的空间表现。奥地利等待着不可避免的解体，而德国则积极地在两条战线上发动了一场灾难性的战争，从一开始就把中立的比利时和模棱两可的英国作为敌人拉进来。

因此，过去、现在和未来每一个主要交战国的时间方向决定了他们进行外交和备战的方式。他们都有类似的当前经历。三个协约国强烈的历史感是一种稳定力量，使它们不那么渴望彻底的变革。尽管美国、俄罗斯和德国在军事和经济上形成了日益激烈的竞争，但英国和法国相对更悠久、更稳定的民族传统给人们带来了对未来的信心。这两个伟大的殖民帝国认为，未来将继续与过去相似，它们将继续保持大国地位。俄罗斯未来的优势地位似乎是毋庸置疑的——在国内人们以自豪的眼光看待它，盟友们以安全的眼光看待它，敌人们以恐惧和忧虑的眼光看待它。

事情进展得很快。交战双方的士兵在理论上接受了战争训练，其精确程度如同阅兵式，行进节拍十分稳定；但当战争的可能性开始变成现实时，外交和动员的要求发生了冲突，造成了意想不到的冲击和阻碍。在整个七月危机期间,时间限制和时间表交替加速和阻碍了外交活动的推动脉搏。军队最后还是前进了,但是他们的前进被不可预测的中断和撤退打断。欧洲陷入了战争。

11　立体主义之战

1906 年,毕加索完成了一幅格特鲁德·斯泰因的肖像画。她的眼睛微微斜着注视着这个世界,预示了毕加索在彻底的立体主义的肖像画中,会把那些更彻底地改造过的眼睛与正面和侧面的视角结合起来。事实上,她似乎就是通过这幅肖像上的眼睛来观察这个世界的——总是重新安排事物来反映她不断变换的视角。当她第一次从一架飞越美国上空的飞机上往下看时就看到了一幅立体主义风景画,上面"毕加索笔下那些交织在一起的线条来来去去,不断发展,最终自我毁灭"。当

她回顾第一次世界大战时,看到了一场立体主义战争:

> 1914—1918 年这场战争的构成与之前的战争都不一样。
> 在这种构成中,并非一人处于中心位置由其他人包围着,而是
> 没有开始也没有结束,每个角落都与其他角落同样重要。事
> 实上,这就是立体主义式的作品。[1]

斯泰因认为,一个时代的精神塑造从"常走的道路"到绘画和战争这一切事物。我们所观察到的在战争爆发之前的一代人中出现的生活和思想的变化也表现在战斗本身的"组成"中。战争体现了战前在时间和空间上的大部分变化,并给了她大胆的隐喻。

战争强加了同质时间。1890 年,毛奇发起了引入世界标准时间的运动,1914 年,他利用这一运动实施了一项战争计划,要求所有的人在准确的时间点出现在正确的地点。在战前,人们认为手表没有男子气

概;在战争期间,手表成了标准的军事装备。在战斗之前所有手表都校准了时间,这样每个人都能在正确的时间越过顶端。埃德蒙·布伦登(Edmund Blunden)回忆起进攻前,一名赛跑运动员如何分发在战地指挥部已被校准的手表。[2] 1916 年 7 月 1 日的早晨,索姆河战役开始了,当数百名排长的腕表显示时间为早上 7:30 时,他们同时吹响了哨子,将英国第三、第四集团军的士兵送上攀登梯,越过栏杆,进入无人地带。[3]对柏格森和普鲁斯特私人时间的敏感在战争中没有立足之地。它被压倒一切的群众运动的力量所消灭,这种力量用时钟和腕表的公共时间来控制数百万人的生活,使轰炸和进攻的效果最大化。这种根据一个公共时间对所有活动进行的强制性协调,扭转了战前探索私人时间多样性的主要文化推力。

战争经历加剧了双方关于时间作为原子或通量的本质的争论。在前线,白天和黑夜之间有一种特别明显的分界——一个是运动和活动的时间,一个是静止和等待的时间。塞西尔·刘易斯(Cecil Lewis)在索姆河战役之前描述了这种对比。"白天,路上空无一人,但当夜幕降临,路上就挤满了运输工具、枪支、弹药车和军队,他们都穿过阿尔贝堡,在前线或后方各就其位。然而,当黎明来临,所有的迹象都消失了。那里有荒凉的道路、破旧的农舍、宁静的夏日清晨。我从来不记得有什么时候黑夜与白天如此矛盾。"[4]白天和黑夜之间的转换由规律的仪式做出标志。拂晓前,所有的部队都在指定的地方,士兵手里拿着来复枪和刺刀,随时准备对付敌人的行动。他们在这个位置上待了大约一个小时,直到危险的半明半暗的光线过去。同样的事情也发生在黄昏。大卫·琼斯(David Jones)回忆道,"那个小时在 24 小时内出现了两次,战备状态很是重要,也具有一定程度的严肃性。人们意识到从海上沙丘到山脉、每一处地方、整个前线,双方都警觉地站立着,等待着最终会发生什么"。[5]战斗的准备工作将时间分割成一个个独立的单元,就像指挥官的地图上的位置线和前进线一样整齐,计划者试图根据这些地图来安排战斗中事件的顺序。一位英国海军上将向他的手下分发了一首诗,诗的中心隐喻将军事准备与精确的时间间隔联系了起来,强调了高度管制和准时作战的部队的优点。

> 随着时钟移动而滴答作响的秒数
>
> 士兵们带着强大的精神前进。
>
> 分钟是队长,小时
>
> 是勇敢的军官,领导着战斗。
>
> 所以,记住,当你被诱惑去闲逛和做梦的时候
>
> 你手中有一支军队;你的命令至高无上;
>
> 在回顾的过程中,也要问问自己——
>
> 在这场战斗中,它提供了最好的帮助吗?[6]

但是军队并不总是像时钟一样精确地运作。在混乱无序的事件中,分与秒可能失去其作为有序单位的作用,在战斗之间的漫长时间里,生活变成了单调的流动。明科夫斯基将这种生活描述为一种没有丰富的过去或未来的流动,因此这也不是具有生命活力的健康流动。

> 战壕中的单调生活有时令我们忘记了这是哪一日哪一天……我们用一种更加适宜这种状况的"日历"来将其代替:我们只是计算来到前线后和回到营地前的日子……我们屈服于那些单调乏味的日子,我们克服无聊——很明显这种无聊本质上是一种时间现象,它像粘块一样刺穿了我们的存在,威胁着要将其化为乌有。[7]

对军官们来说,战争时间本质上是一组离散的、连续的单位的总和,战争场景就是从这些单位中构建出来的,而对战壕里的士兵来说,战争时间则是一种似乎永无止境的流动,由一种既没有开始也没有结束的时间构成。

时间的方向感也把军官计划者和战壕里的部队分开了,前者对于在空间和时间上的未来做出雄心勃勃的进攻,后者据说经历了相反的情况。艾瑞克·J. 立德(Eric J. Leed)抓住了这一时刻:"[罗伯特]·

格雷福斯(Robert Graves),［查尔斯］·卡林顿(Charles Carrington) 和其他许多人都注意到炮弹轰鸣的混乱造成了一种打破了任何理性的因果模式的催眠状态,允许甚至要求魔法逆转。这种状态经常被描述为连贯性的丧失和时间顺序感的消失。"[8]

战前对过去的评价强调了它对现在持续而深刻的影响。历史学家、心理学家和哲学家赞成采用基因方法来理解人类的经验;甚至那些像尼采、易卜生和乔伊斯一样对影响力太大的过去所产生的削弱作用持怀疑态度的人,也相信其影响力尽管是消极的但也是巨大的。但是战争撕裂了历史的结构,把每个人从过去突然而又不可挽回地切断。1915 年,德国音乐家弗里茨·克莱斯勒(Fritz Kreisler)在离开东线六个月后写下了关于战壕里的四个星期的回忆,在当中他为自己无法及时安排事情而道歉。他观察到,"记忆对时间和空间价值的奇怪的冷漠"是"他在战争中遇到的大多数人的共同特征"。立德认为克莱斯勒的经历具有典型性。"敌人的隐蔽性和躲在地下的必要性、防御系统的层次性和复杂性、炮火震耳欲聋的轰鸣声,以及白班和夜班造成的疲劳,这一切都结合起来粉碎那些通常可以用于为经历排序的稳定结构。"[9]布伦登用讽刺的口吻描述了战壕里饱经风霜的沙袋,称它们是"与特洛伊的防御工事共同存在的古老之物……铁锹挖出的头骨与那些来自最古老时期战争的头骨在某种意义上说属于同一个时期"。[10]战争创造了一种超现实的历史感,它来自与一切事物的怪诞新奇之间的对抗。在亨利·巴布斯(Henri Barbusse)的畅销战争小说《炮火之下》(*Under Fire*, 1916)中,持续不断的炮击把士兵们深深地埋在"一个永恒的战场"。他们越来越习惯噪声,只有特意留意才会听见——"就如过去,那个传奇般的过去,家中钟摆的滴答声"。[11]托马斯·曼在《魔山》的前言中解释说,他叙述中"夸大的过去""是由于它发生在那个时代之前,那时某种危机破坏了生活与意识,并在身后留下了一条深深的鸿沟"。[12]普鲁斯特通过在战后小说中谈论过去而扩展了过去和现在之间的时间距离之感。然后没人愿意去回忆 M. 邦当(M. Bontemps)曾经

291

是德雷福斯的护卫者，马塞尔解释，因为"那已是很久以前的事了，人们倾向于将这个'时间'想得比它本身的长度更长，因为当时风行的看法之一就是'一战'前的日子被某种同样重要的东西隔开了，那是某种长度一样的时段，也是同样的地质时段。那个伟大的民族主义者布瑞奇特在自己谈到德雷福斯事件时称'那些史前的日子'"。[13]在四年的时间里，随着欧洲人被战争的暴力从战前的"史前时代"中分离出来，对进化、进步和历史本身的信仰消失了。在《第一次世界大战与现代记忆》（*The Great War and Modern Memory*）一书中，保罗·福塞尔（Paul Fussell）总结道："严格划分的形象明显主导着大战关于前后时间的概念，特别是当人们的思想集中在战前的田园生活与战时的肮脏之间的对比时。"[14]

明科夫斯基的病人每天晚上都因害怕被肢解而惊慌失措，因为他对过去到现在的时间流动的感觉被打断了，而且他无法用过去作为情感的寄托。因此，他的世界充满了敌意。战争前的平民生活和道德与战争期间的暴力和杀戮形成了巨大的反差，这将前线士兵与过去隔离开来，他们在这个最奇怪的偏执型恐惧也有其存在理由的世界上经历着恐慌。空气中充满了致命的弹丸，头骨像蘑菇一样从泥里冒出来。突然间，一切陌生的事物使他变得幼稚起来，他失去了与他所知道的事物保持连续性的慰藉感，也失去了期待一个可辨认的世界在未来回归的安全感。战争年代从他的生活中被摘录了出来，就像一幅贴在立体派的拼贴画上的日历一样。只有过去的碎片偶尔刺穿这一切的单调和周期性的恐怖。

正如大卫·琼斯回忆的那样，过去强烈而不可预测的闪光确实发生了："我想，人们从未像现在这样生活在过去的意识中，无论是从表面上还是从更细微的地方看，都是非常遥远、更直接、更琐碎的过去。"但是，就像普鲁斯特的无意识记忆一样，这些记忆的强度正是由它们的遥远造成的。前一种生活的形象越遥远，就越固定，越理想化。奇怪的新奇感和压倒一切的经验力量把士兵夹在一个仿佛把他与过去和未来联系在一起的现在。琼斯解释了他 1937 年出版的《在圆括号内》(*In Parenthesis*)一书的标题。"这本书被称为《在圆括号内》,因为我是在某种介于两者之间的空间写作的——我也不知道到底是在什么东西中间——因为对于我们业余士兵来说……战争本身就是一个圆括号——想到我们最终将要在 19 世纪走出它是多么高兴啊——也因为我们奇怪的存在方式全在圆括号内。"一开始,它与过去有某种连续性——"某种吸引人的业余性质,以及将一个人与不那么严格的过去联系起来的气质提供的自由空间"。但是索姆河战役结束了这一切。新招募士兵的一张张陌生的面孔源源不断地涌来,这些部队在损失中元气大伤,被新命令打乱了阵脚,不断地改变着他们的构成。琼斯也回忆了气钻学习的错位效应,以及"要适应许多新奇的技术",所有这些技术都要求"思维找到新的陌生的方向、核心的敏感性",他试图将这场战争与过去联系起来,他在书上每一章的标题页上都引用了 6 世纪的一首史诗,这首史诗纪念了 300 名威尔士人入侵英国的德拉王国。他解释说,"选择这首诗的片段作为'文本'并非完全没有意义,因为它将我们与一个非常古老的统一和种族融合联系在一起,将这个岛屿作为一个集体遗产,将罗马作为一个欧洲统一的记忆联系在一起"。[15] 事实上,他引用的那些话都是毫无根据的:战争经历与战争爆发前的几年都几乎没有关联,就更不用说六世纪了。因此,这场战争与 20 世纪的历史主义观点相矛盾,后者认为过去是现在的意义的持续来源。

293

战争的几个特点加剧了现在的感觉,那是一种与过去和未来的脱节,持续经验在情感和体力上有要求的天性,多个遥远事件的同时性由战争中的成千上万人共享,平民们也见证了这些,他们试将这些事件组合进一个一致的模式。巴布斯(Barbusse)描述了与过去的脱节。"从左到右列成一行的火在天上出现,在地上爆炸。这是一道可怕的帷幕,将我们与世界隔开,把我们与过去和未来隔开。我们停了下来,一动不动,被四面八方突然袭来的闪电惊呆了。"[16] 布伦登(Blunden)回忆说:"上次见到可怜的提斯,跟他一起望着这一小块土地,似乎已经是很久以前的事了……但是，从现在到三天前的这段时间，确实是一个黑暗而致命的深渊。"在一场战斗中，"士兵们昏昏欲睡，打呵欠。时间过去了，但是没有人感觉到它的流逝，因为死亡的阴影笼罩着钟面"。专注于当下是面对死亡迫近的一种反应，它强化了轰炸之间的和平时刻。布伦登说，在这种时候，一个人就会懂得"光明是甜蜜的，和平的日子流光溢彩、无限光明，仿佛记忆将它握在手中，无限仁慈。这是一颗宝石，善良的大自然会保护它免受昨天的腐蚀，让你自己臣服于这神奇的时刻"。[17]乔伊斯在《尤利西斯》中对现实至上的坚持，很可能在一定程度上是受到了战争期间现实的压倒性力量的启发。他像重复副歌一样重复着一句明显涉及战争的话语的变体："我听到了所有空间的毁灭，破碎的玻璃和倒塌的砖石，以及时间最后一缕青灰色的火焰。"[18]战争中，时间似乎在熊熊燃烧，永恒的现在中有着人们永恒的意识。在一篇关于战争中的心理现象的文章中，赫里沃德·卡林顿（Hereward Carrington）描述了一种每当人们接近前线，在空间上固定在一个越来越窄的视觉范围内，在时间上聚焦于现在，就会发生的意识收缩。当士兵离开平民世界，一切都开始改变和收缩。"他遇到的每个人都和他想的一样，同样的主题、同样的思考方式，大家穿得也一样；每个人的思想都在同一条狭窄的沟槽中运行。不再有意见冲突，不再有对立思想的交流。渐渐地，普通平民生活的形象和思想开始在不知不觉中淡去，对家、对妻子、对朋友的思念，甚至开始在记忆中变得越来越模糊。现在，至关重要的现在，占据并牢牢地抓住我们的头脑。"[19]

战前现在感的一个显著特征是，它的时间长度在变厚，超过了过去和未来之间的"刀口"，变成了包括部分过去和未来的扩展区间。柏格森的持续时间，詹姆斯似是而非的现在，胡塞尔的光环和拘留与监禁的边缘，以及格特鲁德·斯泰因的持续的现在，都暗示着现在的时间间隔包含着从过去到未来的流动。这些概念还暗示着我们的生活以天、周、年为单位，包括之前和之后发生的事情，并随着年龄的增长而扩展其影响范围。战争将现在与时间的流动隔离开来，从而与这种大范围延伸的现在的概念相矛盾。然而,我们所观察到的当前的另一种扩展——一种包括多种遥远事件的空间扩展——戏剧性地体现在战争经验中。

　　就像在一出大型同时戏剧中,无数不同的事件被拉到"马恩河战役"这样的一个标题下,尽管没有人能同时直接体验所有这些事件。1914 年 8 月 23 日,在德国最初进攻的一段时间里,法国人仍在一些地方发动进攻,试图把德国人赶回萨姆布雷河;在一些地方,法国人稳住了阵脚;在别处还有人溃不成军地撤退。[20]胜利和失败的阴影笼罩在后来的每一场战役之上,它在历史意识中被统一起来,就像立体主义风景画的多面形式,从多种来源反射着光线。阿波利奈尔是战前最具影响力的同时诗人之一,他把自己的技巧运用到战争本身。在 1917 年的一首诗《战争的奇迹》中,他设想了从混乱中出现的事件的崇高的同时性。

295

> ……
> 我把纪尧姆·阿波利奈尔的故事留给未来,
> 他参加了战争,知道怎样去到每处
> 在后方快乐城市里的每处
> 在整个宇宙的其余部分,
> 在那些死于践踏在带刺的铁丝网里的人们中、
> 在女人们当中、在教规中、在马匹中、
> 从顶点到底点,再到四个基本方位
> ……
> 如果我能设想,我所处的每一个地方
> 所有这些东西也都能存在于我身上,
> 那无疑会更美
> 但从这个意义上说,我们对此无能为力
> 因为此刻我无处不在
> ……[21]

　　外交官们在七月危机期间体验到的同时感在战争期间被放大了一

千倍，因为数百万士兵通过指挥链、电子通信和同步手表团结在一起，通过事件的共同性在精神上团结在一起。反过来他们的挣扎又被千家万户目睹，人民几乎在事件发生的同时就在同一时间了解到这些五花八门的事件，在报纸上读到，在电影院看到，并不断地讨论。欧洲变成了一个通信网络，它处理的信息比以往任何时候都要多，这些信息在同一时间涉及了更多人、更多事件，发生在更遥远的地方。第一次世界大战是同时时代的同时戏剧。

未来的感觉取决于等级。军官们试图用精心设计的作战计划积极地支配未来。战前在英国军界受到最广泛讨论的文学作品是一个名为《分寸感》("A Sense of Proportion")的短篇故事。这个故事关于一位将军，人物原型显然取材于莫尔特克，他为战争做好了精心准备，以至于在开战前他能够信心满满地去钓鳟鱼。约翰·基冈(John Keegan)认为，这个故事说明了"一战"时期的军事规划者对未来有一种独特的感觉。索姆河战役第一天英国陆军第十三军（与威灵顿的滑铁卢军规模相同）的作战计划有 31 页。相比之下，威灵顿没有发布滑铁卢战役的书面计划。基冈认为，这种周密的计划本着一种精神"试图预先设定未来；一种由命令的语言所证实的精神：'步兵和机枪将同时被推进……''攻城和重炮将会推进……''在他们最终目标被占领后，第 30 师将由第 9 师接替'"。[22]

在战争或和平时期，富人和有权有势的人比穷人和无权无势的人对未来有着更强烈和更积极的认识。巨大的财富是通向未来的桥梁——它有控制人与事的能力，在困难时期能支撑自己和家人，能创建信托和遗产确保未来几代人的福祉，建造纪念碑，使机构作为不朽的赌注。战争期间，将军们的狂妄自大，和对下一次进攻必将打破僵局的确信来自阶级制度，这个制度将强大而自信的人与那些传统上必须被动而顺从地执行命令的人分隔开来。军官阶级对未来的期望在战争期间随着旧的僵化的阶级制度一起破灭了，阶级制度最初给了将军们对未来盲目而执着的信念。菲茨杰拉德在《夜色温柔》(*Tender Is the Night*)一书中概述了这种崩溃的程度。

　　不能再做这种西线的事了,至少在很长一段时间内不能。年轻人认为他们可以再做一次,但他们做不到。他们可以与马恩河一号战斗,但这次不行。这需要宗教和多年的大量保证以及阶级之间存在的确切关系。俄国人和意大利人在这方面做得不好。你得有一套完整的感情装备,要回溯到你所能记得的更久远的年代。你必须记住圣诞节、王储和他未婚妻的明信片、莱恩斯的小咖啡馆、林登河畔的啤酒花园、迈里官的婚礼、德比之行、你祖父的络腮胡……这是一场爱的战争——一个世纪以来中产阶级的爱都花在了这上面。[23]

在最初的信心被击碎之后,前线士兵在被动模式中体验了即将到来的未来,等待着下一次的炮弹爆炸和尖叫。巴布斯写道:"在战争状态下,人们总是在等待。我们变成了等待的机器。目前我们正在等待的是食物,然后就是邮件了,就这样一个一个地来。吃完晚饭,我们将考虑这些信件。在那之后,我们将开始等待别的东西。"[24]正如巴布斯所暗示的那样,所有的战争中都有等待,但在这场战争中,被动等待的感觉特别强烈,它变成了一场旷日持久的防御战。立德总结道:"战壕战,可能比之前或之后的任何战争都更能削弱官方支持的将军人自身视为侵略代理人的观念。"[25]长程火炮、机枪、战壕、带刺的铁丝网和毒气使人在压力很大的情况下在狭窄的空间里长时间动弹不得。对致命危险的正常反应是主动进攻,但前线士兵被迫处于被动状态。他们所处的屈辱环境产生了一种"防御性人格",这种人格成了战争神经症的一个显著特征。一位精神病学家观察到,在那些被炮击时必须保持静止的男性中,神经紧张尤其具有破坏性。[26]在一项关于战争神经症的研究中,W. H. R. 里弗斯(W. H. R. Rivers)发现在所有的士兵中,飞行员中精神崩溃的最少,他将这一现象归因于他们对自己命运的主动掌控感。他们的医疗记录与气球服务观察员形成了鲜明的对比,观察员是挂在前面的长绳子上的被动目标，其精神崩溃程度超过了身体上的创伤。立德还得出结论，士兵中阳痿的高发生率是他们在战争中被迫采取普遍被动态度的另一种表现，这场战争由机器和化学制品主导，其特点是等待。当一切都转入地下时，男人们不得不屈从于命运，将正常的外部侵略表现和性欲内在化。[27]

虽然眼前的未来被一种被动等待的感觉主宰，但战后的遥远未来却显得更加遥远。早在 1916 年，巴布斯就预见到，道德和经验上的鸿沟正在现在和未来之间拉开。"未来，未来！""未来的工作就是消灭现在，消灭得比我们想象的还要彻底，像某种可恶的、可耻的东西一样被消灭。"[28] 巴布斯记得，"在我好奇的头脑中，最初形成的想法之一，就是对无休无止的战争的普遍感觉。似乎没有人认为战争会停止"。那种无穷无尽的、恐怖的、令人不寒而栗的预兆在他的记忆中清晰地浮现出来："关于未来，我最先想到的一个暗示是一个顽固的用砖块和水泥建造的机枪阵地，就像人们可能会建造一座房子一样。"[29] 这个讽刺有其真实之处，因为机枪坑和混凝土掩体在整个战争期间以及战后很长一段时间里都作为战争的纪念碑而完好无损。多年后出版的回忆录证实了人们对未来期望的遥远，这些回忆录声称从战争结束到恢复"正常"和平生活的间隔时间往往很长，一些老兵无法重新融入社会。停战 20 多年后，亨利·马西斯（Henri Massis）回忆道："是的，战争是我们年轻人的家园。我们在战争中诞生，它立即来临，事实上，我们从来没有做过其他任何事。"[30] 在 20 世纪 20 年代，一些美国退伍军人在欧洲和美国之间来回移居，试图建立新的连接感，恢复他们的生活在时间上的连续性。海明威在《流动的盛宴》（*A Moveable Feast*）中经历和叙述的那种躁动不安是"迷惘的一代"在时光的洪流中寻找暂时的工作和重新融入时间的过程。[31]

这场战争切断了通往不远的未来的直接通道，在现在和遥远的未来之间为每个人甚至包括未来学家设下了深渊。起初，人们欢迎即将到来的战争，因为这实现了他们摧毁过去，实现一种新的、不断创新的生存模式的愿望。1914 年 3 月，马里内蒂写道，他第一次在一艘庞大战舰的甲板上发现了"几何与机械之美"。"在钢铁和铜的奇想、急躁和疾病中，船的速度，它从后甲板高处射出的炮火的抛物线、从上将那里发出的命令的奇异的生命力，突然都变得自主而非人为了。这一切发出几何和机械的光辉。我听着电的抒情倡议从四重炮塔的枪管中流过，穿过有鞘的管子传到弹匣，把炮塔的枪管拉到裤腿上，出去参加最后的飞行。"[32] 在 1915 年战争的头几个月里，他一直保持着这种狂热，当时他出版了一本支持战争的未来主义者宣言集，还加了一些小册子以敦促意大利进行干预。《战争，世界唯一的清洁》(*War，The World's Only Hygiene*，写于 1911 年至 1915 年)里，马里内蒂狂热地谈论着他希望通过战争来实现未来学家们的目标。但他尖锐的声音最终被战场上的喧闹声淹没了，战壕里的污秽也冲淡了人们对战争"清洁"的狂喜，很快，这群人的数量就减少并分散了。博奇奥尼和桑特埃利亚被杀，马里内蒂和鲁索罗受重伤，其他人在混乱中走散。具有讽刺意味的是，这场战争严重切断了他们与未来的联系——战争通过实现他们的理想、满足他们对短暂艺术的需求、否定所有的正统，从而摧毁了未来主义运动。

第一次世界大战是战前速度意识的典范。七月危机期间事件步伐的加快、在动员时命令的速度，这些速度也在战场上部署军队时得到了延续。1914 年 8 月 6 日，11000 列火车开始将 312 万德国士兵运送过莱茵河。施里芬计划失败的一个原因是它最初成功了，但军队超出了他们自己的时间表，供应跟不上。[33] 尽管法国人一开始很快遭遇了几次惨败，但他们也以前所未有的速度派出了一支军队。8 月的第一次交战中，4278 列火车上部署了大约 200 万法国人，只有 19 列火车晚点。[34] 虽然一旦身在战壕，人们就常常会认为战争是一个长期而单调的斗争，但真实的战斗才是史上最快的，弹匣加载的步枪、速射火炮，以及快速杀戮的象征——造成约 80％伤亡的机枪，这些都对战争起到了革新的作用。7 月 1 日，索姆河战役的第一天，英军伤亡约 6 万人，其中 2.1 万人死亡。约翰·基冈推测，他们中的大多数人在袭击的第一个小时就被杀了,甚至可能在最初几分钟就被杀了。[35]战争在速度方面创造了一些可怕的记录。

∞

斯坦因立体主义的隐喻最适合把战争的空间性描述为战前的空间概念及其形式、距离和方向模式的功能。她观察到,这场战争"不是一个人被许多其他男人包围的组合",这暗示了战前的透视主义哲学。土耳其和地中海有前线,英吉利海峡和大西洋有东西前线与海战,空中有轰炸和混战。西线从瑞士蜿蜒进入英吉利海峡,庞大的军队沿着海峡摆开方阵,时而深入敌后,时而被包围,就像立体主义画派的风景画一样。施里芬自己对指挥官这个角色的期望,部分是对所发生事情的准确预测,也是对斯坦因的想象的一种不可思议的先见之明:

> 现代的总司令不是和聪明的侍从们站在山上的拿破仑。即使用最好的双筒望远镜,他也不太可能看到什么,而且他的白马很容易成为无数炮火的目标。指挥官远在后方,在宽敞的办公室里,电报、无线电、电话和信号设备就在手边,而一队队汽车和摩托车已准备好远行,在等待命令。在这里,在大桌子前的一张舒适的椅子上,现代的亚历山大在地图上俯瞰整个战场。他从这里发出鼓舞人心的话语,他在这里收到来自陆军指挥官的报告,以及来自可以观察敌人的行动、探测敌人的位置的气球和飞艇的报告。[36]

施里芬希望,可以以电子的方式将从许多不同的角度观察到的不同事件的多样性传达给指挥官,且即使战斗在进行中,他也可以向士兵发出有效的命令。在现实中,情况被证实完全不同。指挥官往往在局势发生重大变化很久之后才收到时断时续的报告,这造成了巨大的混乱,使得人们无法做出有效的反应。但施里芬准确地预见到,在战争的新构成中,将会有无法从单一地点观察到的脱节的遭遇。

古斯塔夫·勒庞在 1895 年曾强调了群体行为中单一领导者的力量,但他在"一战"中看到,"从汉尼拔和恺撒到拿破仑时代,作为将军个人工作的旧式战争已经完全消失了"。[37] 在当前的战争中,战场绵延数百英里,几乎无法从地面将人们分辨开来,大炮和战壕都隐藏在视线之外,将军则通常都远离战场。施里芬、勒庞和斯坦因都认为对现代战争的理解需要多种视角。

斯坦因评论,在战争的构成中"每个地区都一样重要"可能指的是在所有同时发生的事件和战斗中缺乏一个焦点。相形之下,对于士兵个人来说,在安全与危险之间有一个重要的划分。那些有炮弹落下的地区当然比别的区域重要。[38] 但从另一个角度来看,在这场战争中,就像在立体派绘画中一样,所有的空间都有同等价值,因为即使空白的空间都有其作为组成元素的独特重要性——无人之地是它积极的负空间。

敌军与战壕之间隔着几千码的距离,在某些地方这种距离会缩短到 50 码或 100 码,战斗使得战壕更加荒凉也更加重要。无人区成了空白的同义词——那是一个没人愿意去的地方——腐烂的尸体上满是弹孔,臭气熏天,泥泞毒气混作一团,一个有毒的荒地,一片毫无生气充满威胁的虚无,但从那一堆堆为它而战变成尸体的躯体来看,那也是一个有着非凡价值的空间。是一个时而吵闹得令人发狂,时而安静得令人不安的地方。电话线一直延伸到前线,然后就停止了:一旦到了那里,士兵可能会突然陷入沉默。在《战争的虚无》(The Void of War)一书中,雷金纳德·法瑞尔(Reginald Farrer)描述了他在索姆河战场看到的"拥挤的空虚",在那里,每一个居住的痕迹都加深了"包围他的巨大孤独"。"也许我不应将他称为空虚,"他写道,"这更像是'满怀空虚',我的意思是:一种并非真的空虚的空虚。它自始至终都有一种个人化的东西,我开始把这个国家的这一部分看作一个人,而不是一个场景。"

法瑞尔认为书的标题具有讽刺意味。"'战争的虚无'是个好名字！这意味着这些地方完全被打碎，明显毫无生气而荒凉：在那之中并无军事生活不屈不挠地嗡嗡作响。"[39] 对于战火中的士兵来说，无人之地被切割得就如一个形状不规则的安全又危险的棋盘，一厘米的错位就可以决定生死。但从远处看，每个角落都一样重要。房屋、树木和道路都被吹走了，到处都是残骸。正如康拉德的"黑暗之心"腐蚀了库尔茨一样，正是这片巨大的真空也腐蚀了人类和军队。这很恐怖，但这也是战斗的意义所在。阶级、等级和国家都在战争中被拉平了；第一次世界大战对特权等级结构的破坏远远超出了其参与者的期望。

302　　　无人区也是一个边界，是世界两极之间不断变化的分界线，这个世界两极分化严重，战争把它们紧密地联系在一起。在阅读了数百本战争回忆录后，立德报告说："在那些书写自己战争经历的人中，惊人数量的人认为无人区是最持久和最令人不安的形象。"这个词抓住了一种体验的本质，人们被送到社会生活的外边界，介于已知与未知、熟悉与神秘之间。[40] 战争期间在无人区经历的心理分裂只是一系列破碎形式中的一种，这些破碎形式包括国家边界、政治制度、社会阶层、家庭生活、性关系、隐私、道德义务、宗教信仰和人类情感。战斗本身的形式不同于以往的任何战争，战壕取代了固定的防御工事，战斗扩展到第三维度，伪装的机器融入周围的乡村。

　　格特鲁德·斯坦因记录了另一件难忘的事，再次表明了她的立体主义隐喻的适用性。"我清楚地记得战争刚开始时，我和毕加索在拉斯帕尔林荫大道上，这时第一辆迷彩卡车开了过去。当时是在晚上，我们已听说过迷彩卡车，但我们还没见过，毕加索惊讶地看着它，然后喊道，'是的，是我们创造了它，这就是立体主义'。"[41] 19 世纪的军队都以鲜艳的颜色进行装备以显示各国政府的威风。引人注目的蓝色、红色和白色是为了凸显前进的军队的财富、完美和纪律，恐吓敌人。但随着精确射程范围从毛瑟枪的一两百码扩展到后膛步枪的两千码，再到机枪子弹的加强火力的扫射，鲜亮而色彩斑斓的制服和紧凑整洁的队形都是自寻死路。布尔战争之后,英军改穿卡其布衣服,第一次世界大战爆发时,德国军服从普鲁士蓝变成了浅灰色。但在 1914 年,法国士兵仍然穿着第二帝国的红色平顶帽和裤子。弥赛米将军试着换制服,但开始的时候军队拒绝给士兵们穿土褐色的衣服。"不穿红裤子?"曾经的战争部长 M. 艾蒂安(M. Etienne)发怒了,"绝对不行! 红裤子才是法国军队!"⁴² 在 8 月和 9 月的大屠杀之后,起初反对让法国士兵融入周围环境的骄傲而又等级思想严重的军官们开始急切地寻找让他们隐形的方法。圭兰德·德·斯瓦拉(Guirand de Scévola)是蓬塔穆松炮兵部队的一名电话接线员,他曾想过把大炮藏在画有泥土颜色的网里。马恩河战役后不久,马歇尔·乔佛里(Marshall Joffre)和庞加莱总统对圭兰德的想法产生了兴趣,法国军队的第一支迷彩军被建立了起来,法国由此开始系统地开发隐藏士兵和军事装备的技术。红色的军帽和裤子也被换成了苍青色的新制服。

我们尚不清楚毕加索是否知道圭兰德·斯瓦拉,但圭兰德确实知道毕加索的作品。他曾说:"为了使物体完全变形,我采用了立体主义艺术家们展示物体的方式——这使得我后来不用说明原因就在(迷彩)部门里雇用了一些画家,他们有着特别的眼力,能使任何形态变形。"⁴³到战争结束为止,伪装队使用了三千种伪装术,包括著名的画家弗拉因(Forain)和塞贡扎克(Segonzac)来伪装大炮和其他引人注目的物体。他们的徽章是变色龙。

如果毕加索在观察时并不知道立体主义对于迷彩的发明和发展有着直接的影响,那他至少明白在这两种历史上几乎同时发生并有着相似的文化作用的现象中存在着直接关联。它们同时暗示着,传统方式不一定是对图像空间中的物体、战场上的人和枪进行排序的最佳方式,这一说法也可以延伸到对社会阶级的理解上去。抛弃与贵族社会密切相关的旧军服,是对军队和平民世界中尊重军衔的传统的否定。从此以后,军队和大炮就像图画一样,只有在必要的情况下而不是因为过时的习俗才会凸显。立体主义和迷彩对旧的等级制度进行了调整,以便

303

适应当前形势的实际需要，重新划分世界等级。

迷彩的概念迅速传播开来。1917年夏天，英国有了迷彩工厂，有时还得到法国的帮助。法国画家安德烈·梅尔（André Mare）在笔记本上保存着迷彩图案的图纸，并把它们寄给了英国人。1917年，英国海军司令诺曼·威尔金森（Norman Wilkinson）发明了一种错视伪装技术，人们在船的侧面涂上反差强烈的几何图案，使得很难通过望远镜观察到其大小和行进方向。1916年初，德国也启用了迷彩技术，德国表现主义艺术家弗朗兹·马克（Franz Marc）被雇佣来绘制了一些在凡尔敦战役中用于遮盖枪支的迷彩网和迷彩布。[44]在美国，迷彩主要用于船只，其灵感直接来源于最近对动物天然保护色的研究。[45]格特鲁德·斯坦因评论了迷彩图案鲜明的国家特征，但她的结论是，尽管国家不同，它们却共同表明了"整个艺术理论"的"必然性"——她指的就是立体主义。[46]

迷彩打破了物体和背景之间传统的视觉边界，而在大战中释放出的巨大火力则打破了以往战争都没有打破过的地形。堡垒被摧毁，房屋被吹走，弹坑被打开，小丘被夷为平地，河流被筑坝改道，道路变成了沼泽。带刺的铁丝缝合着大地的结构。在城市里，尸体被打碎的玻璃和倒塌的砖石砸得粉碎。在乡下，人被卡在树上，树扎进人的身体，就像在噩梦般的立体主义景观中一样。巴布斯描述了一幅生动的战争地形图。

> 树木散落在地上，或消失，或被撕裂，树桩被砍断。路边的堤岸被炮火掀翻，杂草丛生。一路上……都是被风吹了二十次又被挖空的战壕……我们越往前走，一切就变得越糟糕……我们走在贝壳碎片的表面，每走一步都会被绊住。我们在其中穿行，仿佛它们是陷阱，在破碎的武器、厨房用具、水瓶、消防桶的碎片中跌跌撞撞……

士兵们在前进中遭遇了已消失的村庄。

在围绕着我们的在雾中如幽灵背景般被屠杀的树木的框架内,不再有任何形状。甚至没有一点没倒下的墙、篱笆或门廊的尽头;令人惊奇的是,在杂乱的梁、石和废铁下竟有铺路石。这里,此处,是一条街道。轰炸改变了事物的面貌,改变了磨坊溪流的方向,溪流漫无目的地流淌,形成了一个池塘。[47]

305

战壕在土地上纵横交错,勾勒出前线千变万化的面貌,将军事行动的后方联系了起来。[48]离敌人最近的是前线,从这里浅滩进入了无人地带,通向最前方的观察哨、手榴弹投送哨和机枪阵地。在那后面大约两百码的地方是支援队,士兵们大部分时间都住在土墙里的防空壕里或者深达三十英尺深的地道里,在那里他们可以免受炮击。再往后面几百码处是后备军,通信战壕与之垂直并连接这三种部队。每隔几码就有一个防护墙在战线中形成隔离带,这使得敌军士兵在进攻时不可能在长时间的射击中进入战壕。从空中角度看,战壕系统给出了一个不规则几何形状的立方体般的地形组成。

对于战线的旧的形式概念也发生了崩溃。在过去的战争中,衡量胜利的标准之一是一方对于战线的控制程度。这是战斗的前沿阵地,正如阶级界线是划分欧洲贵族社会等级的界线一样。在这条线的后面,每个士兵都有自己的位置。在这支秩序井然的军队里,每个士兵都清楚自己的位置,并坚守在自己的岗位上。但是,现代前线最终在炮击和大规模进攻的巨大压力下崩溃了。在最初的两年里,有传统思想的将军们坚守战线,导致了大量的屠杀,到1916年时,他们开始使用"纵深防御"的灵活战略。军队会保护前线,但如果敌人到达战壕,守军会立即撤退到支援战壕,重新集结进行反击。整个军队不是在一个指挥下集结起来,纵深防御打破了"一个人在中心"的权威,更依赖于分散的权威和主动性。

在战争艺术中的这种结构变化,即纵深防御和绘画从单一的消失点视角向立体主义的多元视角的转变之间有着惊人的相似之处。立德对新策略的描述暗示了立体主义的其他相似之处。他写道："深度防御意味着连贯性的破碎、任何清晰的几何结构的瓦解，部队解散成独立的小分队和防御小组。"[49] 然而，人们不愿放弃旧的结构。直到 1918 年，德国士兵恩斯特·荣格尔（Ernst Jünger）还在恳求："我们必须破除战线这种想法，由于历史和纪律，我们在整个战争中从未真正超脱……正确的设计是一个网，敌人也许能在这里或那里突破，但很快就会被锋利的网格粉碎在地。"[50] 在战争和绘画中，线这个概念都失去了其作为前线将两个不同领域分割开来的神圣性。这两种艺术呈现出一种新的构图，模糊和不规则的现实轮廓结合在一起。立体派曾寻求对整个画面表面的美学价值进行新的统一；战争把阶级、等级、职业和民族等不同的因素结合在一起，抹平了传统的等级差别。统一的十字架在万人坑上投下几何阴影，这是对战争的社会平均性的最后纪念。

从一个方面来看，国际上存在着严重的不团结。人们重制护照，关闭边境，军队对决，国民意识被宣传极端化。但欧洲各国之间的关系从未像欧洲大战期间那样密切和全面。具有讽刺意味的是，国际旅行更多了——虽然没有得到许可，但人们仍然四处旅行。在 1914 年 8 月和 9 月这样的短时间内前往法国和俄罗斯的德国人比以往任何时候都要多，侵略军和他们的对手、平民和军人之间有各种各样的交流。欧洲的意识就像它的军队一样紧紧扭在一起，有时甚至带有明确的积极情感，就像 1914 年圣诞节期间在无人区对敌军的亲善一样。泥泞、疲劳、疼痛和死亡抹去了士兵们在国家战线上的特征，在不同国家的平民中有一种达到顶点的强烈团结感，尤其是在 1914 年 8 月的头几个星期，正如茨威格描述的奥地利：

> 成千上万的人前所未有地有了一种他们本应在和平时期所拥有的感觉，即他们是在一起的。一个拥有二百万人口的城市，一个近五千万人的国家，在那一刻他们感觉自己在参与世界历史，那是一个永不再有的时刻，每个人都被召唤着把自己渺小的自我投入光辉的大众中去，在那里，所有的自私都得

到了净化。所有的阶级、等级和语言的差异在那一刻都被匆忙的友爱之情淹没了……每个人都经历了自我意识的提高，他不再是从前那个孤立的人，他已经融入了大众，他是人民的一部分，他这个不被注意的存在被赋予了意义。[51]

战争的持续释放了其他强大而混乱的力量，打破了旧的分裂，形成了新的统一。战争直接影响了塞尔维亚和比利时的大量平民，他们的城市被炮火轰击，前线和家园之间的区别消失了。后来在战争中，德国人轰炸英国的城市，瞄准平民。他们的意图是削弱敌人的意志，但分散性的破坏却产生了相反的效果，它消除了前线士兵与平民之间的分歧和误解，统一了英国人在欧洲大陆进行战争的决心。在战壕里，阶级、等级和职业的差别就像制服一样模糊不清。巴布斯回忆道："我们的使命是什么？总共就一点。在那些逝去的日子里，我们有了社会地位，在我们把自己的命运禁锢在小丘之前……我们是什么？我们被一种无法逃脱的命运联系在一起，被这种巨大的冒险随意地推入同一等级，我们别无选择，只能周复一周、月复一月地走下去。日常生活的可怕的狭隘性把我们紧紧地联系在一起，使我们适应，使我们彼此融合。这是一种致命的传染病。"[52]戴高乐将这场战争视为"集体精神"的顶点，这种精神是几代人通过普选、义务教育、工业化、城市生活、新闻界、大众政党、工会和体育运动建立起来的。"男人和女人在现代生活中所面临的群众运动和机械化，为他们的群众动员和人民战争所特有的残酷与突然做好了准备。"[53]

新技术使得动员大规模军队和许多在前线作战所需的高度统一成为可能。拿破仑率领其大军在欧洲各地行进，他的帝国一度从里斯本延伸到莫斯科，但拿破仑战争并没有后来被称为第一次世界大战的欧洲大战那样大的规模。参与行动的众多人数和执行行动的遥远距离造成了这一区别。为了打破西方的僵局，军事领袖们在遥远的地方开辟了战线，比如 1915 年英国人通过达达尼尔海峡袭击了加里波利（Gallipoli）。战斗和军事历史学家、队长 B. H. 利德尔·哈特上尉（B.

H. Liddell Hart)这样评论战争规模的扩展,他写道,"现代发展极大地改变了距离的概念和权力的流动,另一场战争中的打击就相当于对敌人战略侧翼的历史性攻击"。[54]在战前由电话、无线电、汽车、飞机(还有电报和铁路)所导致的距离的收缩改变了战争和其中距离的体验。新型武器使敌军士兵之间的距离得以增加,而电子通信可以增加各协调行动部门之间以及指挥官与士兵之间的距离。在许多方面,第一次世界大战的规模都是前所未有的。

拿破仑时代的大口径、前装式滑膛枪的有效杀伤范围在 100 码到 200 码之间。第一次世界大战中使用的小口径、装子弹的步枪射出的子弹,射程可达 2 000 码,子弹的飞行轨迹较低,因此可以在更大范围内造成人员伤亡。战争中重型火炮的最远射程高达 9 000 码,但其有效范围仅限于 4 000 到 5 000 码,如果超出这个范围,处于有利地位的观察员就基本不可能观察到冲突的位置,然后通过电话向炮台提供修正信息。因此炮弹落下,杀死的人远远超出了战壕里的士兵和后方炮兵的视野所能达到的程度。在一次进攻中,前进的人们被弹幕卷起的移动的烟幕和灰尘弄瞎了眼睛。这场战斗有一种怪异的隐蔽性,正如卡林顿所观察到的:"炮兵很少看到他的火力目标;他与敌人没有面对面地接触,却突然发现自己置身于一团炽热的火中,这来自他无法确定的源头和无法看到的敌人。这就像通过电报吵架一样。"[55]

在马恩河战役中,双方指挥部都远离前线。8 月 30 日,德军进攻的最高指挥部被设立在卢森堡,与前线的无线电通信经常因为受到数百英里外的巴黎埃菲尔铁塔的干扰而中断。法国总部位于塞纳河上的沙蒂隆(Châtillon-sur-Seine)距离战场约 120 英里。9 月 4 日上午,法国飞行员断定,施里芬大扫荡计划的"最后一个右翼"——冯·克拉克将军领导下的德国军队已经转向东南方,为法国和英国提供了一个易受攻击的侧翼。加利亚尼通过中间人与乔佛里交谈(乔佛里不喜欢用电话),在那天的一系列紧急谈话中,他得到了反击的许可。后来,加利亚尼说,马恩河战役的胜利是"电话政变"。[56]

战斗和决策之间的距离造成了将军和前线人员之间经验上和情感上的分歧，这使得指挥官能够继续策划进攻计划而又避免直接面对灾难性的后果。英国陆军元帅亚历山大在回忆录中抱怨说，他从未在前线见过比准将司令军衔更高的军官。黑格将军不愿去清理死伤人员的地方，因为那样会使他身体不舒服，而乔佛里只有在前线士兵表演性的列队经过时才会靠近他们。乔佛里把一枚勋章别在一个双目失明的士兵身上后抗议说，他不想再看到更多的伤员，因为他"将要失去进攻的勇气了"。[57] 在早期的战争中，将军们在靠近战场的地方汲取勇气；在这场战争中，他们远离战争以保存勇气。

无线通信不仅扩大了军事通信的范围，而且使得在四处广泛分散的战区里也能够传播和获取命令。其中一个戏剧性的例子就是在1914年8月3日下午5:30，英国海军总部向所有船只发送了如下信息："战争电报将在午夜发出，授权你们对德国发动敌对行动，但鉴于我们的最后通牒，他们可能会在任何时候决定开火。你必须对此做好准备。"午夜时分，第二条信息发出，命令对德国开始敌对行动。第二天下午5点，德国通过半径约为2 000英里的无线电台命令世界各地的德国船只驶入中立港口，从而拯救了大部分德国商船。[58]

通过无线电远距离传送秘密信息也可能是危险的。1914年8月，当俄国军队从其基地向更远的地方移动时，由于缺乏密码和密码破译人员，他们只能发送没有编码的无线信息。德军在坦嫩堡（Tannenberg）附近行动时，开始拦截这些信息，在得知包围并拿下一个俄军部队不会有其他俄军干扰的危险时，鲁登多夫将军（General Ludendorff）壮着胆子发动了攻击。每天晚上11点，被截获的俄罗斯信息都会报告给鲁登多夫。有时消息来迟了，他就直接去译码办公室询查信息。[59] 如果没有这个独特的信息来源，他在坦嫩堡（9.2万人被捕）的辉煌胜利就不可能发生。

对士兵们来说，前线的方向被赋予了神奇的、魔鬼般的属性，因为整个地区都被辐射成为安全地带和危险地带。1915年，英国哲学家T. E. 休姆（T. E. Hulme）在前线观察到这一点："在和平时期，道路上的每个方向都似乎无所谓指向何方，它们只是无限延伸。但现在你们知道，有些路是通向深渊的。"[60] 战争从水平方向来说与以往没什么改变，但从垂直方向来说却有变化。海上战争有史以来第一次通过潜水艇在上下轴上进行，而陆上战争则深入地下掩体、水雷和战壕的坑道。但是，战争方向上最显著的新变化是空中的。

1917年7月，罗威特·弗雷泽(Lovat Fraser)，这位《伦敦时报》的作家写道："如果有人问我去年的哪个事件对于人类的未来有着最重要的意义，我不会提到俄国革命或是美国对于神圣事业的严厉干涉，我会说是去年11月的一个正午，一架德国飞机出现在伦敦上空。"1916年11月28日，一架德国飞机在伦敦西区投下了六枚炸弹。一个面包房的烟囱被炸毁，一个马厩被毁掉，一个音乐厅里的更衣室也被毁坏。一家报纸还报道说，"埃克莱斯顿马厩的一块鹅卵石裂开了"。[61] 战争已进行了两年，这种损失几乎可以忽略不计，但报告的精确性揭示了另一个问题——这种针对人民和城市的似乎无从抵御的新型战争所引发的焦虑。1914年8月6日，德国开始空袭，当时一艘齐柏林飞艇在列日投下13枚炸弹，造成9人死亡。8月29日，一架德国坦克开始轰炸巴黎，这种做法在整个战争期间零星地持续着，造成了轻微的破坏。从1914年起，德国飞机定期在英国海岸投放小型炸弹，但伦敦的突袭行动使得德方加强了炸弹的数量和威力。

311

1917年标志着飞机对城市进行常规的重型轰炸的开始。高射炮、防空气球、观察哨、声音定位仪、探照灯、栗色(声音炸弹)、警报器、双向空对地无线设备(1917年开发)引起了平民和军事人员的注意。伦敦人冒着危险，待在露天地区，盯着巨大的正在投放炸弹的哥达轰炸机。1917年6月13日的一篇关于袭击的报道描述了这种迷恋："敌人的飞机像银色小鸟一样穿过云层，成千上万的男男女女看着它们飞过……这很神奇，因为太美了。"那次美丽的表演造成162人死亡，标志着对平民生命和财产的破坏达到了一个新的水平。战争结束时，德国的袭击在英国人中造成了835人死亡，1 972人受伤。在1915年到1918

年,法国和英国的轰炸使得德国有 746 人死亡,1 843 人受伤。[62]虽然与战壕中的死亡人数相比,这个伤亡总数可以忽略不计(1917 年英国每日在前线的伤亡人数为 2 500 人),轰炸所产生的心理影响并不能光用数字来估算。这种形式的战争模糊了士兵与平民、前线与家园、安全与危险之间的界限。城墙和堡垒,河流和航道,也许甚至海洋都无法阻止飞机的飞行,这在那些曾经感到安全的人们中间制造了一个新的弱点。飞机将很多事物都拉到了同一条线上。

格特鲁德·斯坦因在描写她飞越美国的经历时,反思了 20 世纪的现实结构,并再次提到立体主义、空中飞行的新视野和第一次世界大战的构成之间的潜在联系。

> 是的我看到了,我再次了解到创造者是当代的,当同时代的人还不明白什么是当代的时候,他就已经明白了。他是当代的,因为 21 世纪以一种前所未有的眼光来看待地球,因此地球具有了一种新的光辉。20 世纪的所有事物都在自我毁灭,没有什么会持久,因此这个世纪有一种独特的光辉,毕加索属于这个世纪。他具有一种大家从未见过的地球的独特品质,还有一种虽已被毁灭却好似从未被毁灭的事物的品质。[63]

毕加索关于迷彩卡车是立体主义的评论也意味着在同时代的人明白之前,他就看穿了物体和空间作为存在的不同类别的旧概念,他知道真正的当代艺术必须将这两者重组为同一事物的两个方面。立体主义是对压迫各种传统形式的广泛文化压力的创造性反应,需要新的构图和新的视角。斯坦因的观察包含了不可避免的破坏和从广泛的文化和物质转变中产生的新创造的辉煌。如果艺术家、飞行员或任何一个人看到的地球是以前从未有人见过的,那么旧世界一定会毁灭。为了记录这种新的视觉,她打破了传统的语法,从多个新的角度重新组合思想,为每一种变化描画阴影,就好像把它拿在手里,从四面八方观察和展示。在第一次飞越美国上空时,她高兴得直喘气——就像一位艺术家终于找到了一幅寻觅已久的作品一样。她将新艺术与新战争并置，并在 1937 年德国轰炸机将格尔尼卡夷为平地之前写道，她认为自己和毕加索一样，在同时代人知道什么是当代艺术之前就已经明白了。同年晚些时候，毕加索开始了他的史诗画，这幅画纪念了 20 世纪在他的祖国西班牙一个平民小镇的空袭遇难者。毕加索运用他 30 年前开创的立体主义技巧，描绘了那些被毁灭的事物，就像它们从未被毁灭过一样，还从空中对战争进行了令人难忘的谴责。

结　论

没有任何一篇论文能够解释 1880 年到 1918 年塑造了时空体验的所有技术、科学、文学、艺术和哲学潮流。然而，我们可以对更重要的发展及其与更广阔的历史背景的关系得出一些一般性的结论。

世界标准时间的引入对通信、工业、战争和群众的日常生活产生了巨大的影响，但对私人时间的多元化探索是这一时期历史上比较独特的贡献。对于普遍、不变、不可逆转的公共时间的攻击是对世界的性质和人在其中的位置的传统观念的广泛文化挑战的形而上学的基础。私人时间的认定从根本上内化了经验的轨迹。它动摇了关于物质世界的稳定性和客观性以及心灵对他的理解能力的传统观点。如果一个人不知道现在是什么时间，他就不可能知道世界的"本来面目"。如果有多少个个人就有多少私人时间，那么每一个人都有责任在每一时刻创造自己的世界，而且要独自创造。

在这三种时间观念中，对过去的认识对于对现在的认识产生了更大的影响，但其与旧观念在性质上并无不同。对未来的感觉，很大程度上是对过去经验的重建，投射在时间前方，也类似于旧的经验模式。对现在的感觉是最新的，过去的记忆与对未来的期望使其随着时间增多，而且最重要的是它会在空间上扩展，创造出巨大的、共享的同时体验。现在不再局限于一个地方的一件事，也不会夹在过去和未来之间，局限于当地的环境。在这个侵入式电子通信的时代，"现在"变成了一段很长的时间间隔，它可以——实际上必须——包括世界各地的事件。电话总机、电话广播、日报、世界标准时间，以及通过技术同时调节的电影。泰坦尼克号跨越大西洋的呼救信号使其沉没更具戏剧性。相比之下，没有任何新技术能如此彻底地改变过去或未来的体验。在文化领域，对于过去和未来的新感觉，没有一个统一的概念可以与同时性概念的连贯性和流行性相媲美。精神分析也许是对过去最系统、最集中的探索，但它仅限于一小群鉴赏家。未来学家们将过去的哲学正式化，但只是消极地运用了过去的美学——那是一种不负责任的观点，就像他们对未来冲动的肯定一样。尽管他们大肆宣扬对未来的热爱，但他们的艺术主题和宣言的真正焦点却是当下。除了未来学家，越来越多的剧作家、小说家、评论家、音乐家、画家，甚至雕塑家都把他们的作品普遍地定义为"同时性"，认为这是他们那个时代所特有的，并承认现代技术的直接影响。

作为一种既有空间方面又有时间方面的体验，同时性产生了广泛的影响，因为它涉及许多分散在不同地方的人，在瞬间通过新的通信技术和无处不在的摄像头连接起来。然而，新时间性的文化影响通常不如新空间性的影响广泛，因为私人时间的私密性将它们限制在个人的现象世界中，排除了对经验的公共或集体性重组。与此相反，新兴的空间模式有广泛的社会、政治和宗教表现。

在这些模式的几个变化中，一个共同的主题是对传统层次结构的拉平。空间的多元化、透视主义的哲学、正负空间的肯定、形式的重组、社会差距的压缩，构成了各种等级秩序。虽然几何学者、物理学家、生物学家以及画家和小说家所设想的多元化生活空间并不总是直接针对贵族的社会结构，但它们对所有过时的等级制度带来了普遍的文化挑战。

对正—负空间的肯定拒绝了认为空间不如其所包含的对象重要的传统空间观。形式的重建拒绝了传统的对象层次排序。塞缪尔·斯迈尔斯的训诫——"一切皆有其位，一切皆在其位"——是旧秩序的恰当表述。知道每件事物都有一个恰当的位置是令人欣慰的，即使那个位置的理由似乎并不公平。对阶级世袭特权的挑战始于17世纪的英格兰,它向东蔓延,但速度缓慢。1789年的法国大革命再次更新了这一挑战,但即使是在19世纪的法国,贵族的神秘性仍然主导着社会群体。在东欧,贵族阶级的统治具有法律效力。直到第一次世界大战开始,奥匈帝国还保持着对皇室和贵族特权的完全尊重。出身高贵的贵族阶级把自己凌驾于没有那十六种贵族血统的人之上。许多贵族隐居在帝国各地数以百计的城堡里。他们垄断军队和外交使团的高级职位,控制帝国的保守政治,维护天主教会的权力,规定服装和家具的时尚,操控整个欧洲世界的礼仪。这个专横的等级世界成为无数艺术家和知识分子针对的目标,他们对它形而上学的基础和其具体的社会、政治和宗教制度发起了挑战。

316

新的交通和通信技术带来了距离意义上的巨大变化。奥匈帝国的帝王迟疑着不准这些新奇的小玩意进入皇宫就是因为他们意识到了这种科技会对贵族社会带来潜在的威胁。弗朗西斯·约瑟夫生长在军队生活的严格形式和现存最古老的王朝的严格要求中,他相信自己的神权天授,反对大众政府的干涉,在上流社会中受到孤立,也鄙视所有出身低下的人。他代表着欧洲贵族等级世界。在维也纳的霍夫堡,六百年来最受欢迎的哈布斯堡王朝宫殿,他不允许使用电灯,只能用煤油灯照明。他不使用打字机和汽车,也不安装电话。电话与贵族的原则尤其不相容。贵族的原则是,某些人由于他们在社会中的地位——通常与君主有密切的关系——具有特殊的重要性。电话打破了距离的障碍——它水平地横跨大地,垂直地跨越社会阶层。它们使所有地方与权力中心的距离相等,因此价值也相等。介绍、名片、请柬和约会的繁文缛节都因电话的即时性而被取消;而门、等候室、仆人和警卫的保护功能则因电话那突发性的铃声而被取消。电话渗透,因而亵渎了所有的地方;因此在教堂里没有电话。奥匈帝国的古代疆界(一个横向和纵向疆界都很丰富的帝国)与电话的普遍性、不敬和好斗性不相容。

虽然电话最为明显地渗透了特权的庇护,许多其他新技术也有类

似的效果，使得传统的等级制度变得平等，创造了新的社会距离。早在
1913 年，电影院就被贴上了"民主艺术"的标签，因为摄像机的镜头渗
透到每一个角落，低廉的票价和混合座位安排把高雅的戏剧文化带到
了工人阶级的生活中。自行车是一种"伟大的平等工具"，它架起了社
会空间的桥梁，使那些买不起马车或汽车的中下层阶级能够行进到更
远的地方。汽车的民主化效应甚至在它还没得到普及之时就很快得到
了承认。城市里拥挤的人群创造了一出有形的现代民主的戏剧。随着
贵族乡村世界的地位被资产阶级的城市地位取代，距离在维持社会声
望中的价值被削弱了。资产阶级仍然渴望离开群众，退到地方庄园去，
但是城市的群众留下来了，他们决定着价值和新的社会形式，因为他们
把基于距离的社会等级制度夷为平地。

　　现代科技也摧毁了天际。在无线电和飞机时代之前，天空似乎从
来没有像现在这样近，这样触手可及——它成了一个人类交流的通道，
一个人造机器里人体的通道。无所不在的无线电波和其穿透能力与神
奇的行动相匹敌，并扭转了神的干预方向。飞机入侵天国，其废气污染
了精神领域。向上仍然是成长和生活的方向，但在这个时期它失去了
许多神圣的方面。

　　正如亚瑟·洛夫乔伊警告的那样，历史学家不应试图把个人的思
想，更不用说一个时代的思想，统一为"十分相像的东西"，他们应努力
识别对立思想之间的波动，或"接受对立思想的两个方面"。我已经确
定了那些对立的思想和对比论，也重建了它们是如何在孤立、辩论，在
只有从历史的角度才能最清晰地显现出来的对立的成对集群中发生
的。为了文学的统一，也为了无视洛夫乔伊的谨慎警告，如果我要为这
种多样性的发展提出一个建议，那就是（这里科技提供了这个比喻）纵
横西方世界的电话线。它们为世界标准时间和第一次公开"广播"带来
了信号；革新了新闻报道、商业交易、犯罪侦察、农业和求爱；它使打电
话的人能够控制他们所希望控制的人的最近的将来，并侵犯家庭的和
平与隐私；电话加速了生活节奏，增加了各种生活空间的接触点；拉平

了等级森严的社会结构；促进了郊区的扩张、使得摩天大楼越来越高；它还使外交行为变得更加复杂；迫使将军离开指挥高地，退回到前线后面来通过总部的电话跟进战况；电话使得数以百万计的人的声音跨越了区域和国家边界，努力创造出同时性的广泛延伸。

注　释

导　言

1. Roger Shattuck, *The Banquet Years：The Origins of the Avant Garde in France*, *1885 to World War I* (New York, 1958; rev. 1967); Carl E. Schorske, *Fin-de-siécle Vienna：Politics and Culture* (New York, 1980); Stuart Hughes, *Consciousness and Society：The Reorientation of European Social Thought 1890－1930* (New York, 1958).

1. 时间的本质

1. Arthur O. Lovejoy, *Essays in the History of Ideas* (1948; rpt. New York, 1970), xiv, xv.

2. Sanford Fleming, "Time-Reckoning for the Twentieth Century," in *Smithsonian Report* (1886), 345－366.

3. "General von Moltke on Time Reform," in *Documents Relating to the Fixing of a Standard of Time* (Ottawa, 1891), 4.

4. Harrison J. Cowan, *Time and Its Measurements* (Cleveland, 1958), 45. 据估计,美国有 300 多个地方时间。根据查尔斯·费迪南德·多德(Charles Ferdinand Dowd)的小册子《铁路的全国时间系统》(1870),当时美国铁路有 80 个不同的时间标准。Derek Howse,

Greenwich Time and the Discovery of the Longitude (New York, 1980), 121.

5. Hugh Mill, "Time Standards of Europe," *Nature* (June 23, 1892): 175.

6. John Milne, "Civil Time," *The Geographical Journal*, 13 (January – June 1899): 179.

7. L. Houllevigue, "Le Problème de l'heure," *La Revue de Paris* (July – August 1913): 871. M. Ferrié, "La Télégraphie sans fil et le problème de l'heure," *Revue scientifique* (1913): 70 – 75; and *Conférence internationale de l'heure* (Paris, 1912).

8. Houllevigue, "Problème de l'heure," 875.

9. Charles W. Super, "Time and Space," *The Popular Science Monthly* (March 1913): 283.

10. Paul Delaporte, *Le Calendrier universel* (Paris, 1913).

11. Alexander Philip, *The Reform of the Calendar* (London, 1914), 34.

12. Johannes C. Barolin, *Der Hundertstundentag* (Vienna, 1914).

13. Henry Olerich, *A Cityless and Countryless World* (1893; rpt. New York, 1971), 173.

14. "Recording Time of Employees," *Scientific American* (August 12, 1890).

15. E. P. 汤普森在"Time, Work-Discipline, and Industrial Capitalism," *Past and Present* (February 1968)中,指出了 17 至 19 世纪清教徒规则、资产阶级正确性、西方资本主义之间关联的一些来源。

16. George M. Beard, *American Nervousness* (New York, 1881), 103.

17. Marcel Proust, *Within a Budding Grove* (1918; rpt. New York, 1970), 290.

18. 卡夫卡于 1914—1915 年完成了大部分的《审判》,但这一作品在他去世后才于 1925 年出版。引自 Theodor Ziolkowski, *Dimensions of the Modern Novel* (Princeton, 1969), 41。

19. Franz Kafka, *Tagebücher, 1910 - 1923* (Frankfurt, 1951), 552.

20. 对于每一章节奏的诠释来自 Stuart Gilbert, *James Joyce's Ulysses* (New York, 1930),30。乔伊斯本人帮助吉尔伯特解开了《尤利西斯》的关键之处,包括每个章节的"技术"或节奏结构的图表。

21. James Joyce, *Ulysses* (1922; rpt. New York, 1961), 668 - 669.

22. Ernst Mach, *The Science of Mechanics* (1883; rpt. New York, 1919), 223.

23. Hendrick Lorentz, "Michelson's Interference Experiment," in *The Principle of Relativity*, ed. A. Sommerfeld (New York, 1952).

24. Albert Einstein, *Relativity: The Special and the General Theory* (1916; rpt. New York, 1952), 26.

25. Albert Einstein and Leopold Infeld, *The Evolution of Physics* (New York, 1938), 181.

26. Franz Lukas, *Die Grundbegriffe in den Kosmogonien der alten Völker* (Leipzig, 1893), 238 - 263. 其中区分了两种基本的宇宙形式:一类以物质开始,一类以时间或空间的原则开始。在第二类中,时间在社会性上是相对的,体现为克罗诺斯这样的神,反过来,他会创造事物,产生历史。Christian Pflaum, "Prolegomena zu einer völkerpsychologischen Untersuchung des Zeitbewusstseins," *Annalen der Naturphilosophie*, I (1902),制定了研究时间的社会起源的原则,并将其与儿童的时间感相比较。同样相关的还有 Gustav Bilfinger, *Untersuchungen über die Zeitrechnung der. alten Germanen* (Stuttgart, 1899 - 1901)。

27. Emile Durkheim, *The Elementary Forms of the Religious Life* (1912; rpt. New York, 1965), 22, 32.

28. Karl Jaspers, *General Psychopathology* (1913; rpt. Chicago, 1963).

29. Jean Guyau, *La Genèse de l'idée du temps* (Paris, 1890); Pierre Janet, *L'Évolution de la mémoire et de la notion du temps* (Paris, 1928), 47.

30. Charles Blondel, *La Conscience morbide; essai de psychopathologie générale* (Paris, 1914), 214 - 225.

31. 亨利·埃利斯·沃伦于 1916 年发明了由交流电驱动的现代电子钟。Brooks Palmer, *The Romance of Time* (New Haven, 1954), 47.

32. J. Marey, "The History of Chronophotography," *Annual Report of the Board of Regents of the Smithsonian Institution* (1902), 317; J. Marey, *La Chronophotographie* (Paris, 1899).

33. Anton Bragaglia, "Futurist Photodynamism" (1911), in *Futurist Manifestos*, ed. Umbro Apollonio (New York, 1973), 38.

34. 原文为："Es bleibt dabei: die Zeitfolge ist das Gebiete des Dichters, so wie der Raum das Gebiete des Malers," Gotthold Lessing, *Lao-koon oder über die Grenzen der Malerei und Poesie* (1776), chap. 18。

35. Richard W. Murphy, *The World of Cézanne* 1839 - 1906 (New York, 1968), 58. George Heard Hamilton, "Cézanne, Bergson, and the Image of Time," *College Art Journal* (Fall 1956): 2 - 12. 将印象派试图描绘一个独立的时间点的努力与塞尚的"只有身处并通过时间才能知道的柏格森空间概念的图像化"相对比。汉密尔顿的大胆结论是塞尚"是第一位创造时间形象的现代艺术家"。

36. Edward Fry, ed., *Cubism* (London, 1966), 57, 60, 62, 66 - 67.

37. Ernst Te Peerdt, *Das Problem der Darstellung des Moments der Zeit in den Werken der malenden und zeichnenden Kunst*

(Strassburg，1899)，40.

38. Albert Gleizes，"Portrait of the Publisher Figuière"（first exhibited in 1913）；see Daniel Robbins，*Albert Gleizes 1881 - 1953* (New York，1964)，31.

39. William James，"On Some Omissions of Introspective Psychology," *Mind* (January 1884)：2，6，11，16.

40. William James，*Principles of Psychology* (New York, 1890)，I，239.

41. Henri Bergson，*An Introduction to Metaphysics* (1903；rpt. New York，1955)，23 - 26.

42. Henri Bergson，*Creative Evolution* (1907；rpt. New York, 1944)，335.

43. Georges Sorel，*Réflexions sur la violence* (Paris，1908).

44. Charles Péguy，*Oeuvres en prose de Charles Péguy*，*1909 - 1914* (Paris，1957)，1259 - 1286.

45. Wyndham Lewis，*Time and Western Man* (London，1927), 428，120.

46. 罗伯特·汉弗莱在 *Stream of Consciousness in the Modern Novel* (Berkeley，1954)中,对意识流和诸如直接内心独白等体现意识流的不同文学技巧进行了区分。

47. Edouard Dujardin，*We'll to the Woods no More* [*Les Lauriers sont coupés*]，tr. Stuart Gilbert (1888；rpt. New York，1935)，6.

48. Joyce，*Ulysses*，750.

49. Richard Ellmann，*Ulysses on the Liffey* (New York，1972)，163. Rayner Banham，*The Architecture of the Well-Tempered Environment* (London，1969)，64.

50. Ellen Glasgow，*Phases of an Inferior Planet* (New York, 1898)，4.

51. Georges Méliès, "Les Vues cinématographiques" (1907), in *Intelligence du cinématographe*, ed. Marcel L'Herbier (Paris, 1946), 186 - 187.

52. Edgar Monin, *Cinéma ou l'homme imaginaire* (Paris, 1958), 50 - 54; and Arnold Hauser, *The Social History of Art* (New York, 1958), IV, 240.

53. Hugo Münsterberg, *The Film: A Psychological Study* (1916; rpt. New York, 1970), 77.

54. Charles B. Brewer, "The Widening Field of the Motion-Picture," *Century Magazine*, 86 (1913): 75.

55. Joseph Conrad, Preface to *Nigger of the Narcissus* (London, 1897).

56. Ford Madox Ford, *Joseph Conrad: A Personal Reminiscence* (Boston, 1924), 192 - 195.

57. Virginia Woolf, *A Writer's Diary* (New York, 1954), 136, 93. 马尔科姆·布拉德伯里(Malcolm Bradbury)和詹姆斯·麦克法兰(James McFarlane)得出结论,现代小说的一个主要关注点是将叙事艺术从"单一情节的决定"中解放出来,并对"线性叙事、逻辑和渐进的秩序"提出疑问。参见他们的著作 *Modernism 1890 - 1930* (New York, 1976), 393。

58. Sigmund Freud, Letter to Wilhelm Fliess, May 25, 1897, in *The Standard Edition of the Complete Psychological Works of Sigmund Freud* (London, 1953) I, 252.

59. Freud, *Standard Edition*, XVIII, 28. Marie Bonaparte, "Time and the Unconscious," *The International Journal of Psycho-Analysis*, 21 (1940): 427 - 468,对儿童、梦、幻想、爱情、毒品诱发的状态、神秘的狂喜、精神错乱和童话故事中所观察到的无意识过程的"永恒"进行了详尽的精神分析。

60. Henri Hubert and Marcel Mauss, "Étude sommaire de la représentation du temps dans la religion et la magie," in their *Mélanges d'histoire des religions* (Paris, 1909), 201, 207, 209, 211-212.

61. 保罗·朗之万(Paul Langevin)对于这一理论如何从时间的膨胀中创造出一种矛盾的局面进行了推测。如果时间因运动而减慢,那么生物过程也会如此。如果一个人能以接近光速的速度被送入太空并在两年后返回,他就会发现地球上的时间已经过去了 200 年。参见其著作"L'Evolution de l'espace et du temps," *Revue de métaphysique et de morale*, 19 (1911): 466。

62. Samuel Alexander, *Space, Time and Deity* (London, 1890); Camile Vettard, "Proust et le temps," *Les Cahiers Marcel Proust*, I (1927): 194; Lewis, *Time and Western Man*.

2. 过 去

1. Eugène Minkowski, *Lived Time: Phenomenological and Psychopathological Studies* (Evanston, 1970), 148-168.

2. William Thompson, "On the Age of the Sun's Heat," *Macmillan's Magazine* (March 1862).

3. Archibald Geikie, "Twenty-five Years of Geological Progress in Britain," *Nature*, 51 (1895): 369.

4. Cited in Joe D. Burchfield, *Lord Kelvin and the Age of the Earth* (New York, 1975), 11. See also Francis C. Haber, "The Darwinian Revolution in the Concept of Time," in *The Study of Time*, ed. J. T. Fraser (New York, 1972).

5. J. Joly, "Radium and the Geological Age of the Earth," *Nature* (October 1, 1903): 526.

6. L. Azoulay, "L'Ère nouvelle des sons et des bruits—musées et archives phonographiques," *Revue scientifique*, 13 (1900): 712-715.

7. G. S. Lee, *The Voice of the Machines* (New York, 1906).

8. James Joyce, *Ulysses* (1922; rpt. New York, 1961), 114.

9. Hugo Münsterberg, *The Film: A Psychological Study* (New York, 1970), 77.

10. Nicolas Pevsner, *Pioneers of Modern Design* (London, 1964), 33.

11. Marcel Proust, *Pleasures and Days* (1913; rpt. New York, 1957), 286.

12. Marcel Proust, *Swann's Way* (1914; rpt. New York, 1928), 85.

13. Georg Simmel, "Die Ruine" (1911), in Kurt Wolff, *Georg Simmel: 1858 - 1918* (Columbus, Ohio, 1959), 265 - 266.

14. Henry Maudsley, *Physiology and Pathology of the Mind* (London, 1867), 182.

15. Ewald Hering, *Ueber das Gedächtnis als eine allgemeine Funktion der organisierten Materie* (Vienna, 1870).

16. Sigmund Freud and Joseph Breuer, "Studies in Hysteria," in *Standard Edition* (1895; rpt, London, 1953), II, 21 - 47.

17. Théodule Ribot, *Les Maladies de la mémoire* (Paris, 1895), 164.

18. 关于这些心理现象的儿童起源参见 Bernard Perez, *L'Enfant de trois à sept ans* (Paris, 1886), 275; Friedrich Scholz, *Die Charakterfehler des Kindes* (Leipzig, 1891), 101 - 102; and Friedrich Scholz, *Schlaf und Traum* (Leipzig, 1887), 34 - 36。关于成年人性病理的儿童起源请参见 Jean-Martin Charcot and Valentin Magnan, "Inversion du sens génital," *Archives de Neurologie*, III - IV (1882): 315; Jules Dallemagne, *Dégénérés et déséquilibrés* (Brussels, 1894), 525 - 527; Anton von Schrenck-Notzing, *The Use of Hypnosis in*

Psychopathia Sexualis (1896; rpt. New York, 1956), 1, 154 - 155;
Havelock Ellis, *Sexual Inversion* (Philadelphia, 1908), 156.

19. Freud, *Standard Edition*, XX, 33.

20. Ernst Kris, ed., *The Origins of Psycho-Analysis: Letters to Wilhelm Fliess, Drafts and Notes: 1887 - 1902* (New York, 1954), 246.

21. Freud, *Standard Edition*, VI, 274.

22. 关于记忆与直觉理论以及康德的时间理论的普遍讨论参见 Charles M. Sherover, *The Human Experience of Time: The Development of its Philosophic Meaning* (New York, 1975), 112.

23. Henri Bergson, *Matter and Memory* (1896; rpt. New York, 1959), *52*, 142.

24. Henri Bergson, *Time and Free Will* (1889; rpt. New York, 1960), 101.

25. Bergson, *Matter and Memory*, 52 - 53, 143.

26. Henri Bergson, *Creative Evolution* (1907; rpt. New York, 1944), *7*, 52.

27. Edmund Husserl, *The Phenomenology of Internal Time-Consciousness* (Bloomington, Indiana, 1964), 71.

28. Wilhelm Dilthey, *Pattern and Meaning in History* (New York, 1961), 85, 97, 67.

29. Henri Bergson, *Essai sur les données immediates de la conscience* (Paris, 1961), 73, 74,

30. Bergson, *Time and Free Will*, 11, 12.

31. Bergson, *Creative Evolution*, 219.

32. Bergson, *Time and Free Will*, 133 - 134; syntax altered slightly.

33. Marcel Proust, By *Way of Sainte-Beuve* (1954; rpt. London, 1958), 17, 18.

34. Proust, *Swann's* Way, 535, 529.

35. Marcel Proust, *Within a Budding Grove* (1918; rpt. New York, 1970), 72.

36. Ibid. , 132.

37. Ibid. , 133. 参见 Roger Shattuck, *Proust's Binoculars*: *A Study of Memory*, *Time and Recognition in À la recherche du temps perdu* (New York, 1963), 关于隐喻的功能和时间恢复的视角。

38. Marcel Proust, *The Letters of Marcel Proust* (New York, 1966).

39. 这里相关的是马丁·布伯的观察"古代的犹太人更多的是听而不是看,更多的是时间而不是空间"。In Martin Buber, ed. , Jüdische Künstler (Berlin, 1903), 7.

40. Translated as *The Use and Abuse of History* (New York, 1957), 3 - 49.

41. Friedrich Nietzsche, "Thus Spoke Zarathustra," in *The Portable Nietzsche*, ed. and tr. Walter Kaufmann (New York, 1954), 250 - 253.

42. 我对于易卜生作品中过去的功能以及这一时期中过去感的讨论在很大程度上得益于与鲁道夫·比尼恩的讨论,他分享了自己关于19 世纪与 20 世纪中过去对于现在的作用的作品中的一些想法和来源(他的作品会以《当前的过去》作为标题出版)。

43. 将挪威语中的 Gegangere 一词翻译为"Ghosts"(群鬼)相当拙劣。易卜生本人曾向马格努斯·赫希菲尔德评论说德文版的翻译 Gespenster 也不对,他们都认为法文版翻译 Les Revenants 更好地表达了原文中"那些回来的人"之意;Magnus Hirschfeld, "Literarische Selbster-kenntnis. Zu meinem 60. Geburtstag," in *Literarische Welt*, IV, no. 21 - 22 (May 25, 1928).

44. Henrik Ibsen, *Ghosts and Three Other Plays* (New York,

1962)，163.

45. 德国一位评论家作的主题即易卜生的剧作中回忆起的或突然想起的过去的破坏行为的戏剧性表现。他把易卜生"吸血鬼式的吮吸记忆"(vampirartig saugende Erinnerung)解释为 1880 年前后开始的欧洲思想大运动的一部分。当时包括斯特林堡、左拉、苏德曼和哈代在内的许多知识分子放弃了他们对于超越过去的乐观态度，陷入了一种基于生物、历史和心理学理论的宿命论悲观主义，其结论是我们注定要继承父母的疾病，重复他们的罪恶。Kurt K. T. Wais, *Henrik Ibsen und das Problem des Vergangenen im Zusammenhang der gleichzeitigen Geistesgeschichte* (Stuttgart，1931)，246 *ff*.

46. James Joyce，"The Dead," *Dubliners* (1916；rpt. New York，1961).

47. Joyce, *Ulysses*，421，189，38，45，24，583，186.

48. 关于我对瓦格纳及环形大道的讨论，请参见 Carl E. Schorske's *Fin-de-siecle Vienna*。

49. R. W. Flint，ed.，*Marinetti: Selected Writings* (New York，1971)，42，46，55－56，60－64，66－67，97.

50. Proust, *Swann's Way*，61.

51. Proust, *Letters*，226.

52. Marcel Proust, *The Past Recaptured* (1927；rpt. New York，1971)，139.

53. 在精神分析中有一个被动的部分，即自由联想的方法，它允许治疗师跟随意识的反复无常的跳跃。弗洛伊德相信，这种技术将使治疗师能够打破我们在使用逻辑和语法时所建立的防御，允许来自过去的被压抑的思绪浮现到意识中，并实现治疗性的解脱。但是，尽管有这个偶然因素，精神分析探究的基本结构是有条理、持续、不断的。在精神分析中，通往潜意识的坦途是开放的，一年到头都人满为患。

54. Henry James, *The Sense of the Past* (New York，1917)，66.

55. Stephen Toulmin and June Goodfield, *The Discovery of Time* (New York, 1965), 232. 在 *Political Philosophy and Time* (Middletown, Connecticut, 1968), *252* 中, 约翰·G. 贡内利总结说 19 世纪实现了 "对于存在的完全历史化"。唐纳德·M. 劳的 *History of Bourgeois Perception* (Chicago, 1982), 40, 找到了一种对于过去的特别的资本主义感。这在 19 世纪得到了充分发展, 当时出现了人类学、考古学、神话学等新学科, 人们对于用"新古典主义""浪漫主义""中世纪主义"和"原始主义"等新术语来确定艺术风格和主题特别感兴趣。

56. Hayden V. White, "The Burden of History," *History and Theory*, *5* (1966): 119.

57. 我的毕业论文, "Freud and the Emergence of Child Psychology: 1880–1910" (Columbia University, 1970), 研究了许多通过重建个人过去和建立其对成人行为的影响的作品, 这些作品都预示了后来弗洛伊德的出现。

58. 在 *Studies in Human Time* (Baltimore, 1956), 35 中, 乔治·普莱评估柏格森对于 20 世纪思想最重要的贡献是他在面对决定主义和历史主义时对于自由的肯定:"不在于他对记忆的概念, 也不在于他的连续哲学, 而在于他很肯定持续时间既非历史也非一个法则体系, 而是一个自由的创造。"

3. 现 在

1. Walter Lord, *A Night to Remember* (New York, 1955); Richard O'Connor, *Down to Eternity* (New York, 1956); Peter Padfield, *The Titanic and the Californian* (London, 1965); Geoffrey Marcus, *The Maiden Voyage* (New York, 1969).

2. Lawrence Beesley, *The Loss of the SS Titanic* (New York, 1912), 101.

3. U. N. Bethell, *The Transmission of Intelligence by Electricity*

(New York, 1912), 6; Smith quote cited by Wyn Craig Wade, *The Titanic: End of a Dream* (New York, 1979), 399 - 400.

4. Lord Salisbury, *The Electrician*, November 8, 1889, and cited by Asa Briggs, "The Pleasure Telephone: A Chapter in the Prehistory of the Media," in *The Social Impact of the Telephone*, ed. Ithiel Pool (Cambridge, 1977), 41.

5. G. E. C. Wedlake, *SOS: The Story of Radio-Communication* (London, 1973), 18 - 74.

6. Sylvester Baxter, "The Telephone Girl," *The Outlook* (May 26, 1906): 235.

7. Julien Brault, *Histoire du téléphone* (Paris, 1888), 90 - 95.

8. Jules Verne, "In the Year 2889," *The Forum*, 6 (1888): 664.

9. "The Telephone Newspaper," *Scientific American* (October 26, 1896); Arthur Mee, "The Pleasure Telephone," *The Strand Magazine*, 16 (1898): 34; and Asa Briggs, "The Pleasure Telephone," 41.

10. "The Telephone and Election Returns," *Electrical Review* (December 16, 1896): 298.

11. Max Nordau, *Degeneration* (1892; rpt. New York, 1968), 39.

12. Paul Claudel, "Connaissance du temps," in *Fou-Tcheou* (1904), quoted in Pär Bergman, *"Modernolatria" et "Simultaneità"*: *Recherches sur deux tendances dans l'avant-garde littéraire en Italie et en France à la veille de la première guerre mondiale* (Uppsala, Sweden, 1962), 23.

13. Lewis Jacobs, *The Rise of the American Film* (1939; rev. ed. New York, 1967).

14. Hugo Münsterberg, *The Film: A Psychological Study* (1916; rpt. New York, 1970), 14.

15. Filippo Marinetti, Bruno Carrà, Emilio Settimelli, Arnaldo

Ginna, Giacomo Balla, "The Futurist Cinema," (manifesto of September 1916), in *Marinetti: Selected Writings*, ed. R. W. Flint (New York, 1971), 207.

16. 这些诗人坚持认为,在现代世界中,所有的事物都是同时经历的,同时性是他们那个时代的显著特征,也是现代艺术引人注目的主题,但具有讽刺意味的是,他们却为优先权而进行着如此激烈的斗争。1913 年 10 月 24 日,《巴黎日报》的一篇匿名文章首先开火,声称"第一本同时性的书"是模仿巴赞诗歌的"混合剽窃"。桑德拉尔否认他对巴赞有任何亏欠,两人之间的争论持续了几个星期。巴赞的诗是平行的行列,以便人们顺序阅读。评论家们指责说,如果这样读这些诗,只会产生杂音。朱尔斯·罗曼斯的诗歌中也有先例,他在 1907 年的一篇文章中对用一种声音背诵一首表达相反激情的诗歌表示遗憾。1908 年,罗曼斯上演了一场对诗歌《教堂》("L'eglise")的朗诵,四种声音相互呼应,偶尔混合真实的同时性。这场争论在 1914 年 6 月再次爆发,当时桑德拉尔发表了《给巴赞的公开信》,声称他自己的散文《跨越西伯利亚》才是第一本同时性的书。1913 年 10 月,在巴赞指责阿波利奈尔模仿马里内蒂之后,阿波利奈尔发表了一篇文章,将巴赞的诗歌与"雅各兄弟"相提并论,再次加入论战。为了否定巴赞所谓的独创性,阿波利奈尔考察了诗歌、戏剧和艺术作品里的早期同时性作品,并且认为,正如德劳内所说,这个概念是一切现代艺术的前提。See Guillaume Apollinaire, "Simultanisme-Librettisme," *Les Soirées de Paris*, June 15, 1914, 322 - 325. 关于这一论战的细节,见 Bergman, "*Modernolatria*," 291 - 323, 362 - 369; Michel Decaudin, *La Crise des valeurs symbolistes: 20 ans de poesie française 1895 - 1914* (Toulouse, 1960), 477 - 483; Volker Neumann, *Die Zeit bei Guillaume Apollinaire* (Munich, 1972), 122 - 140。

17. Henri-Martin Barzun, *Poème et Drame*, 3 (March 1913): 54.

18. Henri-Martin Barzun, *L'Ère du drame: essai de synthèse*

poétique moderne (Paris，1912)，15 - 35.

　　19. Henri-Martin Barzun, *Voix, rythmes et chants simultanés* (Paris，1913)，25 - 46. 恩斯特·弗洛里安-帕门提尔在他的《这是我的时代》(1914，巴黎，291 - 303)中总结了这些观点。

　　20. "Le Futurisme," *Revue synthétique illustrée* (January 11，1924).

　　21. Walter Albert, ed. , *Selected Writings of Blaise Cendrars* (New York，1962)，67 - 99.

　　22. Cited by Bergman, "*Modernolatria*," 8.

　　23. Ibid. , 392.

　　24. H. H. Stuckenschmidt, *Twentieth-Century Music* (New York，1969)，72,是我关于音乐中的同时性的讨论的主要来源。

　　25. Filippo Marinetti, "Geometrical and Mechanical Splendor and the Numerical Sensibility," in Flint, *Marinetti*, 97.

　　26. Richard Ellmann, *James Joyce* (New York，1965)，310 - 313; Craig Wallace Barrow, *Montage in James Joyce's Ulysses* (Madrid，1980).

　　27. 许多学者都注意到了乔伊斯的"空间形态"。哈利·莱文注意到乔伊斯的思想不是时间性，而是空间性的："他的人物在空间中移动，但他们没有在时间中发展"；参见他的著作 *James Joyce：A Critical Introduction* (New York，1960)，134。乔伊斯的朋友、编年史作家弗兰克·布德根(Frank Budgen)指出，乔伊斯的人生观"就像一位画家在审视一幅静止的风景，而不是一位音乐家在追踪时代的发展"；*James Joyce and the Making of Ulysses* (Bloomington，Indiana，1973)，153;约瑟夫·弗兰克"Spatial Form in the Modern Novel," in *Critiques and Essays on Modern Fiction 1920 - 1951*, ed. John W. Aldridge (New York，1952)，46,约翰·奥尔德里奇(纽约，1952,46)，认为人们只能通过重读掌握乔伊斯，他还接着假设"最终人们可以对他的作品进行统一的空间理解"。埃德蒙·威尔逊把《尤利西斯》想象成"某种坚实的东西,就像一座城市,它实际上存在于空间,可以从任何方向进入——就像乔伊斯所说的那样,在创作时,可以同时从不同的部分进入"。参考他的著作 *Axel's Castle* (New York, 1950), 210。

28. 有大量的评论作品,最有帮助的属 Stuart Gilbert, *James Joyce's Ulysses* (New York, 1955) 和 A. Walton Litz, *The Art of James Joyce* (London, 1961), 62 - 74。

29. Joyce, *Ulysses*, 359 - 360, 361, 363.

30. 1913 年,德劳内写道,他那一代人的灵感来自"埃菲尔铁塔的诗意,它与整个世界、工厂、桥梁、钢铁建筑、飞艇、无数的飞机运动、同时被人群看到的窗户神秘地交流"。See Pierre Francastel, ed., *Du Cubisme à I'art abstrait* (Paris, 1957), 111 - 112.

31. Albert Einstein, "On the Electrodynamics of Moving Bodies" (1905), in *The Principle of Relativity*, ed. H. A. Lorentz (New York, 1952), 42 - 43.

32. Pär Bergman, *Modernolatria*, x.

33. Albert Heim, "Notizen über den Tod durch Absturz," *Jahrbuch des schweizerischen Alpenclubs*, 27 (Bern, 1964): 168. Victor Egger, "La Durée apparente des rêves," *Revue philosophique* (July 1895): 41 - 59; Pierre Janet, *Les Obsessions et la psychasthénie* (Paris, 1903), I, 481.

34. William James, *Principles of Psychology* (1890; rpt. New York, 1950), II, 613 - 614.

35. David Hume, *Treatise on Human Nature*, 1730 - 1740, part 2, sec. 1.

36. E. R. 克雷的作品被称为"另类"。詹姆斯没有提供更多的文献信息,我也没能找到相关文献。参见 William James, *Principles*, II, 608 - 609。

37. Josiah Royce, *The World and the Individual* (New York, 1901), 111 - 149. See also Milič Čapek, "Time and Eternity in Royce and Bergson," *Revue internationale de philosophie*, 70 - 80 (1967): 23 - 45.

38. Edmund Husserl, *The Phenomenology of Internal Time-Consciousness* (Bloomington, Indiana, 1964), 41, 43, 52, 76, 149.

39. Anton Bragaglia, "Futurist Photodynamism" (1911) and Gino Severini, "The Plastic Analogies of Dynamism" (1913), in *Futurist Manifestos*, ed. Umbro Apollonio (New York, 1973), 47, 121.

40. Guillaume Apollinaire, *The Cubist Painters* (1913; rpt. New York, 1949), 10.

41. James Joyce, *Stephen Hero* (New York, 1944), 211. 西奥多·齐奥科夫斯基(Theodore Ziolkowski)认为,现代文学中这些独特的时刻创造了一种反抗死亡的"永恒悬置"。他把里尔克的《马勒·鲁利兹·布里格的笔记本》解释为对私人时间的肯定,在私人时间里,艺术家将过去和未来重新加工成永恒的现在。See his *Dimensions of the Modern Novel: German Texts and European Contexts* (Princeton, 1969), 3 - 35, 212.

42. F. W. Dupee, ed., *Selected Writings of Gertrude Stein* (New York, 1972), 516, 342 - 343. 1908年,于果·冯·霍夫曼斯塔尔(Hugo von Hofmannsthal)认为,现代诗人的任务是在空间上和时间上实现对现在的扩展。他必须对现代无数独立的事件做出反应,他还必须创造一个丰富的现实。"时间、过去和未来的概念,将被转化为一个单一的现在。" See his "Der Dichter und diese Zeit," in *Erzählung und Aufsätze* (Frankfurt, 1957), 455 - 456, 464.

43. "William BIake" in *The Critical Writings of James Joyce*, ed. Ellsworth Mason and Richard Ellmann (New York, 1970), 222,

44. 英国的漩涡派画家们也在他们的期刊《爆炸》(*Blast*)中确认了

目前的状况,该期刊的第一期在 1914 年 6 月 20 日战争前夕发行。这本书的编辑温德姆·刘易斯(Wyndham Lewis)宣布,这些漩涡派画家"代表的是当下的现实——而不是伤感的未来,也不是神圣不可侵犯的过去"。他们艺术的中心形象——漩涡——是宇宙真实力量在此时此地的交汇点。他们把一切不存在的东西——过去或未来——看作对生命的否定。尽管他们把对过去的断然否定与未来学家的"感伤"哲学区分开来,但从长远来看,这两派是一致的。See Wyndham Lewis, "Long Live the Vortex," *Blast*, 1 (June 20, 1914).

45. Friedrich Nietzsche, "Die fröhliche Wissenschaft," in *Werke in drei Bänden* (Munich, 1966), II, 202 - 203.

4. 未 来

1. Eugène Minkowski, *Lived Time*: *Phenomenological and Psychopathological Studies* (Evanston, 1970), 6, 87 - 88. 1914 年, 沃尔特·李普曼(Walter Lippmann)认为,美国可能以两种模式迈向未来:一是继续当前的"漂移",二是努力实现一种新的主动的"掌控"模式。这两种截然不同的模式在他的标题中很突出,*Drift and Mastery*: *An Attempt to Diagnose the Current Unrest* (New York, 1914),在文中也有详细阐述。

2. Herbert N. Casson, *The History of the Telephone* (Chicago, 1910), 231.

3. 参见下一章节中对泰勒主义的讨论。

4. Cited in William L. Langer, *The Diplomacy of Imperialism* (New York, 1935), I, 78.

5. Henry Adams, *The Education of Henry Adams* (1907; rpt. New York, 1931), 382.

6. Published in *Nature*, 65 (February 6, 1902): 326 - 331.

7. E. F. Bleiler, ed., *Three Prophetic Novels of H. G. Wells*

(New York，1960)，142，41.

8. H. G. Wells，*Anticipations of the Reaction of Mechanical and Scientific Progress Upon Human Life and Thought*（1901；rpt. London，1914)，2，46，59，32，184. 关于战争的未来的另一个异常准确的预测，参见 I. S. Bloch，*The Future of War in Its Technical Economic and Political Relations*（1897；rpt. New York，1899)。

9. Kenneth M. Roemer，*The Obsolete Necessity：American Utopian Writings 1888 - 1900*（Kent，Ohio，1976)，4. 他调查了 1888 年至 1900 年出版的 160 部这样的作品，得出结论，在这一时期，乌托邦小说是美国读者阅读最广泛的文学类型之一。

10. Mark R. Hillegas，*The Future as Nightmare：H. G. Wells and the Anti-Utopians*（Carbondale，Illinois，1967).

11. F. T. Marinetti，"The Founding Manifesto of Futurism" (1909)，in *Futurist Manifestos*，ed. Umbro Apollonio（New York，1973)，19 - 24.

12. Umberto Boccioni，Carlo Carrà，Luigi Russolo，Giacomo Balla，Gino Severini，"Manifesto of the Futurist Painters" (1910)，in ibid. , 24 - 25.

13. Antonio Sant'EIia，"Manifesto of Futurist Architecture" (1914)，in ibid. , 160 - 172.

14. Marianne W, Martin，*Futurist Art and Theory 1909 - 1915* (Oxford，1968)，190.

15. Pierre Laplace，quoted in Milič Čapek，*Bergson and Modern Physics*（New York，1971)，122.

16. Emile Meyerson，*Identity and Reality*（1908；rpt. New York，1962)，215 - 231.

17. Jean Guyau，*La Genèse de I'idée de temps*（Paris，1890)，44.

18. Henri Bergson，*Creative Evolution*（1907；rpt. New York，

1944)，220.

19. Georges Sorel，*Reflections on Violence* （1906；rpt. New York，1961），124 - 125.

20. William Thomson，"On a Universal Tendency in Nature to the Dissipation of Mechanical Energy," *Philosophical Magazine*，4 （1852）：304，cited by Stephen G. Brush，"Science and Culture in the Nineteenth Century：Thermodynamics and History," *The Graduate Journal* （Spring 1967）：494. See also Jerome Buckley，"The Idea of Decadence," in *Triumph of Time* （Cambridge，1966），67.作者40年后重复了这一说法，载于"On the Dissipation of Energy," *Fortnightly Review* （1892）：313 - 321。

21. Oswald Spengler，*The Decline of the West* （1918；rpt. New York，1929），I，129，134，137，423 - 424.

22. Thomas Mann，*The Magic Mountain* （1924；rpt. New York，1966），219.

23. Ibid. ，356 - 357.

5. 速　度

1. Robert Ensor，*England 1890 - 1914* （Oxford，1936），278 - 279，505.

2. Geoffrey Marcus，*The Maiden Voyage* （New York，1969），289 - 291.

3. Lawrence Beesley，*The Loss of the SS. Titanic* （New York，1912），237.

4. Critics cited by Richard O'Connor，*Down to Eternity* （New York，1956），186 - 190.

5. Morgan Robertson，*Futility* （New York，1898），1，3，4，29.

6. Karl Lamprecht，*Deutsche Geschichte der jüngsten Vergangenheit*

und Gegenwart (Berlin, 1912), I, 171.

7. Georg Simmel, "The Metropolis and Mental Life" (1900), in *The Sociology of Georg Simmel*, ed. and tr. Kurt H. Wolff (New York, 1950), 409 – 424.

8. Joseph B. Bishop, "Social and Economic Influence of the Bicycle," *The Forum* (August 1896): 689.

9. Sylvester Baxter, "Economic and Social Influences of the Bicycle," *The Arena* (October 1892): 583.

10. Ch. Du Pasquier, "Le Plaisir d'aller à bicyclette," *Revue scientifique*, ser. 4, vol. 6 (Paris, 1896): 145.

11. Paul Adam, *La Morale des sports* (Paris, 1907), 449 – 450.

12. Maurice Leblanc, *Voici des ailes!* (Paris, 1898), 19, 65, 77, 108, 145, 147.

13. Octave Mirbeau, "*La 628 – E8*" (Paris, 1908), 6 – 7, cited in Pär Bergman, "*Modernolatria*" et "*Simultaneità*" (Uppsala, Sweden, 1962), 17.

14. Cited in William Plowden, *The Motor Car and Politics 1896 – 1970* (London, 1971), 47.

15. *The Times*, London, April 14, 1914, 6.

16. Edward W. Byrn, *The Progress of Invention in the Nineteenth Century* (New York, 1900), 56.

17. Harold I. Sharlin, "Electrical Generation and Transmission," in *Technology in Western Civilization*, ed. Melvin Kranzburg and Carroll W. Pursell Jr. (New York, 1967), I, 583.

18. John Brooks, *Telephone: The First Hundred Years* (New York, 1975), 115. 在短篇小说《在 2889 年》中，儒勒·凡尔纳设想了一种电子计算机，一种"钢琴式电子计算者"。*The Forum*, 6 (1888): 676. Georg Simmel, in "Die Bedeutung des Geldes für das Tempo des

Lebens," *Neue Deutsche Rundschau*, 8 (1897): 111 - 122, 讨论了纸币的产生如何加快了交易的速度和生活的节奏。William Crookes, "Some Possibilities of Electricity," *The Fortnightly Review*, 5 (1892): 179.

19. William Crookes, "Some Possibilities of Electricity." *The Fortnightly Review*, 5 (1892): 179.

20. Ernest Solvay, "Rôle de l'électricité dans les phénomènes de la vie," Revue scientifique, 52 (1893): 769 - 778.

21. John B. Huber, "Arrhenius and His Electrified Children," *Scientific American* (April 13, 1912): 334.

22. *New York Times*, August 7, 1890, 1 - 2.

23. Robert Lincoln O'Brien, "Machinery and English Style," *Atlantic Monthly* (October 1904): 464 - 472.

24. Samuel Haber, *Efficiency and Uplift: Scientific Management in the Progressive Era 1890 - 1920* (Chicago, 1964).

25. Frederick W. Taylor, *The Principles of Scientific Management* (New York, 1911), 94.

26. Frederick W. Taylor, "A Piece-Rate System, Being a Step Toward a Partial Solution of the Labor Problem," read at American Society of Mechanical Engineers in 1895. 对竞争活动的早期研究见 Norman Triplett, "The Dynamogenic Factors in Pacemaking and Competition," *The American Journal of Psychology* (July 1898)。他得出的结论是，另一名参赛者在自行车比赛中的存在使速度平均每英里增加 5.15 秒。

27. Frederick W. Taylor, "Shop Management," reprinted in his *Scientific Management*: (New York, 1947), 150 - 154.

28. Frank B. Gilbreth and Lillian M. Gilbreth, *Fatigue Study* (New York, 1916), 121.

29. Frank B. Gilbreth, "Motion Study in the Household," *Scientific*

American (April 13，1912)：328.

30. Frank B. Gilbreth，Jr.，and Ernestine Gilbreth Carey，*Cheaper by the Dozen* (New York，1948)，3.

31. F. Gilbreth and L. Gilbreth，*Fatigue Study*，159.

32. 斯坦迪什·D. 劳德(Standish D. Lawder) 在《立体主义电影》[*The Cubist Cinema* (New York，1975)，21－25.]中记录了电影对于立体主义的影响以及他们随后的工作。

33. Cited by Katherine Kuh，*Break-Up* (New York，1966)，48.

34. 一篇名为《万物都由颤簸推动吗?》的大胆推测的文章暗示宇宙中所有的进程可能都是由一系列极小的颤簸而非连续产生的。"既有物质的'原子'，也有能量的'原子'，可能还有'时间的原子'，它们使一切都不稳定，而不是表面上看起来那样是平滑的。"因此，自然可能是"一个巨大的电影摄像机"。参见 *The Literary Digest* (April 13，1912)。

35. Rudolf Arnheim，*Film as Art* (New York，1933)，165－166.

36. E. A. Baughan，"The Art of Moving Pictures，" *The Fortnightly Review*，12 (1919)：450－454.

37. Horace M. Kallen，"The Dramatic Picture Versus the Pictorial Drama：A Study of the Influences of the Cinematograph on the Stage，" *The Harvard Monthly* (March 1910)：28.

38. Jules Guiart，"La Vie révélée par le cinématographe，" *Revue scientifique* (1914)：749. See also Charles B. Brewer，"The Widening Field of the Moving Picture，" *The Century Magazine*，86 (1913)：72.

39. Hugo Münsterberg，*The Film：A Psychological Study* (New York，1970)，10.

40. Erwin Panofsky，"Style and Medium in the Motion Pictures，" *Critique* (January－February 1947)；reprinted in *Film：An Anthology*，ed. Daniel Talbot (Berkeley，1969)，16.

41. Frank Norris, *McTeague* (1899; rpt. New York, 1964), 85.

42. Fernand Léger, "The Origins of Painting and Its Representational Value" (1913), in *Cubism*, ed. Edward F. Fry (New York, 1966), 121.

43. Fernand Léger, "Contemporary Achievements in Painting," in *Functions of Painting*, ed. Edward F. Fry (New York, 1973), 11.

44. Luigi Pirandello, *Shoot: The Notebooks of Serafino Gubbio, Cinematograph Operator* (1916; rpt. New York, 1926), 4, 10, 86.

45. Filippo Marinetti, "The Founding Manifesto of Futurism," *Le Figaro*, February 20, 1909, in *Marinetti: Selected Writings*, ed. R. W. Flint (New York, 1971), 41.

46. Filippo Marinetti, "The New Religion-Morality of Speed," *L'Italia Futurista*, May 11, 1916; in Flint, *Marinetti*, 94 – 95.

47. Umberto Boccioni, Carlo Carrà, Luigi Russolo, Giacomo Balla, Gino Severini, "Futurist Painting: Technical Manifesto" (1910), in *Futurist Manifestos*, ed. Umbro Apollonio (New York, 1973), 27 – 30.

48. Umberto Boccioni, "Absolute Motion ＋ Relative Motion ＝ Dynamism," in ibid., 150 – 154.

49. 玛丽安·W. 马丁（Marianne W. Martin）引用了马里内蒂 1915 年出版的《战争，世界上唯一的卫生》这本书中的这段话，并与博乔尼建立了联系，见 *Futurist Art Theory 1909 – 1915* (Oxford, 1968)，172。

50. 在对科技和文化的总体研究中，维尔纳·桑巴特（Werner Sombart）将两步曲与机器的节奏联系起来；将音乐"紧张而匆忙"的节奏与城市生活联系起来；将城市"僵硬、冰冷、无爱"的特点与他那个时代的"急促与喧闹"联系起来。参见"Technik und Kultur," *Archiv für Sozialwissenschaft und Sozialpolitik*, 23 (1911): 342 – 347。

51. 也有人研究我们的节奏感的起源及其在工作中的应用。1894

年的一篇先锋文章确定了几个可能的来源：地球自转和轨道运行的宇宙节奏；妊娠、月经、脉搏、呼吸和睡眠的生活节奏；还有走路的节奏或马蹄声。参见 Thaddeus Bolton, "Rhythm," *The American Journal of Psychology*, 6 (1894)：145 - 238。也参见 Margaret Kiever Smith, "Rhythmus und Arbeit," *Philosophische Studien*, 16 (1900)：71 - 133。

52. William J. Schafer and Johannes Riedl, *The Art of Ragtime* (Baton Rouge, 1973), 9, 10, 58 - 59；Rudi Blesh and Harriet Janes, *They All Played Ragtime* (London, 1958), 3 - 23.

53. Hiram Kelly Moderwell, "Ragtime," *New Republic* (October 16, 1915)：286, cited by Edward A. Berlin, *Ragtime：A Musical and Cultural History* (Berkeley, 1980), 51；Walter Lippmann, *Drift and Mastery：An Attempt to Diagnose the Current Unrest* (New York, 1914), 211.

54. William Morrison Patterson, *The Rhythm of Prose* (New York, 1916), 50 - 51；R. W. S. Mendl, *The Appeal of Jazz* (London, 1927), 46；William W. Austin, *Music in the 20th Century* (New York, 1966).

55. Igor Stravinsky, *An Autobiography* (New York, 1936), 47.

56. George M. Beard, *American Nervousness：Its Causes and Consequences* (New York, 1881), 116.

57. Sir James Crichton-Browne, "La Vieillesse," *Revue scientifique*, 49, (1892)：168 - 178.

58. Max Nordau, *Degeneration* (New York, 1968), 37 - 42.

59. John H. Girdner, *Newyorkitis* (New York, 1901), 119.

60. Gabriel Hanotaux, *L'Energie française* (Paris, 1902), 355.

61. Willy Hellpach, *Neruosität und Kultur* (Berlin, 1902), 12.

62. 关于这个时代的**精神紧张**(*psychische Spannung*)在医学和想象文学中的表现的调查参见 Andreas Steiner, *Das nervöse Zeitalter：*

der Begriff der Nervosität bei Laien und Arzten in Deutschland und Österreich um 1900 (Zurich, 1964)。

63. Henry Adams, The Education, 499.

64. William Dean Howells, Through the Eye of the Needle (New York, 1907), 10 - 11.

65. 1913 年在美国总共发生了 4 200 起交通事故引起的死亡。United States Bureau of the Census, Historical Statistics of the United States Colonial Times to 1970 (Washington, D. C., 1975), 720.

66. Robert Musil, The Man Without Qualities (1930; rpt. New York, 1966), 6, 7, 30.

67. Stefan Zweig, The World of Yesterday (Lincoln, Nebraska, 1964), 25 - 26.

68. Charles Féré, "Civilisation et névropathie," Revue philosophique, 41 (1896): 400 - 413.

69. Octave Uzanne, La Locomotive à travers le temps, les moeurs et l'espace (Paris, 1912), vi - vii, 244 - 247, 304. 在 1885 年左拉发表《人类的野兽》之后,埃米尔·玛格尼(Émile Magne)做了一些调查,肯定了机器的新美学。"Le Machinisme dans la littérature contemporaine," Mercure de France, LXXXIII (January 16, 1910): 202 - 217.

6. 空间的本质

1. Albert Einstein, "Autobiographical Notes," in Albert Einstein: Philosopher-Scientist, ed. Paul Arthur Schilpp (Evanston, 1949), 9 - 11.

2. Max Jammer, Concepts of Space: The History of Theories of Space in Physics (Cambridge, Massachusetts, 1969), 144 - 146; A. d'Abro, The Evolution of Scientific Thought from Newton to Einstein (New York, 1927), 35 - 48.

3. Lawrence Beesley, The Loss of the SS. Titanic (New York,

1912），105。

4. Henri Poincaré, *Science and Hypothesis* （1901；rpt. New York，1952），50 - 58. 同时参见他的文章，"On the Foundations of Geometry," *The Monist*, 9 (1898)：42。

5. Ernst Mach, *Space and Geometry in Light of Physiological, Psychological, and Physical Inquiry* (1901；rpt. Chicago，1906)，9，94.

6. V. I. Lenin, *Materialism and Empirio-Criticism*：*Critical Comments on a Reactionary Philosophy* (1908；rpt. New York，1927)，176 - 189.

7. "Lenin and the Partyness of Philosophy," in David Joravsky, *Soviet Marxism and Natural Science 1917 - 1932* (London，1961)，24 - 44.

8. Cited by Lenin, *Materialism*, 189.

9. Albert Einstein, *Relativity* (New York，1961)，9.

10. Ibid. , 139.

11. E. de Cyon, "Les Bases naturelles de la géométrie d'Euclide," *Revue philosophique*, 52 (July - December 1901)：1 - 30.

12. Louis Couturat, "Sur les bases naturelles de la géométrie d'Euclide" in ibid. , 540 - 542.

13. E. von Cyon, *Das Ohrlabyrinth als Organ der mathematischen Sinne für Raum und Zeit* (Berlin，1908)，chap. 7.

14. Jacob von Uexküll, *Umwelt und Innenwelt der Tiere* (Berlin，1909)，195. 他在以下著作中发展了这一理论：*Bausteine zu einer biologischen Weltanschauung* (Munich，1913)。

15. 其他被讨论到的类别包括原因、阶级、物质、数量、力量。对于这些讨论的分析在这本书中：Steven Lukes, *Émile Durkheim*：*His Life and Work* (New York，1973)，436 - 445。

16. Émile Durkheim and Marcel Mauss, *Primitive Classification* (New York, 1970), 43 - 44, 82, 86.

17. Émile Durkheim, *The Elementary Forms of the Religious Life* (New York, 1965), 22, 32, 489 - 492.

18. 在《意识与社会:1890—1930 年欧洲社会思想的重建》(纽约,1958)一书中,H. 斯图亚特·休斯(H. Stuart Hughes)把这一代人解释为发现了"社会思想的主观特征,人与社会研究中意识的必要中介"。休斯认为,涂尔干是"发现自己在外部数据和最终智力产物之间插入了一个反思自己对这些数据认识的中间阶段"的人之一;见第 16、17 页。讨论不同社会的宗教实践中左手和右手空间的两极分化参见 Robert Hertz, "La Prééminence de la main droite: étude sur la polarité religieuse," *Revue philosophique* (December 1909): 553 - 580。马克思主义历史学家亨利·列斐伏尔(Henri Lefebvre)分析了社会"空间的生产"(特别是独特的资本主义和社会主义形式),他发现了 1910 年左右旧的统一空间的崩溃,当时"作为指示物的欧几里得空间和透视空间与其他常见的地方(城市、历史、父权、音乐的调性系统、道德传统等)一起消失了"。参见 *La Production de l'espace* (Paris, 1974), 34 *ff*。

19. Oswald Spengler, *The Decline of the West* (New York, 1926), I, 174 - 178; 188 - 190; H. Stuart Hughes, *Oswald Spengler* (New York, 1952), 78 - 79.

20. Spengler, *Decline*, 337.

21. 对于视角的引入的文化影响的开拓性研究见 Erwin Panofsky's "Die Perspektive als 'symbolische Form'," *Vorträge der Bibliothek Warburg* (1924 - 1925)。

22. Samuel Y. Edgerton Jr., *The Renaissance Rediscovery of Linear Perspective* (New York, 1975), 30 - 40.

23. L. Keith Cohen, "The Novel and the Movies: Dynamics of Artistic Exchange in the Early Twentieth Century" (Ph. D diss.,

Princeton University, 1974), 49 - 50.

24. 对于塞尚在科学视角的崩溃中所起作用的综合讨论参见 Fritz Novotny, *Cézanne und das Ende der wissenschaftlichen Perspektive* (1938; rpt. Vienna, 1970), 184。

25. John Rewald, ed. , *Paul Cézanne Letters* (Oxford, 1946), 262.

26. Maurice Merleau-Ponty, *Sense and Non-Sense* (1948; rpt. Evanston, 1964), 14.

27. Georges Matoré, *L'Espace humain: l'expression de l'espace dans la vie, la pensée et l'art contemporains* (Paris, 1962), 236 - 242; Standish Lawder, *The Cubist Cinema* (New York, 1975), 12.

28. Charles B. Brewer, "The Widening Field of the Moving-Picture," *The Century Magazine*, 86 (1913): 73 - 74.

29. Roger Allard, "At the Paris Salon d'Automne" (1910), in *Cubism*, ed. Edward Fry (New York, 1966), 62.

30. Jean Metzinger, "Cubism and Tradition" (1911), in ibid. , 66.

31. Guillaume Apollinaire, *Cubist Painters* (1913; rpt. New York, 1944), 13.

32. E. Jouffret, *Traité élémentaire de géometrie à quatre dimensions* (Paris, 1903), 153. 这种联系是琳达·达尔林普尔·亨德森（Linda Dalrymple Henderson)在一篇关于物理和几何对立体主义艺术家可能产生的影响的文章中提出的，见《立体主义的一个新方面："四维"和"非欧氏几何的再解释"》，载《艺术季刊》(1971 年冬):411 - 433。她驳斥了由保罗·M. 拉波特和其他人提出的立体主义与科学之间的轻率联系，还表明尽管立体派艺术家不可能知道爱因斯坦的相对论或明科夫斯基的时空理论，他们仍可能已经从他们的朋友保险精算师莫里斯·普林斯特(Maurice Princet)那里了解了第四维度和非欧几里得的几何学。尽管毕加索否认曾与普林斯特讨论过四维空间,但她推测,他或其他立体派画家可能间接地从普林斯特那里得到了关于四维空间的暗示。

33. Judith Wechsler, ed. , *Cézanne in Perspective* (Englewood Cliffs, New Jersey, 1975), 7.

34. Albert Gleizes and Jean Metzinger, "Cubism," in *Modern Artists on Art*, ed. Robert L. Herbert (New York, 1964), 7 - 8.

35. Pablo Picasso, "Statements to Marius de Zayas" (1923), in Fry, *Cubism*, 168.

36. Novotony, *Cézanne*, 141 - 143, 188.

37. Siegfried Giedion, *Space, Time, and Architecture* 5th ed. (1941; rpt. Cambridge, Mass. , 1967), 435.

38. Pierre Francastel, *Peinture et société : naissance et destruction d'un espace plastique de la Renaissance au cubisme* (Lyon, 1951), 247.

39. Max Kozloff, *Cubism/Futurism* (New York, 1973), 70.

40. Wylie Sypher, *Rococo to Cubism in Art and Literature* (New York, 1960), 263 - 277.

41. Marcel Proust, *Swann's Way* (1914; rpt. New York, 1928), 258 - 261. 关于马丁维尔的尖塔的立体主义本质,参见 Matoré, *L'Espace humain*, 206。关于普鲁斯特和爱因斯坦的多视角,参见 Camille Vettard, "Proust et Einstein," *La Nouvelle revue française* (August 1922): 246 - 252。

42. Cited in Georges Poulet, *Studies in Human Time* (Baltimore, 1956), 319.

43. Proust, *Swann's Way*, 611.

44. Joyce, *Ulysses*, 698 - 699, 736.

45. Edmund Wilson, *Axel's Castle* (New York, 1931), 221. R.

M. 凯恩在谈到《尤利西斯》时说:"在立体主义的对比平面和视角安排中,它成了现代的完美艺术形式。"参见 *Fabulous Voyager* (New York, 1959), 240。对于乔伊斯的多重视角的另一个方面及其与电影的可能联系见 Paul Deane, "Motion Picture Technique in James Joyce's 'The Dead,'" *James Joyce Quarterly* (Spring 1969): 231 - 236。

46. Friedrich Nietzsche, *Thus Spoke Zarathustra* (New York, 1954), 237.

47. Friedrich Nietzsche, *On the Genealogy of Morals* (New York, 1967), 119.

48. José Ortega y Gasset, "Adám en el Paraíso," in his *Obras Completas* (1910; rpt. Madrid, 1946), I, 471. See Julian Marías, *José Ortegay Gasset*, n. p. (1970), 325 - 378.

49. José Ortega y Gasset, *Meditations on Quixote* (1914; rpt. New York, 1963), 44.

50. José Ortega y Gasset, "Verdad y perspectiva," *El Espectador*, 1 (1916), 10ff.

51. José Ortega y Gasset, *The Modern Theme* (New York, 1961), 143.

52. Gasset, "Verdad y perspectiva," 116.

53. José Ortega y Gasset, "Doctrine of Point of View,"*The Modern Theme*, 94.

54. J. J. Thomson, "Cathode Rays" (1897), in *The World of the Atom*, ed, Henry A. Boorse and Lloyd Motz (New York, 1966), 426.

55. Jean Perrin, *Les Atomes* (Paris, 1914), 226.

56. William Clifford, "On the Space-Theory of Matter" (1876), cited by Max Jammer, *Concepts of Space: The History of Theories of Space in Physics* (Cambridge, Mass. , 1954), 161.

57. Hiram M. Stanley, "Space and Science," *The Philosophical*

Review (November 1898)：616－617.

58. Richard Herr, *Wireless Telegraphy Popularly Explained* (London, 1898), 17.

59. Harriet Prescott Spofford, "The Ray of Displacement," *The Metropolitan Magazine* (October 1903).

60. Albert Einstein, *Relativity*, 150; "The Problem of Space, Ether, and the Field in Physics," in *Ideas and Opinions* (1934; rpt. New York, 1976), 274.

61. Bruno Zevi, *Architecture as Space* (New York, 1957).

62. 关于照明和通风的历史的研究,转引自 Reyner Banham, *The Architecture of the Well-Tempered Environment* (Chicago, 1969), 55 及全书各处。

63. Peter Collins, *Concrete：The Vision of a New Architecture* (London, 1959); Giedion, *Space, Time, and Architecture*, 326－330.

64. Banham, *Well-Tempered Environment*, 81－2, 171－78.

65. Siegfried Giedion, *Mechanization Takes Command* (1948; rpt. New York, 1969), 301, 390.

66. Charles Voysey, "The Aims and Conditions of the Modern Decorator" (1895), cited by David Gebhard, *Charles F. A. Voysey Architect* (Los Angeles, 1975), 52.

67. Friedrich Naumann, "Die Kunst im Zeitalter der Maschine" (1904), cited by Nicolas Pevsner, *Pioneers of Modern Design* (London, 1964), 35.

68. Adolf Loos, "Ornament und Verbrechen" (1908), cited by Reyner Banham, *Theory and Design in the First Machine Age* (New York, 1960), 93－94. 洛斯的朋友卡尔·克劳斯(Karl Kraus)为了以同样的方式简化语言、政治和社会而奋斗。在第一期的《火把》(1899 年 4 月)期刊中,克劳斯宣布,他的计划将是"巨大语料的排水系统"。在穆西

尔《缺乏素质的人》中，乌利奇发现自己在维也纳社会复杂的习俗和传统中感到窒息。他系统地从人际关系中抽身，并试图摆脱华丽的社会赋予他的所有"品质"。

69. Hendrick P. Berlage, *Gedanken über Stil in der Baukunst* (Leipzig, 1905); *Grundlagen und Entwicklung der Architektur* (Berlin, 1908), 46, 68, 115.

70. Frank Lloyd Wright, "A Testament" and "An Autobiography" in Edgar Kaufmann and Ben Raeburn, *Frank Lloyd Wright: Writings and Buildings* (New York, 1960), 314, 76, 313.

71. Theodor Lipps, *Grundlegung der Aesthetik* (Hamburg, 1903), chap. 3, "Raumaesthetik."

72. Geoffrey Scott, *The Architecture of Humanism* (1914, rpt, London, 1924), 226 - 228.

73. 对他们作品的讨论参见 George R. Collins and Christiane Crasemann Collins, *Camillo Sitte and the Birth of Modern City Planning* (New York, 1965), 17 - 18。

74. Camillo Sitte, *Der Städtebau nach seinen künstlerischen Grundsätzen* (1889; rpt. Vienna, 1909), chap. 2.

75. Adolphe Appia, *Die Musik und die Inscenierung* (n. p., 1899); Lee Simonson, "The Ideas of Adolphe Appia," in Eric Bentley, *The Theory of the Modern Stage* (New York, 1968).

76. Gordon Craig, *The Art of the Theatre* (1911); Joachim Hintze, *Das Raumproblem im modernen deutschen Drama und Theater* (Marburg, 1969), 94 *ff*.

77. George L. Mosse, *The Nationalization of the Masses: Political Symbolism and Mass Movements in Germany from the Napoleonic Wars Through the Third Reich* (New York, 1975), 62 - 66.

78. 在 1908 年出版的一本社会学教科书中，格奥尔格·西梅尔指出了空白空间的特定社会功能(*leerer Raum*)。它可以作为竞争对手之间的中立地带,也可以作为一个聚会场所或共同基础。它可以是一个进行贸易的地方,也可以是战争中的个人或团体在和平条件下进行停战谈判的地方。虽然西梅尔的例子来自历史记录,但他对空白空间的社会功能理论的阐述是这一时期所特有的。参见其著作 *Soziologie* (Leipzig, 1908), 703–708。

79. Boccioni, "Technical Manifesto of Futurist Sculpture" (1912), in *Futurist Manifestos*, ed. Apollonio, 61–65.

80. Alexander Archipenko, *Archipenko: Fifty Creative Years 1908–1958*(New York, 1960), 51–56.

81. 对于此例,我很感谢肖恩·西斯格林(Sean Shesgreen)。

82. 费尔南多·莱格注意到:"从印象派画家解放绘画的那一天起,现代绘画就立即着手在对比的基础上建立自己的结构。画家不是屈从于一个主题,而是插入一个主题,用主题服务纯粹。" "Contemporary Achievements in Painting," in *Functions of Painting*, ed. Edward Fry (New York, 1973), 14.

83. 皮埃尔·弗兰克卡斯特尔对这一贡献进行了评估:"塞尚引入了'主题'的现实概念,也就是说物体之间的间隔构成的空洞的积极特征。与他一起出现的是象征形象各个部分的统一。"参见其著作 *Art et technique* (Paris, 1956), 222。

84. Carl E. Schorske, *Fin-de-siècle Vienna* (New York, 1980), 269.

85. Dora Vallier, "Braque, la peinture et nous: Propos de l'artiste recueillis," *Cahiers d'art*, 29 (October 1954): 15–16.

86. 约翰·戈尔丁总结道,"艺术史上第一次,空间被呈现得如此真实和有形,有人可能会说如空间所围绕的物体一样'形象化'(这里必须区分印象派绘画描绘的氛围和空白、明确的空间,例如在立体主义之前只有塞尚的作品对其有所表现)",参见其著作 *Cubism: A History*

and an Analysis, 1907 - 1914 (London，*1959*)，185。

87. 在艺术和摄影发展的背景下对这首诗和威廉姆斯其他的早期诗歌的讨论，参见 Bram Dijkstra，*Cubism*，*Stieglitz*，*and the Early Poetry of William Carlos Williams*：*The Hieroglyphics of a New Speech* (Princeton，1969)，66 *ff*。

88. Meyer Shapiro，*Cézanne* (New York，n. d.)，125.

89. Boccioni et al. "Futurist Painting" in *Futurist Manifestos*, ed. Apollonio，27.

90. 1912 年在巴黎举行的第一次未来派展览的伯恩海姆-琼恩目录前言，见 Marianne W. Martin，*Futurist Art Theory 1909 - 1915* (Oxford，1968)，111。

91. 我将在第 8 章讨论地缘政治学的发展。

92. Frederick Jackson Turner，"Significance of the Frontier in American History," meeting of the American Historical Association in Chicago，July 12，1893；published in Frederick Jackson Turner，*The Frontier in American History* (New York，1920)，30.

93. Frederick Jackson Turner，"Contributions of the West to American Democracy," in ibid.，259.

94. Roderick Nash，"The American Invention of National Parks," *American Quarterly* (Fall 1970)：726 - 735.

95. Susanne Howe，*Novels of Empire* (New York，1949)，85.

96. Leonidas Andreiyeff，*Silence*，(Philadelphia，1910)，16，29，32.

97. Maurice Maeterlinck，"Silence." in his *The Inner Beauty* (London，1911)，36，47.

98. Marcel Proust，*The Guermantes Way* (1920；rpt. New York，1970)，85.

99. Suzanne Bérnard，"Le 'Coup de dés' de Mallarmé replacé dans

la perspective historique," *Revue d'histoire littéraire de la France* (April‐June 1951): 183.

100. Aimé Patri, "Mallarmé et la musique du silence," *La Revue musicale* (January 1952): 101‐111;关于他对于使用空白创作、用沉默连接所做贡献的历史解释,参见 Camille Mauclair, *L'Art en silence* (Paris, 1901) and Jean Voellmy, *Aspects du silence dans la poésie moderne* (Zurich, 1952), 24‐32 及全书各处。

101. Stéphane Mallarmé, "La Musique et les lettres," *Oeuvres complètes* (Paris, 1945), 635‐657.

102. Stéphane Mallarmé, "Sur Poe," *Oeuvres complètes* (Paris, 1954), 872.

103. Stéphane Mallarmé, "Mystery in Literature" (1895), in *Mallarmé: Selected Prose Poems, Essays, and Letters*, ed. Bradford Cook (Baltimore, 1956), 33.

104. Stéphane Mallarmé, "Un Coup de dés," *Cosmopolis* (May 1897): 419‐427.

105. 马拉美所作的带有页边空白的原始校样收藏于哈佛大学霍顿图书馆。

106. Paul Valéry, "Le Coup de dés," *Variété II* (Paris, 1929), 173.

107. Archipenko, *Fifty dés Creative Years*, 58.

108. Roger Shattuck, "Making Time: A Study of Stravinsky, Proust, and Sartre," *The Kenyon Review* (Spring 1963): 258.

109. Otto Deri, *Exploring Twentieth-Century Music* (New York, 1968), 358‐359. 勒内·利博维茨在讣告《安东·冯·韦伯恩的沉默》中写道:"如果说沉默围绕着韦伯恩,那么它也是音乐的一部分。"*Labyrinthe*(November 1945): 14.

110. Edgar Rubin, *Synsoplevede Figur* (Copenhagen, 1915). 第

一版德语译本为 *Visuell wahrgenommene Figur*（Berlin，1920）。

111. William James，*The Principles of Psychology*（New York，1950），I，240.

112. William James，*The Letters of William James*（Boston，1926），II，277 - 278.

113. Horace Meyer Kallen，*William James and Henri Bergson*：*A Study in Contrasting Theories of Life*（Chicago，1914），11，30，105.

114. J. Hillis Miller，*The Disappearance of God*：*Five Nineteenth-Century Writers*（Cambridge，Mass.，1963）；"Thou art indeed just，Lord，" in W. H. Gardner，ed.，*Poems and Prose of Gerard Manley Hopkins*（New York，1979），67.

115. Friedrich Nietzsche，*The Gay Science*（1882；rpt. New York，1974），181.

116. Nietzsche，*Genealogy of Morals*，163.

7. 形 式

1. Walter E. Houghton，*The Victorian Frame of Mind 1830 - 1870*（New Haven，1957），10 - 15，162.

2. Samuel Smiles，*Thrift*（London，1876），70.

3. Hugo von Hofmannsthal，"Der Dichter und diese Zeit，" in his *Erzählungen und Aufsätze*（1905；rpt. Frankfurt，1957），445. 卡尔·E. 索尔斯克将该文译于"Politics and Psyche in *fin de siècle* Vienna：Schnitzler and Hofmannsthal，" *The American Historical Review*（July 1961）：930 - 946。

4. Mabel Dodge，*Camera Work*（June 1913）：7. Cited in Bram Dijkstra，*Cubism，Stieglitz，and the Early Poetry of William Carlos Williams*（Princeton，1969），25.

5. Robert Musil, *The Man Without Qualities* (New York, 1965), I, 62.

6. Georg Simmel, "The Conflict in Modern Culture," in *Georg Simmel: The Conflict in Modern Culture and Other Essays*, ed. and tr. K. Peter Etzkorn (New York, 1968), 11 – 25. Walter Lippmann, *Drift and Mastery* (New York, 1914), xvii.

7. José Ortega y Gasset, "Signs of the Times," in *The Modern Theme* (1921 – 1922; rpt. New York, 1961), 79. 奥尔特加是在战后写这本书的,但他在书中记录了战前时期的一些例子。W. B. Yeats, "Introduction," *The Oxford Book of Modern Verse* (New York, 1936), xxviii, cited by Edward Engelberg, "Space, Time, and History: Towards the Discrimination of Modernisms," *Modernist Studies: Literature + Culture, 1920 - 1940*, I, 1 (1975): 21.

8. Virginia Woolf, "Mr. Bennett and Mrs. Brown" (1924), in *The Captain's Death Bed and Other Essays* (New York, 1956), 96, 115 – 117.

9. Henri Bergson, *Matter and Memory* (1596; rpt. New York, 1959), 192, 196 – 197.

10. "The Disappearing Line Between Matter and Electricity," *Current Literature*, 41 (1906): 98 – 99. S. L. Bigelow, "Are the Elements Transmutable, the Atoms Divisible, and Forms of Matter but Modes of Motion?" *The Popular Science Monthly* (July 1906): 38 – 51.

11. H. G. Wells, *Tono-Bungay* (1909; rpt. New York, 1961), 299.

12. Albert Einstein, "On the Electrodynamics of Moving Bodies" in *The Principle of Relativity*, ed. H. A. Lorentz (New York, 1952), 48.

13. Albert Einstein, *Relativity* (New York, 1961), 99. 杰拉尔德·霍尔顿(Gerald Holton)的结论是 19 世纪中期之前统治世界的"等级有序、和谐安排的宇宙,呈现出清晰的线条",让位于无限的"不安的"宇宙,在这个宇宙中,"早期曼荼罗的清晰线条被未描绘的、模糊的涂片所取代"。参见其著作 *Thematic Origins of Scientific Thought: Kepler to Einstein* (Cambridge, Mass. , 1973), 35 - 36。

14. Edward Byrn, *The Progress of Invention in the Nineteenth Century* (New York, 1900), 319.

15. Umberto Boccioni, "Futurist Painting: Technical Manifesto," in *Futurist Manifestos*, ed. Umbro Apollonio (New York, 1973), 28.

16. Thomas Mann, *The Magic Mountain* (1924; rpt. New York, 1966), 218 - 219.

17. 关于对埃菲尔铁塔的富有想象力的符号学解读,参见 Roland Barthes, *La Tour Eiffel* (Paris, 1964)。

18. Paul Scheerbart, *Glasarchitektur* (1914; rpt. New York, 1972). See Rosemarie Haag Bletter, "Paul Scheerbart's Architectural Fantasies," *Journal of the Society of Architectural History* (May 1975): 83 - 97.

19. Morgan Brooks, "The Relation of Lighting to Architectural Interiors," *Scientific American Supplement*, 83 (June 2, 1917): 367.

20. Reyner Banham, *Architecture of the Well-Tempered Environment* (London, 1969), 70.

21. Frank Lloyd Wright, "An Autobiography," in *Frank Lloyd Wright: Writings and Buildings*, ed. Edgar Kaufmann and Ben Raeburn (New York, 1960), 82.

22. Julien Brault, *Histoire du téléphone et exploitation des téléphone en France et à l'étranger* (Paris, 1888), 86 - 87.

23. *New York Times*, August 23, 1902. See Alan F. Westin,

Privacy and American Law (New York, 1970), 338.

24. G. S. Lee, *The Voice of the Machines* (New York, 1906), 53, 56.

25. Arnold Bennett, "Your United States," *Harper's Monthly Magazine* (July 1912): 191.

26. Harriet Prescott Spofford, *The Elder's People* (Boston, 1920), 57 - 76.

27. "The Telephone Newspaper," *Scientific American* (October 26, 1895): 267; Robert Morton, "Curbing the Wireless Meddler," *Scientific American* (March 23, 1912): 226.

28. Charles Mulford Robinson, *The Improvement of Towns and Cities*, 4th rev. ed. (1901; rpt. New York, 1913), 63 - 79. See also Lawrence Baron, "Noise and Degeneration: Theodor Lessing's Crusade for Quiet," *Journal of Contemporary History* (January 1982): 165 - 187, 莱辛关于噪声污染的论述出版于 1901 年—1902 年；1906 年，朱莉娅·巴内特-赖斯夫人(Mrs. Julia Barnett-Rice)在纽约创办了抑制非必要噪声协会，莱辛于 1908 年在德国创立了对应的协会。

29. E. L. Godkin, "The Rights of the Citizen—to His Own Reputation," *Scribner's Magazine* (July 1890): 58 - 67. 关于这部法律的历史参见 Westin, *Privacy and American Law*, 338 - 349, P. Allan Dionisopoulos and Craig R. Ducat, *The Right to Privacy* (St. Paul, Minnesota, 1976), 20 - 25。

30. Samuel D. Warren and Louis B. Brandeis, "The Right to Privacy," *Harvard Law Review* (December 15, 1890): 195 - 196 and *passim*.

31. "Union Pacific Ry. Co. v. Botsford," *Supreme Court Register*, 11, 1891 (141 U. S. 250).

32. 关于这一案件以及反对意见的叙述，见 Morris L. Ernst and

Alan Schwartz, *Privacy: The Right to Be Left Alone* (New York, 1962): 108 - 127。

33. *Pavesich v. New England Life Insurance Co.*; see Dionisopolous and Ducat, *Right to Privacy*, 25.

34. Gerald N. Izenberg, *The Existentialist Critique of Freud: The Crisis of Autonomy* (Princeton, 1976): 329.

35. David Daiches, *The Novel and the Modern World* (Chicago, 1960), 25, 36 *ff*. 莱昂·埃德尔(Leon Edel)在《现代心理小说》(纽约,1964)特别是在第二章中提出了类似解释。他认为詹姆斯、普鲁斯特、乔伊斯和理查德森所开创的现代心理小说使得小说从外部走向了内在现实,反映了"我们这个世纪更加深刻深入的内在"。伊恩·瓦特(Ian Watt)将布鲁姆视为一种正式潮流的"最高顶点",这一潮流始于18世纪,涉及对内在意识的探索。参见他的著作 *The Rise of the Novel* (Berkeley, 1957), 206 - 207。

36. 大卫·里斯曼(David Riesman)和理查德·塞尼特(Richard Sennett)的理论对隐私权的历史进行了对立和片面的解读。里斯曼观察到,现代社会的个体普遍由内指向外,而塞尼特则追溯了在同一时期的"公众人物的堕落"。这两种现象是同时发生的,必须理解为一种历史、辩证的相互作用。塞尼特将他的理论与里斯曼的理论进行了对比,见 *The Fall of Public Man* (New York, 1975)。

37. 关于这种一般转换的模型研究,见 Sam B. Warner, Jr., *Streetcar Suburbs: The Process of Growth in Boston*, 1870 - 1900 (New York, 1973)。

38. Henry Olerich, *A Cityless and Countryless World: An Outline of Practical Co-Operative Individualism* (1893; rpt. New York, 1971), 4.

39. Frank T. Carlton, "Urban and Rural Life," *The Popular Science Monthly* (March 1906): 260.

40. Ebenezer Howard, *To-Morrow: A Peaceful Path to Real Reform* (London, 1898). 在 1902 年及其之后的版本中,此书改名为《明日的花园城市》(*Garden Cities of To-morrow*)。

41. Theodor Fritsch, *Die Stadt der Zukunft* (1896; rpt. Leipzig, 1912), 14.

42. 关于对托特的讨论,见 Wolfgang Pehnt, *Expressionist Architecture* (New York, 1973), 78 – 82。

43. Arthur Meyer, *Forty Years of Parisian Society* (London, 1912), 111.

44. Edward Alsworth Ross, *Changing America* (New York, 1912), 8.

45. Philip Gibbs, *The New Man* (London, 1913), 144 – 148.

46. Marcel Proust, *The Past Recaptured* (1927; rpt. New York, 1970). 关于小说的社会环境,参见 Seth L. Wolnitz, *The Proustian Community* (New York, 1971), 81 及全书各处。

47. Carl E. Schorske, *Fin-de-siècle Vienna* (New York, 1980), 296, 285.

48. Egidio Reale, *Le Régime des passeports et la sociéité des nations* (Paris, 1930), 25 – 29; Jean Heimweh, *Le Régime des passeports en Alsace-Lorraine* (Paris, 1890), 12;关于德国视角下的护照历史,请参见 Werner Bertelsmann, *Das Passwesen: eine völkerrechtliche Studie* (Strassburg, 1914)。

49. Stefan Zweig, *The World of Yesterday* (Lincoln, Nebraska, 1964), 410.

50. Heinrich Wöfflin, *Principles of Art History* (1915; rpt. New York, 1950),尤其是第三章。两项最近的研究将现代艺术从本质上阐释为传统形式的"分离"或"解体"。参见 Katherine Kuh, *Break-Up: The Core of Modern Art* (London, 1965)以及 Erich Kahler, *The*

Disintegration of Form in the Arts (New York，1968)。这两项研究都是很好的例子,但都忽略了随着形式的瓦解而出现的新形式的重建。

51. Gertrude Stein，*Picasso* (1938；rpt. New York，1959)，12.

52. Georg Simmel，"Der Bildrahmen," first published in *Der Tag* (1902)；reprinted in *Zur Philosophie der Kunst* (Potsdam，1922)，46 - 54.

53. Paul Souriau，*La Beaute rationnelle* (Paris，1904)，352 - 373. Georg Simmel，"Brücke und Tür," *Der Tag* (September 15，1909)；"Soziologie des Raumes," *Jahrbuch für Gesetzgebung，Verwaltung und Volkswirtschaft*，27 (1903),以上著作是关于边界在社会生活中的功能以及连接不同空间领域的物体的意义。虽然他几乎没有发现任何迹象表明边界在他的时代发生了变化,这些研究代表了对边界功能的最初审视。

54. Boccioni，"Futurist Manifesto," in *Futurist Manifestos*，ed. Apolionio，28.

55. Anton Bragaglia，"Futurist Photodynamism"，in ibid.，50.

56. Umberto Boccioni，" Technical Manifesto of Futurist Sculpture" (1912)，in ibid.，63；on "Sculpture's Vanishing Base" see Jack Burnham，*Beyond Modern Sculpture：The Effects of Science and Technology on the Sculpture of this Century* (New York，1967)，19 - 28.

57. Review from the *London Standard* quoted in Gay Morris，"La Loie，"*Dance Magazine* (August 1977)：39.

58. 有关这个和哈尔茨山的讨论,参见 George L. Mosse，*Nationalization of the Masses*，(New York，*1975*)，111 - 112。

59. Walter R. Volbach，*Adolphe Appia：Prophet of the Modern Theater*，*A Profile* (Middletown，Connecticut，1968)，47，59.

60. Jocza Savits, *Von der Absicht des Dramas* (Munich, 1908), 40.

61. Joachim Hintze, *Das Raumproblem im modernen deutschen Drama und Theater* (Marburg, 1969), 97; see also Georg Fuchs, *Die Revolution des Theaters* (n. p. , 1908), 109 *ff*; and Sybil Rosenfeld, *A Short History of Scene Design in Great Britain* (London, 1973), 166 – 167.

62. Colonel William D'Alton Mann, *Town Topics* (January 18, 1912): 1, cited in Lewis A. Erenberg, *Steppin' Out: New York Nightlife and the Transformation of American Culture*, 1890 – 1930 (Westport, Connecticut, 1981), 131. 在名为"打破束缚"的一章中,爱伦伯格展示了华尔道夫(1897 年开始营业)那样的新的豪华酒店是如何使得老牌精英为了一个更加公共的生活放弃之前更有隐私的生活的,这种公共生活吸收了在 19 世纪 80 年代和 90 年代快速涌入的中西部地区新贵阶层。关于一战前舞蹈热潮的讨论,解释了 19 世纪舞蹈中受控制、有规律、有模式的动作,是如何被狐步舞、兔抱舞、得克萨斯舞和探戈等 20 世纪 10 年代的具有性暗示、不规则、有个性的舞蹈所取代的。

63. Filippo Marinetti, "The Variety Theater" (1913), and Marinetti, Emilio Settimelli, Bruno Corra, "The Futurist Synthetic Theater," in *Marinetti: Selected Ventings*, ed. R. W. Flint (New York, 1971), 118, 121, 128.

64. Michael Kirby, *Futurist Performance* (New York, 1971), 48 – 49.

65. August Strindberg, "A Dream Play," in *Six Plays of Strindberg* (New York, 1955), 193. For a discussion of "the subjectivization of space" in Hauptmann, Ibsen, and Strindberg see Hintze, *Das Raumproblem*, 68 – 73.

66. The first reference in the *O. E. D.* was to *The Century*

Dictionary，1889－1891.

67. Werner Haftmann，*Painting in the Twentieth Century*（New York，1965），I，136－137.

68. Bruno Corra，"Abstract Cinema—Chromatic Music"（1912），in *Futurist Manifestos*，ed. Apollonio，66－70.

69. Carlo Carrà，"The Painting of Sounds，Noises and Smells，"in ibid.，111－115.

70. Haftmann，*Painting in the Twentieth Century*，135.

71. Wassily Kandinsky，*Concerning the Spiritual in Art*（1911；rpt. New York，1977），2，38，47.

72. Friedrich Nietzsche，*Beyond Good and Evil*（New York，1966），18.

73. William James，*Essays in Radical Empiricism and A Pluralistic Universe*，ed. Ralph Barton Perry（New York，1971），243，248. 参见 *Our Knowledge of the External World*（London，1914），9－11,其中伯特兰·罗素形容布拉德利的一元论为"理想主义假冒为存在整体的穿着紧身马甲的慈善机构"，这个僵硬的服装形象是恰当的。布拉德利哲学的形式和内容让人想到了塑身衣的限制和 19 世纪绅士的紧身剪裁,这种绅士对于道德范畴中好与坏的把握就像他对黑领带与歌剧的搭配度一样有把握,他确信生活中每一个"明显"的不同经验都在绝对的总体中有着自己合适的位置,正如手表在剪裁得当的套装里都有一个合适的口袋一样。John Higham，"The Reorientation of American Culture in the 1890's，"in *The Origin of Modern Consciousness*，ed. John Weiss（Detroit，1965），42－47,发现威廉·詹姆斯的多元主义与弗兰克·劳埃德·赖特的开放建筑形式以及弗雷德里克·杰克逊·特纳的前沿假说有很深的渊源。他们都表现出"对所有封闭和静态的秩序模式的共同反对"，并肯定了一种独特的开放和流动的意识。

74. 关于胡塞尔对这一概念的解释，见 Quentin Lauer, *Phenomenology: Its Genesis and Prospect* (New York, 1958), 17。

75. Sigmund Freud, *Standard Edition* (London, 1953), XIV, 73 -82.

76. Freud, *Standard Edition*, XV, 127.

77. 他介绍这个理论的"回忆录"于 1907 年出现,参见 Banesh Hoffmann, *Albert Einstein: Creator and Rebel* (New York, 1972) and Mili č Č apek, "The Fusion of Space with Time and Its Misinterpretation," chap. 11, in his *Bergson and Modern Physics* (New York, 1971)。

78. Hermann Minkowski, "Space and Time," in Lorentz, *Principle of* Relativity, 75 - 76.

79. Einstein, *Relativity*, 150.

80. Wyndham Lewis, *Time and Western Man* (London, 1927), 434.

81. 1896 年纽约的电话服务每个月花费为 20 美元,而当时工人的平均工资为 38. 50 美元。Ithiel de Sola Pool, "Retrospective Technology Assessment of the Telephone" (A Report to the National Science Foundation) (1977), I, 252.

82. 关于电影院的民主意义,我参照了 Larry May, *Screening Out the Past: The Birth of Mass Culture and the Motion Picture Industry* (New York, 1980): "A Democratic Art," *The Nation* (August 28, 1913): 193; D. W. Griffith, "Radio Speech," Griffith File, Museum of Modern Art Film Library, New York; Herbert Francis Sherwood, "Democracy and the Movies," *Bookman* (March 1918): 238。同时参见 George Walsh, "Moving Picture Drama for the Multitude" *The Independent* (February 6, 1908): 306 - 310,他指出了电影的民主功能,它与留声机一起"将宏大的歌剧带到了最拙劣的水平"。

83. Louis H. Sullivan, *Kindergarten Chats and Other Writings* (New York, 1979), 105, 163, 39, 73.

8. 距 离

1. Peter Costello, *Jules Verne: Inventor of Science Fiction* (London, 1978), 118 - 121.

2. "Le Tour du monde en quarante jours," *Revue scientifique*, 18 (1902): 602.

3. Leo Marx, *The Machine in the Garden: Technology and the Pastoral Ideal in America* (New York, 1964); Walter Ledig, *Über den Einfluss der Eisenbahnen auf Kultur und Volkswirtschaft* (Leipzig, 1896); Wolfgang Schivelbusch, "Railroad Space and Railroad Time," *New German Critique*, 14 (Spring 1978): 31 - 40.

4. Emile Zola, *The Human Beast* (New York, 1948), 51.

5. Frank Norris, *The Octopus* (New York, 1964), 42, 205, 458.

6. John Brooks, *Telephone: The First Hundred Years* (New York, 1975), 93; Friedrich Ludwig Vocke, *Die Entwickelung des Nachrichtenschnellverkehrs und das Strassenwesen* (Heidelberg, 1917), 92.

7. Herbert N. Casson, *The History of the Telephone* (Chicago, 1910), 256; Julien Brault, *Histoire du téléphone* (Paris, 1888), 154, 227 - 229; J. H. Robertson, *The Story of the Telephone* (London, 1947), 88; U. N. Bethell, *The Transmission of Intelligence by Electricity* (New York, 1912), 3.

8. H. R. Mosnart, "The Telephone's New Uses in Farm Life," *The World's Work* (April 1905): 6104.

9. Gerald Stanley Lee, *Crowds: A Moving-Picture of Democracy* (New York, 1913), 65.

10. Marcel Proust, *Letters of Marcel Proust*, ed. and tr. Mina Curtiss (New York, 1966), 73.

11. Marcel Proust, *The Guermantes* Way (1920; rpt. New York, 1970), 93 - 94.

12. Sylvester Baxter, "The Telephone Girl," *The Outlook* (May 26, 1906): 232.

13. "The Telephone: A Domestic Tragedy," *Temple Bar*, 107 (1896): 106 - 110.

14. Peter Cowan, *The Office* (New York, 1969), 29 - 30.

15. "Action at a Distance," *Scientific American*, 77 (1914): 39.

16. Gary Allan Tobin, "The Bicycle Boom of the 1890's: The Development of Private Transportation and the Birth of the Modern Tourist," *Journal of Popular Culture* (Spring 1974), 838 - 849.

17. Maurice Leblanc, *Voici des ailes !* (Paris, 1898), 147.

18. R. J. Mecredy, "Cycling," *Fortnightly Review*, 56 (1891): 76.

19. Articles cited by Robert A. Smith, *A Social History of the Bicycle* (New York, 1972), 112.

20. Joseph B. Bishop, "Social and Economic Influence of the Bicycle," *The Forum* (August 1896): 683 - 689.

21. Alfred C. Harmsworth, *Motors and Motor-Driving* (London, 1902), 28.

22. Siegfried Sassoon, *Memoirs of a Fox-Hunting Man* (London, 1928), 14.

23. Stefan Zweig, *The World of Yesterday* (Lincoln, Nebraska, 1964), 193 - 194.

24. Paul Adam, *La Morale des sports* (Paris, 1898), 115 - 124.

25. Henry Adams, *The Education of Henry Adams* (1907; rpt.

New York，1931），469 - 470.

26. Marcel Proust, *The Past Recaptured* (1927; rpt. New York, 1970), 142.

27. Marcel Proust, *Within a Budding Grove* (1918; rpt. New York, 1970), 161.

28. Proust, *Past Recaptured*, 147.

29. José Ortega y Gasset, "Le Temps, la distance et la forme chez Proust,"*Les Cahiers Marcel Proust*, 1 (1927)：288.

30. 刘易斯・雅各布斯(Lewis Jacobs)记录称这一事件"引发了批评的洪流"，"传记工作室的每个人都感到震惊"。特写镜头太近、太亲密，侵犯了个人隐私的持续存在感。参见其著作 *Rise of the American Film* (New York, 1967), 42, 294 - 296。

31. Hugo Münsterberg, *The Film：A Psychological Study* (New York, 1970),16,38, 91. 关于法国早期的显微摄影，参见 Standish Lawder, *The Cubist Cinema* (New York，1975)以及 Jules Guiart, "La Vie révélée par le cinématographe" *Revue scientifique* (1914)：745 -748。

32. Rémy de Gourmont, "Cinématographe," *Mercure de France* (September 1, 1907)：124 - 127; René Doumic, "L'Age du cinéma," *Revue des deux mondes* (1913)：919 - 922.

33. Münsterberg, *The Film*, 46.

34. Filippo Marinetti, "Technical Manifesto of Futurist Literature" (1912), in *Marinetti：Selected Writings*, ed. R. W. Flint (New York, 1971), 84 - 85.

35. Marinetti, "Destruction of Syntax—Imagination Without Strings—Words-in-Freedom" (1913), in *Futurist Manifestos*, ed. Umbro Apollonio (New York，1973), 98.

36. See ibid., 122. 在《动力的可塑性类比》(1913)中，塞维里尼宣称马里内蒂第一个根据新技术的动态系统地使用了类比。他用类比总结说:"我们可以穿透现实中最富有表现力的部分,同时以最广阔和密集的形式处理主题与意志。"

　　37. Alexander Mercereau, "Introduction to the Catalogue of the Forty-fifth Exhibition of the Mánes Society, Prague, February-March, 1914, in *Cubism*, ed. Edward Fry (New York, 1966), 133.

　　38. Edward R. Tannenbaum, *1900: The Generation Before the Great War* (New York, 1976), 14, 20, 24; the quotation is from Allan Janik and Stephen Toulmin, *Wittgenstein's Vienna* (New York, 1973), 51.

　　39. Gabriel Tarde, *The Laws of Imitation* (1890; rpt. New York, 1903), 370, 17.

　　40. Émile Durkheim, *The Division of Labor in Society* (1893; rpt. New York, 1933), 157, 257, 262 - 266.

　　41. Scipio Sighele, *Psychologie des Auflaufs und der Massenverbrechen* (Dresden, 1897).

　　42. Gustav Le Bon, *The Crowd* (1895; rpt. New York, 1960), 14, 15.

　　43. "社会传染"和"社会流行病"的概念在19世纪70年代的社会学文献中开始出现,在此之前,人们对传染病有了一些戏剧性的发现,特别是巴斯德在其著作中追溯了各种致病微生物的生命周期和传播方法。随着人们之间的距离越来越近,感染传播的可能性也随之增加。到了19世纪90年代,拥挤的问题使得人们对这种社会交流和生理病理的恐惧日益加剧。Prosper Despine, *De la contagion morale* (Paris, 1870); Paul Moreau de Tours, *De la contagion du suicide à propos de l'epidémie actuelle* (Paris, 1875); Jean Rambosson, *Phénomènes nerveux, intellectuels et moraux, leur transmission par contagion* (Paris, 1883); Paul Aubry, *La Contagion du meurtre: étude d'anthropologie criminelle* (Paris, 1887).

44. Robert K. Merton's introduction to Le Bon, *The Crowd*, xvii - xviii.

45. 人群中最疯狂的批评者之一爱德华·罗斯尤其关注新型科技在创造"暴徒心理"中起到的作用。他认为，在以前一个冲击可能会在一天中煽动起方圆 100 英里的人们，但当这个冲击越过他们时，人们应该已经或多或少地冷静了一些，"然而现在，那些湮灭空间的设备能够在几乎不消耗时间的情况下传递那些令人震惊的消息。大众分享着同样的愤怒、惊恐、热情或恐惧"。它淹没了个体，形成了会擅自动用私刑的毫无人性的暴民。参见"The Mob Mind," *Appleton's Popular Science Monthly* (July 1897)；394。

46. G. S. Lee, *Crowds*：*A Moving Picture of Democracy* (Garden City, New York, 1913), 4, 19, 274 - 278.

47. Stefan Zweig, *Émile Verhaeren* (1910; rpt. London, 1914), 5 - 6, 95.

48. Jules Romains, *La Vie unanime* (1908; rpt. Paris, 1913), 26, 47 - 48, 58；关于其哲学的文化背景，见 P. J. Morrish, *Drama of the Group*：*A Study of the Unanimism in the Plays of Jules Romains* (Cambridge, England, 1958)。

49. Wilhelm Götz, *Die Verkehrswege im Dienste des Welthandels*：*Eine his-torisch-geographische Untersuchung samt einer Einleitung für eine "Wissenschaft von den geographischen Entfernungen"* (Stuttgart, 1888). 对于英国著名地理学家的相同关注点，参见 Sir George S. Robertson, "The Science of Distances," *Appleton's Popular Science Monthly* (March 1901)：526 - 539。

50. Friedrich Ratzel, *Anthropogeographie* (1882; rpt. Stuttgart, 1899, 2, 3, 9, 236 - 238, 253.

51. Friedrich Ratzel, "Die Gesetze des räumlichen Wachstums der Staaten," in his *Petermans Mitteilungen* (1896).

52. Friedrich Ratzel, *Politische Geographie*, 首次出版于 1897
年。修订版为 *Politische Geographie oder die Geographie der Staaten*,
des Verkehrs und Krieges (Munich, 1903), 1, 32, 227, 363, 371 -
372, 381 - 389, 398 - 400。

53. Friedrich Ratzel, *Das Meer als Quelle der Völkergrösse*
(Munich, 1900), 1, 5.

54. Ellen Churchill Semple, *Influences of Geographic Environment
on the Basis of Ratzel's System of Anthropo-Geography* (New York,
1911), 1 - 2, 175.

55. Camille Vallaux, *Géographie sociale: le sol et l'état* (Paris,
1911), 154 - 163.

56. H. J. Mackinder, "The Geographical Pivot of History," *The
Geographical Journal*, 23 (April 1904): 422, 436.

57. Marshall McLuhan, *Understanding Media: The Extensions
of Man* (New York, 1966), 23, 24, 19.

58. Charles Richet, "Dans cent ans," *Revue scientifique*, 48
(1891): 780. 关于这种改变的政治影响,参见 Charles A. Fisher,
"The Changing Dimensions of Europe" *Journal of Contemporary
History* (July 1966): 3 - 20。

59. H. G. Wells, *Anticipations* (1901; rpt. London, 1914),
216 - 217, 267, and the chapter on "The Larger Synthesis."

60. J. Novicow, *La Fédération de l' Europe* (Paris, 1901), 152 -
159, 502.

61. George S. Morison, *The New Epoch as Developed by the
Manufacture of Power* (1903; rpt. New York, 1972), 6.

62. F. S. L. Lyons, *Internationalism in Europe: 1815 - 1914*
(Leyden, 1963), 342 - 358.

63. G. S. Lee, *The Voice of the Machines* (Northampton,

Mass. , 1906), 166 - 167.

64. 法国评论家让·卡苏(Jean Cassou)讨论了 19 世纪末"旅游业"取代"远航"的问题，当时交通的改善和旅行社的发展使得大众旅行成为可能。经典意义上的航海出现在 18 世纪，当时富有冒险精神的人去探索历史遗迹，注意到了不同民族的情感和习俗。航海的黄金时代是浪漫主义时期。在法国，夏多布里昂、于果、梅里美、司汤达和戈比诺的游记为那些独自前往异国他乡寻找爱情和冒险经历的人提供了文本资料。但是旅行社把这次旅行作为一种变质的体验带给了大众，剥夺了发现的可能性。现代游客被锁定在群体的集体意识中，按照预先设定好的、排除了错误和冒险的可能性的路线被动地去看每一件事。他所经历的都是导游已经经历过的——在某事某地被告知要观看才去看，感受是被规定的，点的食物都是别人推荐的。参见"Du voyage au tourisme," *Communications*, 10 (1967)：25 - 34。

65. K. Mühl, *Weltreise* (Leipzig, 1907), i: "Zu den 'Globetrottern' früher meist nur ein Typ der reisemutigen Engländer, gehört jetzt auch der deutsche Tourist, und schon seit Jahren unternimmt das Reisebureau der Hamburg-Amerika-Linie Gesellschaftsreisen um die Erde, auf denen die Teilnehmer zu den Hauptschaustücken Asiens und Nordamerikas geführt werden. "

66. "Poèmes par un riche amateur," *Valéry Larbaud oeuvres* (Paris, 1957), 1192 - 1193.

67. Karl Lamprecht, *Deutsche Geschichte der jüngsten Vergangenheit und Gegenwart* (Berlin, 1912), I, 172.

68. Oron James Hale, *Publicity and Diplomacy: With Special Reference to England and Germany* (New York, 1940), 40.

69. Herbert Feis, *Europe the World's Banker 1870 - 1914* (New York, 1965), 5.

70. V. I. Lenin, "Imperialism, the Highest Stage of Capitalism"

（written in 1916， first published in 1917）， in *Selected Works* (Moscow， 1977)， I， 730.

71. Silvanus P. Thompson，"Le But et l'oeuvre de la Commission Electrotechnique Internationale," *La Vie internationale* (1914)：V， 10 - 13.

72. Lyons， *Internationalism*， 14， 229 - 233.

73. Hendrik Christian Anderson， *Creation of a World Centre of Communication* (Paris， 1913)， x.

74. "La Deuxième session du Congrès Mondial," *La Vie Internationale* (1913)：iii， 524.

75. 在《大幻觉》(*The Great Illusion*，1910)一书中，安吉尔试图驳倒这一假设，但具有讽刺意味的是，这本书被证明是"大幻觉"的一个经典例证，即不可能再发生战争，因为它处于所有国家的商业利益的对立面。他坚持这种和平主义的希望，尽管有一个"普遍的假设，即一个国家为了找到人口增长和发展工业的出路……会被迫进行领土扩张并对其他国家使用政治力量"。4th ed. rev. (New York，1913)，ix.

76. J. R. Seeley， *The Expansion of England* (1883； rpt. Chicago， 1971)， 234.

77. 这是一个有名的帝国主义小册子的名字：Charles Dilke， *Greater Britain*， 2 vols. (London， 1866 - 1867)。

78. James Froude， *Oceania or England and Her Colonies* (London， 1885)， 387， 389， 392.

79. Charles W. Dilke， *Problems of Greater Britain* (London， 1890)， II， 506 - 507， 582.

80. Ronald Robinson， John Gallagher， Alice Denny， *Africa and the Victorians：The Climax of Imperialism* (New York， 1961)， 3.

81. Paul Leroy-Beaulieu， *De la colonisation chez les peuples modernes* (1874； rpt. Paris， 1886)， 748 - 749.

82. Louis Vignon, *L'Expansion de la France* (Paris, 1891), 354.

83. Eugène Poiré, *L'Emigration française aux colonies* (Paris, 1897), 331–332; Jules Harmand, *Domination et colonisation* (Paris, 1910), chap. 2, "L'Expansion naturelle," 28–52.

84. Cited by Imanuel Geiss, ed. , *July 1914: The Outbreak of the First World War*, *Selected Documents* (New York, 1975), 29–31.

85. Fritz Fischer, *Griff nach der Weltmacht*, tr. as *Germany's Aims in the First World* War (New York, 1967), 7–49; *War of Illusions: German Policies from 1911 to 1914* (New York, 1975).

86. Kurt Riezler, *Die Erforderlichkeit des Unmöglichen* (Munich, 1913), 229 ff.

87. J. J. Ruedorffer (pseud, for Kurt Riezler), *Grundzüge der Weltpolitik in der Gegenwart* (Stuttgart, 1914), 4, 10, 27, 216, 226.

88. John L. O'Sullivan, "The True Title," *New York Morning News*, December 27, 1845.

89. Charles A. Conant, "The Economic Basis of 'Imperialism'," *North American Review* (September 1898): 326–327.

90. Cited in William Appleman Williams, *The Contours of American History* (New York, 1966), 368.

91. William Appleman Wiliiams, *The Tragedy of American Diplomacy* (New York, 1962), 24.

92. Brooks Adams, *America's Economic Supremacy* (New York, 1900), 29.

93. Erich Marcks, "Die imperialistische Idee in der Gegenwart" (1903), in his *Männer und Zeiten: Aufsätze und Reden zur neuen Geschichte* (1911), II, 271.

9. 方　向

1. H. G. Wells, *Anticipations* (London, 1914), 35n.

2. H. G. Wells, *The War in the Air* (London, 1908), 96, 98, 99.

3. 对德国驻维也纳大使奇尔斯基于 1914 年 6 月 30 日给德国总理贝特曼的报告的旁注，参见 Imanuel Geiss, ed. , *July 1914*, *The Outbreak of the First World War*: *Selected Documents* (New York, 1974), 64。

4. Wells, War in the Air, 105, 243 - 244.

5. C. F. G. Masterman, *The Condition of England* (London, 1909), 239, 182.

6. Paul Scheerbart, *Die Entwicklung des Luftmilitarismus und die Auflösung der europäischen Land-Heere, Festungen und Seeflotten* (Berlin, 1909).

7. Stefan Zweig, *The World of Yesterday* (Lincoln, Nebraska, 1964), 196.

8. Serrano Villard, *Contact! The Story of the Early Birds, Man's First Decade of Flight from Kitty Hawk to World War I* (New York, 1968), 73 - 84.

9. Victor Laugheed, *Vehicles of the Air* (Chicago, 1909), 36, 40 - 41.

10. G. S. Lee, *Crowds*: *A Moving Picture of Democracy* (Garden City, New York, 1913), 88, 60.

11. Marcel Proust, *The Past Recaptured* (New York, 1970), 80.

12. Filippo Marinetti, "Technical Manifesto of Futurist Literature," in *Marinetti*: *Selected Writings*, ed. R. W. Flint (New York, 1971), 88.

13. Gertrude Stein, *Picasso* (1938; rpt. New York, 1959),

49 - 50.

14. Henry Harrison Suplee, "The Peace Makers," *Cassier's* (September 1913)：97，102.

15. H. Brougham Leech, "The Jurisprudence of the Air," *The Fortnightly Review* 98 (1912)：234 - 251.

16. William A. Robson, *Aircraft in War and Peace* (London，1916)，166 - 167，175.

17. Rudyard Kipling, *The Ballad of East and West*，1889.

18. Ernest E. Williams, *"Made in Germany"* (London，1896)，10 - 13.

19. 在以下著作中，德国历史学家恩斯特·罗伯特·寇提斯(Ernst Robert Curtius)对于那种强烈的巴黎中心主义进行了分析：*The Civilization of France* (1930；rpt. New York，1932)，51 - 64. Jacques Attalie and Yves Stourdze, "The Birth of the Telephone and Economic Crisis：The Slow Death of Monologue in French Society," in *The Social Impact of the Telephone*，ed. Ithiel de Sola Pool (Cambridge，Mass. ，1977)，97 - 111。他追踪了 19 世纪 80 年代法国电话的引入是如何挑战传统的通信方向的。在这个中央集权的国家里，通信主要以单向独白的方式从首都流向边远地区。电话创造了互惠、平等、方便和双向对话。

20. Marc Ferro, *The Great War 1914 - 1918* (London，1973)，28.

21. Georg Wegener, *Die geographischen Ursachen des Weltkrieges* (Berlin，1920)，113 - 126.

22. Friedrich von Bernhardi, *Germany and the Next War* (1912；rpt. New York，1914)，76；Alfred Tirpitz, My *Memoirs* (New York，1919)，I，77.

23. Ha jo Holborn, "Moltke and Schlieffen," in his *Germany and Europe：Historical Essays* (New York，1970)，74 *ff*.

24. Von Bernhardi, *Germany and the Next War*，76.

25. J. J. Ruedorffer (pseud. for Kurt Riezler), *Grundzüge der Weltpolitik in der Gegenwart* (Stuttgart, 1914), 103.

26. Rudolf Kjellén, *Die Grossmächte der Gegenwart* (Berlin, 1914), 59.

27. Imanuel Geiss, ed. *July 1914*, *The Outbreak of the First World War* (New York, 1974), 294 - 295.

28. 格奥尔格·魏格纳的结论是助长封锁的典型地缘政治决定论:"地理因素几乎无可辩驳地让我们相信,普遍存在的自然决定的紧张局势只能通过战争来解决。"参见 *Die geographischen Ursachen*, 129。1929 年,德国法律历史学家赫尔曼·坎托洛维奇(Hermann Kantorowicz)认为,封锁是一个"民族神话……由霍尔斯泰因和比洛发明,适合儿童的心理"。参见其著作 *The Spirit of British Policy and the Myth of the Encirclement of Germany* (London, 1931), 365。由于国家意识是围绕神话和象征形成的,他所呈现的大量流行版本证实了这种对德国立场的看法有多么普遍。

29. Colmar von der Goltz, *Die deutsche Bagdadbahn* (Vienna, 1900), cited by Henry Cord Meyer, *Mitteleuropa in German Thought and Action 1815 - 1945* (The Hague, 1955), 96.

30. Paul Rohrbach, *Die Bagdadbahn* (Berlin, 1902).

31. Charles Sarolea, *The Bagdad Railway and German Expansion as a Factor in European Politics* (Edinburgh, 1907), 3; Morris Jastrow, *The War and the Bagdad Railway: The Story of Asia Minor and its Relation to the Present Conflict* (Philadelphia, 1917), 114 - 115.

32. Cited by Fritz Fischer, *Germany's Aims in the First World War* (New York, 1967), 9.

33. On Julius Wolf and Friedrich Naumann see H. C. Meyer, *Mitteleuropa*, 64 - 5, 88 - 95; Friedrich Naumann, *Patria: Bücher*

für Kultur und Freiheit (Berlin, 1910), 6 - 7.

34. Oscar Jászi, *The Dissolution of the Habsburg Monarchy* (1929; rpt. Chicago, 1964), 34.

35. Wegener, *Geographischen Ursachen*, 96; Jászi, *Dissolution*, 4, 12.

36. Wegener, *Geographischen Ursachen*, 98. 对当时国内政策与外交政策之间的联系的分析，参见 Rudolf Goldscheid, *Das Verhältnis der äussern Politik zur innern* (Vienna, 1914)。

37. J. R. Seeley, *The Expansion of England* (1883; rpt. Chicago, 1971), 237.

38. Albert J. Beveridge, *The Russian Advance* (New York, 1903), 1, 70.

39. Henry Adams, *The Education of Henry Adams* (1907; rpt. New York, 1931), 439 - 440.

40. Wolf von Schierbrand, *Russia: Her Strength and Her Weakness* (New York, 1904), iv. , 28.

41. Friedrich Nietzsche, *Beyond Good and Evil* (New York, 1966), 188.

42. Thomas Mann, *The Magic Mountain* (New York, 1966), 243.

43. Leon Trotsky, *The Russian Revolution* (New York, 1959), 16.

44. Ladis K. D. Kristof, "The Russian Image of Russia: an Applied Study in Geopolitical Methodology," in *Essays in Political Geography*, ed. Charles A. Fisher (London, 1968), 356 - 364, 369 - 373.

45. Edward Said, *Orientalism* (New York, 1978), 1.

46. Halford J. Mackinder, "The Geographical Pivot of History,"

The Geographical Journal，23（April 1904）：423，432–437.

47. Ladis K. D. Kristof，"Mackinder's Concept of Heartland and the Russians，" paper delivered at the XXIII International Geographical Congress (Leningrad，July 22–26，1976).

10. 七月危机的暂时性

1. Oswald Spengler，*Der Untergang des Abendlandes*：*Umrisse einer Morphologie der Weltgeschichte*（1918；rpt. Munich，1923），I，176.

2. 西德尼·B. 费伊(Sidney B. Fay) 提出在大公被谋杀后的三周内，"奥地利和塞尔维亚之间展开了一场激烈而充满仇恨的新闻宣传战"，这也是导致和平破裂的主要原因之一。*The Origins of the World War* 2nd ed.，rev.，1930（1928；rpt. New York，1966），II，332，558.

3. 1900 年 1 月，一本颇受欢迎的杂志评论道："美国放映机在如今占据世界舞台中心的两场战争（波尔战争和美西战争）中扮演了重要角色……我们将看到一些可怕战争的真实而逼真的画面。" *Leslie's Weekley* (January 6，1900).

4. René Doumic，"L'Age du cinéma" *Revue des deux mondes* （1913）：923.

5. Stefan Zweig，*The World of Yesterday*（Lincoln，Nebraska，1964）210.

6. Conrad von Hötzendorf，*Aus meiner Dienstzeit 1906–1918*（Vienna，1921–1925），IV，30–31，cited by Luigi Albertini，*The Origins of the War of* 1914（Oxford，1965），II，123.

7. Imanuel Geiss，ed.，*July 1914*，*The Outbreak of the First World War*（New York，1974），64–65.

8. Ibid.，63，77，79.

9. Herbert Butterfield, "Sir Edward Grey in July 1914," in *Historical Studies*, ed. J. L. McCracken (London, 1965), V, 11. "最初的情绪——人们最初就预料到奥地利对匈牙利会有一种突然而愤怒的反应——这解释了格雷于 7 月 6 日得知奥地利可能进攻塞尔维亚,且德国可能也并不准备阻止时,他为何相当镇静。"与弗里茨·费舍尔等抨击德皇好战而鲁莽的人不同的是,巴特菲尔德认为,德皇在 7 月初的反应反映了他准确的感觉,即欧洲列强会认为奥地利的快速报复只是一时的正当愤怒,并不会把整个欧洲卷入战争。

10. Geiss, *July 1914*, 81, 106 - 107, 108.

11. Karl Dietrich Erdmann, *Kurt Riezler: Tagebücher, Aufsätze, Dokumente* (Gottingen, 1972), 185.

12. Albertini, *The Origins*, II, 173.

13. Geiss, *July 1914*, 134.

14. Albertini, *The Origins*, II, 285.

15. Geiss, *July 1914*, 175, 184, 188, 195.

16. Fay, *Origins of World War*, II, 287.

17. Geiss, *July 1914*, 201.

18. Tisza to Francis Joseph, July *25*, in Albertini, *The Origins*, II, 386.

19. Ibid., *373 - 374*. 费伊说,吉尔的离开"无疑创下了外交关系破裂的速度记录"。*Origins of World War*, II, 349.

20. Albertini, *The Origins*, II, 375,

21. Conrad, cited in ibid., 131.

22. Ibid., 456.

23. Geiss, *July 1914*, 222 - 223, 256.

24. Ibid, 261, 260, 287, 290, 291, 304, 323, 344, 347.

25. Lt. -Col. Philip Neame, *German Strategy in the Great War* (London, 1923), 2.

26. Victor Derrécagaix, *Modern Warfare* (1885; rpt. Washington, 1888 - 1890), I, 212.

27. Major-General Sir Edward Spears, cited by A. J. P. Taylor, *War by Time-Table: How the First World War Began* (New York, 1969), 16, 26.

28. "Schlieffen's Memorandum of December 1905," in Gerhard Ritter, *The Schlieffen Plan: Critique of a Myth* (London, 1958), 139.

29. 对于那种专注于军事时间表的关于战争的爆发的解释,A.J.P. 泰勒总结道:"从根本上说,1914 年爆发战争的唯一原因是施利芬计划——这是对速度和进攻性的信仰的产物……人们没有时间确立一个审慎的目标,也没有时间思考。他们都被巧妙的军事准备欺骗了,尤其是德国人。"*War by Time-Table*, 121.

30. Albertini, *The Origins*, II, 480.

31. Fay, *Origins of World* War, II, 470 - 472.

32. Sergi Dobrorolski, *Die Mobilmachung der russischen Armee, 1914* (Berlin, 1921), cited in Fay, ibid. , 473.

33. Norman Stone, *The Eastern Front 1914 - 1917* (London, 1975), 41, 48.

34. Dobrorolski, cited by Fay, *Origins of World* War, II, 481.

35. Ibid. , 531.

36. Ibid. , 535 - 546.

37. Harold Nicolson, *The Evolution of Diplomatic Method* (Oxford, 1953), 76.

38. Report from the Select Committee on the Diplomatic Service, 1861, cited in D. P. Heatley, *Diplomacy and the Study of International Relations* (Oxford, 1919), 252.

39. P. Pradier-Fodéré, *Cours de droit diplomatique* (Paris, 1899), I, 214.

40. Sir Horace Rumbold, *Recollections of a Diplomatist* (London, 1902), II, 111 - 112.

41. Charles Mazade, *La Guerre en France 1870 - 1871* (Paris, 1875), I, 37.

42. Pierre Granet, *L'Evolution des méthodes diplomatique* (Paris, 1939), 85, 88 - 90.

43. Sir Ernest Satow, *A Guide to Diplomatic Practice* (London, 1917), I, 157.

44. J. H. Robertson, *The Story of the Telephone* (London, 1947), 116.

45. Marshall McLuhan, *Understanding Media* (New York, 1964), 101,

46. 一个典型的顽固迟钝的例子是 1907 年英国骑兵训练手册中的一段话："我们必须接受这样一个原则，即步枪虽然有效，但它不能代替马的速度以及冰冷钢铁的恐怖和吸引力。"Cited in John Ellis, *The Social History of the Machine Gun* (New York, 1975), 55.

47. A phrase of Jules Cambon, cited by Nicolson, *The Evolution*, 82.

48. Aibertini, *The Origins*, II, 461.

49. Erdmann, *Kurt Riezler*, 190 - 191.

50. Edmund Blunden, *Undertones of* War (1928; rpt. New York, 1965), 146,

51. 1914 年的外交官们很可能对路易十四的时代有一种特别强烈的连续感，当时他的大臣科尔伯特和利塞留在君主统治下集中了政治权力。有影响力的外交家和历史学家加布里埃·哈诺托克斯虽然没有直接参与七月危机的谈判，但他对 20 世纪初总的外交行为产生了重大影响。他的著作包括《法兰西大使节和罗马大使节指南》(*Instructions des ambassadeurs de France à Rome*，1888)、《维西菲利的踪迹》

(*depuis les traces de Westphalie*, 1888)和两卷本的《红衣主教利塞留的历史》(*Histoire du Cardinal de Richelieu*, 1893—1903)。

52. Taylor, War *by Time-Table*, 7.

53. 1913 年的《新战场条例》是训练法国军队的基础,它宣称:"法国军队回归传统,从此只进攻。"Cited by Barbara Tuchman, *The Guns of August* (New York, 1971), 51.

54. 庞加莱想要在边境部署法国军队,但命令他们在边境附近后退一段距离,以避免与敌人发生任何可能被英国视为挑衅行为的意外相遇(当时英国还没有宣布其参战意图)。事实上,一些部队在边境四五公里的范围内,但这被称为"十公里撤退"。Fay, *Origins of World War*, II, 489‑92.

55. Letter to Ellen Key, April 3, 1906, in *Letters of Rainer Maria Rilke 1892‑1910* (New York, 1969), 101.

56. Report from Szögyény to Berchtold, in Geiss, *July 1914*, 110.

57. 雅戈给德国大使的私人信件, ibid., 122。

58. 来自 Scheerbart, *Die Entwicklung*。

59. Fay, *Origins of World War*, II, 187.

60. Geiss, *July 1914*, 128.

61. Eugène Minkowski, *Lived Time*: *Phenomenological and Psychopathological Studies* (Evanston, 1970), 180‑193.

62. A. J. P. Taylor, *The Struggle for Mastery in Europe 1848‑1918* (Oxford, 1963), 521.

63. Cited by Fritz Fischer, *Germany's Aims in the First World War* (New York, 1967), 50.

64. Cited in V. R. Berghahn, *Germany and the Approach of War in 1914* (New York, 1973), 169.

65. Fischer, *Germany's Aims*, 50.

66. Geiss, *July 1914*, 65, 68.

67. Erdmann, *Kurt Riezler*, 183, 187.

11. 立体主义之战

1. Gertrude Stein, *Picasso* (1938; rpt. New York, 1959), 11.

2. Edmund Blunden, *Undertones of War* (1928; rpt. New York, 1965), 171.

3. John Keegan, *The Face of Battle: A Study of Agincourt, Waterloo & the Somme* (New York, 1976), 241.

4. Cecil Lewis, *Sagittarius Rising* (New York, 1936), 86 - 87, cited in Paul Fussell, *The Great War and Modern Memory* (New York, 1977), 81.

5. David Jones, *In Parenthesis* (1937; rpt. London, 1955), 202n.

6. Philander Johnson, "Each Man's Army," selected by Admiral Samuel MacGowan; see *Everybody's Magazine* (May 1920): 36.

7. Eugène Minkowski, *Lived Time* (Evanston, 1970), 14.

8. Eric J. Leed, *No Man's Land: Combat and Identity in World War I* (Cambridge, England, 1979), 129 Robert Graves, *Goodbye to All That* (London, 1929); C. E. Carrington, *A Subaltern's War* (London, 1929).

9. Leed, *No Man's Land*, 124.

10. Blunden, *Undertones*, 30.

11. Henri Barbusse, *Under Fire* (1916; rpt. London, 1965), 6.

12. Thomas Mann, *The Magic Mountain* (New York, 1966), v.

13. Marcel Proust, *The Past Recaptured* (New York, 1970), 25 - 26.

14. Fussell, *The Great War*, 80.

15. Jones, *In Parenthesis*, xi, xv, xiv, 191 – 192n.

16. Barbusse, *Under Fire*, 244.

17. Blunden, *Undertones*, 186, 124.

18. James Joyce, *Ulysses* (1922; rpt. New York, 1961), 24, 583.

19. Hereward Carrington, *Psychical Phenomena and the War* (New York, 1918), 41.

20. Barbara Tuchman, *The Guns of August* (New York, 1971), 289.

21. Guillaume Apollinaire, *Oeuvres poétiques* (Paris, 1956), 272.

22. General Sir Edward Swinton, "A Sense of Proportion," in Keegan, *Face of Battle*, 261.

23. F. Scott Fitzgerald, *Tender is the Night* (1933; rpt. New York, 1962), 57.

24. Barbusse, *Under Fire*, 17 – 18.

25. Leed, *No Man's Land*, 105 – 114.

26. W. M. Maxwell, *A Psychological Retrospect of the Great War* (London, 1923), 66, cited in Leed, ibid. , 181.

27. Ibid. , 182 – 184.

28. Barbusse, *Under Fire*, 257.

29. Blunden, *Undertones*, 30.

30. Henri Massis, "The War We Fought," in *Promise of Greatness: The War of 1914 – 1918*, ed. George A. Panichas (New York, 1968), 204.

31. Ernest Hemingway, *A Moveable Feast* (New York, 1964); Malcolm Cowley, *Exile's Return* (New York, 1934).

32. Filippo Marinetti, "Geometrical and Mechanical Splendor and the Numerical Sensibility" (1914), in *Marinetti: Selected Writings*,

ed. R. W. Flint (New York, 1971), 97 - 98.

33. Captain B. H. Liddell Hart, *The Real War 1914 - 1918* (1930; rpt. New York, *1964*), *54*.

34. Alistair Horne, *The Price of Glory: Verdun, 1916* (New York, 1967), 16.

35. Keegan, *Face of Battle*, 255.

36. Alfred von Schlieffen, "Der Krieg in der Gegenwart," in *Cannae* (Berlin, 1925), 278, cited by Hajo Holbom, "Moltke and Schlieffen: The Prussian-German School," in *Makers of Modern Strategy*, ed. Edward Mead Earle (Princeton, 1969), 194.

37. Gustave Le Bon, *The Psychology of the Great War* (London, 1916), 284 - 285.

38. 1917 年,社会学"场论"的创始人之一库尔特·卢因(Kurt Lewin)写了一篇关于战争景观的"现象学"文章,考察了整个战区不同部分的特征,其中包括特定区域或方向由于接近危险而有的独特价值。参见"Kriegslandschaft," *Zeitschrift für angewandte Psychologie*, 12 (1917): 440 - 447。保罗·福塞伊(Paul Fussell)指出了主导战争体验的"严重对立":"将地形截然分为已知与未知、安全与不安全,这是任何一个打过仗的人都不会完全失去的习惯……战争的遗毒之一就是这种简单的区分、简化和对立的习惯。"参见 *The Great War*, 79。

39. Reginald Farrer, *The Void of War* (Boston, 1918), 62, 148.

40. Leed, *No Man's Land*, 15.

41. Stein, *Picasso*, 11.

42. Cited in Tuchman, *Guns of August*, 55.

43. André Ducasse, Jacques Meyer, Gabriel Perreux, *Vie et mort des Français, 1914 -1918* (Paris, 1962), 510 - 511. 感谢以下文献为我提供参考,并提醒我立体主义和伪装之间的直接联系。Theda Shapiro, *Painters and Politics: The European Avant-Garde and*

Society, *1900 - 1925* (New York, 1976), 139 - 140.

44. 梅尔最重要的一批画作见 *Desseins faits aux armées par André Mare*, ed. J. - A. Gonon (Paris, n. d.)。关于梅尔的资料来源见 Horne, *Price of Glory*, 13。同时参见 Carl Nordenfalk, "Camouflage und Kubismus," *Kunstgeschichtliche Gesellschaft zu Berlin*, Sitzungsberichte, N. F. Heft 27 (1981): 9 - 11。

45. 关于此事的讨论参见 Roy A. Behrens, "Camouflage, Art and Gestalt," *The North American Review* (December 1980): 9 - 18, 以及最重要的资料来源: Robert F. Sumrall, "Ship Camouflage (WWI): Deceptive Art," *U. S. Naval Institute Proceedings* (July 1971): 55 - 77。当时,关于天然保护色的资料来源为雅培·H. 塞耶(Abbott H. Thayer)的著作,尤其是他的长篇著作 *Concealing Coloration in the Animal Kingdom* (1909)。贝伦斯还将立体主义和伪装与当时格式塔心理学的发展联系起来,作为可能的"时代精神的证明"。

46. Gertrude Stein, "The Autobiography of Alice B. Toklas," in *Selected Writings of Gertrude Stein* (New York, 1972), 177.

47. Barbusse, *Under Fire*, 148 - 150.

48. 关于战壕的描述参见 Keegan, *Face of Battle*, 209; Fussell, *The Great War*, 41; Theodore Ropp, *War in the Modern World* (New York, 1967), 247。

49. Leed, *No Man's Land*, 103.

50. Ernst Jünger, *Das Wäldchen 125. Eine Chronik aus dem Grabenkampf 1918* (Berlin, 1925), 21, cited in Leed, ibid.

51. Stefan Zweig, *The World of Yesterday* (Lincoln, Nebraska, 1964), 223,

52. Barbusse, *Under Fire*, 15, 17.

53. Charles de Gaulle, *France and Her Army* (London, 1941), 90. Alfred Wolff Oberlehrer, "Über Einheit und Fortschritt des

Menschengeschlechts im Weltkrieg 1914/16，" *Archiv für Philosophie*，22 (1916)：104 *ff*.

54. Basil Henry Liddell Hart，*A History of the World War 1914 - 1918* (London，1930)，183.

55. Carrington，*Psychical Phenomena*，59.

56. Marius-Ary Leblond，*Galliéni parle* (Paris，1920)，53.

57. Horne，*Price of Glory*，22.

58. G. E. C. Wedlake，*SOS*：*The Story of Radio-Communication* (London，1973)，106；Charles Bright，*Telegraphy*，*Aeronautics*，*and War* (London，1918)，32.

59. Charles Dupont，*Le Haut commandement allemand en 1914* (Paris，1922)，8.

60. Cited by Fussell，*The Great War*，76.

61. Cited in Raymond H. Fredette，*The Sky on Fire*：*The First Battle of Britain 1917 - 1918* (New York，1966)，7，4.

62. Ibid. ，220.

63. Stein，*Picasso*，50.

索 引

（索引中的页码为原著页码，检索时请查本书边码）

文化政策 [澳]托比·米勒 [美]乔治·尤迪思

通俗文化系列

解读大众文化 [美]约翰·菲斯克

文化理论与通俗文化导论(第二版) [英]约翰·斯道雷

通俗文化、媒介和日常生活中的叙事 [美]阿瑟·阿萨·伯格

文化民粹主义 [英]吉姆·麦克盖根

詹姆斯·邦德:时代精神的特工 [德]维尔纳·格雷夫

消费文化系列

消费社会 [法]让·鲍德里亚

消费文化——20世纪后期英国男性气质和社会空间 [英]弗兰克·莫特

消费文化 [英]西莉娅·卢瑞

大师精粹系列

麦克卢汉精粹 [加]埃里克·麦克卢汉 弗兰克·秦格龙

卡尔·曼海姆精粹 [德]卡尔·曼海姆

沃勒斯坦精粹 [美]伊曼纽尔·沃勒斯坦

哈贝马斯精粹 [德]尤尔根·哈贝马斯

赫斯精粹 [德]莫泽斯·赫斯

九鬼周造著作精粹 [日]九鬼周造

社会学系列

孤独的人群 [美]大卫·理斯曼

世界风险社会 [德]乌尔里希·贝克

权力精英 [美]查尔斯·赖特·米尔斯

科学的社会用途——写给科学场的临床社会学 [法]皮埃尔·布尔迪厄

文化社会学——浮现中的理论视野 [美]戴安娜·克兰

白领：美国的中产阶级 [美]C. 莱特·米尔斯

论文明、权力与知识 [德]诺贝特·埃利亚斯

解析社会：分析社会学原理 [瑞典]彼得·赫斯特洛姆

局外人：越轨的社会学研究 [美]霍华德·S. 贝克尔

社会的构建 [美]爱德华·希尔斯

新学科系列

后殖民理论——语境 实践 政治 [英]巴特·穆尔-吉尔伯特

趣味社会学 [芬]尤卡·格罗瑙

跨越边界——知识学科 学科互涉 [美]朱丽·汤普森·克莱恩

人文地理学导论：21 世纪的议题 [英]彼得·丹尼尔斯 等

文化学研究导论：理论基础·方法思路·研究视角 [德]安斯加·纽宁

[德]维拉·纽宁主编

世纪学术论争系列

"索卡尔事件"与科学大战 [美]艾伦·索卡尔 [法]雅克·德里达 等

沙滩上的房子 [美]诺里塔·克瑞杰

被困的普罗米修斯 [美]诺曼·列维特

科学知识：一种社会学的分析 [英]巴里·巴恩斯 大卫·布鲁尔 约翰·亨利

实践的冲撞——时间、力量与科学 [美]安德鲁·皮克林

爱因斯坦、历史与其他激情——20 世纪末对科学的反叛 [美]杰拉尔德·霍尔顿

真理的代价：金钱如何影响科学规范 [美]戴维·雷斯尼克

科学的转型：有关"跨时代断裂论题"的争论 [德]艾尔弗拉德·诺德曼

[荷]汉斯·拉德 [德]格雷戈·希尔曼

广松哲学系列

物象化论的构图 [日]广松涉

事的世界观的前哨 [日]广松涉

文献学语境中的《德意志意识形态》[日]广松涉

存在与意义（第一卷）[日]广松涉

存在与意义（第二卷）[日]广松涉

唯物史观的原像 [日]广松涉

哲学家广松涉的自白式回忆录 [日]广松涉

资本论的哲学 [日]广松涉

马克思主义的哲学 [日]广松涉

世界交互主体的存在结构 [日]广松涉

国外马克思主义与后马克思思潮系列

图绘意识形态 [斯洛文尼亚]斯拉沃热·齐泽克 等

自然的理由——生态学马克思主义研究 [美]詹姆斯·奥康纳

希望的空间 [美]大卫·哈维

甜蜜的暴力——悲剧的观念 [英]特里·伊格尔顿

晚期马克思主义 [美]弗雷德里克·杰姆逊

符号政治经济学批判 [法]让·鲍德里亚

世纪 [法]阿兰·巴迪欧

列宁、黑格尔和西方马克思主义：一种批判性研究 [美]凯文·安德森

列宁主义 [英]尼尔·哈丁

福柯、马克思主义与历史：生产方式与信息方式 [美]马克·波斯特

战后法国的存在主义马克思主义：从萨特到阿尔都塞 [美]马克·波斯特

反映 [德]汉斯·海因茨·霍尔茨

为什么是阿甘本？[英]亚历克斯·默里

未来思想导论：关于马克思和海德格尔 [法]科斯塔斯·阿克塞洛斯

无尽的焦虑之梦：梦的记录(1941—1967) 附《一桩两人共谋的凶杀案》(1985) [法]路易·阿尔都塞

马克思：技术思想家——从人的异化到征服世界 [法]科斯塔斯·阿克塞洛斯

经典补遗系列

卢卡奇早期文选 [匈]格奥尔格·卢卡奇

胡塞尔《几何学的起源》引论 [法]雅克·德里达

黑格尔的幽灵——政治哲学论文集[Ⅰ] [法]路易·阿尔都塞

语言与生命 [法]沙尔·巴依

意识的奥秘 [美]约翰·塞尔

论现象学流派 [法]保罗·利科

脑力劳动与体力劳动:西方历史的认识论 [德]阿尔弗雷德·索恩-雷特尔

黑格尔 [德]马丁·海德格尔

黑格尔的精神现象学 [德]马丁·海德格尔

生产运动:从历史统计学方面论国家和社会的一种新科学的基础的建

立 [德]弗里德里希·威廉·舒尔茨

先锋派系列

先锋派散论——现代主义、表现主义和后现代性问题 [英]理查德·墨菲

诗歌的先锋派:博尔赫斯、奥登和布列东团体 [美]贝雷泰·E.斯特朗

情境主义国际系列

日常生活实践 1.实践的艺术 [法]米歇尔·德·塞托

日常生活实践 2.居住与烹饪 [法]米歇尔·德·塞托 吕斯·贾尔 皮埃尔·

梅约尔

日常生活的革命 [法]鲁尔·瓦纳格姆

居伊·德波——诗歌革命 [法]樊尚·考夫曼

景观社会 [法]居伊·德波

当代文学理论系列

怎样做理论 [德]沃尔夫冈·伊瑟尔

21 世纪批评述介 [英]朱利安·沃尔弗雷斯

后现代主义诗学:历史·理论·小说 [加]琳达·哈琴

大分野之后:现代主义、大众文化、后现代主义 [美]安德列亚斯·胡伊森

理论的幽灵:文学与常识 [法]安托万·孔帕尼翁

反抗的文化:拒绝表征 [美]贝尔·胡克斯

戏仿:古代、现代与后现代 [英]玛格丽特·A.罗斯

理论入门 [英]彼得·巴里

现代主义 [英]蒂姆·阿姆斯特朗

叙事的本质 [美]罗伯特·斯科尔斯 詹姆斯·费伦 罗伯特·凯洛格

文学制度 [美]杰弗里·J.威廉斯

新批评之后 [美]弗兰克·伦特里奇亚

文学批评史:从柏拉图到现在 [美]M.A.R.哈比布

德国浪漫主义文学理论 [美]恩斯特·贝勒尔

萌在他乡:米勒中国演讲集 [美]J.希利斯·米勒

文学的类别:文类和模态理论导论 [英]阿拉斯泰尔·福勒

思想絮语:文学批评自选集(1958—2002) [英]弗兰克·克默德

叙事的虚构性:有关历史、文学和理论的论文(1957—2007) [美]海登·怀特

21 世纪的文学批评:理论的复兴 [美]文森特·B.里奇

核心概念系列

文化 [英]弗雷德·英格利斯

风险 [澳大利亚]狄波拉·勒普顿

学术研究指南系列

美学指南 [美]彼得·基维

文化研究指南 [美]托比·米勒

文化社会学指南 [美]马克·D.雅各布斯 南希·韦斯·汉拉恩

艺术理论指南 [英]保罗·史密斯 卡罗琳·瓦尔德

《德意志意识形态》与文献学系列

梁赞诺夫版《德意志意识形态·费尔巴哈》[苏]大卫·鲍里索维奇·梁赞诺夫

《德意志意识形态》与 MEGA 文献研究 [韩]郑文吉

巴加图利亚版《德意志意识形态·费尔巴哈》[俄]巴加图利亚

MEGA:陶伯特版《德意志意识形态·费尔巴哈》 [德]英格·陶伯特

当代美学理论系列

今日艺术理论 [美]诺埃尔·卡罗尔

艺术与社会理论——美学中的社会学论争 [英]奥斯汀·哈灵顿

艺术哲学:当代分析美学导论 [美]诺埃尔·卡罗尔

美的六种命名 [美]克里斯平·萨特韦尔

文化的政治及其他 [英]罗杰·斯克鲁顿

当代意大利美学精粹 周 宪 [意]蒂齐亚娜·安迪娜

现代日本学术系列

带你踏上知识之旅 [日]中村雄二郎 山口昌男

反·哲学入门 [日]高桥哲哉

作为事件的阅读 [日]小森阳一

超越民族与历史 [日]小森阳一 高桥哲哉

现代思想史系列

现代主义的先驱:20 世纪思潮里的群英谱 [美]威廉·R.埃弗德尔

现代哲学简史 [英]罗杰·斯克拉顿

美国人对哲学的逃避:实用主义的谱系 [美]康乃尔·韦斯特

时空文化:1880—1918 [美]斯蒂芬·科恩

视觉文化与艺术史系列

可见的签名 [美]弗雷德里克·詹姆逊

摄影与电影 [英]戴维·卡帕尼

艺术史向导 [意]朱利奥·卡洛·阿尔甘 毛里齐奥·法焦洛

电影的虚拟生命 [美]D. N. 罗德维克

绘画中的世界观 [美]迈耶·夏皮罗

缪斯之艺:泛美学研究 [美]丹尼尔·奥尔布赖特

视觉艺术的现象学 [英]保罗·克劳瑟

总体屏幕:从电影到智能手机 [法]吉尔·利波维茨基

[法]让·塞鲁瓦

艺术史批评术语 [美]罗伯特·S.纳尔逊 [美]理查德·希夫

设计美学 [加拿大]简·福希

工艺理论:功能和美学表达 [美]霍华德·里萨蒂

艺术并非你想的那样 [美]唐纳德·普雷齐奥西 [美]克莱尔·法拉戈

当代逻辑理论与应用研究系列

重塑实在论:关于因果、目的和心智的精密理论 [美]罗伯特·C.孔斯

情境与态度 [美]乔恩·巴威斯 约翰·佩里

逻辑与社会:矛盾与可能世界 [美]乔恩·埃尔斯特

指称与意向性 [挪威]奥拉夫·阿斯海姆

说谎者悖论:真与循环 [美]乔恩·巴威斯 约翰·埃切曼迪

波兰尼意会哲学系列

认知与存在:迈克尔·波兰尼文集 [英]迈克尔·波兰尼

科学、信仰与社会 [英]迈克尔·波兰尼

现象学系列

伦理与无限:与菲利普·尼莫的对话 [法]伊曼努尔·列维纳斯

新马克思阅读系列

政治经济学批判:马克思《资本论》导论 [德]米夏埃尔·海因里希

江苏省版权局著作权合同登记　图字：10－2018－218 号

图书在版编目(CIP)数据

　时空文化：1880—1918 /（美）斯蒂芬·科恩著；
易灵运译. — 南京：南京大学出版社，2024.1
　（当代学术棱镜译丛 / 张一兵主编）
　书名原文：The Culture of Time and Space：1880－
1918
　ISBN 978－7－305－25704－9

　Ⅰ. ①时… Ⅱ. ①斯… ②易… Ⅲ. ①产业革命—研
究—1880—1918 Ⅳ. ①F419

中国版本图书馆 CIP 数据核字(2022)第 095110 号

出版发行　南京大学出版社
社　　址　南京市汉口路 22 号　　　邮　编　210093
丛 书 名　当代学术棱镜译丛
书　　名　**时空文化：1880—1918**
　　　　　SHIKONG WENHUA：1880—1918
著　　者　［美］斯蒂芬·科恩
译　　者　易灵运
责任编辑　王冠蕤

照　　排　南京南琳图文制作有限公司
印　　刷　江苏苏中印刷有限公司
开　　本　635 mm×965 mm　1/16　印张 28　字数 432 千
版　　次　2024 年 1 月第 1 版　2024 年 1 月第 1 次印刷
ISBN 978－7－305－25704－9
定　　价　88.00 元

网　　址　http://njupco.com
官方微博　http://weibo.com/njupco
官方微信　njupress
销售热线　025-83594756

＊ 版权所有，侵权必究
＊ 凡购买南大版图书，如有印装质量问题，请与所购
　 图书销售部门联系调换